池田彌三郎ノート

折口信夫芸能史講義

――戦後篇 上

伊藤好英
藤原茂樹――編
池田　光

慶應義塾大学出版会

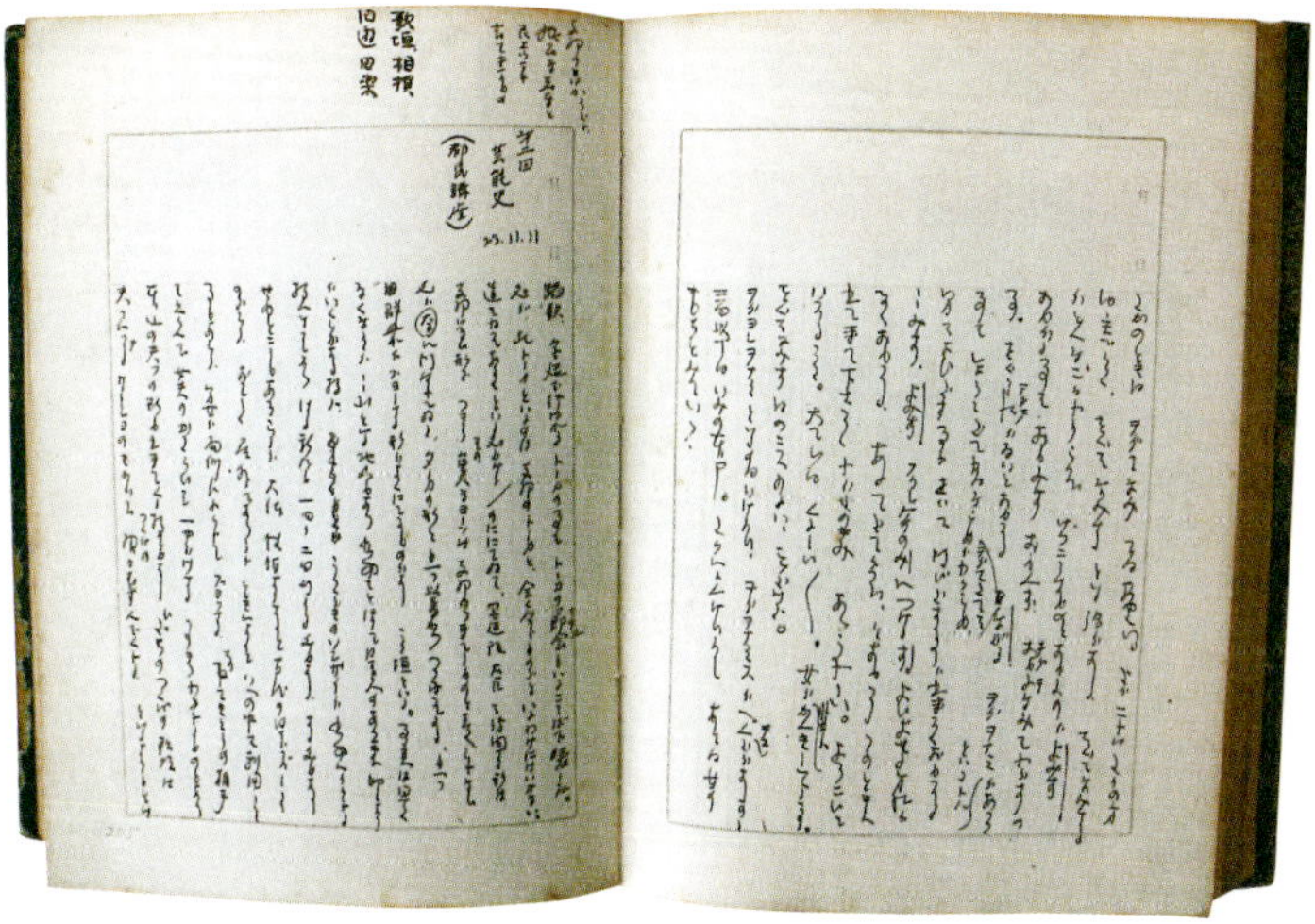

池田彌三郎ノート　都民講座　二　筆記

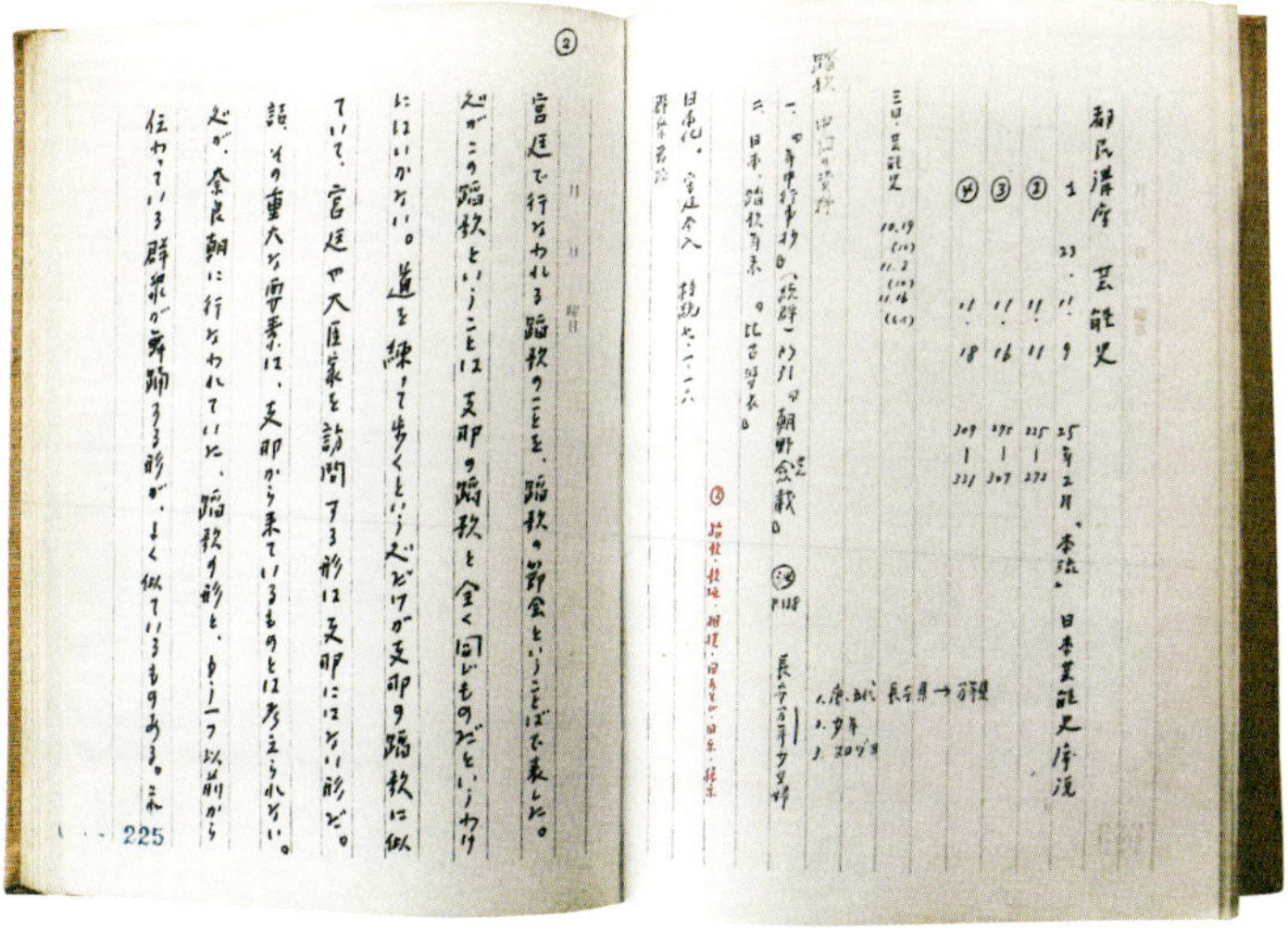

池田彌三郎ノート　都民講座　二　清書

小序

折口信夫先生が世を去ったのは昭和二十八年九月の初めであった。その学問の特色ある方面として、「芸能史」の分野がある。先生は慶應義塾大学の教授に就任した昭和三年以来、担当する国文学の講義の一種目として「芸能史」を設置することを原則とした。没年に至るまで特別の事情のある二、三の例外を除いて、芸能史の設置を絶やすことがなかった。

しかし、学科の名称としての「芸能史」には切実な欠陥が存していた。それは、芸能を主題とする学問の叙述が果して「史」に相当するであろうかという疑問であり、その困惑であった。最晩年というべき昭和二十七年度の講座には「芸能伝承論」という名が付けられていた。しかし、その年の講義は健康の不順によって夏休みをもって頓挫し、翌二十八年度にはその名称を用いられなかった。

折口信夫の芸能史の講義が民俗学との関わりの深いことは言うまでもないが、時代や時間との関連をいかに処理してゆくか、結局われわれに明示されることがなかった。

◇

池田彌三郎先生が大学の国文科に進み、折口先生の講筵に列したのは、昭和九年、二十一歳の年であった。一、二年のうちに万葉旅行に参加したり、鳥船社の一員に加えられなどすることがあって、門下として先生に親しい存在となられた。先生の信を得て、卒業後は塾内の商工学校の教員となり、大学との繋がりを保ちつつ、折口学についての造詣を深められたのであった。しかし、その間に時勢は険悪となり、戦時下となって、昭和十六年七月には召集令状を受け、以後四年余にわたって軍務に従わねばならないこととなった。昭和二十年、沖縄宮古島において終戦に会するが、帰国できたのは年が変って二十一年一月のことであった。一月十九日に除隊、帰宅。翌日にはすぐに折口先生を自宅に訪ねて帰国を報告、旧に復して、翌月からは再び折口先生の講義に列するようになった。

以後、商工学校の勤務にたずさわるかたわら、折口先生の講義に列し、翌年四月には文学部講師となり、五月には発足した慶應義塾中等部の教諭となり、かたわら折口先生の身辺にあってその日常に仕える日々となった。

折口先生の学統を継承し、その学風を深めた点において、池田先生は第一人者と称せられるだろう。折口没後に全集編纂の一員としてその学風を深め、多くの後進を育てるなど、右に出る者はいないであろう。折口信夫の戦前の芸能史ノートを一冊に纏め、全集にも収容するなど、折口芸能史を弘布した点においても銘記せられるであろう。しかし、慶應義塾大学の芸能史の講座として戦後八年間の業績が世に残されていないことは、大きな疑問となされるであろう。

池田先生の長男光さんが右の芸能史の講座を一本として世間に示そうと決意されたことには、右に述べてきた疑問に対する子息としての対応の納得のゆく措置と見ることができる。あるいは、より確固とした信念と見るべきかも知れない。事情に遠からぬ位置にある私としても賛意と共感を覚えずにはいられない。

池田家の敷地には、故先生が蔵書のために建てられた書庫がある。その一角には先生の著述を収めた個所もある。朝夕にそれに接する光さんが決意を固められたことを思うと、本書の実現には深い感動を覚えずにはいられない。

◇

慶應義塾大学における折口・池田学統の責任を負う伊藤好英・藤原茂樹両君が折口芸能学のノートの現況を憂

慮し、光さんと意を併せてノートの復原を決意されたことは、これまた私どもに深い感銘を与えるものである。両君ならびにこの挙に参加したより若い学徒諸君にも讃辞を送りたい。

西村　亨

目次

昭和二十二年度芸能史

昭和二十三年度芸能史

昭和二十三年　都民講座

凡例

一、本書は、戦後の折口信夫の芸能史の講義を池田彌三郎が筆記したノートを判読し活字化するものである。その際、西村亨が筆記したノートとの校合を行なって、講義のより正確な復元を目指した。

一、池田のノートには、講義をその場で記述したものと清書とがある。本書は、清書が存在するものはそちらをもととし必要に応じて前者を参照した。

一、本文中の漢字は、原則として、常用漢字表・人名漢字表に定められた字体を用いた。本文の仮名遣いは、現代仮名遣いを原則とした。

一、判読できない文字は□で示したが、その文字数が不明の場合は［　］で示した。

一、ノート本文の上欄には、自身のノートを見やすくしたり参考資料を記したりした書き込みがある。本書の上欄にそれらを載せたが、表記は池田のノートのままとした。

一、清書ノートの場合、見開きのノートの左ページに本文が記され、右ページには池田が必要に応じて記した参考資料などが書き込まれている。本書では、その書き込みを見開きページの本文の左側に載せ、編者の判断でそれが本文のどの箇所に対応するものであるかを番号で示した。上欄の場合と同様、書き入れの表記は池田のノートのままとした。

一、講義の内容を把握するのに古典本文が必要と思われる場合には編者がこれを補った。編者注で補った場合と本文中に挿入した場合とがある。本文中の補いは〔　〕で括ってこれを示した。

一、ノートに挿入されている図は、本文中のほぼ同位置に掲載した。

一、本巻（上）六六〜六七頁および一三三頁の図は、本文理解のために編者が他書から転載したものである。

一、本文中、今日の人権意識からみて不適切な用語の使用があるが、講義の主題は別にあり、その理解と資料性を考慮してそのままとした。

本書の編集には伊藤好英・藤原茂樹・池田光が当たり、出典資料の調査・判読確認などの過程で、森陽香・佐藤陽がこれに協力した。

折口信夫芸能史講義　戦後篇　上

――池田彌三郎ノート

昭和二十年度芸能史

一　かづらもの

（昭和二十一年二月十四日）

日本の芸能の中、舞踊は、それを行うものが、年齢によって、差別があることが、芸能史の上の事実である。その中、をとめの舞が一つの分化をなしているので、その発達してくる順序を説きながら、それが、芸能史の一部になるように話を進めてゆきたいと思う。

能の中で、どの部分が重大かというと、鬘物と言われる一類にあるように思われる。女舞に属する鬘物が、猿楽能の主体と言えぬまでも、興味のある部分である。

しかし、女舞と言うと、多少弊害がある。これは、少し条件がつく。女性が男の舞を真似る時、男舞という。男の身振りで舞う時に、そう言う。しかし、男性が、女の身振りで舞うから、女舞とは言わぬようである。

鬘物とは、女性の神聖なもの、――天女とか女神とか――あるいは、狂女など、それが舞う時に、その舞を言う。何故、鬘物と言うかと言うと、能の方では、鬘帯をかけた女性が主人公になる。それで、この一類を、かづらものと言っている。

鬘帯とは何かということになると、問題が出てくる。鬘帯に種類があり、また、それをするからかづらものだということにも、問題が出てくる。

ともかく、そうした神聖な女、狂乱した女をしてにしたのが、かづらものと言うことになる。このかづらものを目あてにして、話を進める。

三番目　能興行企画の一。催能の場合五番立ての三つ目に演奏されるもの

鬘　女に用いるのが原則　黒髪を真中から左右にわけて後ろへなでつけ、鬘帯といふ美しい鉢巻を額から後ろへまはして結びその端は重ねて背中へたれる様にする

神がかり　神つき

日本の芸能、殊に舞踊の方面の中に、なにゆえに鬘物とか女物とか言われるものが発達してきて、重要性を持つに至ったか。結論を先に言うと、日本の芸能、殊に舞踊の方面は、女の神がかりを舞台の上で再現する。芸能を行う時に、それを再現する。それがつまり日本の芸能で、大事なものになっている。

見物が価値づける。芸術至上主義者の考え方とは違うところである。

芸能の中でそれが大事になって来たということは、皆が鑑賞することを悦んだ、ということになるわけだが、芸術的にすぐれているから、皆が傾いてきたというようなことは少ない。度々行われている中に、それが意味をもった舞踊だから、それの見方が発達してくる。それに伴われて、それがいいという理由を発見しようとする。――古いものはたいていそうで、それしか与えられないので、それがいい理由を発見しようとしているわけだ。――つまり昔の人々が、受け入れている限りにおいて、それを分解している。だから、つまらぬことでも、面白がっているのかもしれない。芸術の鑑賞も、その方面から発達してくることも、考えておくべきだ。

つまり、現在、発達した段階にある鬘物を見て、われわれが、その内容が悲しいから、美しいから悦ばれたということの前に、それしか与えられないので、それを見ているうちに、楽しさを発見し、またその理由を見出している、というわけで、それから、鑑賞法が見つかるわけだ。見慣れてくるうちに、それで良くなってくるのは、お能だけがもつ良さではない。

処女の舞は、日本人が新たに考え出し、工夫して、芸能に加えたものではなくて、大昔から与えられていて、それが芸術として発達し、さらにそれに沿うて、鑑賞法が発達してきた。なにゆえに処女の舞がわれわれに与えられたか。それは神がかりの舞からである。

神がかり・神つき

神がかりの動作は、即、狂乱、狂いの動作である。その狂乱の人を、ものぐるいと言う。ものぐるいという名詞形は、くるう動作を指し、同時に人を指している。

ものぐるいのものは、もののけ・もののべ等、昔から出てくるもので、霊魂を意味する。霊魂によって、狂いをする人、それがものぐるいである。ものぐるいは、よそから霊魂が来て、これが肉体に入り込み、その内在した霊魂によって、狂いだすのである。ほんとうの狂人も、ものぐるいと言うが、たいていの場合、日本のものぐるいは芸能的なもので、狂乱の動作を行う芸能がその名で呼ばれ、狂乱の動作を写して行う舞踊を、ものぐるいと言っている。

ものぐるいという語を、直に狂人と訳してしまうが、そう簡単な言葉ではない。われわれが持っている語、ものぐるいは、芸能方面の言葉である。即、芸能的舞踊並びにそれを行う人を、ものぐるいと言う。

何故、狂人の動作を模倣する芸能が出来たか。また、何故それが楽しいか。模倣せねばならぬ理由があるので模倣し、その中で、楽しさを発見したのだ。

芸能としてのものぐるいの対象としての、ほんとうのものぐるいは、狂人の動作の中の、非常に限られた部分の中である。狂人というものも、表現は昔と違うだろうし、そんなものを模倣してみても芸能の上のものぐるいではない。

近代の歌舞伎では、酔って破壊したり、しらふの時と違った動作をして破局にもってゆく。刃物を振るって人を殺す、そして、破局にもってゆく、こういう時に、ものぐるいの動作が入っている。一時的発狂の動作を真似して、芝居の酒飲みの酒乱の場面、そういう場面に、ものぐるいの動作が入って、出来上がってきたことは考えられる。しかし、少なくとも芸能の歴史の上での、正しい意味でのものぐるいは、そこまではいっていない。神憑きの動作をするものがほんとうのものぐるいだ。

精神が錯乱して発狂する、ほんとうの狂人と、神憑きの動作とは、昔の人には区別がなかった。神憑きの動作をする人が多く、これを見る機会が多かったので、その中へ、精神病者をも入れてきたのであって、昔の人の場合は、この逆ではなかったと思う。神憑きの動作に触れているので、ほんとうの狂人も、ものぐるいの中に入れて考えた、と取るべきであろう。

ものぐるひの風体

ものぐるひの典型的しゅしん

昔あんなのが歩いていたかと思える程、芸術化し、様式化している。

女のものぐるいは、烏帽子をかぶり、水干を着、笹の葉をかざし、扇がそれに下げてある。これがものぐるいの約束の姿である。場合によって、水干や烏帽子をつけないものもあるが、扇のついた笹の葉だけはいつでも持っている。これは正気を失った者のしるしだ。

水干

これは、誰かが、そういう狂者の姿を一度見て、これをいいと思って舞台に再現したのが、くり返された、と説明されるかもしれないが、もっと普遍的な理由がなくてはならぬと思う。精神の狂った時に、笹を下げている事実が、あるかないかということの方が大事だと思う。

能のものぐるいを見ると、「おんくるひ候へ」と注文して、その注文によって狂っている。われわれの知っている精神病者の方には、そんなことはない。芸能の上のものぐるいが、狂えと言われて、はじめて狂う、これが大事なことだ。そして、これが、芸能の上の嘘であるかどうか、問題だ。

くるふ

慣れてしまうと、それでとおってしまうが、よく考えると、実はそれが一番難しいことで、出発点での難問題である。——いつもの舞を舞うてみせよ、面白い手の込んだ、間の早い舞を舞うてみせろ、と注文するわけで、精神病の要素は、非常に乏しいわけである。

芸能・てくにっく

そういう戯曲の筋立ての中から、文学的の嘘を取り去っていくと、どこまでが現実で、どこからが芸術の嘘かわかってくる。

型の形成

つまり、一時的に狂人になる者の来往ということが考えられる。普段は普通の生活をしていて、さあ、と開き直ると、衣装を変え、歌を歌い、唱えごとをすると、ものぐるいの動作に入る人が、やって来た、ということが考えられる、神憑きになってください、神憑きの動作を演じてください、そして、神の意志を教えてくださいと言うことの出来る、一時的の発狂の状態になる人が、来往した、ということが考えられる。

芸能を芸能たらしめるものは、宗教的印象であり興奮である

日本の神の信仰と、芸能の鑑賞との間には、距離が近すぎる程近い。そのために、神信仰の動作が、享楽の目的に沿うようになった。信仰上の様式が、固定して芸能になった。それは、ひとつづきのものだ。だからある時には、信仰の動作を見ていて、それを芸能の動作と見ることも出来たわけだ。これは多いと思う。

初春に訪れる万才。初春に現れる神人で、まじっくの力で悪いことを押さえてゆく、そういう動作であるが、それが既に古くから、芸能の領分に入り込んでいる。だから、初春の祝福をいう信仰のほかに、芸能としての喜びを同時に感じている。そうなると、万才としての本芸のほかに、くずれの芸が発達してゆく。すると、それは、一つの信仰の動作と、芸能とが、一人の、神事に携わる人によって、兼ねて行われるということになる。

この例によってもわかる如く、もっと複雑な神憑きの所作でも、神が憑いている中に演ぜられる所作と、神が上がってのちに演ぜられる動作とが近づいてゆく。つまり、神憑きの状態に陥っている間の所作と、神が去って、つまりさめている時にする所作の間に、違いが少なくなってゆく。これは近代ほど、はっきりしている。——神が憑いている間は、超人間的で、神が離れると人間になる。そうしないと、近代の人は信じない。ただ、昔の人は、そこがはっきりしなくても、おかしくなかった。

技術伝承

神がかりした時の発作的な動作と、常日頃の常識的な動作と、そう違わなくてもよかった。神がかりの時の所作を、さめている時にも行うことが出来るようになった。もちろんその両者の興奮は違うだろう。

神がかりの動作といっても、練習は行われる。一つの、行動伝承として、伝えられているのだから、それが習慣的に繰り返されているうちに、習慣から来る感興が起こってくる。そのうちに、新しい様式が出来てきて、固定してくる。すると、さめている時でも、狂っている時でも、同じ芸を演ずることが出来るようになってくる。しかしどこまでも、興奮は違う。

行う人は、努力しなければ、興奮が起こってこないが、見ている人も、感じない。しかし、ものぐるいは、神憑きの動作の持つ興奮を、自分の技術で表そうとしたので、そこに、日本人は、芸術的な努力を感じたのである。

近代では、あなたのは面白いから、ものぐるいの動作を見せてくれと、注文を出さないだけだ。昔は、まじっくを注文し、同時に神憑きの動作を注文した、それが、その動作と舞とがものぐるいである。

ものぐるいは、猿楽能の中で、非常に発達している。つまり、狂人のまねをする芸と芸人とがあったわけである。田楽を見ても、同じようなものぐるいがいたらしいことはわかる。同じようなものぐるい芸をする人が、既にいたことが見えている。

これが、段々に、合理化されて、筋立ての中に取り込まれてくる。霊魂がついて、普通でないことをする。次に、神憑きの動作を、人間界のただの狂人の筋立ての上におく、その脚色の上で、狂人の芸をさせる。ものぐるいの芸というものを次第に忘却して、うろうろしている普通の狂人と混同して、ただの精神病者が、そんなふうに狂わねばならぬ、舞をせねばならぬということを説明しようとしてゆく。

ところが蔓物の中には、神事に関係して、一時的に、ものぐるいの状態に陥ったと思えるものがある。そういう筋がある。必ずしもほんとうの狂人でなく、神憑きの狂人だというものがある。もとは神憑きの動作で、次に世間の精神病者を真似たものが出てくる。

日本の狂人は、旅行者である。お能では、たいてい、旅行者である。

これは、神憑きの職を持っている者は、旅行者であったのだ。日本の宗教家は旅行者で、その中に、著しくものぐるいの芸をするものが多かったのだ。芸能の主人公が旅行しているのは、ものぐるいの芸人そのものが、旅行しているのだ。つまり、日本の芸能におけるものぐるい芸は、旅行者そのものの履歴だと考えられたわけである。よその人の芸を演ずるのでなく、自分の履歴を演じている、という考えからしている。古いものほど、田楽でも中楽でも、戯曲的な筋が複雑になっても、戯曲の上の人物と、人との区別を感じなかったのだ。

それが時を経過して、区別がたってきて、芸をしている自分は別だというふうになってきた。

神あそびと神がかりとの差

霊魂をつける人が別にあって、その人に対して霊魂を運搬する。神あそびは、運搬者。神がかりの方は、霊魂を入れる当体を考へてゐない。レイコンのゐる所から出て来て、口をかりて、しゃべる。

古来の鎮魂法衰滅の後に、神がかりの形だけが残って来た。

こうなってきてから、「男のくるい」も出てくるようになった。

能の上演種目の中に、男のくるいを主題にしたものが出てきた。男のがもとか、女のがもとか、それは今しばらく問題にしない。日本ではみこは、女みこがみこの本体で、地方的事実として、男みこもあった。

みこということばからすれば、神の子ということであるが、長く近代まで続いている意味では、神を憑かせる体を持った女の子がみこで、それが男の場合は男みこと言った。為事のことからいえば、よりましである。みこは出自を示すことばから出たもので、よりましとは、その職務から言った言葉である。よりますものだ。神がよりかかっておいでになるものだ。

尸を書く。（シ、カタシロ。祭りに神の依る人。）神の魂が、当体を得て、動作をする。原則として、男女ともに若い。もちろん日本も歴史が長く地域も広い。だからどこも一つではなく、地方地方によって、起原がいろいろに分かれている。のちには、年のいった男女がみこともなっている。地方によっては、それも認められている。

あづまには　女はなきか　男みこ

されぱや神も　男にぞつく――『梁塵秘抄』。芸謡――芸人の謡う歌――民謡集。

この歌によって、関東の方には、神が男に憑く、つまり、男にも神憑きしたということになる。

よりましは、神がかりをさせて、神の言おうとするところを代言させる。神は霊魂だから、口がない。霊魂のしゃべる口を、よりましに求めた。それで、しゃべるに至るまで、狂う。その狂うのが、ものぐるいだが、よりましの主体は、しゃべることにある。

みこの中には、舞踊を主にしたみこがあるわけで、よりましはその一部分である。神の意志を問う。神が狂うのを見ていることが少なかったので、みこの中には、もの言わぬみこもあったわけだ。

われわれは、狂うている時と、そうではない時と、区別して考えているが、昔の人は、その中間を見慣れていたわけである。

たとえば、ある舞台に、ある時間の間、人間と違ったものが出て来て舞をする。それを始めからしまいまで、純然たる神憑きの動作とも、平静な動作とも見ていない。その中間で、神憑きの状態で、同時に平気な心を持っていると見ている。その時間が、非常に長い。神憑きでもあり、神憑きでもない、という、中間に属する時間が非常に長い。その時間を見ている。

平生、練習し、工夫して行なった動作を、たくさんの人の見ている前で行う。それが非常に、感興があがり、興奮が高まった時と、そうでない時との間に、昔の人は自然なものを感じた。常に狂人の稽古をしていることを、不自然に思わなかった。ものぐるいは、練習して、出来るものと考えていた。

「羽衣」という能がある。羽衣伝説に取材したもので、駿河の三保に落ちて、羽衣を取られてしまう。それを返してもらって、舞を舞いつつ、天へ帰って行く。この芸能、もちろん、ものぐるい的要素を見ないであろう。しかしこの曲は、羽衣伝説を取り上げて、これを筋立てして行った、というのではなく、舞の方が先にある。女舞の中に、非常に豊富なものぐるいの舞を舞って、それが一つの傾きを生じて来て、そこに、伝説を取り入れた、と見る方がよい。神憑きをした処女が、飛び立つという、興奮した舞を舞う。それが合理化され、筋立てされて、三保の伝説が取り込まれた。三保の天人の戯曲が最初からあったのではなく、まず舞いぶりがあった。それを合理化したのが、今日の羽衣の古いものであろう。

鬘物の中の神女は、女の神の舞から出たものでなく、女に、神憑きの状態を伝えるものがあって、女のものぐるいの舞を、くり返して行っている中に、いろいろの筋立てを、これが持ってきた、と見るべきものが多い。憑くべき神霊が、尸のからだを得るように、空漠としていたものぐるいの舞が、戯曲的表現を求めよう求めようとして、そうしてとらえたのが、鬘物の中にたくさんある。だから、そうして、いろいろの曲が出来ると、曲のためにも舞の手をつけてくる。が、もとは、舞が発達していて、それを宿すべき曲を求めた。舞の手が、自ら宿るべき曲を求めた、と言っていい。

神に仕えている女は、神と人との境界のはっきりしない所までいってしまう。人間と一つも変わらぬ神に仕えている女から、神と生活の変わらぬ段階がある。神と一緒に暮らしている者もあり、一年に一度出会う者もいる。ひとしく神女である。その中で、一番神に近い暮らしをしている者は、神と区別がなくなってしまう。そういう神女は、亡くなるとすぐ神となる。社には、ひめ神というのがあり、主神の妃ということになっている。ひめ神は、起こりは、神に仕えていたみこで、生涯男を持たず、死ぬと、神となった。

天照大神は、おそらくそうしたひめ神の一番高い神であろう。伊勢の神に仕えていた高いみこが、この世の生命の絶えた後になられた神である。そして、仕えていた男神の名であった天照大神の名で伝えられたが、この世にあった神は、ひめ神だった。女神がしじゅう表面に出ていて、男神は陰に隠れてしまったのだ。荒祭宮というのがあるが、これがあらみたまだと言っているが、これが、仕えていた男神で、伊勢のほんとうの神だ。この荒祭宮に祭られているひめ神の神の資格が強まったのだ。——日の神の性別は、論はたたぬ。——日本の神道からすれば、天照大神は、そう考えるべきであろう。どこの社にもひめ神があり、伊勢でも、事情が許せば、そういう形になったのだろうと思う。

斎宮《いつきのみや》の制度は、垂仁天皇から南北朝まで続いた。自然に行けば、今まであったはずである。天照大神と同じ資格で、代がわりごとに行かれたのである。つまり、新しい天照大神が、しじゅう伊勢に仕えていたわけだ。もとの形につきつめて、理想的な形に考えると、天照大神である。

こういう媛神が、小さい社にも行われている。神とみことの区別が少なくて、みこが神そのものと思われてくる。沖縄では、女神主が、どこの島にもいる。神事については、男は小使である。その中の高い位置の者は、陰に男神がいる。が、神に代わって礼拝を受ける。特別に祈禱を頼みに行ったものから礼拝を受けるのは、女神職である。それは同時に、神だと思われている。沖縄では、女神主＝のろが、生きながら神であることが多い。だから死んだらすぐに神になってしまう。非常に信仰されたのろは、神になったのがたくさんにある。ともかく、みこと神と同一視する習慣が、そこにある。それで、みこで表されている神は、大抵、男の神であるが、肉体は、みこの肉体をとおして感ずるので、女だということになる。

これが、鬘物に、女神の出てくる理由である。そして、同時に、女が男を表現する芸が出てくるのは、そこに理由がある。「井筒」、「杜若」は、能の、その系統のものだ。女で、同時に、男を表現する芸能である。女が、男の冠をつけて、男の衣を持ってきて舞うのである。ふしぎな芸である。

鬘物　三輪

二　日本芸能における男芸女芸の研究

（昭和二十一年二月二十一日）

鬘物の三輪の後ジテが出てくるところ。同じ舞台のままで、主人公の性格が変わる。前ジテは里の女、後ジテは三輪の明神。その出てくるところ。

女姿と三輪の神、女姿と三輪の神、襌掛け帯ひき替へて、ただ祝子が着すなる、烏帽子狩衣、裳裾の上に掛け、み影あらたに見え給ふ、忝なのおんことや。

三輪の能ではワキが玄賓僧都。その人が賛美する心もちを地で謡う。今まで里の女として現れていた。女姿と見ていた。ちはやという上衣を着、掛け帯を垂らしていたのに、反対に今見ると祝子（神を祭るみこ、男にも女にも）烏帽子狩衣を裳裾の上にかけ、口拍子に乗ってかいてる。三輪の神が烏帽子狩衣を着ている。シテがたてい女の時は長絹の狩衣を着る。裳裾の上に引き掛けて（裳裾の上に直に狩衣を引き掛けて）いる。変わった姿をしている。御影影向《ヨウカウ》された。もったいないことだと賛美をしている。女の神の出てくる時の装束が出てくる。三輪の神は男神だが、中世の伝説では女になっている。後ジテは女神だ。その姿を写実風に書いている。これは舞台の上の役者の姿の約束通り書いたのだ。能の舞台に出てくる女は唐織という衣装をしている。女神はその上に長絹を引っかける。頗る異様な姿だ。袴をはかずに、唐織の上に長絹をつけるので袖がおかしい。能の衣装のもっている普通の着方（衣装の着方を衣文という）と違う、変なところを感じる。まして、能の盛んにならぬ前あるいは能に関係のない公家の生活より見ると変なものだ。舞台でごくでたらめにした姿が、決まった型になった。女が狩衣を着て舞うのもおかしいが。狩衣を着る、長絹を着るのは、人格が変わっている。舞台の上で衣装を着替える。物着という。（歌舞伎は舞台の上で替える、あるいは上下へ入り、あるいは引き抜きをする。物着が衣装を替える原則的法則。）能では、普通では唐織を着て出たのが、物着の中に長絹を着て出る。人格が変わる。つまり、神憑きになったわけだ。

二人静

「二人静」、初め里の女で、静御前の亡霊が出る。二人とも唐織の姿で出てくる。長絹を着て舞う。物着で長絹を着てからは、人格が転換をする。どっちも同じような女で、片方が静の亡霊なることがはっきりしている。

井筒

「井筒」を見ると、ノチが出てくるところ。（前ジテは里の賤の女。ノチは井筒姫。）

　我筒井筒の昔より、真弓槻弓年を経て、今は亡き世に業平の、形見の直衣身に触れて　恥づかしや、昔男に
　移り舞、雪を廻らす花の袖。

これではもっとものものしい。頭に冠を着けている。唐織の上に長絹を着け、冠を着けている。上だけ男の姿。武官の冠。目の脇に……を着けている。その姿だ。今は亡き世の人になってしまった業平の「形見の直衣身に触れて恥づかしや、昔男に移り舞」。この謡に初めてそんな趣向を立てたのか、先行する芸があったか□姫が業平のなりで舞う。それをうつした。初めてのだとすると、少し趣向が込み入りすぎている。何のために「井筒」で業平の姿をするのか、説明がつかぬ。「井筒」の謡の書かれた時分、何のためかわからなかったらしい。わかりやすいのは、その前にあって、それで目慣れたので平気で通っている。少なくとも業平、井筒姫を離れて、前から女が男姿で出てくる舞を不思議に思わなかった。そんな不思議なもの見て当たり前と思った。世間の認容があったに違いない。この場合にも、女に霊魂が憑いて人格が変わっている。それを表すのが、装束が変わっている。

業平のことを作ったのに、「杜若」。歌よりすると縁が深いが、まるで草木が業平のこの世の情けを受けたような姿で現れる。

「杜若」には

シテ　いかに申すべき事の候。
ワキ　何事にて候ふぞ。
シテ　見苦しく候へども、わらはが庵にて一夜を御明し候へ。
ワキ　あらうれしやがて参り候ふべし。

「杜若」は物着。済んで、シテが武官の冠をかぶり、長絹を着ている。冠と唐絹と、杜若の姿は井筒と違わない。頭は業平で、衣装は愛人の二条后だ。で、趣向がややこしい。業平になりきってもいず、二条后でもある。で、見る人には何かわからなかったろう。そうして不思議を認容するものがあったのではなかろうか。一人が二重人格になる。女と思うと男を兼ねている、というふうなことを認められたのだ。われわれは認められぬ。そういう習慣がないのだ。で、わけのわからぬ人はふたなりかと思うようになる。文献、伝説の上で業平はふたなりでないが、古い伝承ではふたなりとしていたのは、能の大事な「井筒」、「杜若」がそんなだからだ。その認容の上に立って、戯曲が進んでいるだけだ。昔から引き続き、巫女に神が乗り移る。乗り移ると人格が転換してしまう。それが一目でわかるのは、装束を着替える、男装束を着ける。歌舞伎は無茶苦茶するというが、すでに能で無茶苦茶なことをしている。結局女舞と男舞と交錯して舞われるところに興味を持っている。それが変化してきて、装束が替わると男舞になってしまう。面白味は交錯して出てくるところだろう。

ついでに「松風」。

おんつれづれの御《み》舟遊び、月に心は須磨の浦、夜潮を運ぶ海人少女に、姉妹《おとどひ》選ばれ参らせつつ、折にふれたる名なれやとて、松風村雨と召されしより、月にも馴《な》るる須磨の海人の、塩焼き衣色変へて、縑《かとり》の衣《きぬ》の空焚《そらだ》きなり。

行平が三年いた形見に残した狩衣と立烏帽子を着けて、行平を舞う。そこが「松風」という戯曲の起こりだ。

女が男の装身具をもってする。男装束をもって舞台の上をうろつく。そのうちにもう少し合理化しておもしろくしてゆこうとする。多分こうだろうと仕立て直してくる。おそらくそこに付いて来た趣向だ。趣向が偶然結びついたもので、発達してゆく。やかましく考えず、海女の女が男装束を持って悦んだり悲しんだりする。それに男の趣向が立ってくるのだ。行平が須磨にいたのでこうだと、こういうのではない。反省が、完成に近づいてから出てきたのだ。「松風」の土台があって、そこに趣向が付いてきて、最後に行平に到達した。舞台の上の女、男装束。疑問が素直に通るようにすると、女と男との関係だから、女が昔関係あった女となる。見ていればわかるが、考えるとわからぬ。

「杜若」もわからぬ。理屈どころか、もってのほかだ。説明しきれていない。それはつまり、男装束が女の手で理由なしに扱われている。人格が転換するような物、それが与えられるとその場で神憑きになってしまう、ということだ。いわゆる、三―四番目にわたる鬘物は、考えると、そういう点の疑問は解けてくる。

ところが、何のために二人出てくるのか。静の亡霊が里の女に憑く。静御前が出て来ないでもいい。出て来て舞う。見ていると理屈は立つ。「松風」も見ていればわかる。寵愛したのが二人だから二人出る。そこが興味だが、どちらか一人でいいのだ。二人出ねばならぬ理由は、能、謡の上にいっぱいある。ツレ、トモが出てくる。男のシテ、ワキにもツレ、トモが出るので、女に限らぬが、ツレは旅行者のツレとか身分のある人のお伴という解釈をしているが、宗教的芸能として見ると、神聖な仕事の補佐者だ。またその代役を務めるための候補者だ。神事をする時はちゃんと準備されていて、それが舞台に出てくる。つまり、ツレのみこがあるわけで、主体のみこが具合悪いとツレのみこがする。すると信仰の神事が芸能化してのち、今までの条件を備えたまま変化してゆく。邪魔になるので、説明してゆく。するとツレのものになってくる。すると「松風」に村雨が出たり、菜摘みの女になる。舞を舞う女が二人出ねばならぬ。そういう理由が日本の宗教史の上にある。みこのことを忘れると一人がいらぬ。それでその一人を説明するために趣向が変わってくる。神が乗り移ってくる形が、能の上では、著しく装束によって示されている。行いをすると行いの力で人の身体に乗り移る。すると狂い出す。もう一つ適切な条件がついている。人格転換の方便で一つの着物を着せた。着物を着ると、神憑きの動作をする。広い意味ではものぐるい。ものぐるいということは、鬘物とは少し区画をつけねばならぬが、精神は同じだ。

すべて鬘物はものぐるいから成り立つ。みこのものぐるいで、精神病者を意味するのではない。霊魂が憑いて身体がくるくる回転してくる。そこにものぐるいの簡単な意味がある。だから簡単なのだ。そうせねばすべての神事が行われぬ一般の神道があった。一般の神道では必ずものぐるいがついていた。祈禱をするには必ずそれが要った。占い、託宣そのためにまず形式としてよりましを据え、神の霊魂を憑け、それが狂い出して働く。そうしてから、信仰的な目的を持った動作が行われる。その期間のためにはよりましが来る必要はない、という時にも、必ず先にせねばならぬとなっていた神道があったのだ。そのうちに舞ぶりが面白くなる。頼まれればそれを舞う。だんだん芸能の観賞に叶うように技巧がこらされてくる。するとただの舞でなく、戯曲として工夫されて、演劇になってくる。だから能は、原始のものと思うが、能が戯曲を持つまでには、まだまだいくつもの段階がある。だから能で見ると相当に発達している。今言った鬘物に対して、普通のものぐるいをば、狂女物として分けている。まれには精神病者の男があるが。男も神憑きになるが、扱っても不思議でないが、主として女だ。女の方が発達したので、男に代えた、とそう簡単でなく、女が完成してみると男の方でも出てくる理由があるので、男のものぐるい物が出来たと見るべきだろう。「高野ものぐるひ」、あるいは「歌占」。

ものぐるい、およびその要素を備えた男のものぐるいがあるが、能で悦ばれたのは女のものぐるいだ。こっちはもっと合理化している。恋人に別れ、待っても来ず、狂女になった。あるいは人買に買われ、子を尋ねてものぐるいになった。あるいは遠い所を探している子供は死んだ。その心に子供の姿が現れてくる。だんだんものぐるいが合理化し、同時に戯曲として深く入ってくる。すると、ものぐるいは狂女物の戯曲の一つの型になってくる。それをせねば、狂女物にならぬということだ。里人がとらえて「おんくるひ候へ」と言う。「角田川」（渡船場でのやりとり)。

シテ　のうのうわれをも舟に乗せて賜はり候へ

ワキ　おことはいづくよりいづかたへ下る人ぞ

シテ　これは都より人を訪ねて下る者にて候

ワキ　都の人といひ、狂人といひ、面白う狂うて見せよ、狂うて見せずはこの舟には乗せまじいぞとよ

都の人だから舞がうまい。その上、狂女だから狂うのが本職だ。習慣で見ているので何とも思わぬが、よく考えると無理な注文だということがわかる。で、狂女物は、女の狂人に関する題材を求めて、ものぐるいを演ずるために探して、それに一つ一つものぐるいの舞をつけたというだけのことだ。が、すでに猿楽能が発達する前に田楽能の上に出ていて、面白がられている証拠はある。

ところが、今まで総括してものぐるいの系統の芸を鬘物と言ってきている。普通は三番目物(四番目物にもまたがっている)。人によると『伊勢物語』『源氏物語』に出てくる題材を扱っているものと言っている人もあるが、そう簡単ではない。『伊勢物語』『源氏物語』、そのほかいろいろな題材がある。『伊勢物語』『源氏物語』から取った素材が多く残ったというだけだ。関係ない題材もある。しかも狂女物を包含してる方にもある。鬘物は、一つには女が鬘をつけてるからだ。かづらは歌舞伎の方でかぶるかづらではない。おそらくかつらは、日本の古い宗教で、いろいろな種類のものがあり、地方、時代でかつらの種類がたくさんあったのだ。すっぽりかぶって髪を隠してしまうものをかづらと言う。第二の髪の毛、頭の形を作るのがかづらだとなっている。ともかく初めから常の頭に垂らして、ああいう別の頭のように見えるものが用意されていたわけではあるまい。平生の頭と神事の時のと、違っていたことが考えられる。しかし、普通かつらというのは日本の古い文献にあって、かづらはつるくさということに過ぎぬ。その蔓草で作ったものを頭に巻く。それがかづら。鉢巻みたいなものだ。月桂冠などと同じことだ。額から後へ蔓草を束ねたもので巻いている。蔓草でない植物の草や枝で作っているものもあ

る。場合によると、かづらをかげと言っている。かづらと同意義に使っている。おそらく平安朝にも言っている。ひかげになるともうかぶりもの。女のかぶるもの、天女がかぶるもの、ひかげのこと。これから遡ると。古代にもかげは武装する時にかぶっているものだ。かげとかづらは、ほとんど同じ内容をもって並んできている。能の方のかづらは単純なもの。ひもを額から後ろへ回して、結んで垂らしている。かづらおび――帯と感じるのだ――という。鬘帯を着けている芸人あるいはそれを着けてるものが主人公になっているものが鬘物だ。

三　神がかりの動作以外のもの、定家、通小町、墨染桜、雪

（昭和二十一年二月二十八日）

神がかりの動作以外のもの

能の鬘物は、神がかり、神憑きの動作を演ずる芸能であった。そこまで遡ることが出来る。

三番目物をなお見ると、その他に、相当いろいろな要素が入っている。既に述べた「杜若」は、いわば精霊ものだ。外に、藤とか芭蕉とかを、何故題材に採って来たか。舞うということだけなら、曲さえあれば舞えるのだが、どうしてこういう趣向をたてたのか、ということになると、非常に疑わしい。「杜若」の場合は、その疑わしさを、解決しようとしている。業平の霊か、杜若の霊か、わからない。

定家

同じような例をひいてみると、「定家」をみても、後ジテは式子《シヨクシ》内親王。本文を読むと、定家やら式子やらわからない。どちらを主人公にしているのか、判断がつかない。読んでいくと式子になるが、中途の気持ちは定家の気持ちもある。——石に葛が絡み付いていて、これが式子で、定家と契りがあり、定家の執念がまつわりついたのだ、という。文章の上では、式子が出たり、定家が出たりしている。しまいは、明るくなって、

　定家葛も、かかる涙も、ほろほろと解け広ごれば、よろよろと足弱《よは》車の、火宅を出でたる有難さよ。この報恩にいざさらば、ありし雲居の花の袖、昔を今に返すなる、その舞姫の小忌衣《をみごろも》

通小町

執念に悩まされていた死霊が、解脱して、悦びを舞っている以上、文句から見ると、天女の舞のようになっている。「二人静」とは違うが、「通小町」。お互いに、目的欲望の違っているものが、現れて来て、物語りをする。

墨染桜

式子が出てくるはずの曲でありながら、式子だけの感情が出ているのでなく、その中に定家の感情も入っている。演出には出てこないが。最後にはほとんど天女の舞でも舞いそうな文句になっている。

お能の文句を見て、口から出まかせに作っているとは思わない。考える以上に、舞台の約束や、作家が取り上げるまでに、作のもとがあり、更にそのもとも、ありそうだ。昔のものを捨ててはいないし、逆に辿って行くと、単純ながら、もとのものに直せる。文章に書けないから、こういう形になるのだ、と思ってはいけない。そういう書き方をする理由がある。むしろ、そういう複雑な理由から単純化して、一人の主人公にしようとの努力がみられる。が、歴史にとらえられて、徹底しない。それで、われわれには、かえって、もとの形が出てくるということにもなる。

定家葛は、外の曲節の、精霊を扱った能からいうと、植物の霊が出て物語をする、という趣向だったに違いない。仮に形を変えてみると、定家と関係のない、山の蔓草が現れて、旅僧に語る。それから延長されて、第二、第三のものとなってくる、とこう考えていい。この曲の場合、必ずしも第一の、蔓草を主人公にたてた曲はなくてもいい。「定家」に関しての事実としては、第一のものはなくても、それがあるとして、第二の形のものがまず出て来た、とこうとってもいい。

能の中には、こういう精霊ものが、相当発達している。「墨染桜」を見てもそうだ。深草峯男が桜に語りをすると、精霊が出て来て感謝する。植物としての生活を解脱して、自由世界に生まれる。桜だけでは、戯曲としては面白くないので、桜の中の墨染桜を問題とし、自然仁明がかくれて、仕えていた者が悲しむ、僧正遍昭になったりする。こういうふうな筋立てになってくると、桜の解脱談が有意義になってくる。昔の人の教えられていた仏教では、肉身を解脱しようとする、人間以下の動植物は、更にその欲望が強いものと見ている。何かの力にすがって、解脱しようとしている。この世の暮らしを助かり、同じ生活をくり返すのをやめようとする。――これだけで、一つの戯曲を構成できるが、何のために苦しんでいるのだ、と苦しみの原因を尋ねていく。そうでないと、意味がない。その苦しみの原因が、恋愛とかいうことが、深く保たれてくる。すると、解脱の悦びが、解脱劇の悦びがわかる。そういうふうになってくると、ただ、山川草木だけでは、意味が無くなってしまう。しかし、それだけで、戯曲の効果を収めたものがある。しかし、それだけでは足りなくなって、次第に、人生が入ってくる。能は元来、舞うだけで沢山だ。それだけの能も残っている。それで精霊を主人公にしたものが多く出ている。

それでは何故、植物が多いのか。雪なども題材になっているが。興味を一番ひくのは、ほとんど霊魂もないと思っている植物が対象になっていることだ。

これも、能以外には古くからあるし、能以後はたくさんまたある。植物の精霊が、人と見える肉体を持ち、結婚する。これが、小説戯曲にも書かれてきている。

能に出てくる植物精霊を解いていけない。その点では、能は淡泊である。

人情の葛藤を、小説戯曲は、問題にしてくるのだが、能では、それと関係ないものがある。それで、そういう点からも、解けない。

それは、どういうふうにして、説明していけばよいか、ということが問題になる。それだけが問題になって、一つの戯曲が問題になったことがある。

狂言にはいって、舞狂言を見ると、舞うだけに、ありふれた類型を持って来ている。無内容なものがある。それと、精霊ものは、ほとんど目的の無いものと思われる種類があるわけだ。

すると問題は、能以外にそういう種類があるのか、あるいは、能に単純にそれが発達してきたのか、ということだ。しかし、能だけにこういう事実があるということはない。が、能において、そういう方面に殊に進んだということはあるかもしれない。が、それらの曲を見て、どれも、どれがもとのものに関係があるとも言えぬ。古い形のものと、新しい形のものとが、同じ精霊ものにある。植物以外のものも出てくる。

植物の方からまず考えてみよう。かつらについて、もう一遍問題になる。かつらというものは、普通の考えからいうと、祭りの時に、特殊な人を、祭りに関係ない人と区別するしるしだ。が、神事に関係する人の、広い狭いがある。賀茂の祭りの時には、ほとんどすべての者が、氏子としての姿をする。葵の、二つに分かれている芽生えを取って来て着ける。着物、袴、座敷の簾、門《かど》にも立てる。神の氏子がここにいる。祭りに対して、物忌みを続けていることを見せる。広い範囲に亘っている。同時に物忌みが浅い。ところが一方には、直接神に仕えている、厳重な物忌みにいる人もいる。そういう人々は、小忌人と言い、印として小忌衣を着けている。能の装束にもあり、歌舞伎の殿様も着ている。あの衣は、植物の皮で作る。

同じ祭りでも、深い物忌みにいる人と、浅い人とある。かなり自由な物忌みをしている人だ。そして、小忌人が、一番深いつつしみを、祭りの間にしている。

かつらというものも、そういう種類のもので、これを着けている者からいうと、これはおそらく神そのものを表現している。つまり、これを着けると、神の氏子ということを離れて、神だということになる。人が、神の服装の一部をしているのだ。つまり、かづらを着けているものは、神と同等なものというふうに見られる。普通の人間と、違う形が、発達している訳だ。

神のしるしのものだから、それを着けていると神に近づけてくる、ということになる。

かづらには、いろいろの種類があって、だんだん大きくなってきて、頭を覆うてしまうものにまでなっている。そういうふうに発達していって、又それは退化してくる。又、発達の途中のものもあるわけだ。歌舞妓芝居のかつらは、うんと進んでしまって、それからのち、違った方へ伸びていった。そうして、かつらの、別のものを作り出した。

かつらは進歩していって、布切《ぎ》れになっていく。植物の蔓や枝を離れて来て、布をもってしている。それがだんだん進んできて、それをしていれば神そのものを思わせるようになり、特別の意味を持ち、そのために、鉢巻き系統のものが、発達している。

帽子と言えば、西洋風のものを考えて、昔のものを忘れているが、固定した恰好のものを帽子と考えるのは、そう古いことではない。長さをもった布で、これで頭を包む。女の場合はよくわかる。烏帽子は、特別のものだから、えがついて、表している。

帽子の布は、長いきれを使い、これをかつらまきと言っている。かつらの巻いたもののことか、かつらふうの巻き方をしたもののことか、どっちかわからない。傾向は同じだ。かつら巻きにはいろいろある。

狂言の女が着けているような、ぐるぐる巻いて、胸から垂らしている。ああいうものがかつら巻き。世間では女ばかりでないから、いろいろのがあったが、ぐるぐる巻いたのがある。蜷貝の形に巻き上げたものがある。〔ここに上図あり〕あるいは、鉢のさかさまのような形のもの。

桂女、そういう形をして出て来る女を、山城から出て来る女を桂女と言っている。桂の里に住んでいるからだと言うが、桂女は必ずしも山城ばかりでなく、伏見あたりにも住んでいる。それでは桂女が住んでいたから桂の里か、とも決められない。普通、桂里から出て来て、かつら巻きの、特徴あるふうをしていたから、ということになる。京都の町で、しじゅうかつら巻きをして出て来る者は決まっていた。

桂女が住んでいるから桂だというのは、そこまで言わなくてもいい。あまり合理化されると、合わなくなってくる。合理的になりすぎる。桂川附近に居って、それがしじゅう京の町と交渉があった。桂女が、桂舞いをしたことは事実だ。桂女がしている巻布だから、桂に住んでいる女の巻き方だから、桂巻きだと言う。

桂女のは大きいものになっているが、能役者がつけるかつら巻きになると、小さい形式的なものになっている。

桂帯ともいう。昔は、帯という名で、頭についているものが沢山にある。かつらは千変万化している。

語原的に説明すれば、かつらは植物の名である。つらは蔓草。かは、髪につけるということから出ている。あるいは蔓草の総合に、かつらという語がなっていっている。

用途から言えば、それをつけていれば、神の氏子として、神に仕えている者という、物忌みのしるしであり、タブーである。

日本の芸能の約束から言うと、物忌みのしるしをつけていると、神事を行なっている時の服装のままだ、ということになる。桂帯を垂れていることは、女の為事としては、神人としての為事をしていた、女神人、あるいはみこだ、ということ。その点から出て、かつらものの名のもとに、綜合されている（——かつらもの＝桂帯を着けている人が主人公であるもの）。だから、みこものと言うのと同じだ。

能のかつらものの中、主なものは、たいていみこの舞から出ている、みこに関連した戯曲だということになる。こういうものが、沢山の分化を遂げていった。更にそれからはみ出していって、狂女物になってくる。また別の分化をたてたわけでもある。桂帯は、女ばかりの、女のしるしだが、日本の宗教史は、そんなに短いものではない。男でも着けている者がいる、ということになる。だから、烏帽子をかぶったり、鉢巻の恰好で桂帯をぐるりと巻いたりして垂らしている。同じ目的で使われるように見えるが、烏帽子を着けている鬘物は、男にも多い。これは、演劇の上の、そらごとである。そして、このそらごとは、もっと、現実的なかぶきの方にも伝わっている。無批判にしているので合理化も何もせずに、頑固にこびりついている。たとえば、「手習鑑」、松王のやまいはちまき。この系統を尋ねてみても、随分ある。由緒のわかるのは、助六は江戸一番の頭痛持ち、の助六の鉢巻だ。威勢のいい鉢巻だが、もと、上方の狂言であることがはっきりしている。上方の、揚巻助六心中が、既に鉢巻をしている。助六のは、鉢巻でなくかつらだ。二代目団十郎のは、かつら巻と書いてある。ただ、後ろに下げていないだけだ。鉢巻とは言ってはない。

これがだんだんに誇張されて、鉢巻の名が相応しくなってきた。助六が、鉢巻をする理由はない。上方からの伝来だ。その理由は、歌舞妓の女方と、系統を混乱さしている若衆役者が、かつらまきをしていたので、その姿で、二代目団十郎が舞台に出ていて、助六にばかり残っていたのだ。それからあんなふうになった。すると、昔の巫女の物忌みのしるしが、歌舞伎の若衆まで伝わっている。

四　乙女の舞

（昭和二十一年三月七日）

日本の舞の中、一番平凡で――というより誰が考えてもあるべきはずの乙女の舞、それで一番従来伝説的に名高いものとなっているもの――むしろ乙女舞の規準になるのは、駿河の浜辺に天から降りた乙女が舞っていた舞を盗んだものが伝えたという伝来のあるものだ。普通駿河国の有渡浜のことになっている。それを地守《チモリ》の翁が見て、砂の中に身体を埋めて窺って、舞ぶりを盗んだ。これが幾通りにも変化してきたらしい。三保の天女の物語は時代から言って後のものだから、有渡浜のが変化したとは言い切れぬが、有渡浜が古く「羽衣」の天女の話が新しい形式だと、だいたい言えそうだ。

が、部分になると違うところがある。有渡浜には羽衣を隠したというところはない。羽衣は隠したことが大きいモチーフになっている。で、自ずから話の中心点が移っていっている。が、ともかく、関係の深いことは想像できる。だが、天から下った乙女が必ずしも舞ぶりをとどめたという話ばかりでない。有渡浜のは簡単で素朴だ。地守は古のことばで言うと巡査みたいなものだ。邏守と言っている。しじゅう道を戒めているので、天女を発見したということになる。天女から直に教えたのでない。これが、日本の古い歌、平安朝の東遊び、風俗などにその印象が残っている。おそらく東遊びは舞ぶりの一部が有渡浜の天女の伝説を持った舞の系統を引いているものではないかと言われてきている。東遊びは東の舞踊（遊び＝鎮魂の舞踊ということ。鎮魂のマジックを重く考えねば舞踊のこと）。その東遊びが舞踊を主にして歌は固定した。それが今残っている東遊びだというものだ。歌は変化して固定している。東遊びの歌の文句は別の部門をなしてたくさんあり、それが風俗だ。風俗から言うと中国辺、九州辺もすべて入らねばならぬ。風俗は諸国の国ぶり歌のことだ。ところが平安朝の風俗として、残っているのは東の歌なのだ。わずかにほんの痕跡という程度に東以外の地名をもったものが残っている。これは京風俗を東風俗と関連さしていうと……それが習慣になって、別にはなしても風俗というようになった。で、広い意味で風俗は全国にわたっているので、平安朝の風俗は東風俗だ。これを見ても、ただの民謡ではない。民謡を宮廷風の唐楽の高麗楽の譜で歌ったものだ。だから民謡を外国の声楽の節に取り上げて歌ったものだ。それは東の風俗だけではない。宮廷に行われていた神楽の歌から出発した歌群である催馬楽でも同じことだ。みな民謡でそれを多く唐楽の調子で歌っている。だから歌謡曲だ。これは舞が伴う。舞のための歌だったのが、舞が固定し、神楽は神楽として、東遊びは東遊びとして残った。

東遊びと風俗のことを申したのは、羽衣の謡でも東遊びの……にという。東遊びというものを、有渡浜の乙女の舞から出ているのだという伝えによって、ああいうことを謡の文句に作って言っているのだ。のちのことだから、証拠にはならぬが、伝説を信じていたわけだ。東遊びの歌と、それから遊離した風俗と双方照らしあわすと、有渡浜の伝説が歌の中に出てきている。風俗の方には駿河なる有渡浜に、歌の文句はわけがわからぬが、駿河なる有渡浜に鳥が降りてきて、それが自分の思うている妹だということになるらしい。同時にそこから立って高天原に八乙女として飛び立つものだ。

この有渡浜の天女の伝説が、その歌と関連して、八乙女舞というものを分出している。八乙女舞は、熱田に伝わっている。八人の乙女が舞う。おそらく八乙女の舞は高天原に立つ八乙女に由来しているのだ。東遊びに関連している風俗が熱田に一部残って、同時に舞の名となった。舞も残り、そういう舞の名ともなったのだ。ところが、舞は一人舞もあるが、同時にいく人か一緒に舞う舞がある。相舞。二人、四人、八人、というふうに舞う舞がある。多く偶数で、舞人の数が決まってゆく。たとえば、二人の相舞を複雑にすると四人、それから八人、八人の群舞を二組作ると十六人、と複雑になってゆく。八乙女の舞はそれのわりに簡単なものだ。八人が同じ身ぶりで舞うわけだ。同じ身ぶりで舞うのと、二人ずつ違う動作をするのとある。同じ相舞でも、二人で争う形、あるいは慣れ親しむ形、あるいは行きあう形、そういうことをする時は立ち合い舞というのになる。ただの相舞ではない。一つ一つについて違った意味をもってきている。二人とも同じことをしているわけではない。この東遊びの伝統は、東国から都へ来て宮廷へ入り、そこから附近の社へ分祀され、さらに諸国へ出た。しかも東遊びの中心は有渡浜の天女のものだと信ぜられてきている。今日残ってる東遊びの曲目や歌を考えても、すべてが天女の舞ぶりだとは言えぬ。そういう伝説をもった舞が都へ入ってきた。平安朝の中頃以降に都に入ってきた。もっとも東の舞はもっと末頃「東歌」がある以上、それに関連した舞があろうが。

都の方ではもっと古い伝来を唱えている。最初のものは少し新しすぎると思うが天武天皇の時と言っている。人麻呂の歌という。

少女子の　袖ふる山の　瑞垣の　久しき時ゆ　思ひき我は（『万葉集』巻四―五〇一）

長い間をば思い詰めてきた。序歌。ふる山は大和の石上、ふる、丹波市の上の布瑠神宮の山だろうとなっている。舞に振って舞うのをひっかけている。ひさ、ひさごだろう。普通瑞垣が古びているととっているが、ひさごのかづらが絡みついている。この歌を見ると何でもない。

が、この歌を違った意味に分解している。『万葉集』が編纂される前からかも知れぬ。少女等が、と言っている。袖ふる山が、ふるの山でなしに、少女子が初めて舞って舞ぶりを伝えた山が袖ふる山だと、世の中に理解が行われていたのでないかと思う。少女舞が世の中の人に人気があったので、そういうふうに解釈していた。袖ふる山という山、漠然とした理解が行われていたのでないか。天武天皇が吉野にいた、天智が隠れてのちに近江を滅ぼしたということになっているが、伝説の世界では天武は同情を引いて、人気がいい。大友皇子が悪いことになっている。それが古くからの伝説だ。吉野を逃げる前に吉野にこもっていた。すると前の山に少女が下ってきた。見ているとそこで舞って、その舞を伝えたものが宮廷の少女の舞だという。それが吉野の袖ふる山だという ことになっている。その地名を考えたのは、言葉に理解がないので少女と言っただけで、少女舞を連想したのだ。何でもない歌で、歌自身に少女舞のことがこもっているが、袖ふる山があるわけでない。

　少女ども　少女さびすと　唐玉を　袂に纏きて　少女さびすも（『琴歌譜』）

少女どもが少女舞を舞うことよ。朝鮮伝来の玉を袂に巻き付けて――。たもとは、着物の腕のこと。われわれの袂ではない。腕にあたる部分も言うらしい。袖の袂にあたる部分が袂の袖↓たもと。『萬葉集』の袂は腕のこと。女の腕をいもが袂、そうでなくては、「袂に纏きて」は空想にすぎない。「少女さび」。さび、特殊の意味。翁さび、翁を表す舞。少女を表す舞、少女舞のことだ。少女が少女舞をすることよ。それだけではおっつかぬ。さぶ＝霊魂が何かにそそられて出てくること。霊魂が遊離すること。さぶし＝霊魂が遊離してあとの心の空虚なこと。心の空虚を表すこと。さぶが重なり、さぶさぶし。これが消えてさうさうし。これが平安朝にたくさんある。さうさうしは、さふさふし。空虚を感ずること。心の空虚の物足りなさを表す。ことにさうさうしは、もの足りぬと表していい。退屈な、ということにもなる。さぶがそういう意味だ。遊離すると言うとわかるが、もう少し細かい状態だ。内らのものが外へそそられて出てくること。翁さぶ。翁の霊魂の現れる状態。翁の霊魂の現れることか。翁びた舞をすること。少女の霊魂の現れることで、そうなると舞ぶりが少女の姿になる。霊魂に翁の霊魂があって、それが憑くと翁舞。少女のが憑くと、少女舞をする。で、概して翁さびは翁自身が翁舞をする。少女さびは少女自身がする。結局はそれに憑いて舞わせる霊魂が翁であり、少女である。舞うものが翁でなくても、翁さび、少女さびがあるが、日本の古代の舞の伝統から言うと舞の衝動を起こす同じ年齢のものが舞うことになっていたのだ。で、翁さび、少女さびのうたの説明は出来ると思う。

　天武天皇が見られた少女舞が宮廷に伝えられて五節舞の起源になった。五節舞は新嘗祭に関連した舞。大きく言えば天子一代に一度の大嘗祭の舞が五節舞だ。新嘗の時にもとは行われ、大嘗祭の時、大規模に行われた。五人の少女が五節の舞を行う。一つの進行を五遍くり返す。五節は五つ折のことというが、そう簡単ではあるまい。五節の舞姫が選択されて毎年舞うことになっている。その少女が舞うことが、天武が吉野の山姫の舞を感得し、心でそれを記憶した。それを伝えたものだと言っている。おそらく五節舞の舞ぶりは、新しいものだろう。

新しく舞の形を変えたのだが、五節舞の起源は古いものだ。宮廷の家々で行われる少女の舞は、饗宴につきものだ。宮廷でも一年一度の大饗宴に少女が出て舞うのは天武頃のことでない。もっと古い。ただ天武というのには意味があるのだろう。おそらく五節舞というものが、後世の五節舞になった。五節舞の名にふさわしいものになったのが天武の頃なのであろう。あの頃に出来たという伝えがあったのだろう。

特徴は唐衣を着て舞う。唐衣は平安朝になって純然たる日本的なものになっているが、外国から来た舞のものの模倣だ。朝鮮の着物というより、支那に近い。平安朝の唐衣十二単衣になると、女の一番美しいものになる。装身具も自ら唐様だ。だから唐玉を袂に巻いているのは唐衣からわかる。唐玉か、あるいは朝鮮でない、支那かもしれぬ。今日から見ると純然たる日本ふうと思うがそうでない。舞い始めた時代は、外国風な感じのしたものだろう。宮廷の伝来の儀式のうち、最も古いと思われている舞が外国風な服装をして舞った舞だということになるが、伝来の歴史に非常な興味を持たれてくることがわかる。だからいつ頃始まったか、飛鳥の末頃だろう、天武だ、と考えた。ともかくそっちへよってゆく大きなもとはわかる。五節舞は非常に古いものと思ったが、昔の人にとっては異国的な舞だった。すると少女舞の起源だと言われているのは、宮廷に伝承されているので古いと思っているが、日本の舞踊の歴史からは、もっと前が考えられる。

貴族の饗宴に女の舞人が出るのは五節の伝説以前からある。饗宴の形を見ると、舞姫は必ずまれ人の主賓のために主人を祝福して主賓の伽をする。一夜の伽をする。たくさん証拠があるが、古く明らかなのは允恭天皇が愛された衣通姫、允恭の皇后の妹。普通なら天子の寵愛を受けるのは当たり前。皇后が嫉妬深いので見せぬ。皇后の家に行き饗宴があり、主賓として座につかれ、そこの娘が舞姫になるのは当たり前。皇后が出さなかった。それで催促し、仕方なく出した。それから恋愛が始まる。尊い人が訪ふと、饗宴がある。舞姫が出る。男の舞人が出ることもあるが。その舞姫は主賓のために枕席に侍る。舞姫はその家の主人の所属と見ず、建物の精霊と見ている。家にまれ人が来る。尊い神秘の性質を持ったものが訪うて来ると、その力を受けるものは家の精霊だ。それがまれ人のために忠実な、抗争して復誦する。それが恋愛的に結婚する形になってくる。そういう風に饗宴に舞姫の出てくるわけが、結局ある。五節舞と言ってもそうで、饗宴に出てくる舞姫だ。昔から日本の饗宴にはあったものだ。

天武天皇以前、少女舞の伝説は消えてしまう。少女舞があったことは事実だ。それと照らし合せて、翁舞は、古いところは、そんなかどうかわからぬが、もとは憂うつだが、近代では明るくなっている。そして外から訪問したまれ人の神の形をも作る。もしそうなら、まれ人の舞の翁舞と迎える少女の舞が、日本の舞の起源だ。同時に近代まで脈が続いていると見られる。しかし翁舞については、そう説明するには少し足らなかった。翁舞のもとの意味が違うかもしれぬが、後世の人が翁舞について考えたように、饗宴のは出てくる。賓客の舞があったに違いない。で翁舞――まれ人の舞↓少女の舞、と連想して考えられる。

昭和二十二年度芸能史

一　芸能史を芸能自身から釈いてゆく行き方

（昭和二十二年四月二十二日）

芸能自身から釈いてゆく行き方をしてみよう。

演劇的要素を持ったものあるいは歌謡的なもの舞踊的なものもあるが、演劇的なものは総合しているので、その方から入ってゆきたい。「お能」の解説から入ってゆきたい。お能あるいは猿楽能（申を書く）を「能」と言っている。これがある時代に芸能の本流になるので、能というと他のを問題にせず、お能を感じてくる。三間四方に能役者、囃子、地謡が控えている。そのことから話してゆく。

「はしがかり」、楽屋と舞台をつなぎ、見所とは石を敷いた所がある。客席へ二歩を開いていることになる。舞台の後ろは板張りで鏡板になっている。それには老松の姿が描いてある。焼けたあちこちの舞台は新しい画家に描かして松も変わってきていたが。

鏡板の松の下に囃子方が控えていて、上手に地謡、真ん中に能役者。これがもし舞台の上でなく松が実物のものだとすると、今は舞台が明るいが、半分夢うつつで感じると大きい松の木の下で、いろいろの職分の人たちが控えている様子が、砂の上、草原の上で、饗宴を開いているように見える。瞑想的になればそういう幻想が浮かぶのが自然なのだが、今では幻想を誘うものがなくなってしまっているが、御祭り（若宮祭りの時に行われる行事の総称）の時の春日のお旅の「能」をはっきり心にとらえることが出来れば、空想も浮かんでくると思う。かつては、野天の下あるいはもっと簡単な舞台とも言えぬものでやっていたのが、ああいう形になってきた。

「のっかる」（東京。他の地方の表現は出来ぬ。江戸っ子の下町の下品なことば）と使うと適切だ。野天舞台の演技が出来上がって舞台の上へのっかったと考えることが出来る。そういう空想を抱きつつ聞いてもらいたい。「お能」のレパートリーの中に、重要なものがあり、さらに舞曲なものになり、最後の大事なものは「翁」だ。謡いものばかりでは「神歌」という。翁の芸能に帰すると思う。それがわれわれの芸能史の一部の結論である。

翁は見る機会も多い。その舞台は、翁、千歳、三番叟。派によると千歳の他に、これと似た服装の――千歳は年若く見える。特徴は納豆《なっと》烏帽子――侍烏帽子をかぶってくる。その似た服の若者らしいのが二人の時がある。それを面箱（もちの略）。千歳が普通の派では面箱を持つ。誰が持つのが本当かという問題になる。ともかく舞台へ出てくる。ちゃんと決まった最初の位置に着く。翁がその舞にかかろうとする時、箱の中から、翁の面を出し、客席に向って両方の席から見える位置で、面を付ける。舞をする。これが済むと入る。千歳が舞い、それから三番を呼び、鈴を譲って去る。それから舞――踊りと言った方がいい、烈しい舞になる。翁帰り、千歳が引っ込むまでが前段。それからあとが三番叟。白尉の段と名づけてもいい。あとは黒の面を付ける翁の領分だから黒尉の段。この字、尉（じょう）と読む。判官だから。わかりやすくいうと、前段と後段とになる。近代の翁では白尉はシテ方が演じ、後段はいわば後ジテの段を、三番がやる。翁の場合は、あとは狂言方が受け持つ。昔からそのままか、あるいはシテ方、狂言方がしたのか。おそらく、狂言方がしたというより、お能自身が狂言方のする芸だった。同時に狂言方が澄んできた白尉をつとめる形も出来てきた。そういうふうにして、舞台の外側で面を付けて舞う。そのちも三番が面を付けて舞う。我々は面を付ける前も後も三番の決まった芸かと思っているが、平気に考えると、道を歩いてきて、木の立っている所で宴を開く。いよいよ自分の芸能の舞を舞う時、面を付け本芸にかかる。面を付ける前は芸ではない。行ってから屯《たむろ》して踊り出してから花見だ。翁が面をかけるまでは饗宴の芸能の行われる前の姿だと思っては悪いだろうか。中には歌を出す男もある。また変わって舞い出す。そう見ているとわかってくる。花見に行って浮かれている人は当参している人を意識しているが、本当はそんな意識なく、ただ歌いたくなり、踊りたいので踊っているのだ。習慣に従っているのだ。饗宴の芸能を昔からしている。歌を歌い踊りの仲間に入ってこぬ同じ仲間の人が見ている。そういう風なものが饗宴の芸能だ。それは饗宴の一つの習慣だ。お能の前段の翁の舞も、団体自身が楽しみ、見物を……。それが舞台にのっかっているだけだ。

われわれに、困ることが一つある。能をする人がいやな顔をするが、それが研究の邪魔になる。立派な経路を通ってきているというのは、そこを通る垣根で固めている。翁は神聖なものだ。神が現れてお舞いになる。神の舞だから、そうするのは法則だ。だけどそう言っても差し支えない。神の中には尊い神ばかりではない。高く見積もっても春日の大明神だ。人間以上の神もあるが、以下の神もある。その神が人間を祝福できぬと思ったら間違いだ。人間に服従せねばならぬ。そういう、家庭の人・土地・生産を守ることは、高い神のみが守るのでない。その土地の低い神は常にその土地の人間を憎み、妬んでいる。土地の精霊、スピリット、デモン。「神」ということばで表す。人間の家庭に所属する。低い意志を人間の力で枉げられる。征服する。そういう低い位置の神を従わせる。それが日本の信仰の長い間の形だ。偉い神の威力を借りてきて抑える。人間と違うので偽りがなく便利ではある。土地についている処のデモン、スピリットが、人の目の及ばぬところで勢力を持っている。そういう力で人が守られたい。人間を守り、祝福する力を持っているわけだ。ある時に出てきて、その人たちを祝福してゆく。神が出現して人を祝福する舞を舞うことは間違いないが、神聖なことで一寸でも犯しては罰をこうむることではない。人の意志で自由になる。社会史の上で見ても明らかだ。もっと下落している。

「こじき」、地方により昔からほんとうの乞食を知らぬ。川原乞食が野天にせぶりという小屋を作る。山川の猟(漁)をして売りに出る。ある時期にせぶりをかたして、また出てきて住む。サンカ。地方により川原乞食。その地方では乞食を知らぬ。あんなものだろうと思っている。乞食のごく一部分の考えだ。サンカは漂浪する無籍のことば。日本におけるジプシー。「乞食」は最近まで町にも村にも住んでいて、食べ物をもらいに出て生きている。もう一つの前の乞食は、食べ物をもらう代わりのものを提供して、もらって食べて生きている。生産にあずからず、生産に関係ないものを提供して交換する。すると何か。低い宗教家だ。家々の生活を祝福する。現実の生活には、接触した楽しい未来が考えられ、食べ物や果物をやる。乞食はそこに出て来る。食べ物が欲しかったが、それのみが目的ではなかった。もっと昔は、自分からは宿命を負って生まれてきた。人の祝福のために生まれてきているのだ。自分たちは生産しない。神から授かっていて、改める方法がない。ものをもらうということは第一の目的ではなく、自らそれによって生きるので、自ら強くなる。その仕事を決まった時に臨時にするものだとよくわかる。亀戸あたりは、子どもたちがサイノカミの勧進（宗教的寄付行為）、宗教的寄付行為の勧めること。そのためにする芝居が勧進芝居。子どもが食うのにやる。臨時で乞食ではないが、常にすると乞食だ。それだけの開きがある。そんなのは自分らの祀っている下級の神の代わりに、下級の神になって、自分らと関係のある村へゆき祝福をした。神がするのに、同じ形でそれに仕えていた人々がその神と関係深い家に祝福に行く。その礼に食べ物やらをやる。まれにしたのだが、それが常の仕事になってしまった。すると職業が出てくる。

厄払いが年越しに来る。いつ来てもいいが、節分のみ来るものと思い、乞食の方も節分の晩に行かねばと思っている。下級の神は節分以外出現しない。無言の約束をしていた。たいていの乞食はそうだったが、ひょっと時期をはずして来る。万歳は正月に来るのが当り前だが、三が日にまわり尽くせぬ。ある点あきらめねばならぬ。しかし万歳は三が日でやめぬ。あるき尽くせぬほどお得意があったのだ。万歳はかなり、だから遅れる。仕舞って国へ帰るのは遅くなっても仕方ない。（「山里は万歳遅し梅の花」は空想ではない。）時期が決まっていても、延び延びになってくる。いつ来ねばならぬか、その約束についての考えがゆるく散漫になると常に出てくる。祝福のことばを述べなくても……。

祝福のことばを述べなくては乞食ではない。昔はただのものもらいは介在する理由がなかった。必ずことばを述べた。乞食が代表しているところの下級の神に対する信仰があった。その神が来る代わりに乞食が来た。しかし、尊いのではない。神自身尊いのではないのだ。日本の古いことばで、乞食をほかひびと、略してほかひと呼んでいる。乞食、乞丐、乞士。ほかひは祝福する。運命を伸ばし健康を祝福する。われわれの乞食とほかひびととは内容が違う。日本の芸能の歴史は、「ほかひ」のことをとかねばわからぬ。芸をせずにもらう乞食は近代だ。下級のぼんさんだけはこれにあたる。苦しい、みじめな修業をしているものは生産の暇がない。人たちから哀れんでもらっている。乞食行願の連中が本当の乞食だ。日本の歴史的乞食は、祝福してものをもらう。

「ほかひびと」。ほかひが、民間に行われている芸能の流れを保つ一つの道だ。民間に芸能を保っていたのだ。ほかひをする人の身が維持し保存した。その芸能は他のことばで言えば、神の意志により祝福し、人を守護するための舞踊が内容になっている。その人たちの間に芸能が育ってゆく。日本の芸能はもう一段高いところにある。それは外来のものだ。芸能文化が入ってくる。それが社会の高いところに伝えられている。貴族でも一流のものになってくる。支那発祥の文化的芸能と言われるものは、高い貴族の間に伝統が伝わっていた。それが下りてくる。日本の芸能として不自由なものだが、これで救われている。芸能で今華やかな歌舞伎は、低いところで発達した。河原乞食を比喩にして使った歌舞伎役者の中に出てきたものが、上品とは思えぬが、華やかな歌舞伎になっている。日本の芸能には、本質的に高いとは言えぬとも歴史的に高い貴族社会からの伝統を伝えた外国の芸能がなくば、救いがなかったろう。

そういうほかひびとたちが、どの芸能にも関係していた。それが仕えている神の意志によって、この邸に住んでいる人たちの健康を予約して芸能を行う。神がすることだが恐ろしいことではない。翁は神聖にして犯すべからずというものではない。その芸を本芸として守っている能役者の家は金満だから、神の位置が高まってきた。上流の神だというふうに感じてくる。翁をつとめる前には長期の謹慎、食べ物、夫婦も断って暮らしている。同じ火でも炊かぬ。神聖は神聖だが、対象の神は低い神だったのが、翁の持つ神聖の意味であった。

二　翁、松拍

（昭和二十二年五月十三日）

今日の「翁」では橋がかりから三人に扮する役者が出て居所が決ると、予備知識のない人が覗いたとすると、役者たちを群衆が取り囲んでいるように思える。地謡、囃子が控えている。ただ今ではその座に控えているが、予備知識なくば、囲んで群集が円陣を作っているとしか見えぬ。

縁日で芸人がしていると、取り巻いて見ている。それが能舞台の上に出現してくる。ただ、われわれは感じないで見ている。主な役者がいると、地謡などは影のものだ。歌舞伎のプロンプタア（黒子）と同じに感じる。いるのだがいないと同じだと見なすことの出来る人が多い。他に出ていても、能の他は影のものと見る。能はその存在を認めているというにすぎない。能舞台は、高尚に神聖感すら持たせるようになってきた。しかし、能に関係ある人のように、生きて現実に囃子方なら囃子方として感じるのと、宮寺に控えて、やっているのを囃してやるのと同じことだ。われわれの芸能史は歴史をそこまで引き返してみる。都合よく鏡松が描いてある。そこで芸能人がしている。そこに囃子方も居、見物人もいると考えることは出来る。約束からはなれて、そう考えることが出来る。

しかも室町に発達した猿楽能ならびにその周囲にあった芸能はたいてい似たか寄ったかの歴史を持っている。室町までにある程度進んできて、上品になってきた。また、卑俗な姿で残っているものもあったに違いない。パトロンなども持たぬ昔の姿でする芸能団体では、そういう芸人の芸をする場所がわれわれの想像にはっきり浮かんでくる。宮寺の寄付行為のために行う芸能だと、これを勧進能という。（寄付行為を勧める。）勧進、寄付行為を促して廻ること。そういう意味の能が勧進能。そういう意味の演劇的の宮寺の勧進能だと、砂場で芸をするものに近くなってくる。

しかし一年のうちに時期を決めて、パトロンの家を訪問する。その仕事は、その家を祝福する。運命がいいように、神の力で祝福しにゆく。それをホカヒという。（能では、祈禱すると言っている。）その時は、場所は決っている。表門では外だし、対象の家族、主人に効果が及ばぬので、深入りしない建物屋敷に影響の及ぶ予期できる場所を考えた。それは昔の考えでただ一つある。主人、家族の建物と、下に属する建物との間が適当で、その間に中門が建っている。中門口まで呼び入れられて、祝福を行なってゆく。それが屋敷に及び、主人およびその家族に及んでゆく。中門の中は住んでいる所。中門口は日本の芸能で大事な所である。田楽の系統では、中門口というレパートリーがある。芸目、演芸種目。田楽以外でも田舎のものにあるし、江戸でも浅草に最近まで残っていた。浅草神社（艮のすみ）三社、その権現の祭りには、田楽が行われる。これは氏子の田村八太夫、代々続いて氏子だった、そういう芸能に、特殊な権利を持っていた。三社の田楽祭りに行う中門口は、ちょうまぐち、ちょうま（鶫《つぐみ》＝鳥《ちょう》馬《ま》、関東）を打ちだと説明するのだ、と言っているがそんな意味はなく、時期も違う。これは中門口だ。中門のない所でするので忘れてしまい、自分たちの知識でそうした。文学の歴史から言うと、江戸は田舎だ。田楽が栄えたときは田舎だ。その頃から残っていたのかも知れぬ。それが東京の真ん中に残っている。たいていの芸能はその家の中門口に来て行い、祈禱して、祝福して帰ってゆく。その芸から離れてほかひが行われるのではなく、その芸そのものが祈禱であり、ほかひである。祝福の技術が享楽の目的に叶ってきた。そこに芸能が生まれてきた。芸能と祈禱ともとは一つだったのが、偉い人が出て、離れ、芸術化してくる。芸能を中門で行うのは能の幻影と相当離れている。勧進の意味でなしに、定期的に旦那（仏、ダナパテ）、宗教的擁護者、寺、僧へのパトロンが芸能人のパトロンと変わった。これが芸能人のパトロンと変わっていった。芸術にあずかった人たちの生活様式はパトロンを幾人も持つことであった。

奴隷というものが、一人の主人を持つときと、主人にあたる者を幾人も持っているのとある。個人の家、宮寺のは一カ所に付いているが、部落共通の奴隷だと、主人を幾人か持つわけだ。日本の奴隷史から見ると、一軒の主人と村々と奴隷に区別がある。芸能を行う奴隷は、多く持ってきたので、芸能にあずかる人は昔の奴隷生活を忘れていない。奴隷の苦しい点が早くから崩れかけている。社々に結びつけられるが、日本の芸人は社々の直属の奴隷なのに、社会から解放され、芸能を行なっているという奴隷。世の中が進んでくると位置は低いが自由だ。土地は持たぬ。その奴隷の位置が高くなって、隠者という階級も出来、低い芸能の人々も出来る。奴隷の歴史を失っていない。たくさんパトロンを持つ機会に、パトロンを拡げていく邸を過去の芸能団体は持っている。その中に有力な芸人が出ると、旦那場が広がってくる。それが定期的に出かけて、祝福に回る。自分の所とパトロンと距離があり、周ってくる。義務感がいつまでも芸人の方で満たされぬし、パトロンの方も、来ないと一年不安で暮らす。だから待つわけだ。祝福芸能が、芸能化すればするほど、その中の団体あるいはその一人に接することになる。引出物に装束をやる。ついでに着て芸能を舞う。装束賜りの能。こうして着るものがよくなる。

松拍子バヤシ

その団体の中、一種類の団体ではないが、今では一種だけしかわからぬ。年頭に来る団体の中「松ばやし」をする団体がある。松拍という団体が来て、松拍の芸をする。ところが、松ばやしはのち猿楽の年中行事の一つの行事で、江戸の城の中で本□役者が一年の始めにするお能を松ばやしといって、その日を休んだ。江戸城で松拍子の行われる日だった。将軍の本姓は松平（三河での一時のが松平、その前は□□□）をはやすの意味で松拍子を感じたらしい。能の舞う間の仕事と思われた時代もあったが、猿楽の中にその松ばやしと言われる部分を持っていたろう。ところが、室町には松拍という団体が別にある。それは京郊外に、土御門、藤町という二つの特別な村がある。特別の身分の宗教者がいた。それが室町にパトロンの所へ来て祝福してするのを松ばやしと言い、その時に団体を松ばやしと言った。もっと他にこの人たちは仕事を持っている。この村は宮中の陰陽道の配下であった。陰陽博士に附属した彼らは何でもする。

寺の系統の陰陽道は宮廷へ入って来た陰陽道自身が神仏道に三つにわたっている。松ばやしが行うことは神道的だ。

こういう連中が松ばやしをした。同種の奴隷は寺の中にも、又近圏にもどこにもある。それらの者が年頭になると拡げるために歴史的な圏の外へ出て活動する。そういう松ばやしが幾団体が来るかわからぬ。そういう松ばやしは陰陽の……。

その中、田楽、芸能の団体から松ばやしの時期に同じ目的を持ってきて、これが松ばやしに込めて言われたこともある。後に、いろいろの芸能団体の中から時勢を泳ぎ泳ぎして、一つ選ばれてきた。能楽も初めは松ばやしのみ真似てこれをしていないとは言えぬ。それで松ばやしという芸を行うことが出来る。江戸は松平だから祝福とわかるが、古くなるとわからぬ。松平をはやすからは意味がない。お能の人は敏感で、決して中央にいるパトロンに失礼なことは言わぬ。

松はもとよりけふりにて薪になるも理や（謡曲「鉢木」）

松拍の語源は別にある。砂場、この偈にあると想像すると妥当な考えが浮かんでくると言ったが、その松の木は別の意味を持っていた。が、坂を上り詰めると同じ形を持ってくる。ある地方の神聖な土地に立っている神聖な木は、特別なマジックを行うと、その松を通して神が下ってくる。神を迎えるためにはその下でする。

松ばやし。はやしは楽器を鳴らしてにぎやかにする、と思っている。が、松ばやしは大木がおろされて枝が運ばれてくる、その行為を言う。おろして運んでくること。はやす＝切る、分割すること。松をはやすは、松を切ること。拍子も後の宛て字。松の枝の分割したもの。枝には種類がある。中央の枝から出た、真ん中に立ってゆく松の芯が切られる。門松も松の芯を立てる。そういうフォークロアが昔も行われていた。松ばやしに用いるのは松の芯だ。神は老木に宿る特殊な歴史がある。だから、その松を運ぶ。大きいものを運んだのだ。自分たちの芸能団体の進んで行く道に、切ったものを中心にして、行列が担いでくる。

猿楽あるいは松ばやしの連中かもわからぬ。絵でもわからぬ。その形を考えさすものはある。春日の社。事が起ると榊を担ぎ出す。その姿はわかっている。『春日霊験記』。春日の神人が担ぎ出す様子が書いてある。榊は大きいものはないから簡単だ。絵には残っていないが、田楽にも、担ぎ出したらしい。田楽の記録のあちこちに見えているものは、村（材の誤りかとも思えるが）。芸能団体を近代で座。それが一つの村にあると、その村が座。その人たちが独立して団体を作り、居る建物ができると座。その団体を意味することばは村。田楽の村。村は田楽の団体の建ててくる中心になっている建物だ。ことばは難しい。むらを突きつめても建物は出てこぬが、目当てになるものだから。

木に関係した大きいものを担ぎ出してくる。松ばやしは大きいものを担いでくるのだ。車に乗せることもある。ともかく、切られた木を囲んで、その木におりてきた神霊を連れてくる。神の宿っている木を分割する。それでパトロンを祝福する。そうすると、□想像していた老松は現実の松の下で遊んだ姿ではない。そうでなくて、かえって松ばやしを持ってきて、木のところで芸能が行われることを見せている。それには中門口と舞台と違う。舞台に何故描いてあるのか。松の木を持ちこめぬ、あるいは持ちこまなくなったためか。ともかく松の切った幹の下で行われねばならぬという生活の印象がある。能を行う場所の後ろの板に、松の木が表されている。それだけでも足らぬ。舞台に芸能を行われる手順がわからぬ。

舞台は武家屋敷の離れだ。武家屋敷の平面図は、番匠家に残っている。鎌倉時代の図。少しずつ違うが、芸能のところがある。将軍の居た御殿のプランでなく、室町の将軍か、室町の諸大名の家のプランが残った。それを古風な鎌倉時代のだと考えたのだ。時代を下げて考えてみると参考になる。日本の貴族の屋敷のプランが、武家の屋敷――武家は地方で発達し、それをその中にはさんでいるので、一つに入っていないが、公的の屋敷のプランが参考になっている。しんは本殿のこと。対屋舎に接続するのに中門廊、庭に池。池へ造り出して、泉殿がある。時には相似形。釣殿。狭くて、原則として四角。寝殿から斜めに見るわけだ。鎌倉のは、どの国にも、寝殿が客殿というものになっている。寝殿は常に開いている。主人より偉い客が来た時に迎える。そこの前へ横から廊下が出てきて、離れの建物、それが舞台。能舞台を逆さまに考える。白州の距離が離れていて、見所の位置が客殿だとする。主人は客殿で見ている。鎌倉は、面と向ってくる。それが泉殿とも言い、舞台とも言っている(矩の手だったものが正面)。それを泉殿というのは、平安朝の泉殿が舞台になったことを示している。大きい武家はそれを持っていたことがわかる。

雅楽表現の舞は行われた。宴会で釣殿で舞を舞ったことはあった。それが武家には舞の場所と決めてきて、それを客に見せるということになってきて、舞台の位置が真前に据えられてくる。

おそらくある時期に中門口で祝福して帰る松ばやしの団体、祝福芸能団体が、釣殿の上に迎えられて、そこで演じるようになった。芸として向上だ。その時は松を飾るだろう。上に。そして呪術的マジックが行われたろうが、それが忘れられて、団体の価値を保証してくれる松拍を、舞台へ上がってすぐ追放することはない。それで一時期は残していた。作り物風に上におかれたのだ。それが、能舞台の作り物の暗示になっているのかも知れぬ。その松拍の作り物が消えてしまって、やがて鏡板の松が生まれてきて、後ろに吹き通しにせず、松の板を描くようになった。それが一番正しいと思う。一度のかたち……それをどこでもかしこでも持った。

歴史的に砂場でせねばならぬしきたりの改められぬところは地べたの上でする。猿楽に関係深い奈良春日御旅所の若宮祭りの能。普通御祭りの能は、砂場で行われた芸だ。

三　鏡板の松

（昭和二十二年五月二十日）

鏡板の松はどうして出来たか。正月に芸能の村々からパトロンの家々を祝福してまわった松ばやしという団体を考えたら解決がつくだろう。

松ばやしの古記録を出す。小林静雄編『能楽史料 第一輯』[1]。室町の日記の中から、能楽に関係の深い記録を抜いてある。引いてある材料が活版になっている点もよい。

応永二十八年正月十一日。（看聞御記）「京松拍参。猿楽以下種々施芸。禄物捶等賜之。則飲ムコト之如例。」

京の松ばやしといって、外から来るものと区別したのだ。御所へ来たのだ。此松拍、「猿楽」が固有名詞か、滑稽の広い意味か。祝福の芸をしてのちに、滑稽のことをしたというのか。「捶」ヒタタレと読む。饗応されて例年の通り飲んだ。「京松拍」「猿楽」ということに疑問があるが、疑問から新しいものを開いてゆきそうだ。

十五日に「晩景当所村々拍物参。先石井。次舟津。次山村木守参。焼三毬杖如例。各賜捶。見物雑人群集。風流無指事。当年天下依飢饉。民力微弱之間。如形表祝着云々」（看門御記）。バンケイ、当所ノ村々ハヤシモノマキル、マヅイシ井次舟津。次ニ山村木守参ル。（田舎のはやしものが同様に来ることがわかる。ハヤシモノは、狂言に今もある。ここのは松ばやしだ。）何カ村ともしれず来る。左義長ヲ焼クコト例ノ如シ。関東ドンド、関西はトント。左義長の風俗が田舎風に変化したもの。御記では「三毬杖」と書いている。あちらから携えてきて焼くらしい。院の御所に集まってきたものに、見物が集まった。風流＝装束、冠物。仮装的おもしろみがなかった。松拍のあちこちから出てくることが、これでわかる。

十年たって、永享三年正月二日「於室町殿猿楽。観世松ハやし申入。猿楽六番仕之云々。右京大夫赤松両人計参云々」(満済准后《さいじゆごう》日記)。芸能に関するもの多し。観世座の役者が申し入れた。両人だけ参って見物した。これでは猿楽が観世の芸で「のうがく」と同じであることがわかる。観世が松拍をして、そのあとで行なった。松拍を猿楽でも行なったのがはっきりしてくる。本芸ではないのだが。松拍の、本芸のあとで行う性質もはっきりしてくる。お能に類したものであることの想像ができる。

もう一つ引く。同年正月十一日。「今日申初歟於室町殿御所猿楽。観世松ハやし仕之。芸能三番在之云々」。十一日の日に御所で申の時の初め頃だったと思うが、御所で猿楽があった。この時も奉仕している。芸能、猿楽より意味が広くなる。その次に「先々声聞松ハやし仕ル之処被二停止《ちようじ》一。彼間為二御佳例一申楽仕之云々」。観世が二度している。それを説明している。声聞松拍をしたのをお停めになった。観世が松拍をした。それは、「声聞被停止」。「彼間」、そういうわけだから、めでたい先例だからして、観世がした。声聞松拍、「声聞」がするのが、「声聞松ハやし」か。声聞師の特殊の民、宗教的奴隷村があった。それがあらゆる宗教と関係してきた。観世の楽の連衆とすれば、神事に近い。形式は神道的に近い。ところが声聞は名目、身は仏。起こりは陰陽道から出ている。それが神にも仏にも関係してゆく。これが松拍に出かけてゆく。声聞方が松拍をする理由もない。ともかく声聞師の村からも来ることがわかる。その中に、猿楽の人も混じっていることは事実だ。

満済准后の永享元年正月十三日。松拍をする場所の様子がわかる。「今日赤松左京大夫松はやしお令沙汰。御所へ参申云々。仍可令見物之由一昨日被仰間。不乃帰坊直ニ震殿中間廊ノ桟敷へ参了」。准后日記の正月十三日は、赤松からよこしている。赤松出入りの奴隷村のが、手引きで室町へ来ている。その一つだ。見物するがよいということを、一昨日仰せ下されたので、寺へ帰らず「震殿中門廊ノ桟敷へ参了」。廊に桟敷をこしらえたか、桟敷代わりにしたか。中門口というのがあって、それを入ると庭へ出る。庭へ通る、あるいは寝殿へは中門から

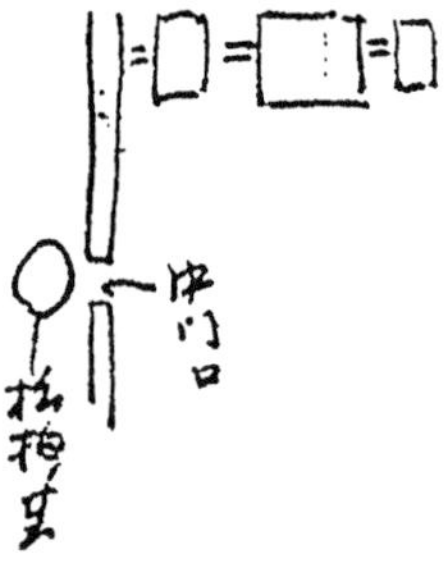

廊を伝ってゆく。桟敷、見物するところ。拡がって、ものみの場所のこと。中門廊をそのまま使ったか、設けたか。ともかく中門廊は桟敷に都合がよい。外は塀みたいだが、内側は通れる。窓側は窓だから、窓から覗くのでは桟敷とは言わず、おそらく、この時は中庭に入って、ここから見ていたということになる。ともかく、どういうところでするか。中門廊より内に入ってやることがあるという推測ができる。形を日記類から押し詰めてゆく。はっきりしてゆく。この本に新しい材料を加えてゆけば史料集になる。

時代が進んで応仁元年五月五日の条（経覚私要鈔）。「午刻猿楽参。楽屋公文所也。屏中門ヨリ林入了」。屏仲門より、昼時に猿楽がやってきた。楽屋は小門だった。「屏中門ヨリ林入了」これではよくわからぬが、屏中門からはやしが入った。林は宛て字で芸能団体の持ってくる中心になる立て物。ともかく、松ばやしのはやしと同じもの。猿楽がはやしを持ってきた。が何か持ってくる。宗教的行事の中心になるもの。それを持って屏中門から入った。中門と同じ。侍邸にあるものだ。田舎へ行くと今でもある。普通の中門と違うところはないが、たいてい、入口、玄関から入らぬような人が入る所。年一度あける所。しまいに、あけずの門。それは一年、あるいは何年目に一度あく。特に忌んで葬式のみ出すこともあるが、それは変わったのだ。特殊な賓客が来る時にあける。すると、奥に時に入って、客間へ通る門になっている。他の間へは通らない。客殿だけへ通る。田舎だと出居。（ただの座敷。）出居へだけ行く門が、多く屏中門と言われている。門を屏で囲んでいる。屏で囲んであるから屏中門というか。ともかくまれにしか人を入れぬ。室町に屏中門がそういう使用をしていたかどうかわからぬが、中門とほとんど同じもので、違うのはおそらく外はすっかり塀になっている。中門は中門。そこから入ったのは、庭へ入ったということだ。わざわざ入了と書いているので、その時特別ならもう少し書くし、いつもしていることならわざわざ書かぬ。そんなに珍しすぎることでもない。しじゅう、くり返していることではない。この時分すでに舞台というものが発達している。その舞台へ猿楽役者が上っているかどうかは問題。庭の芸が、舞台へのぼるかどうかは問題。

ところが応仁元年五月十五日。『奈良大乗院寺社雑事記』の中に、「猿楽明日云々。宇治猿楽在奈良之次如レ此致二其沙汰一云々。舞台借用不可有子細旨同仰返事」。舞台は春日だろう。借りることはいざこざあるまい。……舞台のことは異論があるわけはない。猿楽が舞台を使っていることはこれでわかる。中門から内へ団体が入っていって、芸能を行う。それにつけても目標になるはやしを持ち込んでくることも想像できる。それが座敷へ上ってくる。すると座敷へはやしを……ことになる。しかし、すべて神事というものは、人と神と同じ所にいるものではない。同じひと続きの場所で神事を見るものではない。桟敷は神事の行われている場所と交渉のないことを示している。荒い者があると、暴れこんでくる狩り場には桟敷を設けたりしている。宗教心の……

中門廊に設けたということも、見たてたのだが、行われている所と見ている所とは違う。同じ建物でないと思って安心していると、呼び上げて同じ畳の上で見ることは容易なことではない。今度屋敷のような建物の中に上がってくると、泉殿へ上がってくるのは適切だ。泉殿の建物が、舞台にあたるわけである。舞台というものは、雅楽にはあるが、屋根のないのが普通。舞台に屋根があるということは特殊な形だ。どの芸能の舞台が屋根を持ってきたかははっきりと言えぬが、本式の舞台は屋根のないもので、あるのは一時的のものだ。急場の間に合わせに屋根のあるのを使って、それは急に建物の一部を提供したということになる。屋根はあることが本式と思えるがそうではない。出世して屋根を得たのではなく、屋根のない舞台を設ける程のことでなかった。猿楽役者のする芸能のために、あらかじめその舞台を用意することはない。だんだん、家の中へ導き入れるようになっても、特別の常設舞台はなかった。隔離せられて、見てるのに適当だというものを選んだ。それが、泉式舞台発達の理由と思う。

編者注
（1）昭和八年、大岡山書房。

四　傘

（昭和二十二年六月二十四日）

松ばやしの話の中心を変えていく。

傘、あるいは鉾を中心とした興行団体の話。松ばやしという木の切株を携えてパトロンの処をまわって歩いた団体を松ばやしといったろう。同時に他の芸能団体にもその芸が取り入れられていったあとが見える。猿楽にも入っていった。結局、芸能人が芸能を行うために団体を作って歩いてゆく。その中心になるもの、芸をば行おうとすると、それを据えて、めぐって、芸が行われた。少なくとも松ばやしを据えた下で行われたろう。その種類のものが他にもある。その一つの例として、傘あるいは鉾を携えている団体の例を話してゆく。

何故、松ばやしを立てるか。松の切株、切枝に神が依って乗ってくるものと考えていたからだということは感じられたろう。松ばやしの下で行うのは、松に下った神霊がその芸能人に乗り移る。神がかりの所作を行うものと信じていた。初期は宗教的で、全然芸能的でなかったのが、一つの固定した芸能となり、それが型に似て、だんだん進歩してきたということが出来る。神の信仰を持っているために、その芸能が力強く行われていた。独立するためには神から離れねばならぬが、離れると立場がなくなってしまうので、容易に離れられなかった。離れきれなかったものは亡びたであろう。芸能が宗教から受ける保護を受けられぬので、頼るべからざるものに頼ったものが変わってしまう。延年舞、あるいは田楽能、幸若舞などが宗教的でなくても一種の方術的意識を失うとともに、亡びねばならなかった。で、神社・宗教の地盤に立たねばならぬが、ある点より先は離れねばならなかった。猿楽能はやっと離れた。新しい武士の階級にパトロンを求めたので、それが栄えるにつれて栄えていったのだ。

そういう筋の立った芸能団以外に、いくらも発生しては亡びている。それを辿るのも、芸能史の歩みになる。松の老木が神が下ってくる目標となるように、その外に神がこの土地へ下る目印のものがあった。それが一番、人工的に変化して人工的のものになったものが傘である。神が降臨する目標のものは老木の梢から傘に到るまでいろいろのものがあった。それを申せば芸能団体の標目が考えられてくる。芸能団体は一つの目印を持っていた。傘と申すとわかりやすいのは盆踊り（盆十三―十六日）。いつまでも踊るが、原則は十三―十六日までのもの。その間は盆月夜で、月の明らかな頃。夜露も深くない。そういう時に地方によると、音頭取りが円陣の真ん中に立って、音頭取りが立つことになっている。楼に築いたところもある。唐傘を持って立つのが、古い盆踊りだ。今もちょくちょくある。何の意味かわからぬが、持たねばそぐわない気がした。それが廃止されて、持たなくなった。何のために持つのか。踊りの団体が初めから持っていたのだろう。そのため、今まで持っている。初めから唐傘を持っていたが、盆踊りを通して、傘を持つにいたったのか。盆踊りからそれが世間に行われたという概念も成立つ。しかし、盆踊りが初めから持っていたのは、竿の先に四方に放射する枝のごときものを立てて、その下で音頭を取っていた。それが進んでゆく中に、世間の唐傘と歩み寄っていって、そして音頭取りが持つにいたったとも言える。すべてわれわれのもつ日常の道具は、たいてい宗教的起源をもっている。道具を捨てるにいたるまでに、新しい利用法を発見してきたのだ。最初に言った、初め唐傘がなかったが、だんだん出来てきたのだ。こういう言い方も言える。これは都合のいいことに、傘の歴史は古い。芸能団体が、発見したのではないことは、おおよそ証明できる。すると、結局よりあわねばならぬ形似を持ったものを拡げて、その下で芸能を行った。さしかざして拡げたものが意味を失って、それと似た傘の恰好に妥協してしまったということの方が、傘の場合には、その方の説明の方が正しいようだ。われわれは「末広がり」（狂言）そのほか傘が出てくるということは、どうしても、その芸能者が過去に持っていた宗教的な器具としての傘類似のものを芸能の上に織り込んで持ち出したいということが心の中にあるわけなのだ。過去の印象を再現しようという欲望が働いているために出してくる。即興で出てくるのではない。偶然とすれば、それを動かす強い原因がある。傘の下で芸能が行われた。傘の下で神事が行われた。傘の下で、芸能をしてきたので、忘れて後に舞台に持って出たいという気がある。（今、狂言は忘れて扇子を持ってくるが、中啓のことだ。だから、すっぱに騙される。）後世になると、演出法も変わってくるし、くすぐりの中心をそれてしまっている。すべてがそれてゆくのは当たり前だ。何故傘のようなものが神事の芸能に関係あったか。それにはもう少し、傘の話を申します。

京の八坂の祇園祭（夏祭りの根元、夏祭りを日本でこれだけ盛んにしたのは、原因はここにある）、現実から言うと、□祭りも四月で夏だが、暑くなっての夏祭りは、祇園会。山、鉾が出る。東京の山車《さんしゃ》、山車はだしの意味を持っていないが、この印象があたる。山にも車にもだしは関係ない。

祇園会では、山と鉾が出る。京の町から出る練りもの、山と名づける曳き物と鉾という曳き物と二つある。これが歩み寄って、どっちがどっちかわからぬが、鉾は柱が中心。たいてい剣、薙刀、鎌形の刃物が先についている。山は山の恰好を作って、多くは人形を飾っている。車の上に飾ってある。曳くのにも人数がいる。

山や鉾の山になっているものには、囃子方が入って祇園囃子をしている。祇園祭に囃す楽器の曲を言う。祇園囃子、境内、外の森林を言うこともある。普通は夏祭りに囃す、笛、太鼓。笛の器楽の曲を言う。京の祇園から出たのかどうか知らぬが、所々で変わっている。道楽《みちがく》は祇園囃子と言われる。ところが、松ばやしにあててみると、山なり鉾なり、祭りに出て曳き歩く曳き物の名だったのではないか。この前に、田楽にはやしがあった。田楽の曳き物もはやしと言っているので、祇園の祭りの曳き物を祇園囃子といったろうというのは、根拠のない想像ではない。少なくとも動揺している。落ちついた使い方を探していたのだ。そういうふうに落ちついてしまう。それまでに浮浪していたのだ。祇園祭に曳かれる、鉾、山、自身が意味のあるものだが、その中に傘鉾というものがある。それが広く諸国の祭りに行われている。傘を担いで出る拍子、行列を言う。祇園祭の鉾の中に、笠鷺鉾というものがある。傘の先に鷺が止まっているので言う。地方にもある。大きい飾り傘を引っ担いで出る。

ホコは一つの柱だ。ケンのついた長いつるぎをホコと思っているが、棒がホコ。棒を神のしるしとした。式棒、これが日本では長いものになっていた。その大きいものは柱。のちホコは柄の長い刃物の名になってのちは、神事に使う大きい柱に限って言うようになった。たとえば、松ばやしのごとく、生きている木をめがけて下りてくる。人間が、それと同じ目的で大きい柱を立てて目印にする。それがホコと言う。神は人の意志のごとく、また予期通りにはいかない。柱を立てておいても、柱を目処としてそこへ下ってくるとも言えぬ。このホコは特別に神専用のホコ。神が必ずこれに依り、これに依って地上へ下るホコだということを知らせねばならぬ。するとホコに特別の条件がいる。ホコをどこに立てるか。物忌みのしるしがついていねばならぬ。少なくとも、柱は平地に立っていても山と見なす必要がある。山の上に神を迎えるホコが立っている。神のものだというしるしが付いている。それをダシという。目につくしるしがダシ。ダシのことばの出来方が、近代的だから、古いことばではない。高いものを立てて、立てただけでも神が来るが、その先に神専用のしるしを付けた。それが、ダシ。そこへ植物の葉を付けることがある。神の肖像が、向こうにある神自身の肖像と思う。植物の葉、枝の類をダシとすることもある。神の肖像だと信じてるものを出すこともある。人形のことが多い。場合によると、他のもののこともある。

一番近代で素朴な人で考えやすい神の肖像は、人形や植物の葉（タブーのしるし、何神と関係深いというしるし）などの他に、おもしろいのは一番考えやすいのは天道様。日に関する信仰が他の神に及んでくる。日を現すしるしで表してしまう。大きな籠を編んで、柱の先に付けておく。丸く編んで、ひげが出る。お日様の恰好をあんなものと考えていた。ひげこ。次いでは空から来る神のすべての肖像となる。のちには神の来る日に立てる習慣が残っている。二月、十月の八日に目籠を竿の先に立てて、夜通し家の外に立てておく。目の多い神がいる。

来ても駄目だと脅かして帰すのだ。蒙昧だ。神の肖像だと昔の人は思っていた。竿の先の金の玉は目籠。それがあんな風に金の玉に変わってきた。日本全国の祭りの曳き物・柱があると、目籠のひげを垂らして、そういう籠を、曳く曳き物の上に飾って形容するものが多い。飾ってひっぱって歩くものが多い。装飾的意匠が加わって、広がってきた。

墓へ行くと、長い竹の先に繖形《さんけい》をしている。それに花が付いていたりする。野送りの行列の先頭に立って、銭を入れておいてゆすって落とす。そして死骸を埋めると立てておく。厳粛な意味で作ってゆく。行事でこれが中心になった……。

目籠が関与していることは多い。目籠の方面を調べ上げておいた方がいいと思う。

ともかく、大昔でなく、近代でもない頃、太陽神の肖像が出来ていたわけだ。すると、空から来る神は、それを見て肖像と思ってよってくる。これもいわば山車の一種。だが、だしはそののち意味が変わった。昔は屋根の上に人形を飾ったりした。大阪も「だし人形」。これはだんだん変化した。こんなふうな変化は昔からある。平安朝の早くから、すでに山というものが曳かれている。その山の上に人形がいる。それがすでに日本の古い信仰の形であるらしい。蓬莱山の仙人、西王母などの姿が、飾られておった。だから人間は、人間の好む心、意匠は、祭りの道具を変化さしている。しかも、もとの型は残っている。型を通して、残っている。精神は失われて固定した型が残ったと言ってもいい。

一番高い所にあって神の目印になるものが「だし」。すると祭りの時に出る曳き物の名の意味はわかる。江戸の祭りの山車は、祇園の鉾、山と同じこと。名は鉾の先につくところのダシから出ている。おそらく、だし人形の略。ほこの先にだし人形がついている。それで言った。神を真似たしるしだ。だし人形を飾ると、持っている町々で人形が変化し、神に関係のない人形が出来てきた。

京では中間の柱だ。神を招く柱だ。山という柱は、日本国中にあるが、神が下るところの山だ。そういう神の下る目印になるものが、ヤマ、ホコ、ダシで表される。

なぜ曳き出されるのか。神の降臨地と、人が神を迎えようとする場所が、違うのだ。人の住んでいるところは神の下るところとは離れている。山の中、川辺り、海岸、そこへ下りるのを迎えて来ねばならぬ。それをがやがや騒ぐと神が離れてしまうので、そっくり持ってくる。進んだのは車を用意してその上に設けておいて、下った神をそのまま引いてくる。宗教行事は神の意志を考えねばならぬので、神の気にせぬようにするためには、車使わずになってくる。古いところは下りてきた神座をそのまま引きずってくる。乱暴だが、古い祭りにはあることだ。近代ではホコ柱を中心としているので、柱は地べたを掘って立てねば立たぬ。大きい枠の中へ立てておく。すると、いくらでも安定し、引きずる時も枠のまま。信州の立夏のお舟祭りは、枠のまま引きずり回す。枠の上へも、倒さずに棒を引いてくるのは大変なことだ。今残っている形では枠へ乗せて引くのが素朴だが、たいてい棒を梁へ通して担ぐ。

神の下りられた神座《ざ》を運んでくるのは、われわれのまつりで……。神も人の意志に反して来ることもあるが、順調な時は別なところへ下り、祭りのためには人里まで引いてくる。人と神と別なことを人自身が知っているので。天から下りてきた神が、最初に落ちつく神座というものを考えた最初のものではないが、『古事記』垂仁の御子ホムチワケの皇子が出雲大社へ参られる。年いって物言えず、どの神の意志か、参ればものが言えるだろうとて出雲へ行く。昔の道は、山陽からまっすぐに出た。肥の川上に行き、見下ろすと、青葉が山のようで、それであれが「出雲の石《いは》くまの曽《そ》の宮に坐《いま》す葦原の色許男《しこを》の大神をもちいつく祝《はふり》が大庭」かと問うた。それが最初だ。天子の子だが、神が下りてくる形で語り伝えられている。青葉の山を目印にして下りたのだ。相当古くそんなことがあったのだ。

平安朝でわかることは、大嘗祭《さい》、最初の新嘗《にひなめ》祭り。北野に斎場が設けられる。大嘗祭に米を出して、酒や飯を奉る国が出来る。悠紀・主基が出来る。祭りの年にその二カ国の予定された郡、村の神人が出てくる。それが冬の初めまで控えているのが、北野の斎場。宮廷で行われることになると、標の山を引っ張ってくる。どう引っ張るのかわからぬ。シメヤマと読んだ例がない。そう読むわけがないのだが、両国の斎場に山が立っていた。大嘗祭の御殿の門のところへひっぱって来て置いておく。これは、山車屋台と同じこと。神が北野の斎場へ下っている。そこからつれてくるわけだ。大嘗祭が標の山を飾ったのは、どこまでいくかわからぬが、初めからあったと言っていい。もっと前に上るのだろうが、せいぜい平安朝でいい。この形式が京の町のいろいろの祭りに行われてきた。必ずしも大嘗祭《だいじょうさい》の時に両国でひっぱるのが初めでなく、京にもあったのだろう。たくさんあった例だろう。宮廷に限るまい。両国の人が引くので、宮廷のみの風習ではない。日本の国の公認の形式に違いない。標の山に迎え、祭りの場所までひっぱって来た形になっている。祭りに神を案内するために。

標の山を考えると、それ以前、以後に日本の祭りに、山車になってゆく理由がそこに含まれている。これになると、松拍より理屈が組織だっている。引いていって、神を連れて行くだけでなく、目的が出来てゆく。神の神幸は一軒の家だけに達することを目的としていない。あちこちへ寄ってゆく。神が行くところまで行く間に寄っていく風習が出来ている。これは日本へ早くから入ってきた、支那の踏歌の節会の時に、行列が練りまわる前に、家々で休んで、最後に乗り込む。この節会の時の練ってゆく状態は一番はっきりしている。神があちこちへ寄ってゆく。寄って饗応を受けてゆく。そして、あちこちの家で、芸能を行う形が出来てくる。家の主の健康、家、家族へのマジックを行い、それが芸能化する。村の山車は一方神聖化して、あちこちへ寄って芸することはないが、東京の神輿は、山車と神輿とが一緒になってしまっている。昔はあるところへ行っては止めて、祝福してまた先に行く。そして、最後の目的地へ行く。宗教的意義を忘れると、芸能団体の人が、神座《ざ》を引いて歩いてまわる形が出来るわけだ。そういう考えで、松拍も今までの考えの足りぬところを補足できるかも知れぬ。近代なら山車、神輿と分離して、踊り屋台が出来たりしてくる。分れてくる。日本は、意味は変わっても古い形を残そうとするので、俗的なことせぬということせぬ以上、民間の神を引きつれて来る時は、目印になるものを持って歩いて、芸能をして、先へ先へと行ったのに違いない。この推測は間違うわけはない。

五　道中芸

（昭和二十二年七月一日）

みち芸の話「道中芸」。

日本の芸にみちゆきが発達している。たいてい男女が旅行することが素材。道中の景色の移り変わりにつれて、その人々の気持ちが変化してゆく。その心理を抒情で歌い、舞いぶりで示す。これは、人形の技術が熟練してのち盛んになり、歌舞伎芝居に移された。歌舞伎はもともとみちゆきはないが、舞台を歩くのが一つの舞踊のごとく考えられてきた方面がある。当然人形のみちゆきを取り入れる下地がある。

歩く芸

歌舞伎はお国から本筋は出ているが、諸方面はお国より他のものから取り入れている。お国のものは、レパートリーはごくわずかで、そこへ先輩芸を取り込んでいる。幸若舞の芸の主体は歩く芸。幸若の太夫の自覚から言ってみれば、舞台を世界の第一と見なして、大地を踏むのと同じ。大地の精霊を抑える、そのマジックを忘れず徘徊した。これが舞だ。ウロウロすることを上方、京阪のことばで「まひまひ」する。徘徊すること。だから、そういう土台があるので、舞台の上を、傍観者が見ると、漫歩するのが主体のように見える。もちろん、後ろに立っている太夫が舞のことばを謡い、相まって幸若の芸が成立つ。歩くだけでは、昔の人にもおもしろくなかったろう。その習慣から歩くということが、鑑賞に堪えるようになっている。今はただ歩いたらいやになってしまおうが、歌舞伎はそれが多い。六方を踏むのも歩くだけ。人形の方で発達したみちゆきは、容易に取り入れられた。その間に、幸若の舞よりもっと入り組んだ歌舞伎の踊りが道行きの本体になる。それで、道行きが歌舞伎で

六方

も発達した。人形以前はみちゆきは、おそらく演劇的要素を失ってくる。演劇的ではない。声楽であっても演劇ではない。みちゆきは大昔からあるが、記紀にある長歌にも旅行者が経過する道を述べている歌は相当ある。聞いている人は、興味を感じる。その人が、旅路を語ることになる。いくらか舞台に立っている人の境遇の一部として感じられるのだ。『太平記』に道行きがある。以前以後にも。謡うものとして行われたのだろうが、それがいつまでも続いてくる理由が相当古くのぼれる。海道下り、海道上りの種類のものが、古くから新しい時代まである。そういうことについて、以上を前置きにして。

練り屋台

道芸《みち》の基礎的形は、練り屋台が出てくる。詳しくは踊り屋台。それが、所々で止まって、その屋台の上でいろんな芸をしてみせる。場合により、道を囲んで人が見るという形に思われることがある。行く道々に決まった家がある。必ず止まる家がある。その家に向かって芸を行う。そういう祭りの出し物が、止まって、そこで芸を演ずる（山車、屋台、鉾、山、含めて出し物）。出し物のような大きいものでなく、行列を組んだ人があるところで止まって芸をする。また、先で行い、また先で行う、というふうな形も、つねにくり返されている。場合によると、ごく少数の人数が駈け出してきて、あちこちの家の軒端に立って芸を行って去ってゆく。これみな一つの心持ちから出ているに違いない。この学期に言ったのは、ある決まった家を訪問してきて、その家の庭、門、あ

必ずとまる家

るいは泉殿に上って芸をする。一軒の家を目当てにする芸能団を中心にしていた。一軒に止まらず、二、三、四軒と兼ねて行う形は想像できるが、それと違って、要所要所の決まった家に立ち寄ってする。これは違う。だんだんパトロンを拡げて、一巡してくると、大昔から練っていく芸能団の人が習慣として必ずそこでするのとは違う。あとの方の話。この方で、あきらかにわかっていることは、立ち止まる家が究極の目的の家ではない。途次、あちこちに立ち寄って芸をする、目的のところがある。

一軒を目指す

神社なら神社。あるいは頭屋（信仰が民間的として）、一年中祭りの役に当たっている。頭屋あるいは当屋。その主人は頭役。究極の止まるところは頭屋あるいは神社。そこへ行くまでに、ここと

途次の目的

ここと止まる家が決まっ

神のみちゆき

ている。平凡に言い直すと、神のみちゆきは、まっすぐに目的地へ行くこともあろうが、ありきたりの形は、あちこちへ寄ってゆく。そして最後に一時的に鎮座する場所に行くわけだ。神のみちゆきを示しているところの芸能団体の芸能は、古いところへのぼると、神々がその家に対して行なった呪術的方法が固定して、その意義を忘却して、その技術が芸能として受け取られるほど、形式化している。その技術が日常生活とかけ離れた様式を持っているので、一つの芸能となった。

芸能はもともと型はない。生活と関係ない、しかも見る価値のあるもの。価値の約束されたものの上に反復されたものが芸能となる。芸術的価値に似たものが、長い間に勝手にこしらえた鑑賞がそれに価値を与えただけだ。芸能の価値は、関係ない人が見れば、価値はない。万才を見慣れているわれわれ日本人が見ると、芸術ではないが、芸能的価値を見ている。この価値は単なる習慣だ。そういうふうにして、必ずくり返す芸能は成立してくる。あるから分解してかかるので、あるものの中にどういう価値があるのだと自ら価値を見出しただけ。すると、神の行う呪術の固定したものが、芸能として受け入れられるのは当たり前だ。同時にだんだん芸能の目的に向かって変化してくる。鑑賞に堪えるように。それで芸能が成立ってくる。まず、日本の芸能では、祭りの行列を注意して見ねばならぬ。

祭りの行列

祭りの行列は、必要な神をとり巻いた一団だけが道を通っていくという簡単な形があるとともに、どうしてこんな附加ができたかと思うほど、種種雑多な服装をした人々が一団一団なして道を練ってゆく。ともかく、祭りの行列で、一番第一義的に考えるべきものは、仮装行列的な要素。これをば、おそらく平安朝からのもの、平安末と見ておけばいい。近代の田舎にいたるまで、風流《ふりゅう》と言い表している。

風流の語源と、実際使われているものとは離れすぎている。日本的に内容の変化した歴史が長い。実際生活を無視した服装が風流。そこに風流との意味の受け渡しはわかる。実際生活を超越したところに、意義の受け渡し点がわかる。

この風流は一局部に使われることもある。私のは、ごく細部的なものから、広い範囲にわたっているものまで言おうと思うが、重大なのは道行き団を風流と言う。祭りの行列。その時は少なくとも、仮装人物が、その中心になってなくてはならぬ。天狗、鬼、猩々。それが中心になる。その行列の練って歩くことを風流と言う。だから、祭りの時、神主の行列は風流でない。仮装が入ってない。今から行って拝みますという意識のみなぎったものは違う。が、たいてい、行列の先頭に天狗の面をかぶった伶人、楽人の姿に近いふうをした猿田彦と称するものが渡ってゆく。これがわずかに風流的要素を残している。全部風流の姿をしているのと、一部に止まっているのとある。そこで、細かい風流を言うと、風流的服装は普通の人間の日常生活にせぬもの、上着、かぶり物、袴、みな違っている。人間と見えぬ姿。おどろくほど変わっている。刀も重いもの、一つの風流の服装。カブキぶりのカブキも祭りの風流から出ている。それを日常生活に近く用いたものがカブキモノの服装。カブキモノだけが祭りの服装で練って歩いているといったものだ。風流傘。着物の飾り梵天も風流と言う。そういう風流の服装をして、みなが出てきて、集まって行う道行きが、風流ということになる。今も地方では、地域的に連絡せずとびとびに祭りの行列を風流と言ったものがたくさんある。かつては、一般的に行われていた証拠。

そういう変わった服装をしたものが、変わった手振りで昔から伝わっている、意味のわからぬ呪術がかったものをする。おそらく、われわれの国の神の祭りには、大昔にはたくさんの人が練ってきたのだろうが、主神伴神の、整えた行列は、みちゆきする人の姿だったのだろうが、たった一人で神の来ることは珍しいので、定期的に現れるのは、主神の他に、伴神がいたと考えていいのだ。たいていの場合、神の行列を見ても目がつぶれる、行きあうと死ぬ、三年の間に死ぬ、といって、祭りの日に外出を忌んでいる。たいてい、祭りの前夜に来る。外に出ていると行きあう。それを恐れた。「忌みごもり」という。摂津西宮、あるいは出雲の杵築《きづき》の社。みなそうだ。忌みごもりをして、前夜にこの土地へ来る神を見ぬ。それにもかかわらず、忌みごもりの家を素通りせず、所々の家で芸を行う。神の行う芸は、忌みごもっている人が、透き見して見たことがあるにちがいない。おそらく、見ることを予期しないでしていたろう。神がその家のスピリットを鎮圧して、そのための呪術を行う。だけれども、神と人とが同じ世界にいるのが慎むべきことで、別の世界にいるという制限を守っていればいい。人間として没交渉にここにいるのだということがわかればいい。それがいわゆる、桟敷というものだ。賀茂の斎宮。賀茂の社に天子の時代がわりに行く。斎院が禊ぎ（御禊《ゴケイ》）を行う。その行列はみな見ている。京の町屋で屋根の上に設ける見物所。それは没交渉だ。もっとあろうが、文献には平安朝。没交渉なことが神にも感ぜられる。よそ見、構はぬ。われわれの芸能は見ないということを前提として始めたのだ。神事に関する芸能は、見物人のないのが原則だ。次第に見物を取り囲む境遇が出てくる。だから、芸能は見物を予想することはわりに近代的だ。

そういう行列が、仮装行列が、みちゆきをして、あちこちへ寄ってゆく形で、一番はっきりしている。様式的にその形をもってはっきりしているものが踏歌だ。「踏歌の節会」が正月の上元に行われる。一月十五日。中元（支那）。日本はとて、一月十五日、のちその前後。女と男と分かれて来る。男踏歌と女踏歌として。上元以後にするとか、あるいは女踏歌をしなかったりした。おそらく、踏歌の時、初めから宮中にいる人のみでしたのではない。その中の大部分は外から練り込んで来た。うちにいたものは□。男踏歌は外から来たものと見える。踏歌の人たちは旅行した遠来の客と見たてられたことが推測できる。宮廷へ行くまでに、勢力家へ寄り、酒、飯《めし》あるいは他のものを供給せられるわけだ。飯をふるまわれる家を飯駅、酒が水駅、蒭駅（何をもらうかわからぬ）。干し草、馬に食べさせる。旅行者だから、踏歌の節会は、馬に乗って来ぬが、中心者は馬に乗っている形だろうから、旅行者の一団だから。「駅」は、はゆまぢ、国道を使いに行く時乗ってゆく、その泊り場所が駅、ハユマヤという。駅がついている以上見たてている。国道のあちこちにやどりがある。長い旅に見たてている。ということは、あちこちの家に乗り込んで、振る舞いをする。酒を飲まされることを勧盃《けんぱい》という。あちこちで、勧盃せられて、宮廷ではぐたぐたで、そこでふざけて歩く。宮廷へ練り込むまでに道行きの姿を見せている。普通乗り込んだのちの記録が多い。そういう典型的であって、古くない形だが、それと似たものもある。違ったものもあ

吉田天王礼祭礼神輿行列図

本図は、豊橋市、吉田天王祭礼神輿行列図中の獅子頭にして、折口信夫先生の序文に説かれし如くかぐらといふ語の意味に深き暗示を興へるものである。獅子頭を容れた祠様の箱に一本の脚があって、之にて捧げ行くことに注目すべきである。該行列図、末尾に

吉田天土社祭礼神輿行列図

安政五年戊午六月十五日謹写之

宋文堂五平画

と、あり、早川孝太郎之を見出されて模写し、現に折口先生書架に蔵する処。尚、この行列は次の写真に示す如く、先頭にも神楽鉾と称する獅子頭が見える。此方は多分二人立ちの舞に用いたらしい。次にここに示す獅子頭、次いで神輿・笹踊り・武者行列(頼朝以下殿原十人)・警固・別富・東男軍・西女軍の順である。

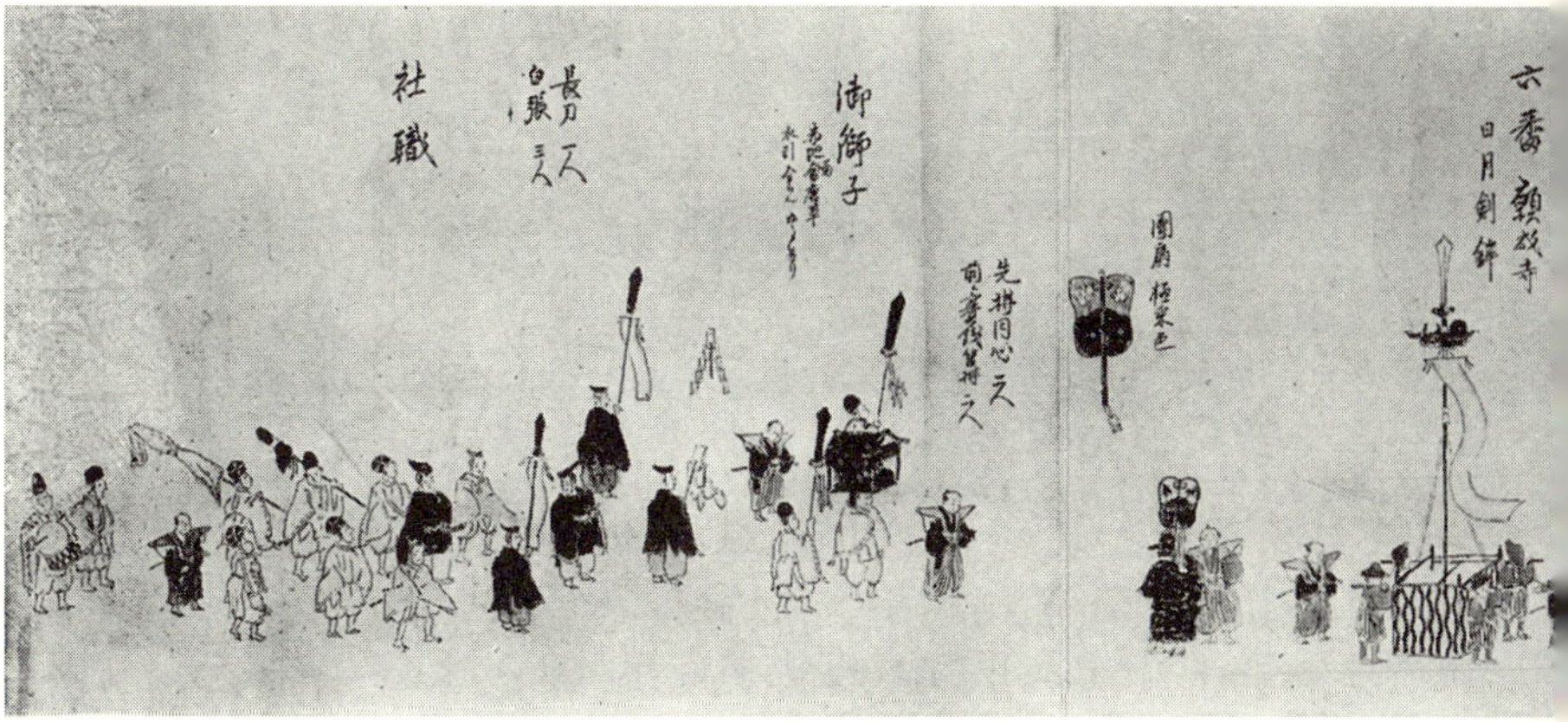

上図拡大図（部分）

る。祭りの前夜に祭りの一行が遠い所から旅路を辿ってくる。そのあちこちで憩うところがあり、神々をねぎらって、いてもらう。この形は日本の祭りに行きわたっている。それでごく平凡な田舎の行列にかえって申し上げる。

祭りの行列は、神社が固定すると神は神社にいるが、神は祭りの時だけ来るのが社《やしろ》。何処かから来る。それで入る。それで祭りが始まる。あるいは頭屋へ入る。すると、祭りの時、行列の来た記憶が残ってやめてない。祭りに練ってくるものがいる。その役の調和を考えて、その間にいつとなく神の御旅、渡御を考えてくる。神が出ていって、帰ってきて祭りになると考えていた。祭りになって、ともかくよそからかこっちへ来る形のためにいつ……しじゅう形が変わるので、近代の人の考えでは、いっぺん出て、来る、これがお渡り。ほんとうの神の行列は遠いよそから来て、社や頭屋へ来る。仕方ないので、神輿を洗いに行くとか、あるいは祭りの習慣でお出ましになるとか考えている。ほんとうはお祭りはかたちが変わってきたので、祭りには神の行列が必要だ。この行列の中に、神秘な部分があったのだ。

三州吉田の天王様の祭りの図。『神楽研究』に貸した。(1) 喜見寺、別当寺、神楽鉾。剣鉾《つるぎ》（私の言ったのは棒）。つるぎぼこのあと、大事なもの、稲荷の祠みたいなもの、その中に獅子頭。神がお一柱なら、神輿は一つの筈。大名行列。豊橋に関係ないが、パトロンとして地やくもちがいる。それを歴史的に考えて、頼朝に持っていったわけだ。姥《うば》がついてくのがおかしい。合理化できなかったものが残った。「一つもの」が出る。男か女かわからぬ。それだろう。領主が保護していて、行列に加わる。だんじり。たけしうちがよろこびかぶとで乗っている。ほこ。祭りの柱を中心にした曳き物。それを忘れて、ほこに合理化している。獅子が神楽を意味している。獅子が神楽舞うから神楽ではない。曳き物の鉾に獅子がいるのと同時に社の獅子の面をほこらに入れて担いでいる。この二つを見合わせると神楽がわかってくる。獅子舞、分布しているが、獅子のことをカグラというものが相当ある。東北は権現様、信州の上田付近は獅子を乗せた、入れてある箱、それを引いて歩いたりする。それを神楽代神楽《だいかぐら》と言う。そういうものを言うのは、名古屋でも言う。第二のがもっと近代化したもの。これのは素朴な形。代神楽も獅子頭が動いていく車の上に乗っている。獅子の入っている祠を神楽という。信州から出る団体、獅子の容れ物を神楽。神楽はほんとうはわからぬ。神楽と書いてあっても半分ずつ読んでいるだけ。獅子そのものを神楽と言わぬわけもない。図、素朴な形はこの絵巻の第二だ。神座とあってくる。カミクラはカグラとなる。神楽は神遊び、その中に神楽が発達して、それが栄えて、神遊びを神楽と言ってきた。それを中間におかなくてはわからぬ。

編者注

（1）西角井正慶著の『神楽研究』（壬生書院、昭和九年）のこと。この図はこの書に掲載された。前の頁のものがそれである。前の頁の説明文は、その図に西角井が付したものである。

六　能役者、祝福芸

（昭和二十二年十月七日）

能役者。

日本の芸能がどこに出発点を持っているか。家々を祝福して廻る人の動作や、口で唱え歌ったものが芸能化し、あるものは芸術になる一歩手前で止まり、見方によると芸術になる。あるものは芸術から遠いところで止まっている。ともかく、内容がいろいろに変化し、祝福する行動が、芸術活動に変化してきた。芸術と祝福との間にいろいろの段階が出来ている。それが日本の芸能の筋道だ。その他に芸能の出発はたどれない。祝福する人間は何か。昔は一種の神だった。高い霊物であったが、後に専ら地物の精霊というものに考えられて来る。低い位置の神のすることになった。それが地物の精霊との関係において、高い神の奴隷、子孫とまで言わなくても親密な関係にあるもの。高い神の配下になっている時代には祝福するものは神の奴隷で、それが行うことになった。いくつも段階を経て来ている。霊物がすることはなく、霊物と正しい関係において、神の奴隷がした。近代においては、神の奴隷は極度に低く見られているものは、「乞食《こつじき》」（ほかひ）の輩まで考えられている。只今においても芸能にたずさわっているものは、日本人の昔風の考えで言うと、特異な村の人たちのする仕事ということになった。この人たちと乞食（ほかひ）の人とはまた違う。が、昔の日本人の考えでは同じことだ。近い近代ではこの両者が別々になる。そういう段階を経ている。

芸能の歴史を考えてみると、退化したか進んだかを問題にするより、だんだん近代的になってきた。芸能のその形が昔からあるわけではない。近代の芸能人が古代にあるのではなく、芸能も変化し、芸能人の生活も変化している。その点を頭へ入れぬと混乱する。その一例を示す。

能楽の翁は、お能の上では、第二段というとはっきりしすぎるが、高い位置の神ではなく、その次の地物の精霊、子孫眷属と考えているような、神の奴隷の考えの出てくるもと、原住民といった形のものが、お能の上で考えられている。それが家々を祝福して廻る。そこから出発し、分化してくる。黒尉、三番叟で考えるとわかるようなものがお能の本体である翁だ。それが芸能を神聖化するとともに、芸能の主体が神聖化し、すると白尉があらわれて来た。お能ではおそらく白は黒から純化したものだ。日本の祝言職の、第二期と思われるわけだ。それとともに、そういう形が多い。

日本の国には、宮廷という大きな家族がある。その生活様式が次第下りに諸国の人の生活の規範になる。宮廷の生活の確定した時には、宮廷祝福のものは都のある土地あるいはその国の周囲に充満している霊物で、それでいろいろの時に出てきて祝福するものと考える。この宮廷式の考えが大きい型として行われてきて、日本の祝言を行うものは地物の精霊だ。更にいわば原住民であり、神の奴隷である、という形になってきた。そういうふうに自ずから統一せられてきた。皆がそう考えるのが考えやすく、そう考えてしまった。

都をかこんだ国々の地物の精霊に代わって、神の奴隷、霊物が来るとすると、ある一面は数日の旅程を経てくる。新しく付属した、付属の歴史の新しい地方は、それだけ厳密に祝福に来る。祝福することが、奉仕を誓うことだからそういうところこそわざわざ来る。それで遠いところからのものと歴史上古く印象しているものとが残る。中間のものは様式化して消えてしまう。初春にみな集まっては大変だから、整理されてしまう。われわれがいつその関係を結んだか、わからなくなったものが中間に少々残っている。

この形は諸国の社々にもある。社は一つの家庭だ。常は神がおられず、神に仕える人がいる。そして祭りに神が出て来る。その時も考えて地物の精霊が出て来る。ともかく、人が家庭を持っているように、神が家庭を持っている。宮廷にあるようなことを地方々々の社はしていた。神だから、人間だから、という別はない。それがだんだん宮廷化してくる。宮廷式をみな真似てくるが、すべて器用に写せぬから、もとと新しいものとが混合している形になって、出てくる。だから、宮廷の次に社を考えること。その考えを延長してゆくと、社々と同じものが出現している。

地方の大きい寺も、住んでいる人は、ごく一部は日本人離れした宗教や信仰やものの考え方で生きているが、取り入れて生きているのは――、思いがけぬ程日本的で、宮廷に対してすることを寺に対してする。寺を祝福に来る。一方、祝福に来るものは、祝福をそれに向けている。宮廷、社、寺との関係は、臣下、付属物、奴隷。奴隷であることを甘んじている。寺では、その形をことに好む。八百万は地物の精霊。（この勘定は、古代の人の数ではあるまい。）寺の方からエトセトラの神をそう数えだしたので、その中の一部が寺についている。寺が、それ以前からその土地にあった霊物を、寺の生活に従属さしている。社の大きい神に対しては目立たぬ。寺々へまつっている仏に対して、神が出てきて、付属する。夜叉神、羅刹神などがいる。地主神、曼陀羅《まだら》神、伽藍《がらん》神、いろいろに呼ばれている。寺の奴隷のごとき神が考えられている。それはある時期を決めて、寺を祝福に来る。それが宮廷と土地の神々との関係が変化してきた形だ。

宮廷と同じ生活をしている豪族が真似る。歴史的に、厳格には、豪族の古いものは同じか、あるいは小さい形で、宮廷と同様の生活様式を持っている。それで、やはり従属する神を持っていたわけだ。それが、宮廷と違う所を変えて来て、同じような形にしていった。そういう家々にも祝福するものがやって来る。これはあくまでも人に対してすることだから、だんだん祝福するものが神という意味を忘れてきて、ある部落に住んでいる賤民（良民の下の階級）と考えられてくる。社や寺までは、賤民が低い神の形で考えられ、貴族では現実の姿で考えられ、奴隷、賤民と思われてくる。

事実は同じだが、社、寺では、抽象化して、大きい神に所属している祠の神となる。寺ではいろいろの名で抽象して考えている。が、抽象化しない部分が残っていて、生きた人間が仮装して祝福に来る。現実の人間が来るようにもなった。また手にとらえ、目にとれぬ、下級の神とも考えられている。祝福に来る人自身が、もうわからなくなる。人としてするのかわからぬ。能役者が、翁、三番を踏むのも、どのくらい自覚を持っていたか。神聖だから、神になるとは思っても、むやみに高い神と思っているかも知れぬ。三番になると、わけもわからずにやっている。すべて、形式のみが残って、本筋は忘却せられてくる。すると、祝福する行動がどうして保持されるかということになると、出来るだけ神聖なものは、重要と思うものは、維持しようと思うが、無くすまいとして、次第にみなの興味に訴える側に進んでくる。かと言って、もともと人の興味に訴えることのないものは亡んでいる。だから、祝福行事で亡んだものがうんとある。保存出来ぬのだ。

ところが、日本の祝福狂言の中には、人を笑わせる猥雑な部分がある。われわれの国では、奴隷や、新しく付属したものが、すなわち奉仕を誓うものが、相当に自らの弱点を暴露せねばならぬ。そうすることによって、相手に安心させる。こういう弱点を持っているので降伏したと、現実にしてみせる。今初めて自分の弱点を暴露するのではなく、大昔からし続けている。それを、大昔したことを、何百年たってもくり返してゆくという形だ。軽蔑すべき猥雑を見せていることが、誓いの中心になる。祝福は、対等の相手には誓いの効果を持ってくる。そういうことをする。

相撲の起源になっている薩摩、大隅、日向にひろがっていた隼人が、宮廷に誓う形式だった。それが相撲である。宮廷の祖先と自分らの祖先が相撲を取って負けた。その形を真似る。あまり古いので、宮廷の祖先の側が消えてしまって、薩摩の一人相撲になっている。この形を真似て、諸国から、相撲の形を取っている。「すまひのせちゑ」が七月に行われるが、これは、もとは隼人の祝福だった。『古事記』『日本紀』では、頭にタブサキ（特殊なふんどし）をつけて、いろいろの行動をした。(1) 水におぼれるような形をした。ほんとうなら、隼人の代表者が始終せねばならぬが、神代の頃で、人間の時代にどのくらい隼人がいたかわからぬ。現実には早く生活を改めていたろう。ただ宮廷の慣例によって保たれている。その時だけ出て来て、祖先の人のしたことをして、笑わせた。軽蔑させた。宮廷に奉仕の誓いをした。しまいに出て来なくなって、平安朝では宮廷の人が仮装する。書き物には出て来てしたとあるが、皆、行動を真似ただけのことだ。笑わせるところが肝腎のところだ。暴露した様にこんな弱点を持ってるのですというところを見せる。

今も、普通の人には下がかった話がおもしろい。猥雑な話は、誰でも喜ぶ。世の中が進んでもそうで、昔はましてそうだ。祝福奉仕は、その点があるために、残るものは力強く残っていった。日本の芸能に、人を笑わせる部分のないものは一つもなかった。それでなくては続かぬ。それが芸能になるまで、祝福行動を維持していった。人を喜ばせる猥雑尾籠なものが、取り出されて来た。一種の喜劇的要素を持った、広い意味の動作だった。舞や踊りは、人をおもしろがらせるように発達してきて、信仰的行動が次第に芸能的行動に移ってくるわけだ。それで、祝福的意味も全くなくすわけではない。その行動を残していて、その周囲に芸能的行動を加えてきて、しまいに芸能的行動そのものが一種の信仰的意味を持っていると考えられてくる。笑うべき猥褻を行なっていると霊的なものが満足すると考えている。信仰的のものと芸能的のものとは分けられている。

そういう人たちが、都であるいは近周りからも来る。その中で淘汰されて、少数のものが来ることに決まり、それが宮にも寺にも、貴族や豪族にも模倣せられる。ある一つの家庭に対して、所属している霊物、——何かの関係においてあるところの、後のものがするところだと考えられている。

その、遠い所から来るものを主として言いたい。遠い所から来るものが宮廷へ近づいてくる。すると、宮廷の中には宮廷に接近しているものがいる。宮廷の屋敷神だ。

山城の愛宕《をたぎ》郡《ごほり》に都が開けた。そこはもと、帰化人の秦氏——帰化人が称していただけ——、団体的に移動して来た秦、ハタあるいはハダ氏がおった土地。秦氏は遠慮させて、そこに都が出来る。平安城が出来た。秦氏は去ったが、秦氏の時代からおった神はそこにいる。秦氏の氏神は、都の南東にいた藤森《ふじのもり》の神だが、もとからの神は薗、韓神（もろこし・からの神）だ。韓神が秦氏と関係深いなら、もろこし神とすべきだが、平安朝に入って後に出来たのだ。支那もカラと言ったのは新しい。薗は、都の周囲の宮廷の御領の畑で、野菜を出す所だ。穀物や材木も出す。古代のことばで県《あがた》という。畑のことだ。都から離れた所にあるが、薗神というところからみると、皇居に迫って薗があったことがわかる。

韓神は、秦氏と関係がある。伝説では、秦氏はもろこしから来たのだが、韓神について、考えるべきことがいろいろある。まず平安朝にいたってからの名だ。その神たちが、まず動き出す。外から宮廷に祝福に迫ってくると、まず薗・韓神が動いてくる。皇居のまわりの内閣八省が建っているようなものだ。宮廷の外まわりに、神祇官という建物がある。その中に祭ってある神だ。皇居の神だ。皇居にもとからおった神だ。地主神だ。宮廷の神楽が行われると、その時に、始まると動き出すのは薗・韓神の舞。後に歌が出来るが、もとは付属の舞の手でなく、自由な踊りをしたのだ。手に、持ち物が必ずしも一種類ではない。皿や木綿《ゆふ》という布、あるいは枯れた萩の枝を持ったりする。それで乱舞する。それが済んでから、神楽の採り物の舞が始まる。ところが、その韓神は神楽の所々に即興的にまじってくる。肝腎の神楽の間に躍り込んでくる。外から来るのを迎えるのか、妨げ与えるのか。そちらの精霊が発動する、変わった形があるわけだ。

外から来る話、霊的なものが来ることの説明がもっとはっきりするように、生きた人間の来ることを例に取る。霊的なものが来ることを忘れてしまってより、付属してきたものが、人間となってしまって、人間が宮廷に出て来て、祝福の芸能を行うようになった。そのわかりやすい例は、これもどの程度まで行われたかわからぬが、東の国から毎年米があがると、京へ初穂を持って来る。それが毎年の慣例だったので、誰も記録しない。それで上っ面だけわかってよくわからぬ。ともかく重大な行事だった。荷前《のさき》は、初荷（さかさまで、つまり「さきに」のこと）。そう称する米を入れた箱を運んで来た。それが、どこかに保管せられておって、暮れになると、荷前《のざき》使《づか》いとなった。それを持っていく役だ。伊勢へ行き、その時の天子に一番関係の深い御陵《みささぎ》、それから墓（外戚の祖先）、そういう陵墓が決まり、そこへ持ち運ぶ。自分に祝福して奉られた米を、人間としての扱いのもとに、伊勢という家庭へ持っていき、また、もと人間であって、霊的になっていない墓へ持ってゆく。その荷前という箱を持って来る国の範囲は、どこまでかわからぬ。形式化して、一番付属の新しい東だけが持って来た。東国のどこの郡でもなく、関係があってどこの村の里と決まっていた。あるいは、神のくじ引きで、卜定によって決めている。ともかく決まりすぎているので伝わっていない。何もわからぬ。ただ厳重にしていた。伊勢や陵墓へ持ってあがった箱は、東人の持って来たものではないのだ。その考えのもとに作ったものだ。ところが、それだけでは祝福の芸能的要素があることも考えられぬ。しかし、それと並行している、というより、殆ど同じことであって、結果として、無関係のようなものがある。平安朝の中頃からあらわれた、東遊という神事舞踊である。

編者注

（1）『日本紀』神代下第十段一書第四に「兄、犢鼻を著け、赭を以ちて掌に塗り面に塗り、其の弟に告して曰さく、「吾身を汚すこと此の如し。永に汝の俳優者たらむ」とまをす。乃ち足を挙げて踏行き、其の溺れ苦しぶ状を学ぶ。初め潮足に漬く時には足占を為し、股に至る時には走り廻り、腰に至る時には腰を捫で、腋に至る時には手を胸に置き、頸に至る時には手を挙げ飄掌す。爾より今に及るまでに、曾て廃絶むこと無し。」とある。『古事記』に犢鼻は見えないが、今このままにした。

七　祝言職

（昭和二十二年十月十四日）

日本の芸能は、すべて祝福の意味から起こってくる。それが、家庭の近い所からと、家庭から離れた所から、その人がやってくる二つの型があるが、特に離れた、遠い所から来る形が見える。それで、旅行と関係がある。ただ、日本の芸能の出発点ともいうべき、幸福あるいは忠勤を誓うという意味の祝福。自分の幸福を奉って忠実をあらわす。ある人を祝福することは、服従の形式である。ところが、服従を誓う意味から離れて、ある特殊なマジック、呪術の権威を持っているものが、その力をば、あちこちに分与して廻るということになって、近代の「祝言職」というものが出てくる。祝福という語を中心として、二つに分かれている。もとの形と、進んで来た形と。だから、もとへ遡ってゆけば、古い形が露骨に出てくる。漠然と近代の形を見ても、素性の知れぬグロテスクなものが出て来て、祝福してゆく。代償として食物を出し、あるいは銭をもらって帰る。乞食の生活というものがそれから始まってくる。その長い三段階に分かれる。乞食の文字の裏打ちになっている「ホカイ」（ホカヒ）。乞食のする仕事が「ホカヒ」。人は「ホカヒビト」。乞食の裏打ちになっている「ホカヒ」の語を通じて、三つの段階に通じて呼ぶことが出来る。近世においては、ほかい人の位置が非常に下がっている。しかし、同時にホカヒ人にも史的に段階が決まって来ている。

日本の特別な村は分裂して、孤立しやすい。それは日本の村落は、村落の生活に必要な、付属の部落がある。事務を分担して行うものを置かねばならぬのだ。職が賤しいのではない。昔から職は運命的に決まっている。特殊の職は外の人はやれぬ。それで、その系統の生業の人にしてもらわねばならぬ。概して、名誉ある職業ではない。一部分は必ず他の部落のものにさせねばならぬ。あるいは付属したある種の民を持っている。新しく出来た村は、その形をおそうていって特別の村へ行って雇うてくる。村として、完全になるのには、呼んで来ねばならぬ。だからなくならぬ。嫌いながら、なくては成立しない。村の成立条件として必要だが、その職が要らなくなり、要っても臨時の雇いで済んでしまうようになる。すると、これまでの村の構造が変わってくる。その民にしても、――歴史的に言うので言っているのだ。新しく印象するために言っているのではない――要らなくなると、一番先に部落の人が散逸して散らばってしまう。要り用がなくなることが致命的だ。そして、薄くなって死に絶えてしまう。

だが、それらの村が、特異なるが故に、祝言しうる特別の権利を持っている。その村は別の村に対して、祖先が持っている職業を提供している。その職によって、奉仕している。その村全体の奴隷、その村の大きな、率いている家の奴隷。その形で村に付いている。村人から言うと、大家《おおや》の家に直属している。外からそういう関係でくっついているものは神から受け継いだ仕事を持っている。それで神から受け継いだ仕事を持って、その村に奉仕している。ここの仕事について言うと、不都合なことがあるが、本格のものは、神から伝わっている。それを拡げてくると、人間でない時代から伝わっている。それは信仰的な歴史がある。それは知っているだけではいけない。行う時は、歴史を述べねば発展できぬ。

屋根屋、鍛冶屋がいる。それを昔は歴史を知って、言い立てて、臨時に仕事を始める。屋根の葺き替え、旅の鍛冶屋。その時、仕事始めに儀式があって、職人に伝わっている叙事的縁起を説くわけだ。職の由来を説く。それは仕事の由来だが、村に対し、家に対して、祝言になる。こういう歴史を経て来て、仕事を持って、家を祝福して、その仕事を始めるのだ、と言う。――芸能に近づくべきものを持っている。ただ、今の屋根屋、鍛冶屋はほとんど失っているが、実際の仕事だけで付属したものを忘れている。鍛冶屋の一部は仏像を鋳る、あるいは釣り鐘の時、「たたら」を据えて踏む。ふいごを足で踏む。その時にたたらを踏むことに関連して、芸能が行われる。たたら踏みの動作で、芸能を行う人が儀式に参加する。地形《ちぎょう》を起こし、突いて廻る。胴突きは、今は女だが、歴史がある。江戸で建築が盛んになる。合理化されてからは、建築の間の楽しみを行うようになっている。胴突きの模倣の、「たたらふみ」をする。そういう人たちの伝えていた一種の祝福の芸があって、それが工業的方面に力を集中しても、芸能的方面がそこから出て来て、分岐しよう分岐しようと見せている。新しく出来た仕事でも、日本のは、古くからのものとみなす傾向がある。詞章と行動がある。どの職人も大なり小なり芸能的方面を持っていた。純粋に芸能化するものもあり、いろいろの姿で現れた。

日本の芸能の歴史を見ると、古い時代から芸能者は旅をしている。祝福して歩いている。芸能を表に立ててゆくというと、どうしても生活の中へ旅行という姿が濃厚に入り込んでくる。芸能者は旅行するといっていい。そういう姿であるが、一つの祝福団体によって定った形が出来て、そこから出発して、新しい様式となった傾向がある。旅行者は旅行していた。ところが、それが一つひきしまった形になるが、やはり旅行が中心だった。だからそののち、以前の芸能団も、後のも、旅行の形をとるのだ。たとえ近い範囲でも、芸能というものは、旅行しているという形で、旅行の意識を離さずについてまわった。

芸能の歴史の中で、そういう一つのくしひだま、飛躍のきっかけを作った芸能団は何か。これが、一学期で言ったが、唱門師（ショモジ、ショモンジ）、こんなあて字をしたのだ。いかにも門に立って、唱え言をする。くり返しになるが、これの祝福芸は、はっきりしているのは千秋（センズ、あるいはセンジュ）万歳。昔の楽人（伶人）。楽人の姿をし、とりかぶとを頂き、祝福の唱え言をし、祝福の舞を舞う。千秋万歳は平安朝からあった。その服装が、宮廷、宮寺にあった服装とほとんど同じものだ。その仕事を唱門師が自分の方へ取り入れたらしい。この千秋万歳はだんだん変化してきた。近代風に改まってきた。近世の万才太夫と才蔵の形となる。素襖を着て（ダイモン）、烏帽子をして、才蔵は頭巾をかぶり背中に袋を背負っている。これは今まで続いている。ひらたくいうと、後世の万才の出る村が唱門師の村だ。万才が栄えると、唱門師のことを忘れて、万才の村となる。万才で唱門師が世を渡っていくものが出た。

また、日本の祝福者の特徴は年中一つのことをしてない。常は百姓をしていて、定期的に祝福に来る。万才は、長い遠い旅行をする。パトロンのいる所、どこまでも行って祝福して、一年の仕事が済む。パトロンが散っていると、万才は遠い旅をする。徳川が三河の頃、パトロンは江戸に出ても来る。江戸の町に三河万歳が勢力を得る理由である。江戸の町の上に位している徳川氏が、三河万歳に祝福されるからだ。三河武士の系統は、やはり祝福して歩くことになる。江戸へは三河万歳ばかりではない。中世に、鎌倉、室町にかけて、地方豪族の移動がひどい。新しい領地を開く。すると、本所にいた芸能団は、年ごとに新しい所へ行く。分家が新しく開いた関東から山陽、山陰へも行く。この旅行の形は、非常な勢いをもって行われている。武家があちこちに植民した時代だけでなく、ただ中世武家の盛りとともに、その形が目についてくるのだ。

もう一つ他の理由は、千秋万歳は唱門師の仕事だが、唱門師の本体は何か。陰陽師配下の一種の賤民だろう。これに付属する奴隷の民の如きで、陰陽師の仕事の落ちこぼれをして生活している。これは宮廷の暦《れき》、天文の学問のなくなってのち、すべてこれが司った。その配下の奴隷が、私にこれを陰陽師と称した。これのしている仕事をして、礼をもらってくる。それから、今年の気候はどうだとか、作物はどうかということまで知らせる能力があるという顔をして来た。暦《こよみ》の頒布も司る。それで仕事が広くなった。もともと奴隷のごときだから、仕事は豪族の家の門に立って祝福をして、報酬をもらう。それをしつつ、天文に関することを告げる。だから、唱門師の仕事は広く、内容が多くなってくる。門に立つ芸能人としては、その頭みたいなものだ。「祝言職総がしら」、こんなことばがないが、そのような位置にあるものだ。京都に本拠がある。北畠・桜町に陰陽師配下の唱門師がいた。これが京にいて、宮廷から知行をいただいて、陰陽道、天文、暦《れき》をしていた。これを奴隷村の連中がまなんでゆく。一通り宗教家の形で諸国を歩いてゆく。農村、漁村として要り用な天体の運行や、寒い暑い、出来不出来の祝福をして歩く。初めは昔からの千秋万歳の服装をして、しかつめらしく祝福していく。初めはとりかぶとをを着ていたが、後にそれだけの知識がなくなり、今の万才の基礎が出来た。

それは宗教的整理を行うと何になるか。陰陽師の配下というが、している仕事はもっと宗教的のことをしている。陰陽師の配下だが、自ら唱門師という名がついた。表よりすると、坊さんの配下に、末流に見えるが、坊さんではない。しかし唱門師は仏の名だ。仏の方で関係しているものを分類して、低いものに声聞身がある。身（一階級をあらわす）に、仏教的な名を与えると声聞身にあたる。こう言っていたが、この意味がなくなって字の宛て字もわからず、唱門師にあたって来た。その証拠に昔の世間では、「しょーもんじん」と言って、発音は仏教の声聞身の方にしていた。「じん」と読んでいる。陰陽師配下でありながら、仏教的色彩を持ち、独立たる仏教ではない。これは早く日本の神道と関係を持ってきている。常に普通の生活をしている人が、行っている儀式、世の中に類型を求めると神主に近い。神主は祝詞を読み上げ、陰陽師は祭文を読み上げる。陰陽師は神道と関係を持っている。仏教と神道と陰陽道とが関係している。広いけれど、何の筋もたっていない。この村に根拠を持っている連中は、だんだん勢力が広まって、暦《れき》、天文に関する仕事は出歩く範囲が広い。日本の宮廷の信仰は、宮廷の権威の広がったのはわれわれの生活に近いところがある。

歴代の天子が、暦《こよみ》を持っている。天体の□一巡がわかっている。その力がひじりだ。天文のことをよく知り明らめていることだ。毎年天子が予測した知識を、自分の国に教えられる。暦の知識だ。うぶな素朴な信仰だ。この暦《こよみ》の勢力の及んでいる所が、日本の国で代々くり返された。外国のが入って圧倒されたが、暦が敗れても崩壊せぬ程に固まっていた。年々の暦を知る霊的威力があると信じられていた。その間、暦を伝えて歩く人が出た。後世まで、暦が社々から出ている。伊勢からも出ている。神だからでなく、宮廷がそれだったのだ。地方の大きな家からは出るという。歴史的根拠がある。日本の国で、春の初めに暦を出す。一年を告げ知らせる。鹿島のことぶれ。ことぶれは、今の運命を予告しに行く。唱門師がこの仕事をするのは当たり前だ。このためには出来るだけ、国を広く旅行する。日本の宮廷が印刷せぬ口の上の暦を告げていたように、年々のことを告げる人たちは出来るだけ……唱門師の仕事がいった理由だ。いっぺん、唱門師はそこまで立ち戻って、それからまた出発して見ねばわからぬ。すべての芸能が出たのではないが、唱門師が総合したことは事実だ。

ここから出発を作るのがいいと思う。

それは都に根拠があったので、広める便があったが、まだまだ同じ事情を持ったものが多かった。が、どうかすると、唱門師の配下になりかねぬが、皆がみな、唱門師にくっついてしまわぬ。殊にその形から独立することの出来たのは、古い宮寺に付属している芸能団体だ。しかし、これも今日よりすると、逆に考えられる。ある時期において、自分たちの村に迫ってくる運命を予感して、村に新しい運命をつくったところもあるかも知れぬ。自分らが所属していた所のパトロンが衰えてくる。時代が変わってくると、前に勢力のあったものが、失ってくる。歴史を重んじていると、昔ついていたパトロンは亡んでしまっている。それでは自分らの生活が保たれぬばかりでなく独立できぬ。村が独立の状態にはおられぬ。それで、新しいパトロンを求めねばならぬ。そのため宮寺を新しく選んだものがあるのではないかと思える。存外、それはそういう芸能村がパトロンをいくつも持っていることだ。一面よりすると、もとパトロンが一つだったのを広げて来たと思われるが、それはひょっとすると逆で、もとのパトロンを失い、あるパトロンを決めねばならなくなり、その努力の間に一つ出来、二つ出来して、一つでないパトロンが出来てくるのだと思う。

芸能村に限らぬ。社会全体に見てもそうだ。大貴族が勢力を持っている。おそらく宮廷直属の官位を持っていた大貴族は□宮廷との関係はゆるいような感じがする。新しくパトロンとして大貴族を求めねばならず、小貴族はいろいろな大貴族に出入る形になる。賢明なのは、将来性のある大貴族につながるのがいいが、如才なくいくつにも出入りしているのが平安朝中頃以後の姿だ。これがだんだん及んでくる。祝言職のは、もっとあとだが、ともかく、そういう形だろう。賤民だから、従属しないでは発達せぬが、それを求めて第二、第三のパトロンが出てきた。中には無制限にパトロンの家を獲得するものもある。結局パトロンのないのと同じことだ。特殊なパトロンがない。そこへ行けば報酬を貰えるが、薄い。特殊ならうんと貰えるが。

ところがもう一つ、そういう特異な村の芸能人の生活に対して違った影響を与えている勢力がある。それは宮寺についている御師《おんし》という一つの職業である。もとは宮に付属している寺、それからその宮の崇敬者の間に立って、いろいろな便利を図って、しじゅう遠い所へ行けぬので、寺の御師という坊主を通じて、寺へ廻った形にしてもらう。また行く時は御師の手を通じて、宮へ行く。御師の坊へ泊る。参るとまた坊へ下り、国へ下向する。参られぬ年は代参を立てる。代参を立てぬ時は、御師の坊から出てもらってした印をパトロンへ送り届けてくれる。地方における宮寺の神事や、神社に付属している寺の坊さんの間に信仰上の取り次ぎ状態が起こってくる。その御師のする為事が後世栄えてきて、社、寺に付属して、御師という職業が栄えてくる。信仰の仲介者だ。簡単に言うと、札を配る役だ。また参る時の宿屋の役だ。

その御師と似た仕事が、祝福芸人の間に出来てくる。パトロンが地方にいる。祝福芸人は中央の近い所にいるというのが、たいていの信仰の持つ形だ。あるいは、政治上の中心でなくても、ある信仰の本所（伊勢、熊野）から出ているという形を取る。すると、御師は組織があり身分は高いが、身分低くその本所や都から出て、その宮寺の信仰の事務を扱う。神楽が伊勢から出る。太神楽を地方で行い、報酬をもらって帰る。それは同時に伊勢においても、委託によってこの太神楽を伊勢に奉って、その功徳で災いが来ぬようにしてあげますという約束なのだ。

御師は、信仰の中心にぢっとしているものは、のちパトロンは人に取られるので、御師の配下が檀那場を廻るが、御師は威張ってとまっている。が、祝福の芸能人はパトロンのところを自分自身で廻るのが表だ。その信仰の根本は、どこから出るか、もとにある。昔は自身が神だったが、のちは出てくる自分はもとの神の使いみたいなものだ。そうなると、どこかについていなくてはならぬ。それでいろいろの祝福芸能人は新たに本所を持たぬもののもあったが、どの寺に付属しているということを見せかけることが、肝腎の条件になってきた。そして、祝福の芸能の生活の形が変わってくる。

八　旅行

（昭和二十二年十月二十八日）

芸能は、旅行の性質を持っている。宮廷に集まって来るものとして、神楽、東遊びがある。芸能の団体が旅行するというのに、二つの形がある。一つの目当てに向かうものと、旅行の道すがら立ち寄って演じてゆくものとだ。a、bとすると、bの方が近世に増えて来ている。aとbとは関係ないように見えるが、二つに深い関係のあることは納得がいくだろう。つまり、もとは目的に対して、演ずるための旅行をしておった。その形が、芸能の当然の形だと認められてからのちに、それに達する途中にあちこちへ立ち寄って行くことになる。畢竟、芸能の価値が認められて来たので、こちらへもこちらへもと、迎えられることになった。その順序を考えぬと、漫然とあちこちで演じているというふうに見える。パトロンを中心にして、宗教的擁護者、旦那を中心として考えると、その二つの形がいくつにも分裂して、のちにはいたるところに、勝手に、偶然愛好者を求めて歩く形になる。すると、パトロンと言われなくなってくる。門づけの乞食《こじき》、芸人というものは、そういう形で行きあたりばったりに一時の愛好者を求めて歩いてゆく。いわゆる流しの芸能になってゆく。

この間申したごとく、パトロン、芸能のもとの意味は、それを愛護し、保護する意味のものではなかった。芸能者自身が、自分の誠実な心を持って、自分の服従し尊敬しているものを祝福している形であった。その芸能に次第に価値が認められてきた。そして、それを保護する形が出来てきた。そこになって、旦那が出来てきた。祝福されっぱなしで、報いるところのなかった旦那もあるに違いない。この出発点と見るべき宮廷は、祝福されっぱなしで、報いるところはなかったし、また、する必要がなかった。それは当然することで、こっちに関係はない。感謝するのはこっちにそれだけ権威を失し、相手の権威を認めることになる。パトロンは、そういうふうに多く、価値を認めて芸能者に路銀を与えることになって来た。それで、報酬を目当てにして、報酬を求めるものが出て、これが近世の乞食の始まりだ。ものもらいが出来ても、まだうぶな祝福の動作、あるいは素朴な意味のねぎらいのものを与える。苦労を慰める。それが行われていたわけだ。

正月の十五日から十六日にかけて、サイノカミ祭りをする。行列を作って、訪問をする。それに子どもは収益として、食べ物を買って飲み食いして遊ぶ。それは近年まで行われていた。専門化した門付けと、起源は近い形で残っている。だから、大体あらすじは言ったが、もう一度乞食・ものもらいについて、考えてみねばならぬ。

後世の日本では、すべて、社会の文化現象は、支那あるいは印度あたりの習俗が移されたものだと考える型を持っていた。ことに、寺からやって来た、寺からの習俗だということから仏教起源説が行われた。支那起源説は皆くさいが、仏教起源説は寺からだから簡単だ。文化の起源には、そういうふうに二つに分けて考えている。乞食は、存外、われわれ昔から行われていたものが、中心の観念を移り移動さして来て、しかし自然に有機的に扱わないで、機械的にするのが昔の人だ。仏教から来たのだろうと、なってしまう。長く信じられていた考えは、行基菩薩が乞食行願《ぎょうがん》によって、法師というものは普通人の食い残し、着破ったものを着るべきだ。宗教家というものは、世間の生活的に言えば不生産的のものだ。この人は人の捨てたもので食い、着てゆくと、謙遜な心から行願を起こした。行基門徒はみな、そういう乞食行願をした。これは天竺の小乗仏教の面影が濃厚に出ている。日本的な仏教が烈しく出ている。行基および門徒に対して、乞食して歩いて行く。許し、免許が下って、ということは日本の戸籍は、ほんとうに整然としてきたのは奈良朝で、戸籍からはずれるということは許されぬことだった。亡命がそれだ。駆け落ち。これを禁じている。が、この門徒は、戸籍から離れて乞食の旅をしていた。この事実によって、日本の乞食は、行基の門徒に始まったと考えられていた。が、乞食の内容はもっと広い、また深い。すべて、それに見習っていったということでもない。おそらく、旅に出て、さまようて、ものもらいの生活をして行く。乞食行願の生活が一つの理由になって来たろうと思う。それがあって、日本に乞食を発生さしたことではあるまい。日本人の考えで、初めは卑しくなかったのに、時を経て、卑しい目的を生じて来、その頃になって、弁護として、行基の乞食行願の歴史が流用されて来た、というふうに見てもいいわけだ。本筋は別の道を通っている。

ところが、祝福する芸能人は、明らかに種類が二つある。それは、一カ所に定住しているものと、旅行を続けているものと二つある。その続けている形が、おそらく遡り切ることの出来ぬ昔から、その団体の持っていた様式であること。「あまべの民」、海部（かいふ、濁らぬ）。これが最初から旅行性を持ち、祝福の芸能を持っていた。そういう元来移動性を持っているものと、また、たった一つの祝福すべきものと、それが複雑になって対象が増えてくる、パトロンを多く持ってくる旅行者と、同じ旅行者にも、二種類ある。定住しているものにも、やはりそうで、戸籍を持って一カ所に定住していること。だが、その場所から出発して、祝福に行く。それで、戸籍を持っていて旅行団体となる。つまり、しじゅう行っているのでも、古いのと新しいのとがあり、定住しているものにも、動くものがある。それほど、旅行性が深くしみ込んでいる。

海部（あまべ）の民の芸能。旅行性については、少し他のと変わっているものがあったのではないが、これは芸能人のすべての旅行性のもとである。芸能人が、旅をせねばならぬということのもとになったのだ。流浪の民は宮廷の祝福を目的として旅をしたかというと、証拠は求められぬ。海部（かいふ）の民は、自分らの旅行を自由にするために、旅行した。昔の社会組織では、村々が別々の国をなしていたのと同じような生活感情を持っていて、国家的統一が行われてのちにも、旅行は楽ではない。まして、開けてくるまえは、難しい条件を持っていた。ただ旅行者の中、簡単に続けられるのは、宗教家だけだ。

日本の信仰の、昔からの特色を求めると、一つは、神々の神の旅行を妨げぬということだ。旅行する神は特殊な威力を持っている。だから、妨げるべきではなし。むしろ自由に通過させる。旅行する神は、災いの神だ。早く通ってもらわねばならぬ。そのためにいかにも喜び迎えている形で、神自身が喜んで去る如く、しむけねばならぬ。気心がわからぬだけに、巻き込んでコントロールして、よそへやってしまう。そういうふうに旅行して来る神。その神を擁している宗教家に対する態度があって、通行の邪魔をするものはなかった。中には邪魔したものもあったかも知れぬが。神の持っている旅行が、簡単な、また一番正しい旅行だった。

海部（かいふ）の民の旅行は、宮廷に向かって祝福に行くのではなく、自分らが旅行をするために、神の威力、マジックをもって、異種族の団体を過ぎて行ったのだ。そういう信仰威力によって、他の種族に「こわもて」をしておった。恐いから、優遇する。「こわもて」をされていた。日本の芸能の歴史を見ると、海部（かいふ）のものは村々から見て、得体の知れぬ神を祭っている。普通の神祭りと、すっかり変わった祭式をもってしている。まず人形をこしらえて、人形を使う。神体が偶人であって、人形に親しみを持ってきたが、海部（あまべ）のほかは、人形に恐れを持っていたに違いない。海部（あまべ）は恐れを持たず、むしろ神体として祭式に使っていた痕跡はある。昔は必ずしも、人形をこんなにもてあそび、慣れ親しむことはなかった。そういう芸能を持っている海部（あまべ）の民が、日本の戸籍のある民の間を、周期的に旅行を続けていた。戸籍を持つ人の住んでいる所を、周期的に通り過ぎていった。固定した住所を持っているものには不思議だが、旅行者からは、固定した生活様式を持ってることは不思議だった。夢の中の蝶が現実の人を夢見ているのか。

ともかく、海部（あまべ）は旅行せねばならぬものだった。その信仰が出来ていて、旅行していた。おそらく、習俗があるのだが、一方は定住者の村は、はっきり決まってきたので、定住せぬものはどこまでもその形を守っていったのだ。結局、定住しなくてはならぬものがして、しなくてもいけるものがしないで残った。自分らと並行して暮らしている定住民との交渉が深くなってくると、自分らも定住してくる。近代の海人（あま）だと、海岸にのみ住んでいる。あるいは舟で旅行している。それで、獲物を交易すれば済む。それで旅行の生活が出来る。

ところが、芸能をしたり、また農産物を作っているものは、定住民と近い生活をせねばならぬ。交差した生活になっている。芸能を行うのはそれを人に見せる。見せるために旅行しているが、今度は人に見せる、向こうに言ったら廻ると考えている。人々のために、定住してやる。海部（かいふ）の民は離村して、決まった所を歩いている。行く雲の如くでなく、形がなければ定住になる。

都の旅行者が、美濃へ行くとくぐつが……。足柄だとくぐつが来て歌を歌った。また越える時、その歌を聞こうとする。そういうパトロンに巡り合うために、月半は□□を□□してくる。街道、水路の目抜き目抜きに、定住地が出来てくる。そういう所が、新しい町、村のような所が出来てくる。これが街道だと、駅がある。そういう所に、あちこちに新しい宿が出来てくる。国道その他に、里のなかった所に新開地が出来て、そこに住み込んでくる。その中に、私に定まった長者が決まってくる。それを官において認めてくる。私に団体を宰領してゆく。そこに成り立ってくる。簡単に長と言っている。定住の形式が出来てしまう。それと同じ運動をしているけれど、人里ない海岸を歩いて行く。宗教を持っているが、交渉させずに歩いて行く。ほとんど里と交渉がない。それで古いままで行ける。江戸まで戸籍を持たぬ海部（あま）があった。九州でも最近まで、海部（あま）の村がそうだった。職業になく戸籍がない。さげすませる第一の因は、戸籍を持たぬからだ。片一方の仲間でも、定住はしても戸籍をすぐに持ったとは言えぬ。定住した人が開いたものは遊女町、遊里の原因になっている。

九　くぐつ・ほかひ

（昭和二十二年十一月四日）

芸能、信仰を携えて旅行している団体は、変わった神を持っているので、神の威力、新しい異神に対して、恐れを持っている。その印象がいまだに残っている。新しい神が来ると、迎えて送り出すという一種の礼儀は、忘れていない。新しい、勢いの強い神、あるいは神に似たものの力を恐れていた。その旅行者を虐殺したり、追放したりすることが、何かの機会に起こらぬかぎり、その人たちの旅行は無事だった。それで、流浪する旅行には異神が保たれていることは、考えなくてはならぬ。

うかれびとの旅行もその一つだ。中心に何とも想像のつかぬ神を持っていて、それをうかれびとの女たちが祭っている。その女は、人形をば、小さなでくの坊を回して、それから歌を歌う。そういう特殊の仕事をしていた。男は、家にいる時は蓑を編んだり、竹の細工をしたり、あるいは川で漁をしたりしている。住んでいる所は、穹窿に住んでいると書いている。丸天井の下に住んでいる。つまりテントのようなもので、天井の一部が、見上げるように高く円錐形に出来ているものだ。これが、平安朝の中期に栄えていた大江匡房の『傀儡子記』に載っている傀儡子《カイライシ》の生活だ。

既述の如く、傀儡子は朝鮮の半島にも支那にもいた。それぞれの記録が残っている。匡房は、うかれびとのことを、大陸、半島にいる傀儡子《カイライシ》と思っていたのではなく、いかにも適当にあたるから、それでその名を付けたのだ。これにあたるものは、日本ではクグツと言う。漂流民を表す言葉と、字で書いた傀儡子《カイライシ》とは同一ではないが、支那の字に書いてみると、適当にあたるということだ。この傀儡子《カイライシ》のもとは、ジプシイだという。クグツの民をカイライシという字にあてた。匡房か、それ以前の人があてたというだけのことだ。比較すると似ているが、そうと決めることはない。戸籍法が厳重に行われると出来るはずだ。傍に空地が多く、旅が自由に出来る条件を備えていると、発達してくる。

クグツの名は、日本流に解釈して、平安朝より前から、『万葉集』の前より見えている。

潮干《しほかれ》の　三津の海女《あまめ》の　くぐつ持ち　玉藻刈るらむ　いざ行きて見む（巻三、二九三）

莎（クグツ）は、スゲの一種のクグ。これで作った物入れで、編み方に特色がある。ツは何か、わからぬ。クグでこしらえた入れ物ということだ。その入れ物を『万葉集』から想像すると、海女が持っている。大きいものもあったらしい。それを提げて歩くので、クグツと言ったらしい。平安朝にそういうものが現れ、「あま」に近いらしい。クグツという道具が、その間に深く関連を持っている。実際はわからぬ。民どもをクグツと言うなら、クグツという道具が重大な役を持っていたに違いない。クグツは、クグで編んだ入れ物と、漂流民の名称と、それ以外には、生命のある形はない。

それと同様なものが、よく似た生活をしている者に持たれている。それは、昔の旅行道具の中にあるホカイだ。外居と書き、説明では足が外へそれて付いているという。これは無理な説明だ。猫足みたいなものだ。その意味にホカは使わぬ。内外《うちそと》の意味には使わぬ。ヰもおかしい。半分わかり、半分わからぬ。早くから『和名抄』に順の書いたものがある。外居。ところが、ホカヒは旅行の道具で、まげものだ。木をへいで、それをためて丸くして、弾力ある木の皮で綴じたものだ。すると、丸い桶の如きものが出来、それに底を付けて、足が付いている。たいてい、丸い形になるのは新しいので、楕円形である。いびつ、というと、丸いものが曲がっている不細工な楕円形だ。いびつなりになったものが多かった。清潔な木を折り曲げ、底を付け、足を付けて、地に直接触れぬようにする。そこに蓋をし、「あふこ」（天秤はあたらしい）を通して、担げる。行器とあてる。旅に使うから、こう書いたのだ。

　語源説の外居のあたっていないのは、ホカヒはもっと意味が広い。発音は流動していて、ハ行とワ行が近い。用ゐる、たわら、わづか、仮名遣いが問題がある。ハ行音とバ行音（V音）とが近かった。ホカヒとホカヴィと、同じ発音をした。あるうつし方ではハ行で表し、ある音ではビとなる。FとVとBとの関係だ。ホカヒはほかhiということばだろう。ホカヒと言ったものを、外居（ヰ）と漢字で書いたのだ。

　なぜならばホカヒという職業がある。祝福することを、ホカヒと言う。ホカフ。ホクをルートにして、フが付いてホカフ。祝福の言葉を述べることだ。ホクをもう一度働かして、人のために祝福を述べるためのもの、ホカヒ人。自分の真心を唱えて、人を祝福するもの。祝福せられたものに服従していることになる。ホカヒをしているものは、ホカハレルものより低い。関係が固定してくると、主従となる。固定してないと、対象が多いと、誰からも軽蔑せられる人ということになる。一種の奴隷みたいな存在になる。人のためにホカヒをする、一種の職業的ホカヒ人が出来てくる。それを文字で書く時は乞食者、あるいは乞士と書いてあてている。乞士、乞食者がホカヒ人ではないが、大まかにあてるとそうなる。人のために祝福する目的は、食糧を持っていないからだ。今と同じく、食糧を生産していない人たち、地面を持たずに生きている人、生産の基礎が土地にない人だ。昔は、土地によらぬ生産はない。人を祝福している。そういう者は人から食糧を仰ぐので、表職の乞食者、乞士を書く。後世の「こつじき」とは、距離がある。行基門徒の乞食行願が歩み寄っていく。ホカヒ人がいて、そのする為事をホカヒと言った。略してホカヒだ。団体の名も為事の名も。その人たちの持ち歩く道具もホカヒだ。所を定めず旅して歩く。その持ち歩く道具がホカヒだった。目につく旅道具だからホカヒ。昔はいろいろな金属もなく、セルロイドもない。曲がった道具はない。それを村の生活に真似て作った。これの小さいものが破籠《わりご》と言う。弁当＝ワリゴはそれだ。檜で作る。だんだん大小は順序がある。ある種のホカヒ人の持って歩いたものに違いない。絵巻物を見ると、旅人はみなホカヒを担いでいる。ホカヒ人ではないが、伴人に担がしている。それほど大事の道具になっている。また、それがホカヒ人にとって、神聖な道具だった。古い古典的な家の道具として、ホカヒの恰好をしたものが使われている。山の神へも運ぶ。その例が田舎に多い。神聖な道具だったに違いない。異神を守っている旅人が入れている道具か何か。おそらくそれが人の目についたろう。目につく道具がのちにホカヒと言われる、いびつなりの旅道具だったのだ。ホカヒは足のあるのが正式だが、あるなしは問題ではない。ないホカヒも多い。神霊の入れ物であった。それが増えてきて、旅の道具を運ぶものになり、以外の人が真似て、旅行でなくても使うようになった。今も使っている。ホケエと発音している。ホカヒ人が持つ道具だからホカヒ。ホカヒ人はホカヒをするから、ホカヒの中のある種の著しいものを指して、ホカヒあるいはホカヒ人と言った。それはどの種類を指したのかわからぬ。

ともかくも、中世頃に、古くからいたホカヒ人は、中世も旅を続け、同時にクグツが旅を続けている。同じとも言えず、違うとも言えぬ。不思議なことに祝福の名だが、旅道具の名になっている。また逆に、その連中をホカヒを持っているからホカヒと考えていたのかも知れぬほど、道具が行われた。

これと似ているクグツは、語法にのぼると、アマの持っていた道具らしい。クグツは、もと名詞で、動詞ではない。それを持っている連中がクグツだ。ホカヒと逆だが、もっと尋ねるとそうなるかも知れぬ。今はわからぬ。

私は仮定説を持っていた。陸路にいて、山の神の信仰によって、祝福するのがホカヒ。それに対して、海の神によるものがクグツかと、大胆なことを言ったが、証明出来ぬ。同じか違うか、わからぬ。クグツははっきりしているが、ホカヒははっきりせぬ。広そうに思われる。クグツの如く、団体をつかんで考えられぬ。そういう言い方をすると、比論上の誤りをするやも知れぬが、クグツという入れ物に、神秘なものを持っていた。それから出る名だ。傀儡子（カイライシ）という字とは関係ない。字と訓とは別々のものだということになる。その中で、女が目につく。日本の昔からの習慣だ。

日本の信仰には、種類によって、女が外へ出るものと、男が出るものとがある。女が主となるのは、その家の戸主は女だ。日本の信仰の古いところでも、うづめの命という女神は猿女君の祖先で、猿女は男の名も伝わっているが、女の主だ。

江戸末期まで続いていたところの、山城の桂を中心としていたから桂女という家がある。最後の女戸主の家だ。かつらめ、あるいはかつらひめ、代々の家の主は女の名で、男は蔭のものだ。京の公家、将軍家に、室町以来の由緒を持ち、祝い事があると祝言に行く。カツラヲケは、桂女が持ってくる。その上に腰を掛けて、お能の上でする様に祝言を述べる。そういう仕事を中心としている。あるいは、桂川で取った鮎を献上する。その家があった。一軒残っていたのが、江戸へ出て、宿屋で殺されて、その家が絶えた。それも神事をしていたのだ。神聖な道具として残っていた。そこに座っているのは、桂桶の中の神霊がつく。（ホカヒ人と別な話だが、ホカヒ人のホカヒの威力がそこからも考えられる。）カツラヲケの中に霊魂がある。お能で腰掛けるのは、知らないで伝統を引いている。お能は少ない道具でするので、桂桶のふたで酒を飲んだりする。

そういう類似の家は、たくさんある。女戸主。昔の社会で、神事は大事だ。それにあたっているものが女なら、女戸主だ。女の巫女がその家の中心になる家が多かったのだ。だから、クグツの場合、家族の男も女もあるが、経済力では解決がつかぬ。女がクグツの祭る神を祭った。それが分化して女の位置が重くなった。占いをする。神を祭った。人形を回して、その歌やら……を人が見る。そして、認められると、女が中心になる。そのもとは宗教的威力だ。クグツがあちこち巡回して、通っている水路あるいは駅路に、半定住の土地を作る。それがしゅくだ。しゅくに長者となるものは、女の中の宗教力を持ったものだと考えていい。歴史的関連がなくて、関連の起こってくるのが比較研究では大事のことだ。歴史的にするのは、必然の筋だけ残っていることだ。

女の宗教家がシュクの頭になり、家の主となることは、何の関係もなしに、外に起こっているとすると、日本の宗教にその傾きのあることがわかる。

沖縄は、たびたび遊女を整理した。王朝は五百年くらいだ。近代になって、地方の遊び場所が整理されて、遊廓が那覇に集められた。辻という町にかためて置かれた。辻は、日本語に共通の頂上のことを言う。那覇を見下ろす丘陵の頂上にあって、王位の女が疾になって捨てられ、付いていた者が遊女となったという。遊女といっても、娼婦と芸妓とを兼ねている。ズリ（しっぽのことをズルという。尾類と軽蔑して、女郎のことを言ったのだ）というのは、日本の女郎のことだ。辻が発達したのはごく近い、三つの区域になっている。男は住んでいない。三つの字《あざ》に、上流に三軒、神体を祭っているところがある。ホテイ（弥勒という）、獅子ともう一つ、祭っている。それが村の頭だ。頭と添え役と、女の神に仕える役が決まっている。町のいろいろの行事は、その女の心から出る。

それは、遊郭の発達の道筋にあった女たちの歴史と関係ないが、日本人がすると、シュクの長の形が出てくる。昔のもそうだろうと思える。シュクの長はそれだろう。「熊野」の池田の宿の長、青墓の長、皆そうだ。そういう商売しているので、人がこすく、油断出来なく、手練手管を磨いてゆく。そして、色町の人は気が許せぬというが、それだけではない。部族的に違って、一種の警戒心を持たせる歴史を持っているに違いない。残虐な性質を持っている（クグツ　流民だから）ということになる。われわれの頃は、遊廓文化の栄えた頃で、残虐であり、特殊な気持ちを持っている、という特殊な気がした。それは冷酷であり、右のような歴史上の印象がきっとあるのだ。

今言ったのは一例だ。形が漠然としておさまりどころがない。ホカヒ人に似ているクグツの歴史をはっきりしようとした。

その外に、うかれ人はたくさんおって、それが宗教を持ち、神を抱いて旅行している。それが芸能に関係の深いもの、うまいもの、ほとんど芸能を持っていぬものと、いろいろの段階があったが、持ってないのは初めから持っていないということにもならぬ。ともかくいろいろの形において、漂流して歩いた民が多かった。どういう場合にも芸能を行う機会が多かったのだ。それが団体として歩いていることと、孤立して歩いていることとがある。そう考えたらいいと思う。

　昔の芸能で考えると、われわれの古い芸能団体が、日本の中をかなり広く歩いていた。海部と同じかも知れぬが、日本国中を歩いていた。それに似た形が、近世に現れるだけでなく、古くからあったに違いない。つまり、パトロンを自分らに近い所に求めるものと、広く求めるものとがある。考えようによると、だんだん増してくる。しかし、おそらく日本人の中に、短い祝福範囲のものと、長い広いものと、二つの行き方があると見ていい。あるパトロンに専属している祝福団と、旅行しながら随意に祝福して歩く団体と、その形の違いがある。二つの形があったと見ることが出来る。祝福するためでなく、旅行してゆく機会に、あちこちでしてゆく。神の威厳を示していくものだ。祝福を最後の目的として、狭い範囲に限られていたものと、これは分けて考えねばならぬ。時によると、狭い、短い祝福団のものと、季の旅行祝福団の形を真似ることが現れる。その形で田楽、猿楽の諸団体の人が、遠い旅に出かけたに違いない。そして、あちこちにパトロンをこしらえたのだ。自分の祝福する芸能以外に、つてがあるのではない。寺の縁故で、よそへ祝福に行くのでなく、芸によって演芸をして歩く形だった。

　世阿弥の若い頃に旅行した記録では、至徳元年に（二十二歳）駿河の浅間神社の法楽の猿楽能に行った。五月に、一緒に行った親の観阿弥が死んだ。そこで死んだのは、大きな旅をする時期があるからだ。五月十九日だ。田植の祝福能をしに行っているのだ。猿楽能と関係が深い。万歳が春になると出て行くように、猿楽の太夫は田植を中心に出かけて行って、間に合わないと、終わってからしたり、また早くしたりする。間に合わぬ、また時過ぎたりすると、田植の前にも後にも田植の猿楽をした。つまり、芸能の種類による。この芸能はどういうことをば祝福し、マジックをする、呪するのはいつか、ということが決まっている。だから、それで一回りまわってくると、自分の故郷へ帰ってくる。この頃は、国へ帰ると百姓もするのだ。

十　芸能団の遊行

（昭和二十二年十一月十一日）

日本の国家成立前に、芸能の遊行団体が歩いていたことが想像出来る。

宮廷を開いた祖先が、芸能的意味を持っていたかも知れぬ。なぜならば、宗教的旅行団が動いて行く時、のちにそうなるはずのものがついて歩いている。要素が付属しているわけである。たとえば、記紀の原本になっている物語の中のあるものは、祖先の遊行時代に持って歩いた神々の叙事詩であったかも知れぬ。芸能は、技術のように思うので不思議と思うが、昔は神を祭る儀式のあらゆる部分が、後世の芸能になっていったわけだ。それで不思議はない。昔のことはよくわからぬが、それに近い形もわりに古い時代に言える。国家成立後に、国中の叙事詩の総合の運動が起こって来た。日本国中の叙事詩を総合した。そのテキストが国家の叙事詩だ。家々の叙事詩が細かいところで違っている。それを総合すると、大筋は一致してくる。細部の相違は残っても、大体は関係がついてくる。それが時を経て、成立してくる。それが文字で書かれる頃になると、歴史となる。叙事詩の出来始めた時分、感じ始めた時分、あるものについて、あるものの効果を知って来る時代、偶然あるものについて、だんだんその意義を追及してくる。宮廷に叙事詩が出来ると、それが価値を感ぜられてくる。すると、今度は、時代時代の天子あるいは皇后あるいは皇子、そういう宮廷の人々に、一つずつ歴史が出来る。まだ大昔は、伝記が永劫に伝わることは感じていない。ところが、総合せられた叙事詩を見ると、昔おったと思える人が伝わっている。それで、自分たちの奉仕している人も伝えねばならぬと、下の方から考える。それで皇子、皇后は亡くならぬ前から、その方々の事績を伝える団体が出来ている。民団である。これで御子代、御名代がある。これに区別があるが、記紀でも明らかな区別を言わぬ。詳しくは「…部」（べ）がつく。

子代は、子がいると親の財産を継承する。これを伝えるためには、財産に歴史がある。その歴史を知っている者にのみ伝わる。最後に自分の手に帰したことを加える。だから、財産には、物語が付いている。これを継承する人は、物語を知っていなくてはならぬ。秘密で継承する人、外へ伝えられぬ。そういうふうに、財産継承のための物語を伝えている団体が、御子代部と言うらしい。団体全体が、天子、王族の子孫待遇を受ける。

これに対して、御名代部は民団をこしらえて、貴人の名を付けておく。履中のためにはワカサクラベ（稚桜部）、イハレワカサクラノミヤという宮廷の天皇。名が変化して、「ワカサベ」という名になっている。尊い人の名をとって、一群の民団の名にする。記念のために民団を作って、名を付ける。敏達の皇后には、春日部という民団がある。名を付けることは、たとえば春日皇后の一代の行為の跡を伝える。履中の事跡を伝えるのが、ワカサクラベだ。

名が伝わるとともに、内容として、その人の人格、一代の歴史を伝えた。なぜ伝えてゆく理由があるか。昔の民団は、祭っている神がある。死んでのち、神と一つになった、尊い人の物語を伝えてゆくという目的が出来てゆく。それから叙事詩が出来、民団が出来てゆく。ところが、死んでのちに、一代の事歴を語って、神聖さを人に信じさせようとするだけではない。外に目的がある。

昔の天子は、呪術の力を持っていられるものと信じられていた。その根源はどこにある。暦を案ずる力だ。テーブルにしたものを持っているのではなく、直感力で感じる。寒い時が来る、雪が来ると予知することが出来る。そういう呪術的な力のあることが、肝腎の資格だった。御子たちの中、誰をつけるかは、長子、末子ではなく、どれだけ聖なる力を受け伝えているかということだ。ところが、国家の生活の中には突発するものの予知ではなく、年の初めにいつ頃風が吹き、あるいは何を植えたらいいと、決まったことを教わる必要がある。それで、だんだんそっちの方へ傾いてゆく。古代の天子の、権威のあった理由はそこにある。昔の天子への奉仕は、仕えている天子で終わる。天子に付いている人は、天子が世を終わると、終わる。その天子の宮廷に行われていた暦を持って、一つの村を立てる。村が出来るのだ。それぞれの時代の天子の暦日を伝えることが主で、内実は一種の宗教だ。それを奉仕していた人が、村をこしらえている。

ところが、そういう団体が一カ所に止まっていない。漂流性がある。国家の戸籍に入っていない者以外に、日本人全体に漂流性があった。国内のどこに一番いい所があるか、探り求めてゆく。これは、農業と関係がある。肥料を考えてくると、そこにいるが、昔は作れるだけ作って移っていき、林を焼いてそれで肥料にして、またそこにいる。神聖な土地があって、そこへ行って、初めて十分権威を発揮してゆける。やはり、民俗的に旅の習慣がついている。これが落ちついて、やまってのちも、何度も復活してくる。多くは、新しい土地を求め、信仰を広げる場所を求めて、国中に拡がってゆく。だから、日本の本州の、大やしま——漠然とした言い方。日本の古い、殊に日本の国だった大きい範囲を歩いて、また落ちつき。旅の間に分割が起こってきて、あちこちに散らばるが、大いにその信仰を宣伝している動きに、形の上はなっているが、実は、住む所を求めている。

関東に、豪族の娘がいる。大伴、丹比がいるが、宗族ではなく、枝族の者もいない。それと関係の深い、大伴部、丹比部などが来ている。仁徳の子反正天皇の御名代が丹比部だ。関東には多い。（丹治比→丹比。奈良朝の命令で二字にした。それによっているし、また面倒なのでそうしてしまう。）熊谷丹治直実、丹治比氏の直実。その名には矛盾があって、私《し》の党《とう》の旗頭だと威張る。丹比部なのだ。私《し》の党《とう》は武蔵の「キサイべ」。誰から出たかわからぬ。ある時代の皇后なのだ。私でキサキを表す。天子の持っているのは公だ。天皇以外に、御名代《ミナシロ》を持っていたのは皇后だ。御子代《ミコシロ》で、子がない時たてるという説があったくらいだ。皇后のためにたてた。御名代部と私部。キサイべ、キサキツベ（后之部）。キサキツベ→キサイべ、キサイチべ、キサイとも（部を約す）。埼玉に騎西の地あるが、もとはキサキツベである。この御名代の民が散らばっている。天皇のために出来たのは大舎人部だ。大舎人はある天子に仕え、死ぬと解散し、民団を作って、天子の宮廷に住み込む。大舎人部、天皇の御名代部の総称だ。詳しく言うと、大長谷《はつせ》の大伴部、略して、大長谷部とか言うキサイベが、個々のキサイツベという言い方だったのだ。公の民団に対して、初めてなったもので、私のものとして、私部を与える。そのあとに、皇子のための民団が出来てくる。天子・皇后の外にみこが死んだ時実用してきた。これらの連中が、叙事詩を持って歩いた。民団の□□□ぬきではないが後世から言うと（空白）みたいなもの。これかたるのは経文のようなもの。

少なくとも、語り物の素朴のものがあったことは言える。昔は国家的総合がある。権威がある。民団の開始にあたる。叙事詩によって伝えられた語り物のもとの材料は、かつての宮廷と関係の深い民団のものを、集大成したのだ。叙事詩を集めて総合した。そのものではない。民団の伝えていた叙事詩が入り込んでいる。というより、母胎を形作っている。ある時代の天子、皇子の伝記は、詳しく伝わっている。中には関係のわからぬ御子が伝わっている。ヤマトタケルは、死んでしまえばそれまでだが、御子がその功をたてている。ヤマトタケルの名を伝えたのは、建（タケル）部だ。建部の伝えが、ヤマトタケルの歴史である。この命の子が成務になったので、宮廷と関係もあるが、本来は建部らしい。垂仁の御子にホムチワケ・品遅部。紀は誉津別ホムツワケ、誉津部、これが両方に詳しい。ホムツワケの御子のことを伝えた部曲の叙事詩が、勢力があったということだ。

そういうふうにして、古代のことはわからぬが、民団が大和から分れて諸国へ押し出してゆく。植民したり、定住したりしている。さらに想像すると、その中に定住することのなかったものが、ホカヒビトの中に落ちているかも知れぬ。ホカヒビトの項目の中に入れられるもの。田舎に行くと、中央からある時代の天子の名を負った御名代部の民が来ると、羽振りがいいのに違いない。しかも呪術を持っている。それがいい生活をしていたに違いない。それらのものの持っていた物語歌というものが、諸国へ散布していった。こういう形でいつまでも日本人は動いていた。

世の中が静まってのちまで、豪族が本領を持って静まっている時代にも、動かねばならぬものがある。庶流の人たちというものは、本領の土地にいると、後戻りみたいなものだから、本家の所があると家の子になる。それで勇気のあるものは、離れて、本家との交渉を断たずに分かれた。民団の動きのなくなった頃、地方ではくり返している大戦争がある。奥州の果てから都へ上ってくる。義経、頼朝、大変な旅行と思うが、そういう習癖を持っていた。住んでいた所を離れることと、新しい所を求めるのと、その習癖がなくなってないので、大戦争に参加するのはわれわれの時代のような苦痛ではない。義仲が木曽の奥から出て来る。雪だるまの太るように出て来た。この多くの者は、義仲の負けたのちは、たいてい同時に死んでしまっている。旅の空で死ぬ。国へ帰ろうということを考えぬ。旅へ行って、死んだと考えるが、その人たちにとっては、口もとめて行った先で死んでいるので、考え方が違う。そのくせ、本領を守ることに努めてはいる。しかし根本の性質に、遊行欲——漂流欲があった。それは昔からある宗教性なのだ。この遊行性はさらにのちまで続く。

戦国時代が、はるかのちに出て来て、江戸に入る、その頃になって、やっと落ちつく。地方地方の豪族の身分が、国家—大名に取り立てられた。容易に動けぬ。それまでの間は、しきりに動いていた。おそらく、そういう人が動く一番の方便は、時代時代に人気のある宗教の形をして歩いた。念仏宗が盛んに起こった。山伏（修験）の道が行われている。念仏聖の団体を形作って、旅行した。住所を定めるに都合のいい所へ行くと、そこへ落ちつく。修験だと、もっと具合がいい。山々へこもって、山の信仰を宣伝する。国々にはあちこちに、修験の本山がある。もと大和の葛城、吉野の間に起こった半宗教だが、このかたちが、非常に広く行われて、日本の高山に行われたので、その中の一つが、力強くなってくると、日本国中の山の信仰を持った所は修験になってしまう。それで、早く力強く成立したのだ。山伏修験になって旅行することは、日本中、明らかな目的を持って歩けることだ。山伏は呪力を持っている。祈禱し、呪詛の力を持っている。それが出て来て、へそを曲げて怒るとどんな災いを与えるかわからぬ。これが豪族の間にわりこみ、山々に力を持ってくる。世の中が静謐になると、それらが目の上のこぶで、殺戮せられてしまう。賢いものは、大名の仲間に入った。義経以下の人が、落ちる人が北陸を偲んだ。安宅——勧進帳——あれなんかも、昔の人の空想ではない。『義経記』の空想ではない。義経はしなかったかも知れぬが、相当な団体を持って、相当な歴史を持った家の子が、旅をしていたことは考えられる。日本の農村の歴史は、今は痛切に研究の必要を感じる時だ。この基礎はそういう旅行団体、殊に武家の遊行団体の歴史を調べるべきだ。その下に、それが住みついて豪族になる。その下に農民がついてくる。それをしなくては、農村調査も出来ぬ。

十一　放浪

（昭和二十二年十一月十八日）

中世の日本の社会には新しい土地を求めて、放浪して歩く習癖がある。これは古代からの癖がたまりたまりして来たもので、中心は信仰にある。信仰をもって団体をなして歩いていたので、それが、存外賤民と考えられていたものばかりでなく、かなり高い位置を持っているものにもそれがあった。中世から近世の境目の武士の団体的移動の事実も、それから見なければならぬ。近世になって、著しく宗教の布教者が諸国を歩いている。それが神なり、仏なりの信仰を説いて歩いている。

中には信仰の相手の対象のない教派もおって、信仰の相手のない布教者は、念仏聖は一種の季節の儀礼を司ったものから出ていると思われる。春と夏、あるいは夏と秋との入れ違う時分に、世の中には邪悪の精霊が活動する。それらのものが、いろいろのわざをする。それを退散させるために舞踊を行って、その興奮に巻き込んで、そういう精霊を誘い出して、自分らの住んでいる境の外へ連れ出してしまう。そして、そこから放逐するという仕方をしていた。それがつまり、だんだん、たとえば春夏の交差する鎮花祭の形を取って、世の中に行われている。花の散る頃、精霊が浮動する。それを斥けるために、鎮花祭を行い、舞踊を行う。季節の舞踊を鎮花祭に求めている。ところが、夏から秋にかけての時にもそれがある。今に行っている盆踊りは起源は入りまじっているが、季節の邪悪を斥けるための舞踊だったわけだ。原因は必ずしも一つではない。が、ともかく季節の変わり目に舞踊の興奮にいざない込んで精霊を誘い出すことが行われて、これがだんだん組織を持ってくる。だいたい運動の中心、起こり場所があるらしい。それから始まって、日本の中の大きい部分を移動してゆく。つむじ風が起こって、徐々に中心を移していくように、だんだん動いていて、行った先で興奮に巻き込まれる地方の人があるところまで移っていく。結局、その団体が興奮を失って自ら解散するまでの間、動きが続いてゆく。そういう団体が、次第に興奮の中心に宗教的興奮を生じてくる。そして、指導者の位置に立っている者が、一種の宗教家の自覚を発して、これがまず姿を現すのが平安朝から鎌倉の頃。仏教が（宗教の中心だった）日本的自覚を発し、理論はないが、国民にぴたりとしてきた時代だ。仏の末派のような形で現れた。それが念仏宗だ。もと宗教的自覚はない。形式がもり上がってきて、わずかな情熱を生じて、わずかな真情が出来てくる。これに融通念仏・時宗という二つの派がある。一つの宗旨になって理論が出来てくる。寺、経典が備わると、動かせぬものになってくるが、もとの起こりは、邪悪の神を追放するところの踊りだ。その団体の中には、邪悪、疫病の神を意味するものがある。それが中心となって、踊ってゆく。それで全く中心がないわけではない。だが、一つの宗旨をつくるとは思われぬ。ところが、流行の起源の場所から諸国を廻ってゆくうちに大きくなってゆく。これは、日本人が、旅行欲があったので、そんなものが出来てゆく。それがあっても、旅行するものに一つの神の性質を認めるものがなかったら、そういうことにもならぬ。旅行してくるものが神だと思う習慣があった。常世から常世神が来る（上代）。幸福を持ってくるが、一処に長く止まっているとこまるので先へ押してゆく。これが残っていて、遠いところから旅行してくるものが神だ。そこから宗教的旅行者、舞踊をする宗教団が出来上がってくる。それとともに、どこからも任意に参加してゆく事実を考えねばならぬ。近世になると、著しく芸能は傾向を失ってゆく。伊勢踊りが近代では周期的に行われる。伊勢踊りが諸国を廻る。陸路を伝ってゆくかと思うと、海を渡って、四国、九州へも行く。何が中心か。踊りだ。行く先々で、人々が巻き込まれて踊る。根気の続くものは終いまでついていく。近代では結末がわからぬ。のちは、伊勢踊りの踊りを問題とせず、伊勢の神に関係したものが降ってくる。多くは伊勢のお祓い。祓いを受けたしるしに、受けてくる護符が降ってくる。すると降った場所は、降った村の人は、伊勢へ参らねばならぬ。これが維新当時まであった。そういうふうな宗教的情熱は、夢かうそのようだが、実際あったのだ。まず、われわれは芸能と旅行の話の真ん中に、そういう運動を据えてみねばならぬ。宗教的旅行者がなくば、こういうことは起こってこぬ。神を携えて、歩いていなくては、そういうことが起こらぬ。

しかし、そういうふうに興奮した状態で旅行する宗教家ばかりではない。静かに団体を組み、小人数で歩いている布教者がある。それは必ずある大社または寺から派遣せられた者だというふうに人を信じさせて諸国を旅行している。人を騙したのか、人がそう信じたのか、自分が信じたのか、断定出来ぬ。騙してかかったとは言えぬ。民族の間に起こってくる信仰状態がこしらえものに関するが、そう感ずる地盤を日本人が持っている。それで熊野と関係するから、熊野の山から派遣させられたのだと、信じてうける習慣があったのだ。ところが、必ずそういう布教者は寺、宮に全く関係ないものではないが、宮寺に対しては奴隷の関係にある。奴隷として付属している。それが関係している宮寺の信仰を宣伝して歩く。その信仰が必ずしも本社、本寺の神仏の信仰を教えているものではない。不思議なほど、宮寺の神仏に対しては従属的位置にいる神仏を教えている。自分らの信仰している神仏は、付属している宮寺の神仏と違う。これは大きい問題だ。日本の奴隷、宗教家は自分の神仏を持っている。持ちつつ宮寺に付属している。宮や寺の信仰を布教するが、自分らの神仏も布教して歩く。高野聖、熊野信徒には必ずしも本山、本寺の信仰を持ち歩いているものとは思ってはまちがいだ。人間の関係と同じことだ。主人にも祖先があり、家来にも祖先がある。主人の神も家来の神も同じに見るが、そうではない。宮や寺で奉仕している神仏があり、それに付属している奴隷は自分の仕えている神仏を別に持っていて、その神仏と宮寺の神仏との関係はやはり神仏自身において主従の関係を持っている。その仏の子孫と信じている宮寺の人、奴隷は、別々の祖先の親しみを持っている神仏を持っている。奴隷たちが自分の神仏の信仰を宣伝する。それでたとえば中世の末から近代にわたって芸能の分野に大きい領域を占めてくる説経というものは、そういう関係が分からぬとはっきりしない。

説経は、もと大寺で御経の意味を敷衍して説く。経文をもととした演説で、技術を練らぬと人を感動させぬ。その間に、律文的要素を加えていた。節回しで人を惹く。そして経文の意味を延長して、説いていったらしい。人間界の有様、つい最近に起こったことを例にとって説明していったらしい。大寺に説経師がある（位置が高い）。伴奏に琵琶を用いた。説経師自らも琵琶を弾くことにもなってきた。ところが日本の宗旨は、社にあるのは、生活態度の違っているはずの寺でも取り入れている。日本人は、儀式めいた生活まで演技にしてゆく癖がある。寺のような文化的生活に田舎の生活を取り込んでゆく。寺の上の方で行っていることを寺の奴隷たちが、ひき写しに模倣してくる（芸能の伝統はすべてそうだ）。高い位置のしていることを、低いものが模倣し、伝統が自から低い方へ移る。公家の間の音楽の伝統が、低い位置の人がその伝統をつたえる。説経師の行っている間は、相当格式が高いものだったが、招かれて法会へ出かけると、寺の中にいる人では、説経師が実入りが多いので、説経師になろうとするものが出てくる。説経が寺において高い世界から低い位置へ下ろうとしている。『徒然草』に説経師にしようとした親が、外的条件を習わせたという笑い話がある。人にうらやまれる、収入も多かった。第一に、芸能の特質にふれてくるものは、遠いところへ出かけてゆくことだ。寺々の下級の奴隷は、説経を写して、自分らが持ってゆく。旅行して歩くところの寺の奴隷が旅行の方便として説経を携えて歩いた。都合のいいのは、はじめに台本が出来ない。根本（ねほん）が出来ていない。節回しのあるものは、節で覚えるので記憶がしやすい。語る社会によって、文句を変えてくる。台本に対する態度はわりに自由だ。それで説経師の生活を学ぶ下級の説経を行うところのもの（ひじり）が、説経師自身が台本を持つ頃は、日本国に説経をまき散らしているという有様が考えられる。その台本のできた頃は、南北朝の合併の頃で、後小松天皇の頃が、はっきりと書物に出てくる。

旅行と芸能との関係に、この方に詳しくいかれぬが、『神道集』——仏教より見て、仏に付属している神々を神道という。神の道徳、神の儀礼ということではない。「神々」ということにすぎぬ。神々の物語を書き集めたものが『神道集』だ。仏教的だから何かの点で関連している。してなくても、仏教的活躍において神を見ると、これを神道と言う。鳥居、神社の建築を見ると、仏教哲理によって解釈している。すると神道として取り込むことが出来る。日本国中の名高い神社も、忘れられている神社についても由来を書いている。説経師の語った説経の中の神道に関するもの、日本の神々に関する部分——日本の神の中、仏的色彩の濃い方面が語られている。その台本以前にすでに語られていたことが考えられる。語られているうちに、テキストを持ってきた。標準のテキストを持ってきた。その神道集に伝えている神々の由来を見ると、諸国の社の主たる神の来歴に関連している。たいていの場合神の過去は人間だった。その人間が一生が済んでのち、神に加わったのだという説明の仕方だ。そういう説経のテキストが出来ると、早くから民間に活動を始めている説経のひじりは新しい台本を持って、自分の芸の準拠としてゆく。それ自身は字が読めなくても、反省の材料としてたいして誤りなくいく。盲人の芸能もそれで伝わっていく。テキストは目あきが見てくれる。そういうふうに高い意味のものと低い意味の説経が並行し、中間に『神道集』ができ、低い説経が反省の時期を持ってくる。この機会をいつもくり返している。そのうちに本道の説経はくずれてしまう。壊滅してなくなってしまう。ひじりの仕事が自由になってしまう。説経は、だいたいは浄土宗が中心。中世と近世との過渡期に、浄土宗が中心になって、説経を絶やさなかった。浄土宗のは、叡山から伝わる伝統が正しい。天台宗に竹林院派がある。開いたのは聖覚（せいかくと漢音）、父は澄憲。叡山で名高い人で、同時に説経の元祖と言われている。これは、正確に伝わっている。聖覚が、竹林院派の開祖で、（古い寺は不思議で、自由で）聖覚はそういう閲歴なのに、民間宗教の浄土宗の法然の弟子になる。高弟の一人である。

この聖覚流の説経が浄土宗に伝わってゆき、ただ今の浄土宗の説経になっている。地獄変の絵を掛けて、説経すること。芸能者が行うような感じが出てくる。浄土宗では、その連中を行者（アンニャ）と言っている。浄土宗に属している奴隷宗教家をアンニャと言っている。説経者もアンニャの中に入ってくる。伊勢古市の遊廓の女郎は流派はこれがある。ひじりに属する女が養われて、遊廓をなした。それで滝女とあててアンニャと古市の女を呼んでいる。また三井寺流の説経もある。古いのは今わからぬが、浄土宗に流れ込んだ流派は、いくらか痕跡が認められる。そういう説経者の一番の特色は、自分のことを自分で語る表現法を持っている。自分らはかつてこういうところから起こってきた。因果を説くところから出てきたとみえて、それらの人の境遇、歴史が入っている。

説経に出てくる人の境遇というものは、高い位置にいる人を語っても、どこか陰惨な感じのある奴隷の匂いがある。説経では、五説経と数える。

そのうち重要なものは、「小栗判官」――毒殺せられ、藤沢の遊行上人の法力によって、魂がない身のままに、熊野へ行って、本宮の湯を浴びて本復して、霊肉一つになる。つまり餓鬼阿弥という名のついた一つの奴隷以下のものになる。その小栗の恋人の照手姫が奴隷女になってしまう。宿屋の水くみをする（卑しい女のわざ）。これは奴隷だ。

「山椒大夫」――奥州磐城の剣豪の女が売り渡されて、姉は汐汲み、顔に焼き金を当てられる。弟は逃げて京へ上る。これも奴隷の生活をテマとしている。柳田先生はサンショは賤民の名。算所。賤民部落は小さいが、近畿に残っているかも知れぬ。占いをする賤民のいるところ。賤民の名だろうと言っておられる。賤民が語る説経だから、説経の主人公も賤民のなごりを持っている。どこまでも賤民の生活がつきまとっている。

「信太妻」――信太にいる妻だから信太妻。表には奴隷のことは出てこぬ。狐の話は賤民の部落の特色でもない。天王寺の童子――頭を一人前の頭に取り上げぬ。年がいっても童子の髪の形であるものは奴隷なのだ。狐の産んだ子が阿部の童子。阿倍野という村と関係ある奴隷の物語だろう。

それから、「苅萱」――善光寺の親子地蔵があって、その由来。高野山に父が遁世して入り、九州の名高い武士が夫婦関係の煩わしさから行ってしまう。その石堂丸が高野へ行く。女は女人堂まで。母は女人堂、石堂は父に会いに行く。めぐり合っても名のらず帰る。母は死んでいる。そののち、僧になって廻る父とめぐり合う。高野山の苅萱のひじりは普通萱堂のひじり（非子吏とあてる、高野に付属した奴隷村、高野から下の村）というものを主として書いたものだ。苅萱のひじりはどこかへ埋没している。主人公の名はそうだ。

この他、近代では語っていたが、「愛護若」――稚児を主人公とした説経がある。哀れだが、この一つの大事な人物に、細工の次郎、皮細工ということを嫌って細工。賀茂の河原の細工の部落のものが、江州の山王様に参加する理由として説経に出てくる。こういう風に賤民の物語がある。これは偶然ではなさそうだ。語っている人の団体の歴史と深い交渉を持っている。昔からの説経を変形し、あるいは戯曲的にしたのだろうが、そういう種類の説経師の重要なものとして数えられている。つまり、宗教の奴隷がそういうものを語って、諸国をめぐって歩いたのだ。これらのを通じて見られる。ほんとうのテマはすべて旅行に関連がある。うちにじっとしているものは、説経の題材にならぬ。こういう旅行する芸能者が、旅行しなくなる時が座の確立である。

説経節も……座を持ってくる。浄瑠璃座の前に説経座が三都にある。浄瑠璃が栄えてもなおなくならぬ。旅すべき日本の芸能者が旅行を原則にせぬことは、芸能が旅行者の手からはなれ、芸能が芸術に進むのは、歩いていてはだめなのだ。座は経済史の上の事実だ。宮、寺の行事があり、参加する特別の人々が、控えている場所が座である。そこを座と言うのは、宮廷で臨時の事務を執る時、常に決まった部屋でなく臨時ということを表現するために、席の形を座と言う。事務を執っている人々の集まっている席。多くの場合「控え所」。祭り、法事の関係者の集まって控えているところ。これが油、銀、釜、網座と言う、商品を持ってきて売る人の集まっている場所。同じ商売ものが一カ所に集まるのは、常の形ではない。が、社会が発達しても同職のものを同じ町においておく。神社、寺の祭りに関係していた人は、そういった形で控え所を作る。そして、芸能を奉仕する時、舞台あるいは芝の舞台へ出てゆく。そこにいつも集まってくる人は、主催者の名をとって、どこそこの座と言う。座は寺、宮にある場所。そこに集まる人は、外に住んでいる。主催のいるところは決まっている。主催者が指導、管理する形で連れてくる。結崎の観世何某の管理している団体の控えている座はゆうざき座。外山（とび）はとびの座――宝生のもと。村の名と関係が深い。

座は、宮寺にあるが、そこに控える人が何座の人となると、芸能団体の名。村を主に中心とした名になる。結局、座は一団の芸能人で、一つの舞台に出るものを総称して、そう言う。座の衆。最後に、特別の小屋を持つようになって、そこが何々座の芸能を行う小屋で、それを略して、何々座。座を小屋の名とするのは、はるかにのちのこと。芸能上の名となってしまった。少なくとも、小屋を持たずとも、団体としての勢力がことに社の付近で認められてくると、旅行しなくても芸能の技術によって、今までの生活の部分の補いにしてゆく。芸能とマジックを行うためだけ。都付近は、芸能だけしていても、それだけの収入は出来る。座の確立は芸能の確立である。そこに日本の芸能史の時期の分かれ目をおく。旅行をやめるか、続けてゆくかに問題がある。

十二　旅行の文学

（昭和二十二年十一月二十五日）

中世の名が文化史上なつかしい名なので、それを使ってゆきたい。中世の文学の上で、旅行の文学が発達している。題材が豊富なのだ。ことに街道を往ったり来たりするもの、海道下り、海道上りとかいうものがあり、鎌倉からのちの文学の中に、旅行を主題としたものが増えてくる。

謡曲などの先行芸能として考えられるのが宴曲だ。

普通、通ることばだと、早歌《そーか》という。それが日本のうたいものの高級なものから低級なものへの橋渡しになっている。貴族、寺でもてはやされて、それを歌う人たちが身分が下っていって、早歌師になってそれが国々を歩く。そういうのが下積みになって、日本の芸能の狂いものの方面の文学が、文学的になってきた。今までは歌の文句は目も当てられぬ。語彙の少ない表現の貧しいものだった。それが語彙が豊富でどんな表現も出来そうに変化してきた。幸若舞のことば、舞のことば、あるいは謡曲、すべて宴曲の影響を取り込んでいる。殊に謡曲はこれから宴曲の要素を取ったら、どのくらい残るかというほど、影響を受けている。その影響の受け方が複雑だ。いろいろのものが宴曲を取り込んで形を変え、それを謡曲が取り入れている。謡曲より早きに宴曲を取り込んだものをまた取り入れている。取り入れ方がつまり複雑だ。それで表現が豊かになっている。謡曲は宴曲から離して考えられぬ。謡曲の中には非常に、主人公、副主人公が旅行しているという要素が多い。隠れた一つのテーマとして、旅行ということがある。非常に多い。それが何を意味するかが解けると、テーマのほんとうの意味が解

初めわづかばかりかく。

けてくる。
それは宴曲のみの影響ではない。謡曲は他のものをいろいろと入れて、謡曲的に融合したのだから、謡曲の旅行性を宴曲そのままとは言えぬ。が、ことに宴曲の上に多い。熊野参詣の道中を歌ったもの、海道下り、上りがある。長編だ。『太平記』の俊基朝臣の東下りの起こるところがわかる。文句は模倣してないが、型が決まっている。様式は七五調で、いくらも延長してよく、発想法も文体も決まってるので、作者の思いつきでいくらも動いてゆく。旅行しつつ、地名や景色についての古典的表現をしてゆく。景色を見ては必ず古典でこう言ってるのでわたしもこう思うと、型が決まっている。

古歌に

　鳴く鶴も子を思ふかとあはれなり

という歌がある。わたしもそう思います。古くからの歌をある点まで踏まえている。

　近江より朝立ちくれば　うねの野に　鶴ぞ鳴くなる　明けぬこの夜は（『古今和歌集』巻二十）

　駒も轟と踏み鳴らす、勢多の長橋打ち渡り、行きかふ人に近江路や、世をうねの野に鳴く鶴も、子を思ふかとあはれなり」（『太平記』巻二）

忠実な叙景ではない。古典によっている。または、地名によっている。その口合い文句から、自分の感情を引き合いに出してくる。昔の文学は、その時代の人の実感というものは必要でなく、もう少し後退させて、古典的表現を出してくる。自分の実感を出すのに、古典によっていると普遍性が出てくると昔の人はそう思ったのだ。俊基の類型はいくつもあり、その古いものが宴曲だ。

宴曲の表現で、単に文学として出来たと思われているものが多い。『太平記』のもどうして出来てきたか考えぬ。俊基の道筋のことを、『太平記』の編纂の早い時期にあれだけを取り出して歌った芸能者がいたに違いない。そののちに、こういう道行きぶりが発揮してくる。誰も歌わず、語らずとも、読み物としても続く。歌うためにあの文章は書かれたのだ。そういうふうに、歌うために書かれた宴曲風なもの、そういうものの前に、考えられるのは、歌われながら生まれてゆく道の記の道行きぶりの文学があるはずだ。歌われながら出来てきた文学。それをくり返しているうちに、文章が磨かれてきて、相当な文体をそなえたものになってくる。

日本の謡い物、語り物には、そういう要素が多いが、道行きぶりの文章はそういう経路を経て発達していることが著しい。たとえば、宴曲の海道下りの文句は、玉林が将軍の機嫌に背いて、道々の様子を作った文句だと言われている。今のわれわれよりすると、芸能する者が愛好者に背いた。そういうものが多いのだ。世阿弥が佐渡へ流される。芸能をもって仕えている主従関係。愛好するパトロンとの間は主従関係に、一種の特殊のものがある。ともかくそういう伝説もある。玉林《タマリン》が自分が配流せられてゆく道々を歌ったのだとの伝説もあるくらいだ。そういう道行きぶりの文学が昔から持っている世間の人から考えられる一つの癖だ。俊基が東下りは、捕われて鎌倉へ下る道の記。何か罪せられて遠くへ行くものを主人公として、その主人公の道中を述べたと考える癖がついている。なぜならば、芸能者は移ってゆく。他の人は移らぬのが正しい生活だ。その人が離れることは、不幸なことだ。そうでなくて、相当の身分の人が住んでいる所を離れるのは、官吏として任命された途上の紀行（道行きを記した文章）をば書いたものはない。たいてい不幸な目にあった人がおしやられる。それを歌われるものと思っている。平安朝の古い『土佐日記』は、土佐から帰って来る。任命から帰って来る。『更級日記』も多少見られる。これは歌われる文学ではない。歌われるのには、必ず主人公の悲しい旅行が歌われている。現実には職業として歩いている。歌の主人公は悲しい境遇に陥って旅している。つまり実生活と芸能の上とは並行していて、別々のものだ。江戸のでも思わせぶりで、歌う形が出来てくる。それで歌うたいの境遇だと考える。

玉林の道のひだはどこを押しても出てこぬが、そう考えている。

幸福な旅行なら道の記は述べてない。神武の大和への道々は飛び飛びで道の記に作られてない。感情をそそる内容がなかった。日本の文学で道の記の出てくるのは、天田振《あまたぶり》。もとうたが、

〽天飛む　軽の嬢子　いた泣かば　人知りぬべし　波佐の山の　鳩の　下泣きに泣く

とあるので、そこをとって、あまたむ、天をグルグル回って飛ぶ。略語の法則はへんてこ。天田振は允恭天皇の王女王子についての歌物語。美男美女兄妹同士で、なくては相手がないような悲しい関係だった。それが顕れて、伊予へ流された。記紀で別に伝えている。その歌が総合して天田振。不思議な結婚して、神にも人にも許されぬものになっていった。悲しい物語。根本は旅行だ。旅行にあたまもっていっている。『万葉集』になると石上乙麻呂という人は身分も高い。が、重婚問題。正式の結婚を二度してはいけない。それで沙汰所にあげられた。土佐へ行ったとの伝説。ところが、『銜悲藻《がんぴそう》』、乙麻呂のものと伝えているがわからない。ところが『万葉集』のは乙麻呂が作ってないはずがない。

古代の神人が歌った歌をお能の者が歩き、この歌のようにつづってみると、一首でもつれている。一首一首は独立している。石上家《ケ》の旅、上の言い方は、その頃からは古い言い方だ。それにそういう物語風の歌を作って歌ったので、女の間違いから、土佐に流されたとなっている。いくら昔でも石上が……あたかも自分らが旅行したのと同じ地に主人公も旅行先を選ぶ。何故か自分たちが親も子も旅することに疑問を持っている。すると昔に犯しがある。その考え方は相当影響している。その境遇の昔の人を主人公として選んできたのか。自分らの境遇の起こるところとして、主人公に閲歴を託して述べたのか。神と神に仕えている人間は、その神を祀り、自分の家の神をも祀っている。二様に神を持っている。公私に神を持っている。自分の神はこういう閲歴持っている。その神の生活に沿うた生活をしている。神が不幸だったから自分が祀っている。そういうふうに神を守るからと、日本人の旅行の原因は幸福に立っている。自分が犯したのでするのが西洋人、ユダヤ人。ワンダリングジュウ。時に現れてきて少しも死なない。中世までは古代のが残っている。キリストを陥れたジュウが死なずに生きている。日本のは説明の仕方が違う。

神の世話をしていた、その神の閲歴を語っていたのだ。平行するのも当たり前だ。自分が旅行している。では、拝んだ神はどうするか。分かりやすい説明は、よいところにじっとして暮らしているはずなのに、遠くへ行く。筋は犯しがあったからだ。この考えが力強く通っている。文字に書かずに伝わっている文学。これは古墳と同じで、取り出したとたんに崩れてしまう。記録せられると同時に、実際に歌われ語られることがなくなってしまう。

日本では旅行の文学がそののち書かれて伝わってくる。書かれぬ前から広く日本の世間を浮動している。その間に交換作用が起こってきて、悲しい文学が育ってきた。源氏の悲しむところは須磨、明石の生活。芸能者の道行きぶりの精神にはまるのだ。

もっとくわしく古い文学を調べると、いくらもある。細かい旅行には必ず悲しい事実がある。大きいものは、感銘がない。開き直っているものはみな悲しい。旅行文学は旅行者が伝えていたので、その人々は、特定の村を作ってそこに落ち着かねばならぬ人生。そういう待遇を受けねばならぬ人たちだ。

日本の謡い物の区分として「道行き」が出来てくる。みちゆきというと旅行の途中と感じるが、根本にその悲哀がある。ところが日本の叙事的な語り物が発達してゆくと、従来、謡いもの、語り物の中に重大な要素は新しい叙事詩の中へ含み込む。説教節が出来、一転して浄瑠璃となると、最低限度これだけは入れねばならぬというものが決まってくる。必ず浄瑠璃の中にみちゆきという一部分を作る。作らぬと浄瑠璃に急所がなくなってしまう。

道行きぶりの文学が入ることは、全体の筋立ての中に、必ず旅行すべきものを作らねばならぬ。みな必ず道行きを入れているのは、必ず小部分の旅行がある。近代の語り物は旅行文学だと言ってもいいものだ。不思議と言えば不思議だが、叙事文学には宿命的にくっついている。日本のが出来ぬうちから一つの様式なので、入らぬとはずれていることになる。入らぬと成分が抜けている気がするのだ。

そういうことは後になると、初めに、第一場は何々とまとめてゆく、と考えている。第三場に道行きを入れると決めて、筋を立ててゆく。しかし初めからそうして立てられたものでない。行きあたりばったりにしていたのが、様式が決まってくる。だから日本の叙事は語り物の早い時期に、それだけが最初でないにしても、少数の要素の中の重大なものが道行きだったのだ。のちそれが組み合わされて複雑な様式になっていった。

たまたまそういう伝説が残っている。近松が住吉で遊んでいた。すると天満の紙屋治兵衛が遊女小春と網島で心中した。早く戻って作ってくれと使いが来た。それで帰りの駕籠の中で作ったと、「走り書き」と書き出した。くわしくは心中のことを知らぬのに、作り出したという。市井の出来事が出来るとすぐそこが出来る。世話物は三段だから、三場位で出来る。第一場は道行きをしたのだ。近代でも、道行きが主体になっていることがわかる。近代はそうだから昔はそうだとは言い切れぬが、何段かに分けて構成してゆくと、はっきり決まらぬ前は是非とも入れねばならぬものがあった。そのうち道行きが大きく出て、道行きなしには語れなかった。日本の芸能は、道行きの持つ悲しい精神を添えているので、日本の芸能は悲劇にならざるを得ぬ。悲劇にしてゆくものが芸能の中にある。日本の芸能から出発した文学は、どうしても悲劇にならざるを得ぬ。書かねばならぬ道行きが悲しい。それで日本の戯曲文学の運命は初めから決まっている。

その道行きを明るいものにしてゆく。しかしそうしても、日本の文学が悲劇になってのち、道行きを明るくしても何にもならぬ。

この後、芸能が、悲しみ、あはれ（使うとまずいか）、しをりとかいうことを、主題にしていることはわかる。日本の芸能のはじめから持ってる行きあたりばったりのものが、意味を持ってきたので悲しみ、しをりがある。浄瑠璃から悲しみを抜くと軽蔑すべきものだ。それで中期に浄瑠璃を濃厚に取り入れた歌舞伎も悲しい。初期は喜劇的要素を持っていたのに、中期に浄瑠璃を入れてからそうなった。歌舞伎は悲しい部分は人間的で、おかしいところは馬鹿になってしまう。戯曲の持っているテーマはいかに悲劇的であるかということが考えられる。

十三　漂泊者の芸能

（昭和二十二年十二月二日）

芸能の徒が旅行をし、自ずから旅行文学の形をなしている。宴曲の中の旅行に関係ある部分を読んで、それから先の話の続きにいこう。

『宴曲集』「海道　上中下」読んでみます。

○行々《かうく》たるつゆの駅《むまや》に。思ひを千里の雲に馳せ。渺々たる風の泊に。心を幾夜の浪に砕かむ。霞をへだて霧を凌ぎ。立別るれば旅の空。雲井の外にや成りぬらむ。馴来し都を顧て。逢坂越えて打出の。浜より遠を見渡せば。塩ならぬ海に欹てる。石山詣での昔まで。其面影の心地して。山田にかかる湖の渡。矢橋を急ぐ渡守。長良の山を外に見て。淡津の原を後にし。勢多の長橋野路の末も。時雨ていたく守山の。篠に露ちる篠原の。（下略）

○唐衣きつゝなれにし。きつゝなれにし妻しあれば。都をさへに忘れめや。よそにのみ聞渡りしを参河なる。蜘手にかかる八橋の。沢辺に咲ける花の色に。移ろひ易き人心を。隔てゝ見ゆる杜若。武士の持てる矢作に取副ふる。梓の真弓。春の沢田を作岡の。苗代水をや任すらむ。（下略）

○（前略）この鶴岡の叢祠にぞ。神とゞまり御座。扮楡和光の月は猶。曇らぬ政に影をそへ。蘋蘩礼奠の風は又。忘れぬ信に徳を増す。誠に文誠に武。星の如くに敷くのみか。木となく草となく。風の如くに靡かして。賢く久しき君が代は。民の竈も賑はひにければ。九年資豊かなり。

俊基朝臣の東下りの前型がもとになっていると思う。時代はほとんどすれすれになっている。必ずあの東下りと関係はある。大廻りにあれとふれながら進んでいる。影響を受けつつ避けつつ、あれを作っていることは確かだ。中、下になるほど、影響は少ない。

『宴曲抄』中「三島詣」、

○和光同塵は利物のはかりごと。法性の海とこしなへに。不変の波を湛へ。垂跡は化儀にしたがひて。方便の舟を浮べつゝ。渡すに信敬の誠による。夫れ三島明神は。忝くも石の上。布留の神代の天にしては。第六代惶根の尊の御子なり。化儀をかしこに調へ。利益をここに待たしむ。（下略）

こんなものは詣る道と、由来とを説いていることになる。こういうのがわかるのは、寺のそれも学僧だけに限ることだ。それが、世間の宴席に歌われるにいたったのだ。これがだんだんわかるようになって、くだいてわかるようになったのだ。

同下「鶴岡霊威」、

○抑秋津島は是。神態事繁くして。一陰一陽の風遠く仰ぎ。天神地神あらたに。光を和らげたまへり。中にも天照大神は。かけまくもかしこき宮居にて。伊勢の浜荻世々旧りぬ。八幡三所の御事ぞ。申すも愚かなるやな。人皇十六代の宝祚君。誉田の帝といますかりき。かたじけなくぞ覚ゆる。日本武の尊の御孫。豊浦穴門の宮の御子なり。息長足姫の御代に。干珠満珠の霊威を施し。高麗百済新羅三の韓国随へて。終には豊国の。この宇佐の宮に跡を垂れ給ひき。貞観の比かとよ。行教和尚の三衣の袂に宿りて。男山に遷り給ひしも。帝都花洛の護りにて。都の南に住み給ふ。（下略）

坊さんでなくても教養ある人なら、ややわかろうが、歌われてはわかるまい。これは『玉林苑』という本の初めに出ている。宴曲にはこういう種類のわかりやすいものもある。が、謡いものだから、わかっても、わからなくてもいい。問題にすべきではないという考えが、謡いもののことばにはそれが通じてある。昔だって、謡曲など、わからぬものが多かったのだ。教養のある階級では、自分の教養を越えて黙って聞いて楽しむことも出来たのだ。そこからもっと下ってくると、わからなくなってくる。低い者に聞かせる目的のものだと、どうしてもわからなくてはならぬ。唱導のための説教のことばは、わかりやすくならねばならぬ。ともかく、書かれたり歌われたりするのは一つの権威があるので、われわれの教養ではすべてはわからぬというので、江戸になってやっとうたっている人の教養まで下っていくが、それでも下りきってはいない。謡いものは聞き手の最低限まで下ることはない。が、対象によってわからせなくてはならぬ。

他に読みたいものがあるが、「熊野参詣」だけ読んでおく。『宴曲抄』の初めに出てくる。

○（前略）海に出たる水の浦。興津浜辺のさ夜千鳥。吹井の浦の波の音。高志の浜安濃が浦に。塩木積むなる海人のすむ。磯間のみるめぞゆかしき。日根の松原やこれならむ。梢にかかる天雲に。蟻通をばえぞ知らぬ。樫の井冬戸駒並て。駅にしばし休らはむ。長岡信達も過ぎぬれば。あの彼方是方の峰つゞき。雲の幾重ぞ外に見えし。葛城山の山中。山口の王子に来にけらし。妹背の中を流れくる。芳野の河の川村。登れば苦しき態坂。下りてはるけき道の末の。違にしげる柏原に。つゞける木陰の松本。神も我をや松が枝の。梢にかゝる藤代。手向くる幣もとり〴〵に。王子々々の馴子舞。法施の声ぞ尊き。

南無日本第一大霊験熊野参詣。（下略）

「王子王子の馴子舞《なれこまい》。法施《ほっせ》の声ぞ尊き」。聞いているものには、地名と土地の景色がわからぬうちに明るんでくるし、歌のおもしろみが理解せられるわけだ。これが能の謡い、あるいは以前の曲舞いのことば薗曲。その前の紳士たちが宴会で歌った、一番高尚な歌だ。こういうもので歌ことばの地が出来ている。それで慣れているので、特別に文学、学問の教養がなくても出来たのだ。能楽の家の祖先の人たちは、相当のものを書いている。それらは、こういう文句をうたっているので、生活にくっついてしまうのだ。歌っていながら、近いところでは曲舞のことは、乱曲が働きかけている。中世の終わり頃に、どうして文学的謡いもの、語り物が出来たか。根本はここだ。立派な教養の人が作ったのではない。明治では、だから坊さんが作ったと言っていた。のち証拠があがって、坊さんのものは少ない。その芸にあずかっている人が多い。するとその程度の教養でどうして出来たか、という疑問が起る。結局、古来のを伝承して歌い、かたりし、今度作る時にそのことばがどんどん出て、いかにも教養ある人が作ったようなものが出た。

この間申した、説経師などでも、昔高い位置の説経師が語った時代と、室町時代の説経の文句は変わってきている。『神道集』のにしても、高い人が書いたものとは思われぬ。文字の表記法がめちゃめちゃだし、あるところには教養の乏しさを感じさせるものがあるのだ。そういう説経台本というものは、テキストから口へ出ていくというより、口の方でまとまる。整頓せられていった。それをテキストで持ちこたえるために、その要求から、テキストが出来、それが出来ると、また発生の動機が動いていった。この動き方は止まらない。説経の台本、唱導の物語ほど、はなはだしいものはない。平家などの異本の多いというどころではない。今日残っている説経の古い本を集めてみても、同じ本がないと言われるほどだ。『神道集』に出ている「諏訪縁起」即ち甲賀三郎のことを書いたもの。これは本が多い。どうも同文のものはほとんどない。違いすぎているほど違う。わざと、自分のものと他人のものと、区別したためにそうしたのかと思えるほどに違っている。つまり、語るごとに違ってくる。一つのテキストが出来ると、またそれによって変わったことを語ってゆく。そして、また新しいものができてくる。すると、人が違うので変わったものに到達する。場所が違うと、テキストの変化はよけいに早い。広く分布したということと、細かい伝統の違いが出来たということ。その伝統々々で違ってくる。

能狂言を見ると、狂言の台本でもほとんど同文の本はない。今は活版になった。元禄に『狂言記』が出来、そののちそれをテキストとすると変わらぬ文句が出来た。この本は何をテキストとしているかというと、もうわからなくなっている。のちに発達して、もとのものを埋没してしまった。狂言は一曲終わるとうつしてやる。それが収入になる。それが皆違うのだ。同じ師匠がうつしても時がたつと違ってしまう。ゆきあたりばったりにやるので、どんどん変わってしまう。狂言は誰でも同じにやってると思ったら違う。狂言師の態度は根本はそれだ。またその上、大きく流儀が分かれてきて、その上また人により違うので、非常に違っている。こう考えると、芸能の輩は気まま勝手なものだ。好きなように文句を変えていっている。だから説経が栄えてくる。

その中に一分派が出来てくる（浄瑠璃）。説経は広い。日本中の神について、仏教との関係を説いているが、浄瑠璃は薬師如来（又の名、浄瑠璃如来）を説くのだ。浄瑠璃ということばからいくと、最も古いものの中で、浄瑠璃の名に縁故のある人とか、主要なものがあるというと、それが浄瑠璃の始めだと考えられやすい。たとえば浄瑠璃と言われている一団の中に古い浄瑠璃、その中、浄瑠璃姫という名の主人公を持っている浄瑠璃があるので、それが最初になる。主人公の名をとってその名として、のち、違った主人公のが出てくる。事実、この説によって浄瑠璃はその起源が説かれている。奥州から上ってきた吉次吉内に伴われて矢矧の長者、姫、三河峯の薬師の申し子。その姫にあるのだ。忍び会うのをその物語は主な目的としている。それから義経を復活させる第二の目的。如来の利益が姫を通じて出てくる。蘇生するのは薬師の力だと、利益を説いているが、その浄瑠璃が喜ばれたのは、そういう説経的なところでなく、前段の、姫に忍び会うところ、寝屋に近づくところに興味を持って、……十二段（草子）の語り物が出来たのだ。その順からいくと、小から大に発達したように見える。標準になるのは八段ものの『十二段草子』がある。八段もののは、いかにも矛盾しているが、小↓大の発達が考えやすい。しかし、今残っているのは十二段の方が古く、八段は省略だ。変わった形に省略してしまった。十二段を八段に省略したまでだ。そういう風に、どんなことも出来るのだ。だから、ここはどうしても残らねばならぬ、ということはない。違ったものに、また違ったものがある。ただ本がいろいろ変わってくると考えるのだ。

ちょうどここに、『十二段草子』が十二のと八のとあるから読む。[1] 八段の方は簡単に済んでいる。管絃の段まで済んでいる。語っているうちに、縮めたというより、どんなにも簡単になるのだ。非常な刈り込みをしているのだ。文章の中に関係なく、筋だけは知っているが、あとは自由に変化してゆく。昔の学者はこの変化は説明できぬ。十二神にかたどっているると想像しているが、簡単な八段がある。見てみると、十二段の方がこまかくて、筋が通っていると皆の心が動いてくる。これは定本が動くのではなく、定本を目がけているだけで、拘泥しないのが根本の動き方である。理由がある。一つは地方的に分布が広い。それは芸能者が旅行してあちこちに散らばっている。世の中が、漂泊の人を定住さしても、あちこちに分化したまま止まった芸能者があらゆるところにいるわけで、行った先々で環境の影響を受けて変わってしまう。十二段はもう一つ大事なのは、浄瑠璃の最初の語りは、女の盲人が語り、それをのちに男の方に取り上げてしまった。回収した。そして、男の浄瑠璃語り、男の説経師が語った。もとは女だから、主人公は女でいっていたわけだ。男になると、主人公は女でなくなってゆく。こうして、浄瑠璃がその道を開いてゆく。

同じ義経のが奥州へゆくと、奥州的に発達してくる。『義経記』は地方色をたくさん持ってきている。奥州的に変化している。その最後が、仙台浄瑠璃になる。義経のみではないが、ともかくもとは『義経記』である。それを奥州の人が聞いて、くだいて、盲人が語った。男の義経が主人公。出来るだけくだいた仙台浄瑠璃が出来てのち、奥州は英雄を主人公としてきた。只今のは義経がよそへ行ってるようだが、もとは義経だ。これがさらに変化して、方言的な浄瑠璃になっている。極度に方言的だ。弁慶が奥州ことばを使い散らすものがある。『義経記』が行われているうち、本文は問題なくなり、与えられた映像を、盲法師が自由に彫琢してくる。その盲者が、もし女だったら、『義経記』を女主人公にしてしまう。これが奥州へ行くと、奥州的に変化する。一流が出来ると、義経からさえ離れてしまう。戯曲の変化の原因に深い意味がある。地方性ということが、意味を持っている。それは漂泊の徒が旅行していたことの名残である。その立場から文学、芸能を見てゆくと、千変万化している類も、もとの種子は非常に少ない。天から降りた神の美しい子が、人のところに通う。それが語る人によって、千変万化して、一つの系統と思えぬほどになる。そういうモチーフをいくつか集めてみると、簡単に日本文学はまとまってしまう。現に義経のは、いろいろの点でアメワカミコに関係している。『十二段草子』も、四から十は、牛若丸が忍び会うところ。この二人の忍び会う事件は、ごく簡単で、アメワカミコが人間の姫に会うことを語り述べただけ。その他何もない。書かれた文学、書かれて発達してゆくのでなく、書かれないでいる文学が、書かれぬままに発達する。書くことが割り込んでも、書くことが権威がなくて、中継ぎになっていくだけだ。そういう考えで、芸能、ことに声楽に関するものを見ていってもらいたいと思う。

漂泊者の芸能はこれで打ち切りにする。

編者注

（1）『日本歌謡集成』第五所収『十二段草子』『浄瑠璃十二段［縮約八段本］』の目次を以下に引用しておく。

○『十二段草子』一段申し子。二段花ぞろへ。三段美人ぞろへ。四段そとの管弦。五段笛の段。六段使の段。七段しのびの段。八段枕問答。九段やまとことば。十段御座うつり。十一段吹上げ。十二段御曹司東下り。

○『浄瑠璃十二段［縮約八段本］』初段管弦之段。第二段笛の段。第三段玉藻の段。第四段十五夜の段。第五段四季のてう。第六段すがた見の段。第七段しのびの段。第八段枕問答。

十四　歌舞伎芝居の一考察

（昭和二十三年一月二十七日）

歌舞伎の起源については、世間の従来の考えと違う。私の考えを少し壊さねばならぬのである。

秀吉健在の頃、江戸にならぬ頃、お国という巫女（大社のかどこかわからぬ）が、京都に上ってきた。初めは、念仏踊り、そのお国の踊りがだんだん歌舞伎踊りになってきた。世間に流行っているので、京およびその他で、その流行を模倣するものが出た。女を中心とした歌舞伎というものが出てきた。それがだんだん劇の方へ移ってきた。ところが、江戸になって、女中心の劇団が弊害があり、女歌舞伎が禁じられた。今度は女歌舞伎の中心になる女の相手の若衆の役方の者を中心に若衆歌舞伎が行われた。これも売色を中心にし、風俗を害するとて、野郎頭にしてしまった。つまり、若衆歌舞伎が禁圧せられ、野郎歌舞伎が生まれた。そうなると、顔や若い年齢をもって、かえって本芸にいそしみ立役が現れて、これが中心になって芝居が行われた。離れ狂言が続狂言に進んできた。これが歌舞伎芝居の進んでくる経路だ。

私はこう考えている。芸能史でわかるように、日本の芸能は、同時代のものはよほど甚だしい区別のあるもの以外は、たいてい何どきでも流れあうことの出来る性質を持っている。ほとんど芸人なら本領を守りそうなのに、流行のために本領を捨てて、羽振りのよい芸に偏ることが出来た。芸能に特殊性がないのではなく、行う役者に特殊性を守る気持ちが薄かった。一つは、日本のはレパートリーを広げることが出来る。芸目を極度に広めることができる。他の芸を含むことが出来た。その習慣に、自分の芸の質を飛躍することが出来るようにまで個々の芸能が自由性を持つようになっている。自分の芸のレパートリーに何でも含めるのは、自分の芸も変化させるようになって、たいてい芸を行っている時、自由性がまじって、変化してゆく。歴史的芸能の質は、その芸能の守っているばかりではない。変化出来ぬと亡んでしまう。田楽、幸若は早く亡んでしまった。近世への移り目に亡んだ。いわば、歌舞妓が色合いを発揮してくる頃に、幸若が衰え、田楽が滅亡した。それは特殊性を守りすぎたからだ。しかも、田楽、幸若も流行にならって、変化しようとした形は見える。

先に言った、出雲の阿国が、歌舞伎芝居の全面的な元祖と考えられてきているが、考え方はそれはおそらく違う。お国が生きているうちに、競争者は現れている。その名はたいてい遊女でなくば、幸若の大夫だ。幸若の女舞いの大夫だ。お国ならびにその亜流以外に、念仏踊りの盛んになったのを見て、たくさんのそれまでの女の芸能の流れが合流してきた。進んで、お国の生き方を見ならってきた。それが念仏踊りを吸収した時、歌舞妓踊りとなったわけだ。単にお国の力ばかりで出来たのではない。芸能の違っているものが合流してきている。自分らの団体が認められたらいい、というほどに自由なところがあった。後世の芸人のごとく、食えればいいではない。認められたらいいという単純な動機で、模倣して、念仏踊りの中で、相当進んだ。飽和量に達したものが歌舞伎。存外、女舞いが念仏踊りの中にうんと入ってきた。念仏踊りより、女舞いの方が、うんと入ったが、かかわらず念仏踊りの名で新しいそれを受け取った。お国の念仏踊りも、初めて京に上った頃と、二代目が出来た頃とは質が変わっているに違いない。歌舞伎踊りの始めは、女舞いを勘定に入れねば、あれだけ盛んな新しい演劇が興隆する理由がわからぬ。

念仏踊りは実質は気丈なものだった。歌舞妓の始めは、もっと軽蔑すべきものと見ていた。寄席の漫才、私が慶應で芸能史を始めた二十五年前、漫才の興隆時代。もとは、万才は正月に、才蔵を求めて、正月の間中二人一組で、江戸の町を歩く。それが、余興ふうにもかけ合いをし、舞人も模倣して、茶番に入る。それを統合するかたちとして、正月に出てくる万才があった。それで進歩しない。自由に流れていくものがない。ところが、大正の末、昭和の初め、活動写真に弁士が出来て、映写中、外でしゃべっていた。有声が入って、上ったりになって、それが寄席に出て、いろいろの話をする。それが漫談（漫筆、随筆）にかたどってこしらえた。ところが、漫談の人たちが漫談を行うとともに、寄席に万才が入ってきた。かけ合い万才が入ってきた。鼓を持って烏帽子をかぶった男が、何か言うと才蔵をぶつ。ことばもおかしいが、頭を叩くのが、いかにも猥雑ないきかたがおもしろかった。同時に漫談と万才が一緒になって、漫才になっていった。教養は知れたものだが、形から見ると、漫談を行う人が漫才に合流した。しかし、質から言うと万才の歴史的芸は飛躍して漫談に変化してしまった。これが歌舞伎の初期の比喩にはならぬが、よくわかる。表面は念仏踊りに合流した形だが、女幸若の方が、ほんとうは勝利して、念仏の方が敗北したに違いない。名が、念仏から移ったごとく、お国が大きく見えたのだ。これは歌舞伎に限らぬ。歌舞伎芝居の最初に修正する必要がある。演劇的になってのちが、歌舞伎芝居で、以前は歌舞伎踊り。

私が修正したいというのは、念仏踊りを微弱なものと見ていた。京で粗雑な好みに適合して、人気を集めていた。たちまち変化したように思っていたが、念仏踊りの組織はのちまで続いている。歌舞伎芝居に見える念仏踊りの要素。

元禄までの、わかっているかぎりで、江戸・上方の興行年表を作ってみると、存外内容が複雑に変化して、一々の出し物が、種類が違っている。のちは江戸の町の歌舞伎は単純だが、初めは複雑だった。それでのちに見る如く、江戸というと、曽我のみ行う。正月から五月まで。曽我の関係から離れていない。幕数をさしたり、抜いたりするだけで、曽我が主体になっている。古いほど曽我を題材にしているものは少ない。それと、江戸の町の歌舞伎で有力なのは義経を中心とした出し物。これが予想外に少ない。思いがけないかたちを見出す前には、こう思っていた。江戸の歌舞伎の出し物は、レパートリーが少ない。少ないレパートリーのうち、ことに狭い範囲である種のものに限ってくり返しあるいは題材は一つのものに作り、いろいろに改作したかたちで進んできた。

くり返すのはつまらぬから、いろいろの仕方にした。それに曽我や義経があたるのだ。曽我をいろいろの形でしてみる。義経の事歴を作りかえてやってみる。非常に選ばれた芸をくり返していた。それで江戸末期までの芝居にあてはめて、想像があたるので、それでいいと思っていた。事実は、ぴったりある時代から、曽我、義経の関係は薄くなっていった。ことに上方の歌舞伎芝居では、江戸末期になっても曽我、義経の関係は濃厚ではない。江戸の歌舞伎芝居、江戸の町で発達したものに濃厚になぜ関係してくるか。歌舞伎の歴史から取り去ってしまえばもう少し違ったかたちが出てくる。今では曽我狂言はほとんどしないが、それを対面（初めて面会する場面）は、今でも有力な出し物になっている。その他幼時の十郎五郎あるいは討ち死にの場をすることもある。江戸の中期から末期へかけて、曽我が江戸の芝居のすべての範囲だった。曽我物語の範囲で江戸芝居が行われていると思われるほど、曽我が占めていた。五月に曽我祭り。歌舞伎の楽屋に曽我霊神が祭ってある。五月というのは、曽我の仇討ちの時。五月が済むと曽我兄弟とは関係なくなる。それまで何とか関係さしておく。

先代の松助の話に（話は古い）、奥州の田舎芝居で「すし屋」で上手から義経が出て、「さても源の九郎義経てう、さして用事もなかりせば、奥へ入り給う。」と出て去って、それからすし屋が始まった。これは古くからの話だ。松助はそう聞いた。これから東は、義経に関係した。出てくると歌舞伎芝居だという気がしてくる。なぜ義経や曽我がそんなに有力であるか。偶然ということもある。しかしそれは考えられぬ。偶然に行きあうと学問は崩壊してしまう。ある点まで必然にいくと考えて学問をしなくてはならぬ。必然的要素をつかむために歴史的に考えている。歴史は記録が少ない。多くの場合、フォークロア、民俗学はくり返されている習俗を対象としている。

曽我がどうして歌舞伎に入ったか。歌舞伎と歴史をどういうふうにして結んだか。ただ一つの場合しか考えられぬ。たった一つは発見できるかどうかわからぬ。たびたび民俗と歌舞伎芝居とが結びついているかたちを見た方が研究に危険が少ない。

たとえば、二代目団十郎が曽我をした。それから江戸へ入ったということは危ない。記録が残っていても、それが理由になるかどうか。それよりもっとたびたびくり返すものが、曽我を歌舞伎に結びつけることになったと説明できれば、その方がいい。義経、曽我にしても、若くて美しくて力がありながら、力を発揮できなかった。強いものに圧倒せられた。正義がほんとうに発揮できなかった。しかし、讃美すべき人であることは、みな知っている。それに対する同情が、いつまでも興味を失わぬ題材にしたという。納得するが、それは理由にならぬ。歌舞伎芝居の上に曽我、義経が行われるようになってのち、演繹してくるとは言えるが。それは説明にならぬ。

最初にお国が行なっていた念仏踊りはどういうものか。お国の舞台姿はいろいろ伝わっている。桃山は、肉筆の浮世絵、肉筆で群像を描いたもの、屏風絵が伝わっている。その中で歌舞伎踊りの舞台を描いたものが非常に多い。それにはお国のいろいろの姿をうつしている。念仏聖、笠着て叩き鉦を持つ。男芸をして、首に経筒の数珠をつけて、長い刀を差している。あるいは天冠の舞いの姿。このいろいろな姿のお国は、初め京へ上った時からレパートリー、それだけ持っているのでなく、変化していったのだ。二代目の女太夫のも、他のもあろう。采女歌舞伎の絵巻がある。これはお国ではない。いろいろの姿であらわれているが、最初の姿と思えるものは念仏踊りの姿をして、そういう姿で行なった踊りなのだ。事実われわれの知っている念仏踊りはみなそんな姿をしている。

出雲中心の地方に残っている念仏踊りの有力のものは（すべての調査が完了してはいないが）、大がかりな念仏踊りは、出雲の今市の奥の須佐というところに、須佐神社の祭りに念仏踊りが行われる。これは田のマジック。田に虫の付かぬためのマジック。神社の踊りだ。われわれの知っている念仏踊りは、盆に行うもので、わりに里の関係は薄くなっている。たいてい、戦争のあったところ、古戦場（遠州の三方が原、盆に念仏踊りがある）。その時はたくさんの人が、叩き鉦を持って、列を作って、退場するように動く。主たる動作は跳ぶ、踴躍《ゆやく》する動作が心になっている。この合戦にたくさんの人が死んだ。慰めるために行うと言っている。古戦場では、大なり小なり念仏踊りを行う。自分らの志を述べることが出来ずに死んだ者を慰める行事だと思ってきている。

起源に上ると長いので略す。須佐の念仏踊りは非常に違っている。念仏の一団ごとに柱を立てて、その先から竹の細く割ったもの、紙で花をつけたものが何本となく放射状に下がっている。花笠のようなもの。それをめぐって、念仏団体の人がついてくる。それが神社で踊り狂う。これは田の行事と関係が深い。いったい念仏踊りの目的は田舎では田を荒らす稲虫、浮塵子《うんか》を退却させるために行う。その稲虫は恨みを含んで死んだ者が稲虫になるのだ。村全体に反抗して死んだ者がいる。そうして、稲虫への理由を説いている。なくても、そういうことがあったとしている。時とすると、稲虫でなく、村の人間に対して疫癘として現れる。昔の怨霊が人に対して、疫癘として現れる。踴躍《ゆやく》念仏を行わねばならぬと考えていた。それで村では、年中行事として必ず行う時がある。死んだ霊魂の動揺しやすい盆に行う。もう一つは田植の時期に行なっておく。予めしておくと、実るまでは祟らぬ。臨時に虫が出てから行うこともある。たいてい、そのかたちが疫病、稲虫中心の考えがあちこちでいろいろに固定している。目につくところでは、稲虫が出て仕方ない時は、実盛人形をこしらえて、田圃に立てて、川に送っていく、あるいは離れた原で焼いてしまう。いろいろに稲虫を誘うて焼く。これは一つの考えの傾きで、全部ではない。地方地方でいろいろにする。農村では稲虫が出ることは大変なことで、年中行事として、しじゅう稽古して、稲虫追いの念仏踊りの方式を、伝承的に若い次の代へ伝えている。村の青年が中心になって踊る。組織ある念仏踊りは、青年連中の先輩後輩がある。それを見倣って次の代へ伝える。ところが稲虫を追うためにすると言えば簡単だが、宗教的方式を持っている。片一方に殺された人の怨霊を深く考えている。常に、怨霊のもとの人間の生活を考える癖がついている。近代では稲虫追いの対象が抽象的なものになっていった。実盛も関係ない。が、地方において、地方の歴史人物と結びつき、伝説人物と結びついている。

たとえば、宇和島騒動、山家《やんべ》清兵衛が六月殺された。悩まし足りず、田に祟る。和霊《われい》様が出来てるくらいだ。稲虫の信仰から始まって、結びついたのだ。それと同じく、下総の佐倉宗五郎（空想的人物らしいという）。これも百姓の身にかかった租税のことで、堀田家、その怨霊が堀田家へ祟ったという。宗五郎は騒ぎ立てられたので、実在性が抜けなくなったが、稲虫の怨霊の類型そのままだ。消えてしまいそうだ。ともかく、伝説と歴史と、似たかたちがあるので、不思議はないが、名高いが、しかし歴史的力を持っているのは目に慣れたというだけ。記憶を消し切れぬほどに明らかになったというだけで、証拠はない。田を荒らした根源が田を守るために苦しんだ人になっている。こういうふうに稲虫に関係ある人は多い。悪いままの人もあり、よくもなっている。ともかく、陰惨なものだ。

書き物、芝居で、目に触れているものもあり、また消えていってるものもある。その中には、名あるもの、名のないものもある。怨霊たちに理会の上に、矛先を収めてくれるのか、かしこいこの信仰が何遍も出てくる。そして、怨霊に承知してもらう。納得してもらう方法を宗教家が考えた。お前は偉い人だ、お、そうかと言って退散する。名もない怨霊がそう言われると満足する。それには昔の名高い人が苦しい悲惨な境遇に落ちた人でなくては効果がない。そう言ってまつると満足する。その代表が義経、五郎だ。

何代か前には、『義経記』が有力なのは、よく出来ているからではない。いい加減な作物でも、身にしむほど感じる。その土台がわれわれの心にあったわけだ。義経という人が、こうして死んだ人だから、こういう恨みを持っている。常に事あるごとにその人のことを思い出す。その場合が多かった。曽我の五郎十郎は、満足して死んでいるが、実際は富士で祟った。非常に祟った。だんだん五郎十郎をまつり上げて、満足さした。それまでに五郎十郎の祟りがあったのだ。しかも死んだ時期が田植え時に死んでいる。五郎十郎をある地方で思い浮かべる条件が備わっている。若い時生命力のある時に死んだ者ほど恐い。死んだのが五月。辻褄があって、解決がついているようで、解決ついていない。それでその怨霊が残っている。仇《あだ》をする。義経もはやったのはその理由がある。

『義経記』は盲僧に語られ、三味線を弾く座頭が、『義経記』を語って、奥浄瑠璃の源になった。(レパートリー増えているが。）田舎を歩く宗教家が、奥州に関係深い義経をもって、地方の田を荒らすものを義経だと考えて借用する。それで『義経記』が奥浄瑠璃となり栄えていった。一地方で広さ狭さはわからぬが、義経、曽我を考えていた。その考え方が有力になって、よその田の稲虫まで、お前は九郎判官だという、そういう扱いをしてコントロールしてよそへ遣ってしまう。絶滅しなくても巻き込んで、遣ってしまえばいい。田舎の青年が年中行事の一部としてするものだ。

そこまではこの話は前置きになってしまう。念仏踊りをもう一度考えてみると、お国のは全く関係のない、ほんとうの宗教的念仏踊りか。今は一々出るので説明できぬが、須佐のは田の行事だ。阿国歌舞妓がその後持ったレパートリーでわかる。いろいろのレパートリーを持った一つの芸能だったということは考えられる。だから、もう一段進めて田の稲虫を追い斥けるために、怨霊を招いて、満足させて、退散させるものでなかったとは言えぬ。

十五　かぶきの草子

（昭和二十三年二月十日）

『歌舞妓草子《かぶきの》』　米山堂版　高砂屋本(1)

＊初め欠く。草子読まれつつ進む。

カブキしことも、Verb 動詞を使っている。昔知っていたと言いながら、変なことを言っている。

阿国歌舞伎踊りの代表的風俗。非常に異風で、初期キリシタンのふうをして、水晶の数珠をいらたかにしている。猿若、滑稽をする、若衆方。のちには、エロチックな方にゆくが。お国と山三がほとんど同じふうをして出てくる。茶屋のおかかが出てる。お国は男になっている。茶屋の女房に通うふうである。高砂屋本の草子に、柱のところにお国が立ち、もう一つの柱に山三が立っている。舞台の縁側にもいる。歌舞伎踊りの総踊りになる。細かい組み歌。しぼむ。円転としてのこと。しおしおをいいことに使ってる。「芝居」の使い方が三つある。見物の場所が「芝居」だ。

　芝居のもろびともこゑこゑに　ひと手かぶいてみせまいらせん。風呂あがり（風呂屋と言う、私娼があるのだろう。）　＊全文通読。

阿国歌舞伎のレパートリーのほとんど全部がわかる。中に名古屋山三が入ってくる。不思議なことだが、阿国歌舞伎の中に、最後に山三を送る舞台があり、それで了うこともある。それに脚色をつけて書いたので、わけがわからなくなる。お国と夫婦の語らいしたら、こうは書かぬ。山三とお国とは、舞台の上だけの関係で、以前に

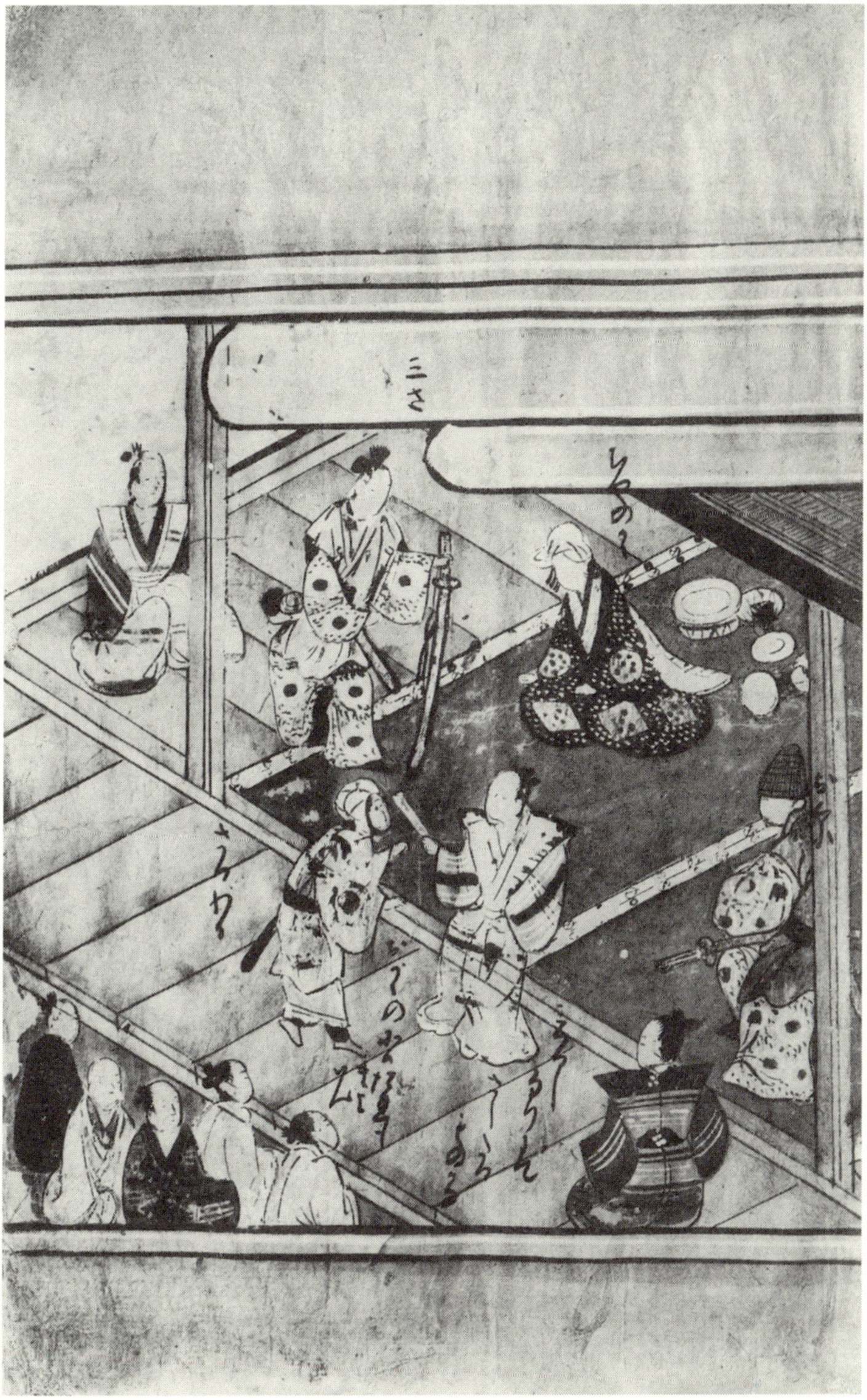

は知らぬ人だと見ていい。送る曲があるので、山三中心の歌舞伎の草子がある。そして、こんなものになった。舞台の上に常に亡霊がつきまとっている。この複製本の解説書いた石割松太郎のには、お国を舞台の上の人物とまでしているが、実在の人物であることは間違いないが、阿国歌舞伎の上では、その上に現れてくる一人物にすぎぬ。歌舞伎には亡霊を送る儀式が付き添うていたということになる。この草子を信じないで、この中から当然これが出来てくる原因を問うとそうなってくる。そうでないと、山三が初代お国と契っていて、歌舞伎のは二代目のだという言い方をしなくてはならぬ。この草子を正当に解釈出来ぬのは、歌舞伎の起こりについて、考えが違っていたのだ。そう見ると、この草子がはっきりわかってくると思う。最後に尻つぼめになると、だいたいわかるが、山三が帰ると、すべて了ってしまう。最後の絵の半面が取れてしまっている。それで、二人が別れるところがなくなっている。序にしまいのところをもう一度見ると、

〽いとま申してさらばとて　見れども見あかぬお国の（略）　おかへりやろかの　名古屋山三さま　送り申さん木幡山　道に行き暮れ（略）

あとの文句が変に書いている。ついに山三と夫婦になるとする。あとの四行ほどは信じられぬ。実在の人物と思っている人が、落丁になったところのあとへ、書き添えて、わからなくしてしまったのだ。

編者注

（1）　昭和十年に米山堂から出版された奈良絵本の『かぶきさうし』の複製本のこと。これに解説を付した石割松太郎の命名は「梅玉本」。前頁の図はその中のもの。

十六　歌舞伎の話の結論

（昭和二十三年二月十二日）

近松はおそらく人形浄瑠璃に関係するまでは京都の芝居の作者だった。人形浄瑠璃に関係してのちもまったく足を洗わず、関係が連続していたようだ。近松の作品の古浄瑠璃と違う点は、そういう点も十分ある。それが成り立たぬことのためには、不成立を証明するためには、古浄瑠璃の作者が多く歌舞伎に関係していたことが多少でも証拠が出てくるとそういう見方が間違いだと断念していい。偶人と人間と両またかけた作者は近松が最初と言えぬまでも著しく両方に関係していた。こう見ていい。従って作物に劇的行動があり、説明のない人形を動かしているところにも違うところがあると、安心して信じていい。

ところが、歌舞伎がなぜ人情の世界を開いてきたかは考えねばならぬ理由がある。およそ人情と遠いものが流行していた。怪力乱神を語る。聖賢の教えで禁じているのに、それを無視してゆくことに興味の中心があるようにして、江戸の歌舞伎が行われていた。それは、古浄瑠璃を台本として、人間の行う芝居が行われていた。古浄瑠璃の怪力乱神が生きてきたのが江戸の歌舞伎。ところが、上方はわりに早く古浄瑠璃から脱却していた。世の中の人情を映すというより、もっと自由な人間の遊ぶ世界を描写している。だからおそらく上方の方では、阿国歌舞伎および伝統の野郎歌舞伎とか若衆歌舞伎とかいう流れに伝わっていた遊廓の写生劇が盛んになって、だんだんその方へ発達していった。ところが江戸の町の方では、変化の中心から遠ざかっていて、新しい特殊の文化を築くべき責任あるいは気負いを持っていた。だから必ずしも上方の新しいものを模倣することを潔しとしなかった。それで旧来の台本によって舞台の上で勝手に芝居していくというようなことをした。それで、古浄瑠璃に出てくるしくみ、役々が舞台に出てゆく。だいたいの筋に乗って、その場のふりわたしで、進行していくふうにしていた。それが相当に進んだところで、結局は古浄瑠璃の模倣にすぎぬ。ちょうど歌舞伎全体の傾向として、女歌舞伎が禁制を受けた時分、若衆がこれに代わった。その時、江戸は都合のいい条件を持っていた。江戸は古浄瑠璃に題材を借りていた。それに出てくる若い勇士たちが、あるいは元服しない勇士たちが、たくさん出てくるような題材をいくつも持っていた。だからそれに進んでいった。その中、目につくのは金平浄瑠璃である。頼光四天王の子どもたちの時代になっている。だから若い。四天王は老い朽ちて死んでいる時代。すべてが次の時代。それを若い勇士たちが解決するということが主になった。人物が違い、境遇が違っても、同じような脚色を持った台本の金平浄瑠璃。江戸ではそういう台本を利用していた時代に若衆を上置きにせねば芝居が打てなくなった。それで江戸の荒事が生まれてきた。荒事役者は年は十代。二十歳にならぬものを主人公としている。その荒事の中に、本筋の荒事が認められた。それが市川家の表芸ということになった。そういう行き方と、阿国歌舞伎で言ったごとく、上客の色町通いをする、あるいは今ならお茶や酒を飲みに休み茶屋へ行くような遊蕩生活を立派な近代的ふうをした無頼漢の模倣をする。それが流行っていた。上方の歌舞伎。行く道が違っている。歌舞伎は若衆を生み出したが、江戸はそこで停頓した。上方は順当に変化して、育ててきた。歌舞伎の踊りから独立して、劇として出発した。しばらくすると、役者が上り下りして頻繁に行われてだんだん調和してきたが、やはり特殊性は持っていた。

そんなわけだから、上方の歌舞伎芝居の傾向というものが、だんだん遊廓を取り巻いたこの世の中、遊廓が中心でそれを取り巻いたところに住んでいる。須弥山の頂上に遊廓があるというふうに歌舞伎の作者は考えて、劇を書いていた。だから、非常に不自然だが、歌舞伎芝居が遊廓の生活と切りはなすことが出来ぬものを持っていたので、そんなことになる。のちに、その関係がわからなくなってしまうので不思議と思えるが、初めは当たり前のこと。歌舞伎の女太夫の、女歌舞伎の役者が、風俗を乱すので、隔離して暮らさせたというが、逆だ。日本の芸能の性質から言うと、芸能を行う人は特殊な人と見られていた。それらの人の生活を都会に持ってくれば、都会の隅に置いておかねばならぬ。免税地で、作物の出来ぬところへ住まわしておく。だから、遊廓はどこでも――私の遊廓がまず出来、のちに公のが出来た。公で認めたわけではないが、江戸、大坂の町へ入った遊女を隔離する。そこで住むこともまたする仕事も認めたことになる。職業を認めたわけではない。押し込めたのだが、遊廓がそういう形で公認されたと思われてきた。その遊廓の本格の住居人は、おおよそ女歌舞伎の役者だ。それが念仏踊り、歌舞伎踊りの役者でなく、幸若舞の女太夫。これははじめに言ったごとく、勢力があったが、日本芸能の特質で古いものは新しいものに合流して命脈を保っていく。幸若は歴史を持っているのに、昨日今日起こった歌舞伎に合わして歌舞伎踊りと称した。それでだいたいの地盤は幸若の女太夫に入れ替わった。佐渡島正吉の歌舞伎はそれだ。正吉は幸若の太夫だ。舞台を見ても幸若の舞台に人を増やしてくればああいうふうになる。

そういうふうにして、女歌舞伎というものは結局遊廓のもとを開いていた。隔離して暮らさしている。それが遊廓になっていた。地方地方で公認せられた遊廓は、実は隔離した場所である。だから、そこで遊廓にいた遊女と持っている信仰と関係した日は、ものひ、もんびと言う。物日《ものひ》は物忌み、紋日《もんび》は改まった服装をする日。そういう日に行われるところの遊廓における狂言、そういう狂言を時々遊廓そのものの中で行なっている。そんな中に吉原は初秋になると七夕、盆に吉原俄《にわか》――昭和までどうかするとあった。たいこ持ちと芸者の茶番だが、昔からの伝統はあった。こういうふうに遊廓と歌舞伎芝居は、そこには流れが続いている。遊廓的色彩を歌舞伎から離すことは出来ぬ。

近松の戯曲の持つ美しさは、遊廓的色彩で、遊廓的人情が、近松のを生きた劇にしている。前のにはそれだけの人情もなかった。近松は、その辺から、深く人生を追及していった。人生はどこからでもいいのだ。近松を見ても、遊廓が人間の運命を支配している。町人の生活も支配され、遊廓がなくば、近松は書かぬ。遊廓があった

ので、悲劇の基を開くという生き方だ。あるいは遊廓の生活にとって、そのものは批判はせず、絶対に認めた上
に、遊廓の人情で押し通していく人間を書いている。その作物で、どういう人間が主か。遊女が主だ。自分の生
活を枉げず、貫いていく。生命と恋愛とふりかえにして生きている。そんなふうに上方歌舞伎の世界で台本を書
いていた近松は、その人情を浄瑠璃へ持ち越した。
生きた人間は、台本以外に仕事をする。近代の演劇はそれを禁じている。演出の仕事は、結局、台本以外のこ
とをさすのを禁ずるのが責任だ。なぜなら、どんな役者でも大きいほどし勝手のいいようにする。都合よく進行
さす。今いる役者でもそうだ。書かれたものがよくても以外に出てしまう。菊五郎は脚本をしいかすし、書いて
ないところまでいってるが、ほんとうは偉いわけはない。その通り行うのが堪えられぬから、し勝手を開いてい
る。菊五郎以上の作者が出ると、し勝手すると間違いになる。菊五郎はせいぜい凡庸の人の書いたものをしてい
るので、英雄主義で改める。これが、以上の人が出ても、し勝手に改める。すると、理解する力は持ってない。
すると、菊五郎はたしかに間違いだ。極端に言えば、それをさせぬために演出家がいるのだと言っていい。昔ほ
どそれがひどい。たいていはみ出している。もっとも今までの脚本は、手がけたから見られるので、そのままで
はつまらぬものが多い。代々の作者の力でものになっているものが多い。だから、上方芝居を見ても台本には、
かなり篤実な人間として、紳士として書いていても、役者がすると自分らの芝居者としての色合いを出してくる。
人間は作りつけた固定したものを持っていない。忠義に凝っている間にも、男女の間違いは起こしうるというこ
とを考えている。どんなまじめなことをしている時にも、低級な人間らしい生活を投入している。まじめなのと、
不まじめなのとが、一つの舞台に出てくる。それが上方芝居をある点活かしている。もとの台本に対しては、そ
ういう根本のいき方は忠実ではない。役者はしかしそんなものだ。台本はする方針だけ示しているのだと思い、
作者をあごで使い軽蔑していく。

芝居に出てくる人物と、作者と、芝居に表現される人情との関係は簡単ではない。近松はそういうふうにして、

遊廓生活から人生を見出してきて、それからすべての人間に普遍するようなものを、われわれの祖先に与えたわけだ。近松の生き方は傾いている。全部に受け入れるべきものではない。そうしてともかく上方と江戸とは違うわけだ。ともかく、こういう二つの形に対立して、譲りあわなかったが、芝居は水物だから、行き来しているうちに自ずから了解がついてくる。江戸は女形を生産しなかったが、だんだん江戸でも女形が、地生いの女形がでてくる。近松の浄瑠璃、歌舞伎の脚本は、ああいうものが出てくる理由が阿国歌舞伎時代からあり、江戸の歌舞伎の本髄の荒事の出てくる理由もすでに早くあらわれている。ただ、阿国歌舞伎の時代にはあらわれなかった。江戸のは、その種が遅れて出て、早く固定して長く続いた。上方は、初めからのものを次第に移行させておった。そのくらいで、近松の、芸の特殊の性格の、どこから出ているかは見当をつけるヒントを示せたと思う。

吉原の仁輪加は、初秋の頃行われる廓の行事の一つである。初秋に、七月に七夕が来る。遊廓は七夕の座敷踊りをする。群衆舞踊。客が見物する。同時に客も一緒に踊る。それを舞台に移せば総踊り。それが遊廓で行われている。それは度々するが七夕にことにする。盆になると灯籠をつる。由来があって、玉菊灯籠と言う。歌にも作ったものがある。中万字屋の玉菊という遊女が死んで、供養のために盆につるのだ、とこう言う。幸福なように伝えているが、どうも幸福でない。玉菊の歌を歌うと幽霊が出てくるという伝えもあって、必ず横死したに違いない。何か怨念が残っている。それで特に盆に玉菊のためのものをつる。それが長く残って、特殊の風習になった。玉菊の死について、不幸を語る脚本もあるが、ほんとうはわからぬが、吉原中で弔うのは一時的理由に違いない。さらに吉原にわか。近代では非常に茶番になったが、もとにのぼれば、遊廓に押し込められて暮している遊女、もとは歌舞伎の太夫――太夫と言うのは、女太夫だから言うのだ――が、隔離せられて遊廓で狂言を行う。それだったのだろう。全体に、盆と演劇的催しとの関係を考えると、相当に関係が濃厚なのだ。ことに、関東の方は痕跡がいくらか突きとめることが出来る。たいてい、関東地方では地狂言と言われる演劇が残っているのがある。「その地方の狂言」のこと。本場の役者のするものではないもの。遠慮しての言い方でもない。地狂言を行う場所がところどころにある。たいてい、地蔵堂とか閻魔堂とか、閻魔中心の十王堂、十王に葬頭河《しょうづが》の婆を加えて祀ってある。薬師堂とか、共同におこもりする堂がある。そういうところに集めて、地狂言を行うことがあった。それは主として盆であった。地狂言を行う舞台に閻魔が出て十王堂とかいうものを使っていることは、場所が宗教的で、幽冥界にいる霊魂と交渉の起こりやすい、魂魄と交渉があっても、適当な所ということ。そのち、地狂言に対する情熱が高まると舞台を作る。そういう村では舞人が選抜せられて、役割を練習して、その日が来ると舞台に立つ。

場所によると必ず或る家柄の人がある。悪い家柄の人、村から言えば、見下げているような家柄の人たちがするところもあったらしい。そんなのが地方における役者村の特別に一つの仕事として、世間に負けるようになる以前の形。必ずしも特殊な役者の固まった団体ばかりではない。特殊でない人が選ばれて狂言をすることも多かった。舞台を持つと、地狂言が座を持った形になる。それ以前になると、宗教的意味の堂で行う。のちのちは抜けてしまったところが多いが、考えられるのは、村に関係の深い塚・墓にまず行って、そこからお堂へ来て、そのお堂で行うのが原則だったのだ。その形は三河の北の山間では、その形がはっきり残っている。北設楽は踊りが盛んだが、南設楽郡付近には、相当にはっきりその痕跡が残っている。古塚・古い墓へ行って、お勤めをして、十王堂へ出てきて狂言をする。地狂言がおもしろくなると、舞台を作って、その時だけ舞台を使う、というふうになってくる。一年に一回だけ使う舞台。それが延長せられると、盆でなくてもいつでも出来る。しまいに、行う時の感情、眺める人の眺めていた感情が、すっかり変わってしまう。そういう時期が来ると、ほんとうの遊楽のためにすると思ってしまう。村で行うのは来年のためのなぐさみと思っているが、そんなことでは起こらぬ。昔、村の農村は自分らが楽しむことを考えることはなく、今までのものが楽しむ要素を持っていると楽しんでいるが、楽しみのためにするのは罪悪だった。しなくてはならぬことだから、していたのだ。する時は勝手に誘惑の感情だったに違いない。それが楽しいものに変わったのだ。十王堂の狂言のテーマが変化してきた。場所から考えてもわかる。時期からいってもわかる。村と関係深い霊魂が出てきて、村を訪れる時。めいめいのうちへ、精霊様《しようろ》が入ると考えるとともに、村共通の魂魄が訪れてくるかたちも残している。

すると祖先の気持ちにも合い、村人の気持ちにも合うことをどういうふうにしてするか。祖先が生きている間にやったこと、今訪うてきて欲するようなこと、それをしてみせる。こういうふうに満足してもらいたい。生きている時、こんなことがあったということを、魂魄の前で行う。その場合に、形はごく、魂魄を迎えてそれとともに迎えた人たちも楽しむ。それで時がたつと、名残惜しいが帰ってもらう、という筋をたいてい持っているらしい。かといって、うちのじいさんはよく帰ってくれた、楽しんで朝帰ってくれという現在の形ではなく、クラシックの形にして表現する。自分たちの祖先を古く生きていた人とし、迎える自分たちも古い時代のものとする。それで厳格の歴史でなくても、伝説上の事実で自分らの感情を示そうとする。

昔の伝説、歴史に翻訳し、古典化して表す。そう考える原因がまだ以前にあるわけだ。そうして、表すのが当然だった。祖先は義経、あるいは曽我、あるいはその辺の人情に近い人物でもいい。その人たちが、今年も初秋の盆に来て、楽しんで遊び、楽しみ尽きて帰るという、お名残おしやと言って帰ってゆく。こういうふうになる。だから淋しいもの。淋しいのが扱われるのは、歴史化されているので、自分との交渉が薄くしかさとられぬのだ。魂魄は知っている。実は俺だと知っているが、行うている人は忘れてしまう。魂魄になって来るのも村の人、送りの方も村の人。それが今は絶えてしまったが、痕跡がたどれる。初秋の時分に町や里々を訪れる、祖先のあるいは無縁の精霊がある。喜ばして帰らす。満足して帰らす。祟りがあるから、その表現をして自覚的に帰ってもらう。時期が時期で、根本の感情が残っているので、精霊送りの狂言は陰鬱の淋しい気のするものだ。

『歌舞妓草子』を見ても、あれで意味がわかって書いているのか、今日さっぱりわからぬ。その中、あの意味のある部分まで会得できる。こういう行き方で、芸能、国文学を調べねばあの草子は夢みたいなものだ。山三が、昔無惨な最期を遂げたと言われている亡霊だ。歌舞伎芝居が送らねばならぬ精霊は別の霊だ。草子には花の咲いている時分というが、あれは作ったものだから、そのまま信じなくていい。ともかく、盆に訪れてくる精霊を送り返すためにするのが、歌舞伎踊りのレパートリーの中の有名なものだ。そこへ出てくる人が山三になっていた。迎えて送るものがお国か、でないかが問題になる。が、あの『歌舞妓草子』を活かして解すると、お国が念仏踊りの一分化として、精霊送りの踊りをする。その時現れてくるのは昔の歌舞伎、数十年前に死んだ山三の亡霊だというふうにすると、お国の念仏踊りの精霊送りは効果を持ってくる。ともかく受け手がお国でなくても、出てくるのは山三。それが出て来るという精霊送りがある。今度は、受け手がお国で、出てくるのが山三だと、かつて山三とお国とが夫婦だったというふうに見てくる。歌っている歌がほとんど恋の歌だから。しかし、精霊送りの狂言と考えてみると、何でもない。まず山三、お国は無関係だ。中国の山間において、津山で山三は殺された。美少年の無頼漢で、喧嘩をして殺されたということを伝えておって、中国の人々の間に起こった精霊踊りの一つの型だ。それを、お国が都に来ても、踊っておった。亡霊を送ることは不思議でも何でもない。

『新謡曲百番』——江戸の初めに固定した——この中に、歌舞伎がある。それが『かぶきの草子』と同じ筋。これを見ると、山三の精霊を送る踊りが、歌舞伎芝居の歴史に、非常な関係を持っている、左右する関係を持っていると考えやすいが、実際は歌舞伎踊りの一つのレパートリーにすぎぬ。ほんとうの芸能というより、むしろ念仏聖の行う芸として、当然するべき芸だったので、その中の一つに精霊送りがあってそれが発達してきた。それがことに江戸では、夏芝居で、お化けのをする理由だ。ひやりとするというが、そんなことではない。水のそばに無理に出しているだけだ。夏行うのでなく、盆狂言なのだ。盆狂言の前に、夏場は小屋が空くので、語りの少ない芝居をする。安く見せる芝居をする。それが延長して、本興行しているというより、むしろ盆興行の先触れだ。いわば盆興行が出張って夏芝居になる。盆興行によって、夏芝居は支配されている。結局盆興行と等しい。夏芝居が盆興行にとらわれているので、出し物が同じものを持っている。魂魄に関係した他界の情感を告げるものを選ばれ、人を恐がらせるものにいたった。江戸の歌舞伎の地方的性質を濃厚に持っていたことを示している。

江戸が進んだ地方文化に取り囲まれていたら、あんなものは残らなかったろうが、江戸だけ進んで周囲のが遅れ、その文化圏の刺激を常に受け、それが江戸を動かしていたのだ。

昭和二十三年度芸能史

一　語義

（昭和二十三年四月二十日）

二つの使途

日本の芸能の歴史。芸能とは何かというと、この語を聞くと、二つの違った意味のものが映ってこよう。近年文部省で使ったもの。それから演劇と言うより、もう少し広く、もう少し低級なものまで含んだ、芸事まで含んだものを言う。この二つが瞬間に浮かんでこよう。

二つの使い方に区別があるものとも思わずに受け取っていると思う。そのあとの方をわれわれは扱っている。演芸といった種類のもの。純然たる歴史ではない。なぜ起こってきたか、出来たものがどう変わっていったか、変わっていったのにどういう理由があるか。われわれの国の文字で書いた芸術以前に、芸能がそのためにどういう風に進められていったか。この計画で、長く講義を続けている。今年も続けてゆこうと思う。

文部省

文部省の芸能科。一時はやかましく言われ、今は社会科に変わってしまったが、そういう芸能に近い意味は近頃使われ出した語だ。学問、技芸というようなことばで言いかえることの出来るものを芸能と言っているようだ。それを修めることが高い教養になる。それを修めることが教育になるという意味で使っている。

支那でと日本でと

芸能は、熟語は支那にもあり、日本にも古くある。が、使い方は相当違う。漢字はすべて支那が起源ということにはならぬ。漢字、漢語は支那が本場だが、日本人も駆使することが出来るので、日本的知識の上に漢語、漢字を使っていっている。日本と支那と使い方が違う。「椿」。支那にもあり、日本にもある。つばきと読むのは支那の椿と関係ない。「鮎」。支那では山椒魚みたいなもの。音も意味も違うものがある。字の恰好を日本でこしらえたこともあり、意味をこしらえたこともある。支那の知識にある点自由だから、日本的に使っている。日本的に言えば支那学の歴史としては当たり前だ。芸能も漢字、漢語を使っているので、支那風が正しいとは言えぬ。支那のに関係なく独立にこしらえている。支那のと関係なしだ。支那は芸と能とに分かれる。日本のは芸と能に分かれぬ。支那では「芸」が重い内容を占めている。「能」と折半していない。五と五とになっていない。日本のはまた違う。なまじ漢字で書いているので、支那から出たことばだと思っている。字の起源はあっても、ことばは支那語と関係ない。継ぎ合わして出来たことばだ。

支那は「芸」は高く見ている。世の中を指導していく君子が持っているところの教養が芸で、「六芸」は重い。「芸能」もその方に引っ張られている。文部省の使い方はこれに近く、だから堅い。学問的技術でいくらかクラシック味のするものを芸能と言っていた。日本の芸能ということばは、長い間にその意味もある。「曽我物語」の初めのほうに、芸能が武術（馬術・角力）に関することを言っているようだ。いくらか文部省流のに近い。それがわれわれが言おうとする芸能より、文部省のに近く思えるほど、われわれの扱う「芸能」は特殊で、昔から言われている「芸能」には関係が薄い。技術に近いものを曽我では言っている。演芸の意味にのみ使っていたわけではない。これからの説明を聞いてもらえば、不思議なほど違っている。演芸的な技術のことを言うのに対して、もっと広いのを言うのは、経路が説明できぬほど違っている。

われわれの言う「芸能」の説明では、芸能は演芸に一番あたる。せり詰めてゆくと、最後の点では演劇的なものに到達するようだが、実際は演劇でないものがたくさんある。日本の演芸の性質がせり詰めて情熱が加わると演劇に到達する。

逆に言うと、日本の芸能は演劇的出発点を持っている。それが遠ざかってきて、あるものは演劇と関係なくなり、あるものはまだ関係がある。一々は挙げきれぬが、概括して言うと、演劇、舞踊、歌謡、あるいは曲芸というより詭芸《きげい》（軽業、手品）、こういう種類のものだ。それから広い意味の武術、その中、特殊なもので相撲。そういうものがみな芸能だ。相撲は演劇と関係ないと思っているが、江戸においても演劇的要素を見出すことが出来る。必ずしも歴史的に見て演劇的要素のみがそれでない。演芸とわれわれが称しているものは、芸能として対象としてゆく。根本、日本の演芸は演劇と関係が深い。それはことば自身がそれを示している。

能芸

芸能は時に能芸と言っている。ことばは同じようだ。非常に違うように思うが、同様に使われている場合が多い。それにむやみに、教養のない人たちが使わなかった。その人たちは改まったことばを使うのは恥じるから。知っていても使わぬ。言う時、今でもなまってみたりして使う。だんだんそれがなくなってくるが。日本人はことばに好き嫌いがあり、人柄や階級を示すので身分違いのを使うのを恥じる。自分みたいなのが使うのは恥じる。外国の地名まで、田舎の老婆は故意に発音を変えて使うが、この頃は、教育を受け、ある種の敏感さもなくなり、感じ方が変わっている。シンガポールを、昔は避けて、旅順港も恥じて、なまりにやわらげた。その感覚はなくなっていった。「芸能」は教養のある階級の人が使うので、目で見る印象が深く残っている。それで、これを置き換えることも出来る。口だけだと置き換えられぬ。文字でその字を見ているという印象があるので、錯覚を起こして「能芸」と書いたりしていることもある。この場合は、芸能は「能」が主になっているが、六、七分は「能」だ。「能」と「芸」とは対立したものではなく、「能」が主だ。「能芸」は「能に関する芸」、「芸能」は「芸」、それは「能である芸」。

能

能はものまねということ。ひっくり返しても、文字をひっくり返しても、ものまねの意味は出てこぬ。漢字は厄介で、長い歴史がある。それでたいていのことは言えるのだが、「能」はその説明が無理だ。文字を使う人の経験を頭に入れぬと無理だ。画の多い字を約す。専門家は専門で、しじゅう使うのは、書くのは煩瑣で簡単に略字を作る。画を少なくするだけでなく、画の少なくなったことを忘れるのではないが時がたつと、その音を発するのに迷う。「能」は「態《たい》」。これを略字にすると「能」は「態」であるべきだが、能と書いてあるのでタイと読むのは不自然だ。平安の書き物に神楽に関するものに才男ノ態とある。これを略して「才男能」と書くと上の方にこの熟字の力点が保たれているのでタイとやはり読む。才男のするものまねのこと（才男は滑稽のことをする人）。ものまねは才男ばかりではなく、ものまねのことを言う時に「態」を書いている。ただのものまねに「能」を書く。それで、これが独立して使われるとタイと発音する人もあるが、音が変わって「なう」と読まれる。もともと能と態は音は近いが、日本では別でナウとタイである。文字を略画にして使い慣れてくると、この字をナウと読んでしまう。ナウと読んでもものまねには変わりない。記録、書き物に書く時に「能」と略す。ある時はものまね、昔の言い方で、ワザとでも読んだかも知れぬが、ナウと読み、ナウがものまねを表している。やかましく言えば、タイで表れるべきなのに、いつかナウとなってゆく。

　こういう複雑な経路で考えるべきだ。古くものまねに「態」を書き、「態」はものまねの意味の古いことばに宛てていた。それが字形が変化し、音読してくると、関係がないのに「能」がその意味を持ってくる。日本の芸能史の上で「能」はものまね。ものまねの芸が能芸。場合によると芸能とも言っている。芸能の方が多くなってくる。芸能の使い方がだんだん上がってくる。能《なう》が態《たい》から変わった。証明はいろいろ出来るが、適切な例は、『下学集』（南北朝の辞書）。世間に使われている。教育のある人が口で使っていることば――漢語が多い――を分類して集めてある。その分類の一つに態藝門（門は部類のこと）の分類がある。これははっきり、『下学集』をこしらえた人が芸能のことばのもとを知っていて書いたが、その頃一部の人がタイゲイと発音していたか。ともかく芸能あるいは能芸は同じことでものまねの芸。芸のある部分にものまねに属するものが多い。演芸的のものは能芸、芸能に這入ってゆく。いくらか品格の低いものがみな軽演劇になってしまう。簡単に押し込められるので、「芸能」が栄えている。明治以後、見識を持たして能楽となるが、昔のは能あるいはお能。この敬語をつけるのは江戸で将軍大名が公開してやり、町人が百姓がお能と言う。

　今の能楽の意味になってくると、能の領分が狭くなる。猿楽を申楽と書いた。お能は一口に言うと猿楽の能がお能。ところが能は、たくさんある猿楽の一つ前にはやった田楽、これにも田楽能がある。本芸があってそれから別れてきた人を喜ばせ笑わせるものまねを主としたものを能と言った。結局、ものまね芸のことが能。もう少し改まると能芸と言ったわけだ。芸能というのは、いくらか範囲が広くなり、近世になって、次第に芸の方が範囲を広めてくる。芸の中の多くのものが「芸能」に入ってくる。能芸の場合、ものまねの意味が、著しく出ているが、芸能はそれが薄れて、演芸の意味には芸能がしっくりしていることになってくる。

芸能の発生
発達

芸能が、どうして日本に発達してきたかを、調べていくのがこの時間の仕事だが、起源の研究ではない。ものまね芸のみでなく、広く演芸の起こり、発達の理由を見てゆく。育てる雰囲気を見てゆく。芸能の能にのみ執着するのではない。

発生
維持

芸能はどういうところから起こるか。文学史の場合でもこのことはくり返すが、なぜわれわれの社会に起こった文化現象がわれわれの社会に維持されてゆくか。それがわからぬと発達していくこともわからぬ。なぜわれわれの社会に芸能が出てきたか。なぜ保たれていったか。その出方が問題である。出てゆく理由がすべての理由になる。われわれの生活の中で、永続せねばならぬ部分があることを考えるべきだ。文字もなく、知識の伝承のない頃、なぜ残ってゆくか。残さねばならぬものがあったと考える外ない。つまり、それらの人の間に残らねばな

儀礼

らぬものは宗教的儀礼。これは周期的にくり返す。くり返してゆくうちに、自ずから残るべき理由を見出してくる。開けぬ社会で、儀礼をくり返すので、それに関する知識が固定してきて、それを残す残さぬは恣意的にゆかぬ。神から授かった知識だから、忘れられぬことになる。

神出現

日本でわかる古い形は、われわれが、儀礼として神に接する場合は、神が直接にわれわれの前に現れる、そういう場合だ。しかし誰が考えても、高い意味の神が、肉体が触れるほど現実に現れるわけはない。が、事実現れる。原住民の経験でなくてもある。祭りに神が出てくる。それは、その村落の人たちが、昔からの儀礼として神として現れてくる。神の扮装をして現れてくる。そして、神の言語を発し、動作をする。それを何年目かにくり返す。神が出て踊り、する、言う。それは一つの難しい知識、神聖な知識となって、一部分の人に伝わる。それ

で伝えることを、出来る限り伝えてゆく。伝えてゆけなくなると崩壊する。人間がそういう動作をし、語を発し、舞踊し、歌うということになる。祭りに神聖なことばを唱えたりするのは、神事に関係する人がすることになってくる。それは昔は神がしたのだ。人間が神となって知識を実感していた。それがだんだん自分が神だとの自覚を失い、人としての所作、発言をし、今まで伝えてきた技術は、みな演劇的なものになってくる。祭りをするのに、昔より歌い、舞い、唱えた。ある所作をした人が出てこねば、祭りが出来なかった。今度は人がしているとの考えが強くなり、そういう知識はいつまでも保存するものとして伝えてきた。それで、芸能は、だんだん伝えられているうちに時を経てくるとあちこち忘却してくる。忘れてきても補いつづけてくる。さらにそれが人間としてするのだというふうになると、いよいよ技術を忘れぬように努め、専門的技術となってくる。だから芸能の始まりはそういうところまでもっていって考えることが出来る。

伝説で神の世界まで持っていっている。

昔は、完全な芸能の始まりではないが、一つの場合を昔の人は流用してくる。天照大神が岩屋に入り天鈿女命が踊りを踊り、遊びをした。舞踊をした。その舞踊が効果を現して、岩戸から顔を出した。これが日本の芸能の起源だと、これで説明する。これは芸能の古いかたちの一つの説明だ。鎮魂舞踊というものの起こりがそれだと昔の人は考えていた。実際は伝説で、抱いていた空想だ。人の魂《たましい》が遊離してゆくと、常に鎮魂舞踊が行われた。鎮魂舞踊を行うと、その行なったことの威力の発する理由はここにあると説明した。命《みこと》が舞踊をすると、離散した魂が帰ると説明し、何の起源もそこへもっていった。昔の人の想像していた、舞踊起源の伝説だ。少なくとも日本の芸能の発生してくる道筋のあるかたちは示している。

そういう伝説より、伝説の出来るためにあった事実。魂が出ると舞踊する。その経験が重なって伝説が出来た。これで見ても日本の芸能は長い年代を経て残っている痕跡がある。日本の芸能はどこかの点に必ず祭りの要素を持っているわけだ。今のように変化してしまったが、どの芸能にも神祭りの面影を認めることが出来る。それで

「芸能」そのものの中に、古くからまじめな部分と、くだけた部分とがある。初めは厳格にしていて、しまいに笑わせてくるという二つの形を備えていた。そういうことも、だいたい、日本の芸能の出発する時代にあったことが考えられる。

日本の芸能がいつから出発したということは言えぬ。日本の国家の始まるよりもっと古いことだ。そこまでゆくと、日本人という組織の出来ぬ前までいく。が、そんなふうにすると、歴史的考察が形を失ってしまう。日本人離れしたところに突き放して。控えた方がいい。日本人の古い経験も、日本人としての形が出来たという限度のある時代までおろして考えていい。大陸にいた頃へ持ってゆくと、茫漠として、中心が発散してしまう。日本のことやらどこのことやらわからぬ。それが、古代の文化史だ。

日本人とは、日本人以前の形すべての、野蛮な原住民の形に戻して考えるか、住み始めた時代の日本人の上にあったこととして考えるか、その二つがある。その考え方は、わたしどもの立場だと原住民ふうに、国土から自由にして考えるのは、民族学的な方法だ。日本をきちんと示して考えると民俗学的方法だ。この二つに、どっちにするか分かれてくる。われわれは取るべき態度を決めて、民俗学的態度によって古代の文化を研究してゆく。仮に日本民族がまとまった時から始まっていたものと、そういう仮定のもとに進めてゆく。研究の方法は比較研究してゆくと、族の方になるが、われわれの考えを厳正に保つため、俗の方でゆく。こうしてゆきたい。

二　鎮魂法

（昭和二十三年五月四日）

日本芸能のすべてのもとになっていると思われる鎮魂法というものについて。たましいを鎮める術、鎮魂法あるいは鎮魂術と言う。

日本の芸能の始めは、伝説によるとこうなっている。天鈿女命《うずめ》という女の神が、天照大神の入られた天の岩屋戸という岩屋の前に立って舞踊をした。

それが日本の芸能の始めだということになっている。一方では神楽の始めだと言っている。その神楽の始めということと、芸能の始めということは、ある点一致せぬ。一致するのは神楽は芸能の始めだ、だから神楽の始めは芸能の始めだと、このくらい漠然と考えている。昔の人はすべてがわからぬので、一部がわかっていると、その一部が始まった時が全体の始まりだという簡単な論理だ。神楽が日本で始まった。他の芸能のことはわからぬが、主要な神楽の始めだから芸能の始めと言っていいという粗雑な論理だ。そういうふうにその説明の伝説を受け取っておいていい。日本には事始《じし》をいう習慣がある。万歳で、「国の始めは大和の国…」と言う。粗雑でも事始を言えれば満足していた。この文化現象には歴史があるということだ。神楽はこういう歴史を持っている。他のものも、神楽の始めをもって始めとしていいということだ。かなり頭の進んだ人にもその考え方はある。

鎮魂法に限ってはこういう伝説あるいは伝説についてその解釈の行われたのも無理ではない。というのは、鎮魂法が日本の芸能のあらゆるものの基礎となっているということが認められる。それで鎮魂法で始めと言っているのは意味がある。鈿女は一つの鎮魂法を行なったにすぎぬ。舞踊ではない。だからその点に意味がある。ここからこの伝説にからんで話を進めてゆきたい。

鎮魂法は、一口に言うと「あそび」をもって表している。鈿女が「あそび」を行なった。その「あそび」が人を楽しませるものだったかどうかは疑問だ。むしろそういう目的がもとはなかった。それが次第にそういう目的を派出してきたと見ていい。

われわれの研究は、書き物に書かれた材料が少ない。けれどもそれに対抗するか、または他のものが書き物によっている以上に、実際の事実における芸能がたくさんある。書き物にかえるのに事実をもって実証しようとしてゆく方法をとっている。事柄の性質上、書き物にのみ頼っているわけにはいかぬ。この先、あなた方が文献によってすべて研究していた態度が出てくるので、疑いや危惧を持つだろう。そういう方法をもってせねばならぬ対象だということを頭に入れておいてほしい。

「あそび」という語をわれわれは持っている。今日は遊戯。古くからも遊戯。だから、遊戯の意味が延長されて余裕・ゆとりの意味も出るが第一義ではない。用語例の研究をしてみると、遊戯が「あそび」の第一義ではない。鎮魂的な表出（あるいは表現）をば、「あそび」と言っている用語例の方がはるかに古い。そういう用語例の方がおそらく日本の「あそび」の第一義的なものだろうと思われる。

ところが、われわれの持つ対象は文献の順序で調べていくのではなく、今あるものの説明だ。現実の芸能を説明するために文献も調べている。現実の芸能を調べるためにしているのだ。過去から下ってきてするのもあり、今あるのを遡らしてするのもある。両方から攻める。材料のあり方が違う。書物に書いてないものは今あるものが信頼すべきもので、強い基礎を持っているわけだ。それで両方から攻めていく方法に理解を持ってもらいたい。

鈿女の伝説から解説してゆく。何で天の岩屋戸で舞踊をしたか。

〔一書に曰く、是の後に稚日女尊、斎服殿に坐して、神之御服織りたまふ。素戔嗚尊見して、則ち斑駒を逆剝にし、殿の内に投入る。稚日女尊、乃ち驚きて機より堕ち、持たせる梭を以ちて体を傷めて、神退りましき。故、天照大神、素戔鳴尊に謂りて曰はく、「汝、猶し黒心有り。汝と相見えむと欲はず」とのたまひ、乃ち天石窟に入りて、磐戸を閉著したまふ。(『神代紀』第七段一書第一)

弟と伝える須佐之男《すさのお》が天へのぼって乱暴した。天照が厳重な宗教的慎みをしているところで、それが破れてしまって一時的死がきた。霊魂が遊離したと考えているようだ。神典の解釈者はいたわって解釈しているので徹底してわからぬ。仮死の状態に陥った。そこへ行くまでをいろいろの方法で説明している。禁欲生活が破れてしまったので遊離した。それを抽象的でなく、馬の逆剝ぎなどのことを説いて理解するように伝えている。実際は「わかひるめ」(名から見ると添え役)が死んだとなっている。わからせよう、わからせようと説明をしているが説明しきれぬ。それで霊魂を取り返さねばならぬ。日本では、死んでからの生活の研究は完全にいってない。それで、死と仮死との境目を皆知らぬ。学者に言わすと、厳正な態度で見ている人に言わすと、これは天照が死なれた、それで生き返るようにしていたというが、そうではない。死んだのではない。「たましひ」をとばして仮死の状態になった人をたくさん見ている。われわれはそれを見ていない。昔の人は、今の死んだ先に生命を考えていた。われわれの今の文化的の社会ではわからぬ。文化の低いところへ行かねばならぬ。

沖縄は今もやっているだろう。人が「たましひ」をとばしてしまう。びっくりする。恐懼する。「たましひ」を落とす。沖縄の「まぶい」は、「守り」が変わったと言う。「まもりだましひ」のことと言う。「まぶいおとし」と言う。これは戦争前までしじゅうあった。「たましひ」を拾ってきて、身体の中へ入れる。その呪術をする女(若干の男)は、それで生活してゆけた。その世の中だとよくわかるのだが。

人が死んで、われわれが死んでいると断定するのをそう断定せぬ。なぜならば、事実、生き返るものがたくさんあった。社会の一種の心理だ。早く死を考えるので生き返るというのではない。信じているので生き返るのだ。「たましひ」をとばしたと思っている。その状態からぞくぞくと生き返ってくる。「たましひ」を身体の中に込める。「まぶいこめ」と言っている。「まぶいくみ」といった発音をしている。その技術を大昔盛んにしていた。これが鎮魂術だ。

「みたましづめ」、宮廷に行われたことばが広く行われているので「み」がつくが、われわれに翻訳すると「たましづめ」だ。「たましづめ」はそれだけでは昔まで通らぬ。「たましづめ」がいろいろ違った内容を持って、またことばが違う。もっと古くから「たましづめ」のいろいろの状態を表わす別の語がある。「たまごひ」（「みたまごひ」と言わぬでもわかる）あるいは「たまふり」（多くは「みたまふり」）、みな「たましづめ」の一部分だ。

天照が「たましひ」をとばしてしまった。これも普通驚きのためというが、合理的説明より、重大な物忌みが破れて「たましひ」が安定することが出来なかった。安定がぐじゃぐじゃになると出ていってしまう。それでもう一度つけねばならぬ。いろいろの方法で呼び返そうとした。この伝説は「たまごひ」は使っていない。「たまふり」も使ってないが、両方の要素がちゃんとある。

天照の形代というか、肉体に換えることの出来る代表しているものを拵《こしら》える。それにマジックを行うと、霊魂が御体にくる。これが「たまごひ」。それを絶対の安定の、たとえば岩屋の底に鎮めてある。一寸でも動くと出てしまう。昔の人が鎮魂のためにとった状態だ。その状態で、その伝説を構成しただけだ。呼び出した「たましひ」を身の中に鎮定した。これが「たまふり」だ。これをすべて「たましづめ」で表わせる。これは「たまふり」「たまごひ」より新しい。使わなくて済めば「たましづめ」は古いところに使わぬがよい。

さて、完全におさめて動かぬところまでせねばならぬ。身体に入れて「たま」が落ち着くところに落ち着くまで揺する。子を負うて揺すっている。子が寝てしまう。あれは子の怒りの「たましひ」の鎮定のためのマジック。そのマジックが子を育てるための技術になった。俗語に「いぶる」「えぶる」と言う。加賀の動橋《いぶりばし》もそれだ。動揺さす、動かすことに「動」を宛てている。宛てようがないのでこう、いい加減のことで宛てた。「たましひ」を落ち着けるために動揺さすこと。あちこちの方言に子を揺する意とするところがある。「えぶりこ」というものもある。鎮魂する、鎮魂させるという意味の古い動詞だ。日本の宛字も難しいというが、そんなことがあると、宛字が昔の知識の倉みたいなものだ。古い文化の研究にはどんなことも利用してこねばならぬ。

代掻《しろか》きは（上図）で田の中を掻きならしている。「いぶり」あるいは「えぶり」と言う。田の中に田の霊魂を鎮定する一つの道具だ。今は昔のマジックさえ忘れて、ならすために田植の前に使うのだと思っている。代掻きに「えぶり」を使うので、「えぶり」が芸能になっている。手っ取り早く芸能との関係を示している。

岩手、青森にわたっている芸能に「えんぶり」がある。田植舞だ。田植を囃して楽器を鳴らして、踊り、跳ねる芸能を地方で発達さした。田植以外にも出てくる。南部、津軽にわたって行われている「えんぶり」は田植舞で、名のもとは「えぶり」という代掻き棒から出ている。どこにも信仰の名残が残っている。「たましひ」の信仰が残っている。昔の技術で揺すっていると「たましひ」が身の奥の中にことりと入る。怒《いか》っているのは「たましひ」が不安定で半ば遊離しているのだ。それで鎮めれば怒りも鎮まる。「えぶり」も田の「たましひ」を安定させている。

「たましひ」では考えが持ってゆけぬと田の神となり、田の神はねじ込めぬので離れてしまう。その代わり、早乙女（発音は「そおとめ」）を田の泥の中にねじ込む習慣はあちこちに残っていた。殺してしまう習慣があったのかと想像させるほどのものがあった。おそらくそれは殺戮でなく、田の「たましひ」を安定さすのだ。

人の身に霊魂が入ると、霊魂と肉体とくっついて成長する。霊魂をとると駄目だ。一時遊離することはある。それで遊離していると考えている期間が昔の人は長かった。昔の人は長い間、霊魂が離れていることが出来る。そして生きる力を持っていると思っていた。だいたい期間が定まっている。占いもしたかも知れぬ。

宮廷は長い。一年間平気で待っている。普通はそうも待たぬ。占いをしたらしい。その間、置いてある状態が殯宮。支那の殯の習慣と似ている。死んだ身体を据えておく。臭気が出、肉がとろけてもまだ生き返ることを信じている。ともかく長かった。これを「もがり」あるいは「あらき」と言う。そして一心に、霊魂をつける呪術を行なっている。ある期間を過ぎると、死んだことが定まる。日本の葬式は殯までわかり、その先はどうしたかわからぬ。鎮魂法の効果が奏せなかったのちはわからぬ。生きている間のことだ。

死に関する知識も決まっている。生の終わりも死の始めも同じこと。われわれの生の間のことを話している。霊魂をつけるために呼んでくるのが招魂＝「たまごひ」。呼んできた「たましひ」の安定をさす手順が「あそび」。「たまあそび」とでも言うのだが、そのことばはない。身の中へ運び込む技術だ。われわれの言おうとする「あそび」は、「たまごひ」で迎えた霊魂を「たまふり」の状態に運ぶ間のことだ。「えぶる」というような状態と同じことだ。

鈿女が岩屋戸の前で舞踊をしたのは、霊魂を揺すっているのと同じこと。そこに行われた鈿女に関するところを言うと、まず中をえぐった馬槽《うまぶね》のようなものを伏せた。共鳴腔になっているわけだ。その上で足踏みをする。馬槽が鳴る。それは比喩的表現でかくのごとく地下にこもる「たましひ」に届けということ。穴を穿つこと。「うけ」は、「うけ」を踏むことが大地を踏むのと同じで、踏む効果が大地の底まで達せよ。霊魂が大地に隠れていると思っている。その上を踏むと下に音がする。そのように大地が音を鳴らし、中に隠れているものが呼び出されてくる。すると命の舞踊で霊魂が揺すられて、落ち着きを求める霊魂になってくる。

その時に日本人がもう一つ別の方法を知っている。人間のことばが霊魂を運ぶ鉄道の線路になる。神聖なことばを言っているというと、それに乗って霊魂が人の身に入ってしまう。そして対象になっている人の身に入ってしまう。岩屋戸の時は歌でなく唱えごとになっている。

やはりことばがある。「あはれ　あな　おもしろ　あなたのし　あなさやけ　おけ」。

〔于時、天照大神、中心に独り謂、此吾幽居て天下悉に闇からむ、群神何に由て此の如くに歌楽、とのたまひて、聊に戸を開けて窺はす。爰に天手力雄神をして其の扉を引啓け、新殿に遷座。則、天児屋命・太玉命、日御綱を以て其の殿を廻懸、大宮売神をして御前に侍らしめ、豊磐間戸命・櫛磐間戸命二神をして殿門を守衛しむ。此の時に当りて、上天初めて晴れて、衆俱に相見るに面皆明に白し。手を伸べて、歌ひ舞ひて相与に称て曰く、「阿波礼、阿那於茂志呂、阿那多能志、阿那佐夜憩、飫憩」。(『古語拾遺』)

人間が皆していたのを神々に移して言っているだけ。このことばは、おそらく霊魂賛美のことばと考えていよう。もう一つもとがある。「さやか」だとか「おもしろ」とかは、霊魂が身に付く状態を言っているらしい。「おもしろ」は馴染みある顔。馴染みのある＝オモシロ。讃美して興味あることを言うことばだが、馴染み深い、懐かしさを表す。「さやかなり」は、霊魂の姿がはっきりしているということらしい。

「あはれ　あな　おもしろ…」は、霊魂が肉体に入って、肉体と霊魂と叶っている状態を言うことばらしい。これを聞かされて霊魂も落ち着くと感じていたらしい。霊魂がある落ち着きに達した時に言うことばで、もっと始めにあろう。年代で言うと、もっと下に下ってのち、はっきりその目的に使われている。日本の歌は目上の人に向かって言うとその歌の精神がその人の上に起こってくる。讃美せられた生活を起こしてくると信じている。それで霊魂を運び込む一つのレールとして思っている。「あはれ…」は一種の唱えごと。歌の方が順序がはっきりしている。

そして、天照のからだの中に霊魂を運んだ。たちまち普通の状態になって、覗いた。戸を開く手力男が戸を開けてしまった。それで岩戸へ帰れなくなった。それで生き返ったと考えた。これは仮死の状態、霊魂をとばした人に入れる方法だ。まず迎えてくる。そして運び込む。いよいよ「たましひ」を鎮定させる方法があり、ひっくるめて「たましづめ」ということになる。

後先は芸能に関係がない。「たましひ」を運んでいくレールがだんだん行われているうちに芸能化してきた。長い間行わねばならぬ大事の知識。それが知識の外側が残り、精神が消えてしまう。これをくり返すうち、習熟し技術が磨かれる。そして、特別のほめ方が発達してくる。まるで始めから効果を予期しているように、日本人の世間に芸能が現れた。

日本の芸能を通じてみると、鎮魂の要素が入っていないものは一つもない。外来のものも、鎮魂の要素を入れることによって日本風に均《なら》している。天の岩屋戸の話は必ずしも日本の芸能の起源だということにはならぬが、漠然と日本の芸能はどういう道を通って発生し発達したかは天の岩屋戸の伝説でわかるわけだ。鎮魂のために行うレールは、他のことばで言うと、この動作を「あそぶ」と言う。歌も残っている。「えぶり」「いぶり」と同じことばと思える。

古い狩りのことばに「あそぶ」があり、今でも「遊戯」で残っている。ところが「あそぶ」は遊戯の意味から離れやすいことがわかる。琴を弾くことも歌うことも「あそび」となっている。その人々を「あそびめ」と言う。たいてい、享楽的に遊戯することに引きつけて解釈している。遊戯と出来るだけ離れて解釈した方がいい。「遊戯」で「あそび」を解釈しないで引き離して考えると、一番遊びでないものがある。遊戯的でないものがある。それは人が死んだ時、葬式にあずかる昔の人たち、こういう一つの職業団体、部曲《かきべ》がある。そういう葬式に関連した部曲がある。

宮廷専属のものがわかり、他はわからぬ。宮廷専属は、古く伊賀国の遊部《あそぶ》。「あそぶべ」を略して「あそぶ」と言う。はとりべ→はとり。ととりべ→ととり。のちの人は「あそびべ」と言うだろう。「あそぶ」をする職業団体。これは古くからわからなくなっている。

「終身事《つか》ふることなし、故に遊部《あそぶ》という」と『令義解』に載っている。すでに説明した。

〔遊部者。終身勿事。故云遊部也。(『令義解』巻九)〕

葬式に関連しているので、他に職がない。「あそぶ」のすべての意味を忘れたのではない。クラシックの意味だけ忘れている。特殊な舞踊をするので、「あそぶべ」だと解釈してもいい。鎮魂を行う部曲の民ということ。

これははっきりしている。

職業団体に関する説は『令集解』に載っている。

〔古記云。遊部者。在㆓大倭国高市郡㆒。生目天皇之苗裔也。所㆔以負㆓遊部㆒者。生目天皇之孽。円目王娶㆓伊賀比自支和気之女㆒為㆑妻也。凡天皇崩時者。比自支和気等到㆓殯所㆒。而供㆓奉其事㆒。仍取㆓其氏二人㆒。名称㆓祢義余比㆒也。祢義者。負㆑刀幷㆑持戈。余比者。持㆓酒食㆒幷負㆑刀。並入内㆑供奉也。唯祢義等申辞者。輙不㆑使㆑知㆑人也。後及㆓於長谷天皇崩時㆒。而依㆑縶㆓比自支和気㆒。七日七夜不㆑奉㆓御食㆒。依㆑此阿良備多麻比岐。爾時諸国求㆓其氏人㆒。或人曰。円目王娶㆓比自岐和気㆒為㆑妻。是王可㆑問云。仍召問。答云。然也。召㆓其妻㆒問。答云。我氏死絶。妾一人在耳。即指㆓負其事㆒。女申云。女者不㆑便㆓負㆑兵供奉㆒。仍以㆓其事㆒移㆓其夫円目王㆒。即其夫代㆓其妻㆒而供㆓奉其事㆒。依㆑此和平給也。爾時詔自㆓今日㆒以後。手足毛成㆓八束毛㆒遊詔也。故名㆓遊部君㆒是也。(『令集解』巻四十)〕

これは、雄略がお隠れになった――この方は生きているうちから怒りっぽい方だった――。死んでのち、遊離した霊魂が猛々しい。ひげが伸びて――長い間だ。その間鎮魂せず、「あそぶべ」の祖先の代表者の人たちが雄略の「もがり」をしてあるところへ入って鎮定した。これも雄略が、はたしてあったかどうか別だが、昔には多々あることの出来たことなのだ。おいてあったミイラにひげの伸びることはあった。そうなっても鎮まらぬので、「あそぶべ」の祖先が入っていって鎮めた。「あそぶ」の楽しくない古い例だ。霊魂を落ち着ける技術を意味していることばであることがわかる。一番古いところに「あそぶ」の語源に達したものとしておく。

日本の平安朝の「あそぶ」の用例も広い。平安朝は享楽的目的を持っていることがわかる。それでも広い。楽器を奏すること、舞踊を行うこと、みな「あそぶ」になる。われわれの鎮魂ということが芸能とどんなに関係が深いか推察出来る。鎮魂が古代のみでなく近い世まで行われた。鎮魂の形式は厳重に保存していたが、保存される理由が失われた。他の目的を探り出してきた。楽しむという目的を探り出してきた。

この次に重大なことは、芸術に近寄るのは、鑑賞の心はどこから出るかだ。日本人ははじめからどんな舞が好き、身のくねらせ方がおもしろいということを思わずに、どうしてそういう鑑賞の仕方が生まれたかと見るのがいい。人間の鑑賞力がだんだん発生してくる。その見地において、考えるのがまあ無事だ。学問的に努力しがいがある。何をおもしろい楽しいと思ったかというと、わからぬことが多い。

ものの音について敏感であった。音をほめたことが多い。その中に、「瓊音《ぬなと》もゆららに」など「たま」の音をほめているのがある。不思議だ。「ぬなと」の「ぬ」は「たま」。玉の音も、美妙な音だ。『万葉集』でいたるところでほめている。が、われわれは玉ではたいしたことはない。昔の人がほめているのは心理的なものだ。神聖のものと思っているので、人が持ち出して美しさを感じる。われわれは連想を持ち出さず、音だけで聞いている。神聖な玉が揺れ合うので、神秘な神聖観をもって聞く。それで美しく聞こえるのだ。さらにわれわれはほんとうの玉をすり合わせて聞くのではない。玉の音を聞く瞬間は限定されている。一年の中、まれには聞く。鎮魂の関係の時のみ玉の音を聞く。相当の身分の人は鎮魂された経験がある。物忌みの時もしている。われわれの心の澄みきった時、霊魂の入っている物質の玉をすり合わす。その音の記憶は美しいのでほめる。現実から離れている。実感ではない。それでどんなにもよくなってゆく。いい悪いの鑑賞法の発生を考えぬと芸能の出てくるもとはわからぬ。

三　鎮魂儀礼、あそび

（昭和二十三年五月十八日）

鎮魂――あそび芸能のゴギ

神楽芸能起源説

鎮魂という大きい事実が芸能のはじめに横たわっている。鎮魂の動作を「あそび」ということから始めた。その続き。

日本の芸能――この語《ご》は、わたしのは特別の範囲があって、文部省で設けた芸能科とは違う。われわれの立場はフォークロリックなところにいるので、そこで規定している。すると演芸（演劇まで発達せぬものと演劇と含めて）というものをば、芸能と称している。もう少し延長してゆくと造形的民俗芸術をも入れていっていいのだが、それは分けている。つまり、演芸と民俗芸術とを込めて民俗芸術と言い、その中から造形的民俗芸術を引き去ったものを芸能と言う。民俗芸術と言われているものから造形的民俗芸術を取り去った残り、今演芸と言っている――。日本の演芸的なもの、即ち芸能の民間的な起源説では何が起こりだと言っているかというと神楽だとしている。今残っている神楽が古いものに近いと考えている。最も古いかたちは皆が想像しているだけだが、天照大神が天の岩屋戸に籠られた時にその外で行なったのが神楽の始めでそれが日本の芸能の始まりだと、何の解釈、注釈なしに起源説を持っていた。鎮魂術の続きとしてその方面へ入ってゆきたい。

ところが、天の岩屋戸に籠られたという「神話」（私は日本のには使わぬ）、あのいわゆる神話は、そういう事実がもとよりあったのではないことはわかるが、何か類似のそういう伝説を生じるような痕跡があったのかというと、それは日本の国に古くそういう儀礼が行われていて、一種の宗教的様式、その儀礼の起源を説明しようと

宗教的様式、儀礼の起源説明
民族の持つ神話は、儀礼的起源
ヲモツ
殯宮の儀礼、冬祭りの儀礼
　歴史的には宮廷の神と天子と
宗教的には命令した神と行った高い位置の人との相嘗
初めノ卯　相なめ
中ノトラ　ちんこん
最後の卯の日　新なめ
十一月中ノ寅の日の行事
卯ノ日の新嘗に先行する十三日
普通の年は、
　初卯　相嘗
　中寅　ちんこん
　下卯　新嘗

したところから起こったということが出来ると思う。すべての民族の持つ神話の、儀礼起源説は、松本信広氏はオーソリティだが、私もその点同説だ。この天の岩屋戸の、いわゆる神楽と言われるものも、それに先行する儀礼があったものと見ることが出来る。その推測の一証として、人が死んだ時の殯宮《モガリ》について申しておいた。

もう一方、日本では考えねばならぬ。何といっても宮廷における冬の祭りの儀礼の一部分の中に、説明を要する重大なものがある。冬の祭りは刈り上げ祭り（収穫祭）だから、田を作ることを命じた神と、その命令によってそれを行なった高い位置の人が、一緒に刈り上げた初穂を食べる。それで「あひなめ」と言う。この読みが問題だが、前からそう言っている。「相嘗」。宮廷の神と天子とが初穂の飯をあがるのだ。冬の祭りにはいろいろの部分がある。そのうち重大な部分が今言った天の岩戸の神楽と関連していた。それは昔は十一月の中の寅の日――（日本の古い祭りは、日本に年月日で呼ばぬ時代からある祭りを示すために干支《えと》で表している。古い祭りだ。何月何日と決まったのは、古代から中世へかけてのもので新しい。古代のは干支で決めている。月日をもって年月を表さなかった時代だとそれで示している。もっと昔は、十二支で表す前へいかねばならぬが、その表し方は伝わらなかったり、用いなくなったかだ。おそらく、占いで定める。それから十二支まではいろいろな過程を通っている。古いものは十二支で表している）。宮廷における数多い冬の祭りの中、大事なのは十一月。卯の日が重大だ。最後の卯の日（十一月）――二回の時は二回目、三度ある時は三度目――にあたる時が新嘗の祭りだ。それに先行すること十三日、中の寅の日に鎮魂祭をする。「タマシヅメの祭り」。ところが十一月の朔日に寅の日が来る時に限り、その一日の日にする。これにも意味があろうが、簡単には決められぬ。わかることは、普通の年は初めの卯の日に相嘗祭《あひなめまつり》、それから中の寅に鎮魂祭《ちんこんさい》、それから下の卯の日に新嘗祭《にひなめまつり》。厳格に言うと相嘗《なめ》、新嘗《なめ》は似ている。祭りが分化してゆく。神と天皇と一緒にあがる日が先へ出て、天子があがる日が下に出てきたという形を取っている。その間に各々隔たりがあるが、寅の日に鎮魂祭《ちんこんさい》が行われ、卯の日に相嘗祭、新嘗祭が行われるのは間が抜けている。おそらく、もとは前日ということが考えられる。そういうことは他の祭りでも例があ

大殿祭り
神今食
新嘗祭は冬のまつりの行止り
天子の復活
霊魂ヲキリカヘル一つの儀礼
八しん殿

る。天子が新米をあがる。ジンコンジキ「神今食」、漢字が続いていて日本読みが伝わらぬ。字音だけ。古米を天子があがる儀式を行う祭りだ。神今食の前半は大殿《おほとのほかひ》祭と言う。一つの祭りの中に、いろいろのものが接続し、一つのものに先行し、また先行し、またあとにもくっついている。鎮魂祭《ちんこんさい》も新嘗《にひなめまつり》祭を行う前提としてやったと思えるので、寅の日と卯の日とくっついていたのが、時がたってあけてきたのだ。新嘗《にひなめまつり》祭は近代では天子が神と米の初穂を食うと解釈しているが、冬の祭りのこれが行き止まりで、その時に毎年天子が霊的資格をもって復活してくる。それがその日だとこう思っている。天子が復活せられる前提として、天子に霊魂をつけねばならぬ。決まった所属の霊魂があり、毎年つける。そこで復活して来年一年の新しい天子として復活した。その前提として、霊魂がつかねばならぬと思った。昔の人は毎年霊魂が切り替えになって、新しいものの威力は一年続く。霊魂を取り出してきて身体につける。古い霊魂は捨ててしまう。そういう風に信じていた。その霊魂をば切り替える一つの儀礼が、冬の祭りの一部分になっている。それが十一月の中の寅の日に行われるように、以後はなっている。

この時には、宮廷に古くから八神殿といって霊魂に関する八つの神が祀ってあり、そのそばに「いはびと」。のち御殿が建って「いはひどどの」。もとは御殿なし。わからぬが塚のような山のようなものがあったのか。岩窟を意味する、土を盛ったものがあったのかと思う。そこに霊魂が据えてある。それを取り出してきて、身体に付ける。そのイハヒドの近所に霊魂に関連した八種類の神が祀ってある。

〔宮中神卅六座　神祇官西院坐御巫祭神廿三座　御巫祭神八座
神産日神　高御産日神　玉積産日神　生産日神　足産日神　大宮売神
御食津神　事代主神（『延喜式』）〕

中世以後は八神殿のは霊魂そのものと考えている。名から見ると、八神殿のうち第五のものまでは同じ性質の神だ。霊魂を身体につけるマジックを司る神だ。古くは天子の霊魂とそれを天子の身につける技術を持った神と

鎮魂の儀礼　御巫と猿女と

同じ所に祀り、その霊魂を取って来てその神の力で身におさめたのだ。のち細かい部分がわからなくなったが、鎮魂祭《ちんこんさい》の儀礼は厳重に行われていた。寅の日の中の二刻、五時から始まる。いろいろな複雑な手順があるが、重要な役を務めるのは治部省の人がすることだ。この中でも重大なのは猿女《さるめ》、それから御巫《みかむこ》が中心になっていた。いよいよ式が始まると大臣初め群臣の見守っている中で儀礼をする。内侍所の職員が、天子の御衣を入れた箱を持ってくる。ミカムコが形式的な動作をする。そこにおいてあるウケ、ウマフネの如きものを逆さに伏せて榊の枝でトントンと突く。突いている音のしている間に内侍が天子の御衣《みころも》の箱を開けて、揺《ゆ》っている。それと前後して、天子のタマノヲという緒を結んでいる、一種の神秘な結び方で結んだ緒を十種類こしらえ、それを御衣の箱に収め、その間唱えごとも行われるらしい。それが済むと、皆退出する。

それに先だって、御巫が舞を舞い、猿女が舞う。その後倭舞《やまとまひ》を舞うことになっていた。御巫《みかむこ》は宮廷が大和にあった頃からあり、山背に移ってもそれを継がれたらしい。これは宮廷の屋敷に所属している神、それに付属している巫女が御巫。

猿女

猿女はもっと関係が深い。宮廷の先祖が降りてきた時、神の世界からこの世に伴をしてきた一つの職業団体の祖先から続いていたものだ。五種類の神から、宗教的職を持って降りてきた。その中に猿女の君があり、その伝統を継いでいるものが皆猿女の君。神名で言うと、祖先は鈿女の命という女神ということになっている。大体その他の天から、神の世界から降りてきた種類はわかるが、猿女は広範なのでどれが中心かわからぬ。鎮魂祭に行うところの舞が、猿女の君の主要な仕事らしい。一族で、神の世界から伝えたと称する神聖な職業を伝えている。女に伝わる家職だから、その家の主人は女だ。家の名も猿女の君と言っている。天来の五種の中、中臣は男、鏡作りなどの祖は女だ。宮廷が大和に国を開いて、栄える以前は伝説でも、九州の果てから上って来られたことになっている。御巫（あるいは大御巫）の持っている神は、それ以前の祭りに関係ない。土地が違うから。大和になって祀ったのだ。御巫が関係することは大和以前にはなく、あっても神は変わっている。

ちんこん祭に行ふ猿女のまひ
天岩戸の伝誦
たまふり
たましづめ

動かぬのは猿女だ。鎮魂祭に行う猿女の舞が重大でその起源を突きつめていって、天ノ戸の前で行われた猿女の祖先の鈿女の神あそびに到達したのだ。鎮魂祭の猿女の記録の神あそびの儀礼をもととして、その起源の説明に合う物語が出来た。これが一方の有力な理由だということが出来る。岩屋戸の物語の一部分には、霊魂を喪失した時、呼び戻してつけ直そうとした信仰の面影が張り付いていてとり去れない。それと一方、霊魂が古びてきたので新しいのと切り替える幸福な状態、これは同じようだが違う。しかもこの二つが日本の鎮魂術の根本的二つの事実だ。

日本の鎮魂術ではその人の威力を発揮する根元の威力をつけるもの、魂をふれしめる。ふる＝くっつける。のち、ふれるは接触する、微温的になる。魂をどしんとくっつけると、くっついて離れぬ。これは幸福。たま鎮めはおそらくタマフリより新しい。逸出した霊魂を呼び戻しておさめる。日本の鎮魂は二つの違った技術が鎮魂の語によって二つつながれている。そういう重大なことがどうかすると一緒になりそうに並んでいる。二つの霊魂に関する技術。信仰の儀礼の起源の説明する意味が含まれている。こう見ていい。実際にはこの二つは間違う。雄略の殯宮の物語は古いものなのに、既にたま鎮めの話だ。遊離した霊魂のことだ。復活はせられぬ。昔から混乱しやすい。だから天の岩屋戸の物語には二つに起源とも言うべき二つのつっかい棒が認められる。

平安朝の鎮魂祭では形式的になっている。重々しく書いたものでは少しずつ、多少、時によって方法が違ったかと思われることもある。ともかくも御巫が「ウケ」という槽を一本の木をえぐって作ったもの、伏せたものに上って舞うのではない。「フネ」を突いているだけだ。この動作は天の岩屋戸の物語を見ると鈿女の命が自分の身体をフネの上に乗せて、手に「チマキボコ」—「茅《ち》」という草で巻いた棒—それでウケを突いて舞った。それがウケの上にておいて行われ、その形式的動作は御巫の動作で、猿女も御巫も動作はウケ以外で行われている。鎮魂祭の一つながりの次第というものは、宮廷において時を経るにつれて、新しいものも附加して変化していったのだ。変化しつつ古いものを守り、固定していく。もっと以前の鎮魂祭の儀礼を説明するために生まれた天の

鎮魂祭のサルメのまひは、神楽とはいはぬ

・あそび
神あそび
神楽
・新来のものの名

宮廷にはいりこむ神々

岩屋戸の物語だ。これを広い語で言うと神楽《かぐら》というが、厳格には神楽ではない。

神楽はのちに出来ている。平安朝の中頃に出来ている。現実の芸能が出来てきたのは、中頃以後だ。鎮魂祭の猿女の舞その他は神楽とは言わぬ。のち岩戸神楽と鈿女のを言うが、これも古い語ではない。ともかく鎮魂祭は、神楽より古いもので、鈿女は神楽とは関係ない。鎮魂祭の神あそびとは関係するが、遅く興った神楽とは関係ない。

あそびは、鎮魂の所作、鎮魂の動作ということ。神あそびはそういう所作はすべて言える範囲の広いことばだ。のち、神楽が有力となった。神楽以前の鎮魂祭も神楽というようになったと見ることも出来る。ところが宮廷においての祭りというものは、接触した日が間があいたり、分裂したりすることがしじゅうだ。それで新しい祭りが入ってきた時にも、新しい祭りを取り入れることが簡単だった。それで平安朝の中頃になって、そういう形で神楽と称する、ある種の神に所属する儀礼を取り込んだ。しかも十一月に先立って十月にするようになった。何から取り入れているか。取り入れ口ははっきりしている。

鎮魂祭の時に使う笛と琴が楽器の中心。もっといろいろのものがあるが、簡単でこれが楽器の中心。世の中が進むと原始的なものはやめて笛琴が残ったのだ。鎮魂祭も笛琴が中心で、歌う歌と御琴に笛合わせというと、決まったことばで命令されると吹き出し、「たまふり」の歌が始まってくる。で、その歌が歌われ、笛琴が奏されている間に、鎮魂祭の次第が済むようになった。完結されるようになった。

宮廷における神あそびはいつから起こったか。歴史的のことはわからぬ。少なくとも猿女の君が岩屋戸で舞って、それが起源だという。伝える意志なしに伝わったので、いつからと考えることが無理。神楽はそこまでは神楽ではない。ところが、宮廷は、長い日本の民族の生活の中、程度の高い所と考えているので、日本の神々が宮廷を見たがっている。宮廷に入りたがる。何かの場合に入ろうとする。適切な具合のいいことは、日本ではたくさんの、「民族」と言うと諸種族だが、小さい種族あるいは部族がそれぞれの神を持っていた。宮廷が勢力を持って生活せられると、宮廷の神が一番高くなる。神は宮廷に従っている人と同じく、そういう位づけに満足する。天子に奉仕するごとく、神も宮廷の神に奉仕すると考えられていった。そういう神々が宮廷の神に奉仕する。それが受け入れられると中に入る。門まで、あるいは庭、家の上までと神の種類によって段階はあるが許される。そういう手段で神が中に入ってくる。日本人の考えでは神の欲望は人間が表すので、神が宮廷に入ったのは、その神を持っている種族が入ってきたことだ。宮廷に服従を誓う形で出入りしようとしてくる。宮廷は、うっかり入ると大変だから、検閲する。護衛する神がいる。戒め、とがめ、守っている。通れるものは通し、あやしいものは帰してしまう。その信仰で地方地方の人たちが、神を持って都へ来たのだ。

そのうち成功したものが、宮廷の中に入り、決まった宮廷の儀礼の中に割り込んでくる。それには古くからの位置の決まっている神の位置が上ることが必要。平安朝の初めより神が上ってくる。宮廷が位を神に与えた。どういう標準かわからぬ。八神殿に正五位を与えたり、火山の神がずっと高かったりする。もと宮廷に所属せなかった地方の神が、認めて上げられてくる。位をいただく。するとこれは認められたことになる。ことに高いものは入ってくることになる。宮廷に不思議な神がいて、今の京の宮廷の始まる前から京以来の屋敷神がいる。京の宮廷の土地の神。昔支那から帰化してきた神。秦の君の祀っていた神がいる。人は祓ったが神は居残っていて、屋敷の一部に祀られている。それがソノカラカミ「薗韓神」。薗の神、韓神。朝鮮の神でなく、支那の神だ。薗は支那の神ではない。説明略す。これが京の宮廷のもとの土地の神。これは中にいる。屋敷うちにいる神なので、ある時期になるとこれが発動する。参加したい儀礼が行われると勝手に参加してくる。平安朝の中頃、まず宮廷にいろいろあったろうが、一々わからぬが、著しいことは、琴歌神宴《きんかしんえん》が行われる。十月だ。日暮れから夜にかけて行われる。これが琴歌神宴。だんだん勢力を得て、様式を改めて神楽に到達する。

四　神あそび、狂乱

（昭和二十三年五月二十五日）

鈿女からつたはつたサルメのしよく掌

神あそびが広い意味における神楽の古い言い表し方だ。のちには神楽が一般的になり、神あそびの方が消えてしまった。したがって、神あそびの源を説いたものが神楽の源を説いたことになった。宮廷における神あそびの始原の鈿女のが神楽の起源と説かれている。これは起源をなして正確に考えねばならぬ。鈿女の命が神あそびの起源をなしているということは、鈿女の命の子孫と称する猿女氏、猿女の君という家筋の祖先。それがその職は、鈿女から伝わったその氏の職掌はいろいろある中、一番表にあるものは神あそびだった。というのは、天の岩屋戸の神あそびを奉仕したからだと言ってきている。結局これは順序を直して言うと猿女の君氏《うじ》に伝わっていた物語と、儀礼の源を説く物語が、猿女の君の職業、家筋の術《すべ》を規定していることになる。

ところが、猿女の君の家筋はいろいろのことをしている。宮廷の門を守っていることもある（猿女氏の男が）。断片的に言うと、この氏の男で猨淡海《さるあふみ》という人（男だから「め」を省いたのではない。ウネメ、サルメ。采女は「め」が日本語ではm、bが近いので部と通じる。ウネメは采部とも書いている[1]。ウネメベを略してウネメなので、普通は「部」をメと読んだと思っている。猿女も女を「部」の音の変わったものとして略するものがある。ハトリベもハトリという。「部」を略す。猿女もメが「部」と思って猿ということもあったらしい）は神あそび以外のことにも働いているらしい。だから、職業によると、一つのが分化してそれが延長していくつにも分かれていく。仕事によると、関連してあちこちに拡がってゆく。猿女の仕事はそうらしい。

猿女の君の伝承では、猿女という家は、もと猿女と言わなかった。「サル」は猿田彦のサルと関係があり（論理飛躍）、猿田彦という神の素性を言い表した、それでその家を猿女と称したということになっている。昔の伝えは、解説の方法があり、昔の伝承を信じていてもまずい。普通は天孫が天下って来られた時、辻がいくつにも分かれる。そこに立っていて、怖ろしい顔をした巨人だった。その時鈿女の命が行って、問答をする。それで神が答える。私は猿田彦だということを、修飾語のついていることばで自分の名を名のる。神が名のるまいとしているのを、鈿女の威力で名のらした。猿田彦を現したわけだ。そこから伊勢に落ちついたという。

それを鈿女と猿田と夫婦になったと説明しているが、そう簡単に説明してはいけない。昔の征服の方法、懐柔の方法として、媚び仕え（霊的のものに媚びて仕える）、相手の機嫌を取るものを遣わす。（出雲も、媚び仕えのものを遣わす。国造家の祖先も大国主に媚び仕える。）鈿女も媚び仕えるために伊勢へ行った。しかし宮廷との関係は続いていた。伊勢と大和の間を往来していたと考えていい。ともかく伊勢へ行ききりではない。猿田彦を言い表した神だから猿女というのだ。その子孫が猿女の君だという。猿田彦と鈿女が夫婦なら、猿田彦の子孫でもありそうなのに、そうは言わぬので、簡単に夫婦と言って解釈してはいけない。

日本の考え方では、職業の祖先と血族の祖先とは別だ。職業がある血族に伝承されるということもあるが、血族を離れて他の系統で維持されてゆくこともある。ただその時は系統の観念が変わってゆく。職業の子孫だから職業の祖先の血族的子孫だと考えてゆく。その考えの裏には、職は継いでいるが、血族的には子孫ではないこともはっきりしている。日本では系統的に職業を継いでいると思っているが、系統的に必ずしも職を始めた神の子孫ということではない。職を始めた神と、継承している団体とは、血族的関係はないことが多い。猿女の君という家も、後世は猿女の氏でない人が職を継承しているらしい。

平安朝まで猿女の家の職を継承した人は、薭田という家（艸つける）。戸主は女。宮廷に仕える。継いでいる職業に対して、領地をもらっている。淡海の国で薭田氏の領地があった。それを小野が奪い取って争いになってくる。結局猿女の職を継いでいるものが継ぐべきだとして、薭田に戻ってくる。すると薭田は猿女の子孫となるか。違う。職だけ継いでいる。職を継ぐ本筋は一つで、始めた神と血族関係はない。猿女氏の祖先という鈿女は猿女の血族の祖先かも知れぬが、猿女の仕事を継いだ薭田の祖先ではない。だから鈿女も猿女の血族的祖先ではないかも知れぬ。

この神のしていることを見ると、明らかに霊魂を鎮める仕事に関係するが、特色がある。怒り（怒りによって霊魂が出てゆく。むねはしりび＝腹を立てる。ムラムラしてくると、突発的にものが出てゆく）は恐がっていた。霊魂を体へ収める技術の中、一つの大きいものは、怒《いか》りで遊離したたまをもとへ収める。

鎮魂に二つの大きい差別がある。威力ある魂を威力のない身へ入れて発育させて、力を発揮させる。これが日本的な古いもの。外へ遊離したもの、しようとしたものを抑えて鎮める。これが支那でもその鎮魂で、これに変化してくる。この二つの鎮魂の区別がついてくるのは、おそらくそういうところを通ってくる。ただで遊離するのではなく、怒った時遊離する。怒《いか》ったために、その人の身にある有力な能力を発揮する魂《たましい》が飛び出していく。それを飛び出ぬようにする。これが古い鎮魂の次に起こってきた。日本のはその意味でも違う。歌に関する伝承は怒りを抑えるようにしている。そういう道を通って、脱出した霊魂を抑え仮死の状態のものも生き返る。鎮魂の技術が変化してくる。その橋渡しに怒りを鎮めるマジックの行われたことは確かだ。これを鈿女がしたと信じていた。猿女のマジックというものが現実の世の中で人の怒り鎮めるためにもしていた。鈿女が八衢《やちまた》の神の怒りを鎮めた。猿田彦の魂の脱出を防いだのだ。伊賀の国の遊部《あそぶ》の物語もそうだ。雄略の死後、魂が荒ぶ。それを抑えたのが遊部の職の祖先だ。

それが猿女氏にくっついて、それが鈿女から始まった。天の岩屋戸のことも怒りを鎮めているととれる。中で、楽しそうなことをしているとて覗いた。この断片がくっついているのは神の怒りを表現している。のんきそうにしていると怒《おこ》った。もっと怒《おこ》らして、気の利いた神がいると、怒りをたきつけている。そういう技術がある。信じているので不思議な現実が現れている。神代の物語を歴史とするのでなく、習慣の起源を説明するために、そんな物語が出来ている。ただの神あそびでなしにもう一つ分化して出てきている。怒りの魂を鎮めるのだ。伊勢の国に猿田彦がいるというのは、宮廷を大和においての考えで、大和時代の物語だ。日向では、二階から目薬だ。断片を取り外して考えること。少なくとも、伊勢の国に怖ろしい神がいた。それをとり鎮めに行ったのは、その部分が大和に出来たのだ。猿女の君が門を守っているのは門を犯してくる悪いものを鎮める。門を守るのは氏々である。ともかく怒りの魂を鎮めることの一つの例にはなる。あるいは猿女の職業がもっと分化したかも知れぬ。あるいは遊部のしたように人の死んだ時、そのタマを呼び戻す招魂術をしたかも知れぬ。ところが、江戸の学者の中には、鈿女の神の働きを、非常に神の能力を延長して考えている人がいる。大宮咩神《おほみやのめのかみ》。名からわかるように宮殿の精霊である。これが女だ。この神は鈿女の別名だという。それで鈿女の命の芸能的方面をオホミヤノメの神力だと説明しようとする。平田篤胤はそうだ。その場合この神をまたミヤビノカミ（宮比神）と言う。昔の物語でも、鈿女の命の能力が拡がってきている。大宮咩と、私は関係がちっともないと思う。

ともかく昔から、神あそびという芸能は、この神から起こったのだと信じているのは鎮魂術の関係からなのだ。現に鎮魂術の効果あらしめるように、鎮魂の舞踊を行なったから、そう言われるのも当たり前だ。しかしおそらく鎮魂の舞踊は必ずしも鈿女の命ばかりでなく職業の子孫の猿女の君ばかりでない。宮廷の歴史では、猿女の君だけだろうが、古い家々では外の鎮魂舞踊を、鎮魂術を持っていたに違いない。

宮廷自身でも、猿女の君の外に、大巫というものの神あそびというものが同時に行われている。大巫の行う神あそびはのちに加わったものに違いない。ただこう言える。鎮魂の舞踊を行うということは、一つの舞踊者あるいは舞踊団の舞踊して収めようとする対象の霊魂は一つだ。だから、たくさんの霊魂を一団一人の舞踊者が収めてしまうことはしない。たくさんの舞踊者が一つの霊魂をば鎮めようともしない。一つについては一団の舞踊者だけで、数個については数個だ。たとえば、宮廷の信仰で天子の身へ霊魂を入れるのは、天子の霊魂はたくさんあり、その一つ一つが違った舞踊団によって入れられる。いろいろの舞踊団が舞踊を行うのはその都度一つずつの霊魂が入ってゆくのだ。芸能史の根本として大事なことだ。一人の身の中にいくつも霊魂が入ることが出来る。それが一つ入るごとに、その霊魂が示しているところの、霊魂の持っている威力の範囲に属するものはその霊魂の入った当人の自由になるわけだ。Aの霊魂が入るとA氏一氏の権威はすべて入ってしまって、A氏は背けなくなる。Bが入るとBの国のすべての威力は入ってしまう。Bという国が意志通りに動いてくる。土地、人間が動くのは、威力の源の霊魂が入り、それに付属している民、国が付属してしまう。だからいくつも入る。

平安朝の神あそびは、かなり変化しているに違いないが、それでも鈿女の鎮魂術が行われて、天皇霊が入る。大巫のあそびによって入るのは、宮廷のある地方の一国の霊魂が入ってくる。大和舞がしきりに平安朝に行われる。大和の霊魂が入ってくる。神あそびはたくさん行われるほど、天子に威力のある魂が入る。昔の人は無限に入ると信じていた。鎮魂祭の神あそびの目的は、天子たるべき大事な天皇霊が入る儀式だ。一年に一度ずつ切り替えて、新しく威力あらしめるのだ。それに誘われて、山代、大和の魂を入れるのは随伴であって主ではない。いくら入ってもいいが、ほかのことはくり返さぬ。鎮魂術を出発点として、芸能史の講義を始める。それはこの先いろいろのことを約束している。われわれの持つ舞踊は、考えるよりも宗教的なものだ。舞踊者が、われわれが考えるより狂的な気分、動作を表現する。それをこの出発点から説明が出来てゆく。

狂乱

今まで話した鎮魂術は技術者がどこにいるかが問題。魂が切り替えられる当体は天子で、入れ替える仕事をするものは誰かわからぬ。猿女君氏の人、御巫が舞うのは、運搬する手順をつけているので魂の運び手。入れる技術は誰か。それは想像するより仕方ない。結びの技術をするものは他にいるわけだが、それが消えている。一面よりすると、早く芸能化したのだ。舞う人についてもう少し観察してゆく。そこで「狂乱」の章を設ける。鈿女の舞った姿は狂乱と同じだ。エクスタシーの状態で、自分を忘れている。法悦の極にいる。身につけているものを落としてきた姿。後世の感じだと狂乱の姿になったということだ。日本の舞踊にはクルヒというものが重要な位置を占めている。前からの連絡をとって言うと、神あそびする人は脇目では狂うてる動作をする。少なくとも行っている時だけは常の心をどこかへやっている。別の心になってやっている。これは事実だ。それは神がついたため狂っているのか、あるいはそうでなくて、ほかの原因で狂い出すのか、疑問がここにある。

神が憑いて狂うのは説明がいる。ある人に霊魂を入れるために、運搬者が狂うのは、一時でも運搬者に入るので狂ってくるのだ、というふうに説明すべきかもしれぬ。そこに少しわれわれは錯覚を持っているかもしれぬ。普通の神憑きはこんなものでない。神自身が物言わぬことを前提としている。神の代わりに人がものを言う。その人が、ものを言う人が、神の口に代わってものを言うにいたるまでの間狂っている。そのあとで、すっかり神に口を貸してものに狂っている。普通の神憑きはそれだ。神がかりの間だけ狂っていて、動作が止まると、その身に入って霊魂がものを言わせる。神は人の口を借りねばものを言わぬのだ。言い換えると託宣をする（神が人の口を借りてものを言うこと）。

託宣もいろいろあろう。神がかってくると、神のことばを言い出すというが、言うことばがやはり神のことばで、人にはわからぬことがあるのだ。でないと、神は物言わぬ。神のことばは人が翻訳せねばわからぬ。ところが、後世の神憑きは人のことばで言う。それでは昔はいかぬ。審神者《さには》をあてて、この人が神がかりした者の言うことばを翻訳してゆく。言ったあとで占うのでなく、翻訳者だ。審神者は偉いものでないといけない。神が直接に言わなかったのだ。神のことばで言ってもわからぬ。審神者をおいて、神がかりした人の口から聞いたものを教える。簡単でない。人の体を通れば、後世はすぐさまわかるとしているが、そう簡単にはいかなかったらしい。ラヂオの機械となって、英→日と便利なものではない。そういう託宣の前提として神がかりが起こると考えている。それと神あそびとは少し区別がある。神あそびは霊魂を身に入れるために行われる舞踊だ。それは何も神がかることを問題にしていない。神がかりの舞と一つには出来ない。だが、関係が全くないかどうかは容易に断言出来ぬ。

普通の中世以後の神がかりは、平安朝以後ははっきりしている。よりまし（お寄りなさるの名詞形。寄っていらっしゃるもの。のちよりまさと誤る）。それに霊魂を迎える。迎えるとそれがものを言い出す。神の霊魂を迎えるものがよりましで、人間。条件として、生活の単純で、純粋な感情を持っている人が多い。小人が多い。普通の生活を経てない者。時によるとよりましがそれに限らなくなる。それに神霊を移す。神のことばを聞くためにする方法だ。それが人の霊魂を迎える時にも行われる。どうも怨霊がついている。生きている霊魂、死んでいる霊魂が祟りをする。その家の人々のしたことを知っていて、あの家にはどういう霊魂が憑いている。宮廷にも代々憑いている霊魂、あるいは個人的にも怨霊が憑いている人もある。死霊はわかる。ところが生きている人で、憑くのがある。そういうものを、もののけと言う。怨霊だ。だいたいどの家にどうとわかっている。が、それが誰で、どういうわけか言わぬとわからぬ。言わせて抑えつける。同じことで、よりましの身へ恨みの本体を迎えてものを言わせる。前提として、祈られて狂い出し、倒れると人格が転換して怨霊の口を語ってくる。これらはみなもの言わせるためのことだ。その点のみ見ると、霊魂をよりましの身に迎えて、憑くと、よりましがもの言うのだ。

同じことではないかと言えるが、昔の神あそびの時には、もう一つ段階がある。霊魂があって、運搬する者がある。神あそびする人があり、その人が運搬したものが入る人がいる。ところが神がかりは、霊魂を入れる当体を考えていない。神のいるところから出てきて、人の口を借りて言うだけでどこに入るか言わぬ。神舞は舞人がもの言うことは大事に考えていない。大分違うのだ。同じものとは言えぬ。これだけの違いがあるのだから。しかし主として後世に行われているところの日本の在来の宗教、神道教の系統によるところの神がかりは、少なくとも昔の鎮魂法の次に現れている。鎮魂法は行われなくなって、神がかりの形だけ残ってきたのだ。ただ、神がかりが、古いところにどこまであるかが問題だ。

神がかりは、天の岩屋戸に鈿女の所に出てくる。

〔天の宇受売の命、天の香山の天の日影を手次に繋けて、天の真折を蘰として、天の香山の小竹葉を手草に結ひて、天の石屋戸にうけ伏せて、踏みとどろこし、神懸りして、胸乳を掛き出で、裳紐をほとに忍し垂れき。（『神代記』）〕

が、はたしてわれわれの言う神がかりして神のことばを言ったのかどうか問題だ。神あそびは物言うことを重点にはしていない。狂乱については、これから神がかりの話をしてゆくことになる。神がかりと芸能史との関係を話してゆく。神がかりするとは、異常心理に陥るということ。宗教的技術をしている中に宗教的異常心理に陥る。うまければ早く適当に神がかりしてくる。嘘と思っては話にならぬ。そういう仲間では事実だ。ところが異常心理に陥ると、一番最初に見られることは、肉体を、非常な、平生と違った状態に運動させることだ。神がかりの心理を促進するためだ。神がかりしたらこう動くというので、似た働きをする。すると心理的に神がかりしてくる。熟練者がするので、簡単にしてくるのだ。昔の伝えだとそこらにいる子どもに移るというが、昔の人のしんたいを素朴にし、純潔にするためにいるので、それは少ない。技術者で熟練したものがいるのだ。そういうものはすぐさま決まったいつもの動作に入ってくる。いつも同じ順序になってくる。だが、人のすることには、結局ある結果を迎えるための動作が、両方から起こって同じことになることがある。神がかりの狂いに陥った時の動作を記憶していて、その動作をしている中に深まってゆく。すべて神がかりに陥ってから動作が始まるのではなく、迎えてゆくのだ。ある点、記憶しているのだ。それで無意識だが、公式通りに出てくるのだ。迎えてほんとうの神がかりに陥るまでが簡単にいくので、それは覚えているのだ。正気と狂乱の心の継ぎ目がはっきりしない。すべて忘れてしまうのでなく、ある点まで覚えているわけだ。が、やってみねば思い出せぬという行き方だ。歌舞伎役者の「型」にしても立つと思い出すのと同じで、それのもっとひどいものだ。狂いにかかるとあとが出てくる。半分記憶、半分が記憶の外に脱け出してくる。

これには前提として、やはり最初から神がかりして狂い出して、順を追ってした典型的もの狂いのかたちが決まっているべきだ。その型通りしてゆくのだ。誰かが意識なしにやったのだ。何度もくり返すので型が出来てしまうが、型にならぬ前があるのだ。それがくり返すうちに本当のもの狂いにならなくても出来るくらいの知識になってるのだ。熟練したもの狂いは、全然ならなくてもすべての動作を出来たのだ。が、嘘でなく、あるところまでしていると、もの狂いの状態に入っていくのが本当で、だからしているのだ。知ってしているのだ。時によって非常にいい状態になる時もあり、時によりうまくいかぬこともある。その間に重要なものを言うところは型通りにいかぬところもある。その前後は型が決まっている。その部分が芸能史に関係があるわけである。

編者注

（1）「采女司　正一人。令史一人。采部六人。使部十二人。直丁一人。」（『令義解』）

五　宮廷の神楽、はいりこんだもの

（昭和二十三年六月一日）

1 神楽の起源
　儀礼の説明
2 宮廷儀礼
3 はいりこんだ
　もの

宮廷以外のスピリットの入ってこようとするもの。

それは宮廷に近いもので廻っているもの、あるいは遠い処からわざわざ来るものといろいろの種類があり、中には宮廷と関係がすでに親密なものになっているものとがある。その例として。薗韓神《そのからかみ》。この二つが、宮廷のやしき神である。これが宮廷の行事のある時、伺おうとする。あるいはそれに参加しようとする。それはもちろんあるべきものだ。

邸神

やしき神の話をしておく。芸能に関係ある。

これは寺と神社との関係にもなる。あるいは神社という社の建物を持ってない、古くて低いもの、デモン、スピリットという神。それがそこに寺が出来ると、土地にいた神を追放して寺が建つのでなく、もといた神が守り、新しく建った寺の幸福を保証する。寺の仏のために忠勤を抜きん出て寺を守る。これが寺に付属した社のある理由だ。これを地主神と言う。清水寺の社のうしろに玉坂があり、地主権現と言う。それらをもっと仏教臭くした場合もある。仏教の方で言うと、仏教に所属している以前の神、それを夜叉神、あるいは羅刹神と言う。場合によってこれが寺の伽藍を守るので、伽藍神とも言う。特殊な名をつけて摩陀羅神とも言う。京都の太秦の広隆寺には摩陀羅神が所属している。これはやはりやしき神だ。寺々にとっては、その寺の以前からいたデモン、スピリットの類の神がその寺の幸福を守っている。そういう意味で、仏教が古い神を包含して自らの守りとしている。

日本へ来て、始まったことではない。仏教の根本からそれ以前の神を包含する習慣がある。

この神々がいろいろな名で言われているが、寺に何か祭りがあり法会があり饗宴が行われるとやって来る。太秦の時は外から練り込んでくる。寺に、やしきの中に区画があり、お堂のあるところへ外からやってくる形だ。摩陀羅神は牛に乗ってくる。ともかく行列を組んで仏殿へ来て、摩陀羅神の祭文を読みあげる。

大なり小なり地主神の信仰というものが古い寺々には行われている。寺の境内に地主神の社が祀ってある。だが、結局は別の文化を持っていたものから言うと、古い文化を持ったものがあって、まれにその神の祭りに参加するものは憂鬱なくらい色彩を持っている。化け物ではないが、それに近い感じを持たせている。これと近い感じで薗韓神の社が宮廷の一角にあった。

日本における地主神の発達（あるいは退歩）してくる地主神のあった歴史を調べると寺と宮廷と参照してゆくことだ。仏教が前からその形を持っていたからとばかりは言えぬ。仏教の形式が宮廷あるいは宮廷を模倣している貴族の屋敷の中に行われていた。だから宮廷ならびに貴族の家庭に行われているものがあると、それの上に重なってくる。外形は日本的色彩を帯びた習慣になってくる。寺の地主神も寺のみで発達したのではなく、宮廷の屋敷神の信仰が加わっているとみればわかる。

先に言った通り、薗の神は宮廷の在郷、宮廷の近回りにある在郷の神。薗は、昔のことばで、県《アガタ》。近回りの田舎に畑がある。そこで野菜を作り、そこから持ってきて運ぶ。御《ミ》県《アガタ》と言う、御料地というものを近い田舎に持っていた。大和時代には御県と言い、六つあるので六御県《ムツノミアガタ》と言う。山代に移って、薗と言っている。なぜならば、その畑は園池司《エンチシ》というものの管轄になっていたので、平安朝には御県が消えていって、薗ということになる。その薗の神が同時に宮廷の神ということになる。

奈良より古く考えるとわかる。宮廷の八神殿に祀るのはむすびが主だが、事代主と大宮売《おほみやのめ》・御食神《ミケツカミ》とある。炊いて食べる食料としての米の神。大宮売は宮殿の精霊。事代主は大和の地主の神だ。事代主は御県の神という考えだ。それからだんだん宮廷の土地の神、地回りの神、やしき神ということになったのだ。宮廷の御料の土地の神が、結局宮廷の神となった。

韓神
もろこしがみ

韓神《からかみ》は京の宮廷のある処にもともと居って、秦《はだ》氏の居った処で、秦氏が祀っていた神だ。それが韓神だ（特殊の神ではない。主として唐土に関係している海のあなたの広い土地でもろこし神と同じ）やしき神が、行事がある時や儀礼の時に発動しようとする。近い所、遠い所から来る神が参加しようとする。あるいは見に来る（＝参加と同じ）。これは少なくとも宮廷の屋敷神は同じかも知れぬが、もとはそんなに遠く《(好意)》のみから来たのではない。

動揺

宮からは気の知れぬ存在で悪い心も持っている。宮廷に事のある時やって来る。動揺している時には神も人の魂もまた動揺している。肝心の霊魂が遊離しやすいので、その時外の神がやって来る。邪心を抱くのみではないが、それが来ると災いを残してくる。だから追い返す必要がある。それで大事の時は関を固める。特に即位の大嘗会。これは宮廷にとって幸福の時だ。われわれの考えに入ってこぬ。それなのに地方のスピリットが狙うので関を固める。珍しがってうかがいに来る。来て災いを残すと困るので追い払ってしまう。それでも宮の中に入るのを否めぬ。京の外回りの門で追い払う。それが防ぎきれぬと考え、今度は逆にあちらをして正体を披瀝して、服従を誓わせると積極的になる。めでたい時にますます忠勤抜きん出ることを誓いに来るというふうに変わってくる。

祝福

これは貴族の神々。やってきて防がれ、追われ、のちに降伏してゆく。祝福してゆく。慶賀してゆく形式だ。個人の家庭だと結婚が行われると、あちこちから祝言を述べる団体が出てきて、めでたいことばを述べて帰る。その中、素性のわかった村々から来る。もとは北方の神が来るという形において来たのだ。その祝福の前は、動揺につけ込んで見に来る連中だった。だからそういう連中が宮廷に来ると、宮廷ではそういうものに祝福させるという方法をとっていた。その祝福させることは、もとは服従を誓う形で、それは相手の健康を祈ること。それは自分らの持っている健康の威力を捧げる。自分らの間に伝わっている鎮魂の術を行なって祝福してゆく形だ。

家々において特殊な鎮魂法を行なっているので、近回りに来て行なって帰る。それがだからいろいろの祝福団体の起こる理由になる。

日本の国には今にいたるまで家々を祝福に来る乞食がある。それをこじきと同義に「ほいと」という語を使っている。方言として全国的だ。ホギビトのことで、それが「ほいと」となった。だから日本人の持っているのがアイヌまで入り、アイヌも「ホイト」。仏教は「ホイト」は陪堂だと説明する。こじつけだ。広い意味の乞食になるが、厳格には祝福のことばを述べるものだ。必ずあるしまには町も田舎も祝福する賤民がやって来る。ホギビトは古く正確にはホガヒビトとも言っている。見物に来た者をあべこべに芸をさして、逆に言わせる方法をとっている。日本の芸能の発達の一つの理由としてはそういうことが考えられる。

神あそびと参加する神

神あそびの中にはいろいろの種類があって、普通のはいっとう古い鎮魂祭の時の神あそび。ところが神あそびの行われる前後に宮廷の中にいる古い神、外にいる神々がやはり宮廷の祭りに参加しよう、覗きにこようとして出てくる。そのわかりやすい形が、薗の神、韓神の神だ。薗の神、韓神が参加するのはのちに発達する。神あそびの中の一種の神楽ではっきり見える。神楽の中に「薗韓神」という曲がある。どれをとっても同じだからその韓神をどけた宮廷へ入る経路を言う。

神あそびが、鎮魂祭のそれ以外にいろいろあって、京の宮廷にやって来て、それを行なって帰ってしまう。その中優勢なもので幸福にも宮廷の中に入るものがある。仏を持たぬ神あそびがたくさん来るが、あるものは宮廷に入って用いられる。ほんとうはおもしろいから行われたようなものだが、信仰から言うとたくさんの競争の中それだけが成功して宮廷に入り込んだのだ。

男山

京付近の神として歴史は古くないが、京の都の出来ぬ頃、天平頃、西から上ってきて鎮座したのが山城の男山の社だ。非常なはやり神で勢いをもって来た。新しく来た神の色彩をなくしたが、神としての勢力が強かった。男山の社の神の威勢をもって入ったことになるが、そちらから言うと男山石清水の社に仕えていた神楽（神あそび）が宮廷に入る機会を得た。これがいわゆる神楽だ。

北御門の神楽

その他、神楽の古い本を見るといろいろある。たとえば、気比の神楽、あるいは北御門の神楽も書いてある。おそらくこれは越前敦賀の気比の神宮の神楽だろう。北御門は、これは外宮の北の御門が名高い。外宮の神楽だというが北御門はどこにもある。ただあちこちで門の名がついている。外宮は古いので方角で言っているだけのことだ。北御門はどこにもある。後世なら開けずの門だ。これが宮廷にも偉鑒門《イカンモン》と言う。これが宮廷の北御門だ。おそらくよくわからぬが、北の方角、北の国にあった神が出て来て、北御門で奏する神楽だ。気比の神宮からのがやって来ておったのだ。

神楽は鎮魂祭ののちに行われる。神楽は北御門のものだ。形式から見ると神楽の中味を分解してみると、石清水の神楽だろうという推測が深まる。ちょっとみるとわからぬ。ところがどういう風にして宮廷へ入ってきたか、はっきり説明出来ぬが、ある点宮廷のしきたりをやぶり、譲歩したのだ。石清水の信仰が勝利を得たのだ。

が、神楽が現れるのにはその前に代わるものがあるのだ。おそらく琴歌神宴が行われていた。琴歌神宴と言われていたものがだんだん神楽に変わって、落ちついてくる。神楽のもとのかたちでもあり、神楽そのものでもある。神楽は外から来たものが宮廷の庭で天皇が陰にいて代わりに身分の高い人がこれを受けて見ている。その庭前で行うものだ。神楽の主体は人長である。近代まで伝わっている宮廷の神楽では人長のみが活躍している。琴、笛ははっきりしているが、その他の役員はわからぬ。

人長ととりもの

輪をこしらえたものを榊の枝につけて持ってくる。公家装束をしていて、武官の服装でそれに下の方は旅姿だ。今のわらじ、糸鞋《しがい》を履いている。旅人の姿だ。昔から厳重に行なっていた。昔においても人長は少なくとも神楽の主要な部分であり、同時に神楽の初めに行う採物の曲は人長が奏する。その採物はだいたい鎮魂祭の時の採物とほとんど同じである。（両方が歩み寄ったのか、神楽が鎮魂祭を模倣したのか。）人長が舞うのに一曲ごとに手に持つものが変わってくる。杖を持ってくると杖の歌を歌う。ひさごの歌の時はひさごを持ってくる。（ひしゃく、手はつくまい、古いひしゃく、ひさごをどう割ったか。ひしゃくはひさごが変わったのだ。）葛を手にとって、舞う時は葛の歌。採物の舞と歌とは付かず離れず。採物に関係あっても舞には関係ない。歌を歌っておれば歌の意味はどうでも、歌を歌っていると神楽の演奏をしている目的は達せられる。だから歌に別にこれを奏するからこれが現れるというしつこい内容は持たぬ。だんだんその目的も持つが、たいていよそ事だ。ひょうたんを持ってくる。水を汲むことに関連したマジックだから歌もマジックとなる。

〔大原や　せがゐの清水　ひさごもて　鶏は鳴くとも　遊ぶ瀬を汲め　遊ぶ瀬を汲め

我が門の　板井の清水　里遠み　人し汲まねば　水さびにけり　水さびにけり（第五句み草生ひにけり

〈古今・神楽和琴秘譜〉）〕

この歌を歌っても効果はあるまい。年深みで年数がたつというその連想をして祝いになるのか。[1]古くからあるが、人が汲まぬので水草が生えていると、讃美にも聞こえてくる。そういう種類のものを歌う。ごく即興的である。同時に目的をはっきりなしてないので、歌は手順だけのものだ。手順となってくる理由はもう一つある。神事であり、人が舞うので神に申し上げるのだと思うが、外から入ったものが勝手もとみたいなところで舞う。天子も宮廷の代表者も見聞きしている。そのかたちは神に奏しているのではない。

神楽が鎮魂祭と同じなら、人の持つべき魂をつけに来るので、神に聞かせるものではない。むしろ神が出て来て尊い人に霊魂をつける式だ。つまり、宮廷以外の神が出て来て、自分らの村里に属している威力ある霊魂を天子の身に入れに来る。それが服従しに来る。それが騒ぎを見物に来る目的にもかなう。ともかくそうして引き上げる。舞う方が神だ。神道の信仰では神自身は根本的に活動せぬ。人が代理に神の意志通りに活動する。それを考えるとあるとき神の代理になっている。宮廷へ神の代理に人が来る。つまり神が入る。特殊のもの以外は神を讃美しているものはない。それは不思議ではない。自分のことを讃美するわけがないのだ。だが日本の神道では祭りに類似したことをすると逆だ。対象が人で、術を行うのが神。だから歌に、目的に関係しない歌を歌うのも、神に関係ない、神をほめるのでもない歌を歌っている。つまり、われわれの考えとかなり違うのだ。宮廷の十一月の夜、琴歌神宴の催しのところへ、神に仮装した、神の代理に「こと」を行う男山の神人が出て来て、決まった祝福をして帰るわけだ。

宮廷は日本の雑多のデモン、スピリットより上で、ねぎらったり酒も飲ませたりする。それが飲んで酔うとますますいろいろのことをする。それで神事に関連したレパートリが増えてくる。神楽歌を標準にして、何の曲というか、曲が増えるのはレパートリの増えたことを意味している。廃曲もあるが、新しいのも作ってくる。それでなぜ男山に関係があるか。神楽の伝本によって歌の数も出入りがある。薗韓神が一カ所ある本と、ことごとくそのふりのついているものとある。一度出てくるのと数度出てくるのとある。薗韓神祭は冬に行われるくらいで屋敷神として祀っている。

神楽では同じく割り込んでいるので、もう一つ薗韓神のはっきりわかる例を引くと、猿楽のお能、能楽というものは、能の曲を行なっているものの間に割り込みが出てくる。橋掛りから出たり、飛び入りがある。今は厳重でそれさえしち難しいが風流《ふりう》というすべて仮装のみなりを言うらしい。練ってゆくことまで言う。仮装した姿が風流だ。仮装したデモン、スピリットのことだろう。支那に伝わる仙人とか、めでたいものに仮装して鶴や亀に仮装して、一方橋掛りから出て自分の芸をして帰っていく。行われていくうちに出てきてしたいことをして帰る。それが芸の主部にも割り込むことになる。それが風流だ。これが発達してきてお能のレパートリが増える。ある曲の主部が行われている時、思いつきで出てくる。時には見物席からも出てくる。飛び入りが出てくる。昔の人はおもしろかったのだ。見ていても見なくてもわかっているものだから。まじりものが飛び込んできて、当然あるべきことに思われて、飛び込んだ部分を独立さして、一つの曲を立てる。お能の上では重要なことだ。そんなことが芸能の上にはある。

薗韓神の曲もつまりそれだ。『源氏物語』若菜に、源氏が願ほどきをしているが、最後の大願が遂げられた時に詣る。非常な威勢だから力を尽くして住吉の神を喜ばす。その時神楽が行われる。その中に一カ所神楽に対する貴重な材料が出ている。神楽面《かぐらおもて》だ。

〔酔ひすぎにたる神楽おもてどもの、おのが顔をば知らで、おもしろきことに心はしみて、庭燎も影しめりたるに、なほ「万歳万歳」と榊葉をとり返しつつ、祝ひきこゆる御世の末、思ひやるぞいとどしきや。(『源氏物語』若菜下)〕

今では(近代のものは里神楽では面かぶるが)お能も面をかぶるが、昔の古い神楽がおそらく面をかぶったということが思われるが、証拠がない。ところが神楽面《かぐらおもて》を着た人が酔って狂って舞っている。白くなって枯れたカラオギを持って舞い狂うことを書いてある。(2) その時に神楽面が出ている。神楽男の間違いとも言うが、どうも神楽面らしい。しかし同時に神楽の各曲に出てくる役者がすべて面をかぶることではない。人長の舞を務める人長はおそらくかぶるまい。源氏の若菜の住吉の神楽の描写を見ると枯れ荻をかざす所を見ると、薗韓神の曲らしい。つまり神楽によっては一カ所しか出てこぬが、古いところではしつこいほど出てきて神楽の主な演奏の邪魔にもなり、花も添える。そんなものが行われて、神楽に参加しようという欲望を表現して、何度も出るが主要な演奏にはならぬ。そういうものの中に、薗韓神がある。おそらくその曲は折しも石清水の神楽に、初めて入ったのでなく、すでにある。

大和のうちは関係ないが京に移ってのち、鎮魂祭の唐《とう》ものの舞の中に割り込み、それが神楽にも入ったのだ。石清水のものを作り、そのままではない。入ってきたのを宮廷ふうに整理して、これを重要視してきた。それには鎮魂祭の舞踊に代わるだけの素質を持ってこねばならぬ。鎮魂祭の神あそびの持っている重要な要素は、神楽が入ってのちに備えてきたのだ。おそらく薗韓神も神あそびにすでにあった、そのかたちを神楽が模倣して、同様な方へ参加を認めた。神楽の方が割り込んできた。その中にまた割り込みがあるというかたちだ。

編者注

（1）『万葉集』巻三・378山部赤人「古の古き堤は年深み池の渚に水草生ひにけり」の歌に「年深み」「水草生ひにけり」の句がある。

（2）住吉詣の折りの東遊、求子の舞の終わろうとするところで「いと白く枯れたる荻を高やかにかざしてただ一かへり舞ひて入りぬる」とあるが、神楽面の場面とは異なる。

六　ものぐるい

（昭和二十三年六月十五日）

物狂いの話。

物狂いとは、鎮魂の信仰の一つの進歩した形だ。霊魂が身体に入れられると、その人が霊魂の威力だけを発揮する。それによって、霊魂も育ち、肉体も育つ。そして大きい威力を発揮する。その信仰が転化したと見えて、霊魂さえ入れば誰も威力を持てると思った。しかし昔は受け入れる肉体を予想しているので、誰の身体にも入るのではない。たとえば、天皇霊は天皇となりうる資格の人でなくては入らぬ。それで天皇霊の入る肉体は条件が決まっている。ところが、霊魂信仰が発達してくると、特定の肉体を問題とせず、霊魂が入るという信仰が育ってくる。これにも制限がある。信仰に関係のない身体に入れてみたって始まらぬ。だいたいにおいて、以前の威力のある肉体が窮屈でなくなってきた。霊魂が入ると肉体が適当に結びついて、内的な力として、性格的に霊魂の力が発揮する。それの変わった形では、肉体の中の霊魂の、異常な力を発揮して、それが去ってゆく。霊魂の、肉体の中にとどまっている時間が短い。

霊魂が日本の国で、神と考えられてくる。かつて、タマと言っていた霊的のものも神と言ってくる。たとえば、「くにたま」、のちには国魂神というふうになる。霊魂が入ることは知っているが、同時に神が入るとも考える。この状態は人々、地方により統一はしてなかった。霊魂として入って、一時的に霊魂の力を発揮する他に、神が人の中に入って、肉体を神にする。それが去ると平生の生活にかえる。それが神がかりということばになる。たまがかりとは言わぬ。神がかりの状態は、われわれが想像しようと思うと、想像しにくい。霊魂となって入るのか、神となって入るのか。ことばからは神だが、神の霊魂が入ると考えた方が考えやすい。神がかりということは、どんな状態で身体へ入っていっているか。神が人間の身に入る時、中間になっている肉体がどんな形で変わっていってるかというと、はっきりしていない。しかし、この前にもすでに言ったように、神ばかりか人間の霊魂も、人の身体へ入って、神がかりして、神がものを言うように、人の霊魂が他の人の身に入ってものを言うわけだ。神がかりと同じことだ。神がかりの一つの変わった現れ方だ。

ところが簡単に言うとそうだが、人間の霊魂が他の人間の肉体に入った状態は、近代のわれわれの考えている、憑き物のしている、ものの憑いている形とは違う（憑き物）。仲介者を立てて、仲介者へ一端《ぱし》ある人の身に付いているものを引き分けて移さねば、霊魂がものを言わぬ。不思議なことは、霊魂の入っている身体でも、霊魂を取り分けるのでも、両方に霊魂が憑くので、取り分けても同じだが、にもかかわらず霊魂が、ものを言わそうとする時、引き放《はな》して別の身体に移さねばものを言わぬ。

すると、Aという人の霊魂がBに憑いたとすると、Cの方に移さぬと、そのAという霊魂が言うことばを聞くことが出来ぬ。ということは、Bという身体は霊魂と肉体の関係が緊密で、別個に働かぬ。それで取り分けてCに移す。この考えはなぜ起こるか。古い信仰の状態だ。Aの肉体よりBに移ると、この形はBCの対立として考えた方がいい。昔の信仰では霊魂がどこかにある。これを霊魂として働かせるには、どこかへ移す。ある状態がBだと、力を発揮さすにはCに入らねばならぬ。霊魂が霊魂として働かぬ状態がBで、Cに移さぬと霊魂として作用を起こさぬ。この考えが当たり前だ。これを人間の霊魂が人に憑いた時を考えてみると、Bに憑いている霊魂というものがものを言ったりするのはCへ移さぬと働かぬということだ。われわれはそれがAから来たということを仮に想像しているのだ。昔の人も知っている。物の怪が憑く。Aの霊魂が恨んでBへ憑いた。知っているが正すためにCの肉体へ移し分けて言わせる。Aを考えねば問題は単純だ。つまり神がかりする人間、あるいは霊魂を移すところのよりまし、尸童の身体に霊魂を移すことは、もとの形はそこにある。

それはこう説明せぬと順序がわからぬ。おそらく憑く場合に、神あるいはデモンの霊魂が人の身に入るという状態を考えていた。その状態も幸福な力が発揮する状態だったのが、悪い場合を考えて、憑いてはいけないものが憑く。それが変わって、人間の霊魂を考えている。昔は善も悪もないが、ともかく人間が交渉生じぬ方がいい、霊魂を使いつけている人にはいいが、馴染みのない人には害するという霊魂が多かった。人にとって、善悪の性格のはっきりせぬ霊魂が多かった。それが「もの」(たまは人にとって幸福)は、ある人にはいいが、ある人に悪い、あるいはある時はいいがある時は悪い。そういう決まらぬ性質の霊魂のこと。その一種として人間の霊魂が考えられた。

死んだ人の霊魂。この考えは古くからある。日本の信仰の歴史ではどこまで上れるかわからぬ。それから生きている人の霊魂。(内在している霊魂が出入りすると思っているからその点、死、生の人のものも同じ。価値は違うが。)目に見えぬ霊魂だが、霊魂の意志を考えていて、その霊魂が恨みを構えるというと、その人の肉体に入ってゆく。悪い霊魂が入ると悩む。病気になる。悩ませることを予期して入ってゆく。それで常住不断おるのではなく、周期的に出たり入ったりする。

そういう状態は生きた霊魂の中にも考えられる。人間の霊魂は生きているうちにも出入りしている。霊魂が病的になる時はしじゅう遊離する。あるいは怒りの状態になる時は霊魂が遊離して外へ出る。これが恨みを構えている人の身に入る。そう簡単に入らぬので、「たまのゆきあひ」「みちゆきふり」、入る方の霊魂も出ていって、誘って連れてくる。「たましひ」の霊魂は恐かった。「たましひ」同士で妥協して連れてくる。遊離は恐いのだ。猫が出ていってどぶへはまってくるのと似たような考えだ。身体に死んだ人の霊魂、生霊(生きすだま。すだまはある種の悪い精霊)。それで入りやすい。

人の身に入ると昔の霊魂の考え方になって、その霊魂が発達してくる。身の中で働き始め、周期的に育ってくる。活発になってくると、中に入ってきた霊魂としての力を発揮する。すると人格が変わってくる。その霊魂が力をば周期的に衰えさしている時は平生のその人だ。あやしい、生霊が憑いているということは、その社会の人が判断する。マジックを行なって判断する宗教家がいるので判断する。

ものの憑いている病気だったら「物の怪《け》」（かっけが足の怪。胸の怪（心臓、肺病）。物の怪、怨霊、霊魂の病気のこと。この場合は、「もの」は人間の霊魂。普通は霊魂そのものを言う）。病気のもとになる怨霊を物の怪。物の怪のもとの「もの」を平安朝以後「もののけ」。平安朝は初めから、物の怪の信仰が行われた。霊魂に対する信仰が変化してきて、奈良朝から物の怪信仰が盛んになった。

藤原という大きい家あるいは宮廷が人を不幸にした霊がたくさんある。その不幸に陥った人の霊は恨むことは同じなので、その怨霊が憑くことが行われた。最初怨霊のつきかたは古風な京都の都民に病気を流行らせ、田んぼに虫をつくことなどした。それが人の身体に入ることが流行してきた。奈良朝末から平安朝の初めへかけて、そのかたちが急速に進行してきた。京都の市民を悩ませることでは、御霊の社が京都に出来た。これは宮廷藤原に関係深い怨霊だ。多くはいけないことのために死んだ人だ。それが御霊の社に祀られた。京の都民を困らすのみでなく、当の相手の身体に入る信仰がはやった。この信仰はまだ日本人に残っている。

平安朝は系図関係をよく怨霊が知っていて、系図的に祟る。たいてい死霊のもののけだ。生霊のもののけが頻繁に行われるようになった。死霊生霊の所属性は同じようだったのだろう。霊魂を身体から分けてみる。霊魂を祈り出す。坊さんなどはどの家にはどの霊魂が祟るか知っているので簡単だ。それはもともと社会病でその人々が信じねばなくなる。浮いたようなもので、その社会で祈ると退散したり、力を増したりする。ともかく加持祈禱をして、（坊さんなら）修法といって怨霊を退散させるのを行う。よりましを設けて、それに病人の身体から霊魂を移す。戸童の身は、霊魂が一時的に持った肉体と同じで、その身体では霊魂は育たぬ。強力の霊魂は肉体を持ち得ぬ限り、出ないと信じているが、その肉体の中では育たぬ。それでかけ合いやすい。これを祈り伏せるといろいろのことを言って自分が憑いている理由を述べて、退くまいとする。これを祈り伏せて退散させる。一時的生霊の他、怨霊は退散し切らぬ。宮廷でも怨霊は持っていた。死霊は退散させてもまた憑いてくる。生霊は退散させればいいのだ。生霊である人が死ぬと、死霊としても根深いので、死んだ霊の憑く時と生きたのが憑くのと、生きているうちから憑き、死んでも憑くのといろいろある。生霊死霊、もののけは、芸能には大して関係がないが、もののけが尸童に憑くのと、神霊が憑くのは状態が似ているので、わかりやすく、もののけを取ってきたのだ。

もう一つ大事なことはよりましの身に移した霊魂はいくらでもものを言う。ひとり語りといって、独りでしゃべっていろいろなことを語るわけだ。それともう一つ、よりましというものが、ものを語る前には霊魂が移されるとはね回り狂いまわるのだ。いつでも芸能の最初に近い形に返る。よりましが最初に近い形を示すことになる。信仰上単純なよりましでも、大昔と平安朝とは変わっている。大昔はよりましはなかったかも知れぬ。ともかくある点まで、一種の精神病に陥るものが、これは時代時代の精神病、これは大昔ということははっきりしていない、だいたい精神病として古い狂いの状態を示すのだ。

それに進歩もあろうが、やはり初めに近い形を見せるのだ。よりましについての考えは、芸能の歴史を見るためには必要だ。よりましは、しかもいつでもほんとうの精神異常の時神憑きを行うかというとそうのみではなく、知っていることもある。おそらく神憑きの状態に入るまでの前提は知っていてしている。それからだんだん入る。それから完全に精神異常に入って、薄らいで、平生になる。これはみなくり返しをしている。無意識の状態に立ち到っても続いている。

場合によっては、日により恍惚になるかも知れぬが日により恍惚にならぬときもある。するとこれは記憶通りにいつものことをしている。いつも恍惚の状態には入らぬ。が、することは大して違わぬ。うまく精神異常に陥るとうまく出来るが、型通りのことは記憶しているわけだ。神憑きになった人は、お互い似ないので――日により出来のいい時――神のうまく憑く時がある。神が憑かなくてもいつもの通りしている。しても神が憑かず、しまいまで散文的のこともある。神が憑いてこなくても、決まった形はあるのだ。だから、精神異常に陥ってするのはたいてい型通りだ。記憶によって行われている。だからお能で「おんくるひ候へ」という。おかしな話だ。不思議だがおかしくない。くるふということは、神事の恍惚状態に陥った時の約束的の動作で、神が憑かなくても出来るのだ。見ているとおもしろいので、注文も出来るのだった。くり返しくり返しされると洗練されて型が出来、鑑賞に堪えるだけのものになる。見て楽しむ。色情狂など見せてほしくないが、同じ精神異常でもくるひは同じ舞いぶりのくり返しで、異常の時、動作をシンメトリーにくり返す、あるいは緩急のくり返し、それがくり返されてみなに記憶せられている。いつも神憑きの人が呼ばれると社の前で決まった動作をくり返し、そのうちに神憑きの状態に陥る。それで宗教的技術者の問いに答えて、ものを言うという。くるひはわれわれの言う本当の狂いの前提だ。「ものぐるひ」はわれわれの精神異常に陥る前提だ。してくれと言うと、「はい」と言って出来るのだ。

その神社々々にはそういう神の憑く女あるいは男がいたのだ。それを神社では「よりまし」と言わぬ。もののけの祈禱の時は言うが、神社では「巫女」と言う。範囲は広い。巫女のうち神憑きの動作をするものがいた。男の「覡《カムナギ》」も場合によりする。だが平安朝の末に、民謡を集めた『梁塵秘抄』の中にこういう今様がある。

　東には女はなきか　男巫《をとこみこ》　さればや神の　男には憑く

という今様は、だいたい日本の主要な地方、上方の京付近では、巫《みこ》は女だったのに、神憑きのする巫は女なのに、東には巫女《おんなみこ》がいぬ。女がいないのだ。神も男に憑くのだ。東で男巫の行われたことがわかる。信仰は地方で異同がある。

あるいはこの今様は他のことを言っているのかも知れぬ。巫に神が憑く。その巫には原則としては女だが、地方により男を巫として女を憑かせることもあったことがわかる。巫女の動作では神が憑くのは、「くるふ」のは前提で、巫女から言うと神の憑くことを催促する部分が多い。もとは神が憑いて狂うのだ。のちは神の憑くことを迎えて狂う。やんで倒れて、神のことを言い出す。神憑きは神の物語が主要部分になる。だがのちは、「くるひ」の方がおもしろい。くり返しくり返ししているので、技術がくり返し、反覆して形が出来、芸術に近づく。一種の舞だ。社における舞踊が、これで出来てくる。大きな部分がそこへ出来てくる。

ところが、その他に神の語る方がどうなってゆくか。これは存外後世に残っていない。社へ行っても巫女が神の物語をすることが残らぬ。語りの部分は早く神社を離れていった。芸能として、広い世の中で、鑑賞せられていった。つまり舞踊は簡単だが、舞踊を行う場所を考えねばならぬのに、語る方は今行ってすぐ人の軒でも出来る。語りの方が簡単だ。昔の舞踊はただ舞うだけでなく、そばにいて囃さねばならぬ。歌を歌って、楽器を鳴らす。人数《ひとかず》もいる。ところが語りの方は簡単にいける。そういうことが多く働いて、語りは早く神社を離れていった。それとともに、語りが神社に付属した芸にならぬ理由があった。神社特有の物語は神社に残らぬ。関係深い舞はする。それが何か理由がある。

それはおそらく「物狂ひ」の語る物語が一定しなかった。ある型をもたなかった。テキストを持つまでに到らぬことが多いということだ。もう一つは、この「物狂ひ」と物語の中間物が発達したという原因が大きい原因になっていると思う。舞で物語の性質を持ったものが行われてきて、物語の部分まで舞ってしまう芸能が起こってきた。たとえば、時代が下るが、鎌倉中心として考えるとよい。室町で栄えたものに田楽、猿楽がある。この二つは、舞が主だが、その間に語りの要素を十分持っていた。物語を地として物語の意味を舞うというところがこういう田楽、猿楽の主要な部分だ。その部分が、能というのだ。物語の要素を舞うというところだ。これらと発生の時代がほぼ並行しているものに、幸若舞がある。これは物語が主で、舞はわずかに舞う。その舞は物語を表現する舞ではない。舞は固定している。一種のマジック的舞だ。物語とは内容的に交渉なしに歌う人と舞う人があって、時に舞う人自身も舞い語っている。舞と語りというものが、両立している点では同じことだ。幸若の方では、ほとんど興奮がないもので、まず田楽、猿楽の能から言うのが順序だ。日本の能は今日わからぬ。猿楽の能は今日盛んという以上に盛んだ。あの能はあれだけの番組があり、その中の大部分が、何らかの意味で、神および神憑きの動作を示しているということは不思議なようだが、同時に当たり前のことだ。日本の芸能の歴史の過程というものをはっきり残している。同時にあれほど残すべきなのかと思われるほどはっきり残している。ことに「かづらもの」と言って、主として女が主人公になっている能は、ほぼ疑いなく巫女の舞をば中心にして発達しているものだということが言える。巫女の舞に昔物語の筋を取って出来てきた。戯曲を舞っているのだというふうにも言える。

七　つきもの

（昭和二十三年六月二十二日）

人間に霊魂の憑くということに、歴史がある。その適切な例証として、「つきもの」における話で説明がつく。「顕神明之憑談」、天鈿女の神あそびの所に出てくる。覆槽《うけ》を伏せて、シンメイノヒョウダンヲアラハスと書いてある。神の憑く、寄りかかって言うところの物語を顕わした。これを「かみがかりす」と読んでいる。そう読んでもいい。もう一つ、「神明之憑談」の文字が、古来神自身がものを言う、というふうに感ぜられてくる。それで疑問になる言葉だ。神が、他のものの身体を借りて、それがものを言うことらしい。しかもその上に「顕」が書いてある。その意味がはっきりせぬが、「あらはす」というのだから、神自身が自分の口で物語りしたのだ。「あらはす」がある以上、他のものがしているわけだ。世の中に通じるように、ある方法でした、ということだ。わかる状態にして示したということだ。ともかく「顕神明之憑談」は、のちに言う、神自身がものを言うということにはならぬ。事実において、鈿女命が酒船の上で舞踊したが、ものは言ってない。

ところがもう一つ、古いところに、神がかりの似た例がある。神功皇后が、三韓征伐の前に神がかりした話がある。武内宿禰というものが琴を弾き、中臣の烏賊津臣《いかつおみ》というものが審神者《さには》となり、高繒《たかはた》をもって取り囲んだ。はっきり書かぬのは、神功の姿が書いてない。わかるから書いてない。高繒で身を囲んで神を奏す役に武内宿禰がなり、神の言われる言葉を翻訳したのが審神者だ。そういうことで伝わっている。神の言葉を判断して、この世の中の言葉にするのは、烏賊津臣がした。日本紀に詳しくその時の神のことばが出ている。いちいち古代の律文に近いものになっている。神が出てくるごとにものを言う。言ったことばがずっと出ている。すると事情を知らぬと、ことばは神の霊魂の憑いた人がそのまま言ったようにみえる。だけれども、これはそれなら審神者は要らぬ。神の言葉を言ったのを審神者が翻訳して人に聞かせる。その翻訳の言葉がこういう形だったと伝えているのが、律文的文章である。神の言ったことばを翻訳する時、律語を用いて翻訳したのだ。

「幡荻穂《はだずすき》にでし吾や、尾田《をだ》の吾田節《あがたふし》の淡郡《あはのこほり》に居《ま》す神有り」とのたまふ。（神功皇后摂政前紀）

云々、いろいろそういう言葉で伝えられている。いろいろの神が出て来てものを言わせる。神がかりする本人に、神功皇后がなっていられる。国を治めている主は、自分に近い近親の女の人、姉妹、女の人が神から受けることばを、ことばどおり実現するのが君で、女が最高の巫女になる。時には巫女が天皇の后であることもあった。天子の女兄弟であるばかりでなく、后のこともある。神功はその適切な例だ。神がかりすると言っても、今のとだいぶ違う。言ってもそのことばがわれわれに通じない。訳することばも律文的文章になっている。簡単に、大昔から近代に到るまでの信仰を、一つにしているわけにはいかぬ。

中世はどうか。やはり古代との間に時間がたっているし、他の民族の持っていた宗教が入り込んでいる。仏教、陰陽道が、有力なものが入っているので、そのままでいるわけはない。古代から中世は、変化が甚だしかったのだ。幸か不幸か、われわれの時代から、日本の宗教状態と考えていることが中世の状態で、わりあいに平穏な信仰が続けられている。だから古代の信仰研究の時は用心がいるが、中世はわりと楽で、案じなくても取り上げて研究出来る。古代の日本の宗教状態と、中世以後の猿楽の台本に出てくる信仰状態と、ほとんど同じだ。古代のことを詳しく考えなくても、中世以後はあまり動かぬから、謡曲に出てくるのはわりに考えやすい。能の信仰状態は、わりに楽に考えられる。「物狂い」は謡の上に、能の上に、そのまま表現せられている。この物狂い以上に古い状態は、古代のもので研究してからでないと言えぬ。謡や能の物狂いは研究が済んでいる。古代の信仰として研究が済んでいるものを、謡や能に当てはめていっていい。

平凡なものからしてみよう。

男「いかに船頭どの舟に乗らうずるにて候」　ワキ「中々の事召され候へ、先々御出候後の、けしからず物騒に候は何事にて候ぞ」　男「さむ候都より女物狂の下候が、是非もなく面白う狂ひ候を見候よ」　ワキ「さ様に候はば暫く舟を留めて、かの物狂を待たうずるにて候」（謡曲「隅田川」）

ワキが「あなたの来た辺がどさくさしているのは何ですか」と問うと、男が、女物狂いを、芸能を見ているようなことを言っている。「是非もなく、面白う狂ひ候を見候よ」と、ここで芸能としての物狂いを見るのと同じ態度だから、物狂いという言葉によって、芸能と病とが混同して感じられていることがわかる。物狂いという芸を、人間から見ようとしている注文だ。

女「なふなふわれをも船に乗せて給候へ」　ワキ「おことは何くよりいづかたへ下る人ぞ」　女「是は都より人を尋ねて下る者にて候」　ワキ「都の人と言ひ狂人といひ、面白う狂ふて見せ候へ、狂はずは此舟には乗せまじひぞとよ」　女「うたてやな隅田川の渡し守ならば、日も暮れぬ舟に乗れとこそ承るべけれ　かたのごとくも都の者を、舟に乗るなと承るは、隅田川の渡し守とも、覚えぬ事なのたまひそよ」

「狂はずは」この舟に乗せぬ。芸能的狂いをしてみなくては、という注文を出している。「うたてやな」『伊勢物語』に拠って、狂女がえらいことを言っている。本当の物狂いを書くなら、こんなことは言わせられぬ。二重に物狂いを扱っているので、こんなことも言わせるのだ。謡を作る人は文章も類型だが、知識は低いので隅田川と言えば業平ばかしだ。

空漠とした舞台にいろいろ見えてくるように表現せられていて、狂人が問題になっていない。向こう岸の柳の木の大念仏。拐《かどわ》かしてきた子がここで死んだ。都の人の通る所に埋めた標に、柳を植えてくる。こういう物語がある。子どもの亡霊が現れて狂う。梅若の亡霊だ。狂女だけが念仏を唱えた。

不思議なことは、狂女に対して、亡霊が現れて来ている。日本の昔の宗教の約束を、そのまま表している。塚の作り物が据えられる。それから現れてくる。普通は狂女が出て狂うだけだが、狂女以外にもう一つ霊的なものがある。作り物の中から出現する。お能では、作り物がいろいろある。塚、庵、車、車出シ。作り物は、霊的なものがその中に入っているということを意味している。時が熟すと霊的のものが現れて、成熟した姿で威力を発揮する。神道の儀礼の約束が、能の舞台には作り物になって現れる。威力のあるものが威力を身に備えるまでは、日光にも触れずこもってぢっとしている。威力が備わると、その中から出て来て神になる。普通は神を作るためにそういう形はせず、神事にあずかる人たちが完全に資格を得るまで籠っている。

神楽を務める人は、山のようなものの中に入る。資格が備わると出てくる。そういうものを、能では作り物と言い、舞台の中に出す。その中にこもっているものは威力ある神、妖怪、幽霊だ。ところが今の場合は、そこから幽霊が出たと、合理的歩みをつけている。出てきたものと狂人と幽霊との比較。二人問答する。これを形式に照らすと、神霊が現れて来て、巫女に憑く。巫女が狂乱状態になる。逆に言うとわかる。神霊に出会い、巫女が狂乱状態になる。「隅田川」の平凡な舞台の上に、憑きものと憑かれるものとの対立が表れている。

もっとこの関係が宗教の様式に近いもの、その露骨な例が「二人静」[1]である。ワキが吉野勝手神社の神主、ツレは菜摘の女、その女に静の霊が憑くが、不思議な形で表されている。

静御前がそこに出て来ている。これは自分と同じものだから……。これから亡霊と亡霊の憑いている女とが舞台で相舞になる。身の中に亡霊が憑いているのをするのか、物狂いの舞なのに——。

ここで二人が実は魂で、一つは肉体菜摘の女に憑いている霊魂が静にあっておこっているのだ。

地謡「科ありけるかと、身をうらむるばかりなり」（シテ・ツレ、シオリ）

このあたり、二人合唱している形。吉野山、都のあった天武天皇の頃の物語をする。いろいろ故事をひいて、□、二人とも入ってしまう。

いろいろの舞をするために出てくるわけだ。相舞。立合。相舞は二人が同じ手で、立合はＡＢの対立で示す。

井筒　杜若

同じ条件ですること、あるいは敵と敵を討とうとするものが対立する。それが立合だ。二人で同じ場所で舞うのが当たり前だ。『二人静』のように、一人のすることを二人に分けてしている。一人は本体、一つは仮のもの。どっちが本物、どっちが嘘ということがない。うちわのものと真《まこと》のものとの区別はない。先に言った「隅田川」でもわかる。狂女がいて舞う。もう一つ、狂女に憑くはずのものが現れて来ている。梅若とは□女との対立。

ところがそう二つに分けないで、一つのものの中に二つを対立さしている。当然分けるべきものが、お能に常に動いている。一つに合体して、憑物《つきもの》したので狂うのは当たり前なのに、身の中に持ち主の心と憑物の心とが対立していた。同じ時間に二つのことをしようとして、交互に霊魂と霊魂に貸している肉体の持ち主の心理の表現をしている。

よくわかるのは、業平に関するものだ。「井筒」、「杜若」。男の業平と、業平の愛人との二つの心が、一つの形に表れてくる。

「井筒」はワキ諸国一見の僧が在原寺で業平とその妻のことを思い出している。そこへシテが出る。前シテは里の女。それに対して、ワキの僧が、「その在原の業平に　カヽル〽　いかさま故ある御身やらん」と問う。

女が物語をする。自分の素性を語る。

女〽「まことは我は恋衣、紀有常が娘とも、いさ白浪の龍田山、夜半に紛れて来たりたり」

後ジテの井筒姫、男の姿、長絹を着て武官の服装。移り舞。霊魂が寄って来った姿を舞うのだ。霊魂の移った舞ぶり。井筒姫と言われている業平の妻、姫の動作をしてみた。地は女で、姿は業平。猿楽能の特別の約束があって、こうして出る。歌舞伎だと女の姿で男のふりをする。それが本道。女であって業平を表現するなら、井筒姫で来て業平の動作を示す。お能はまず業平の姿で来て井筒姫の舞を舞ったりする。

お能は男姿をして女を表現することが多い。女の装束をしていることもあり、男の装束で出てくることもある。

結局猿楽の役者、田楽などの役者は、パトロンの家《うち》へ行くと装束をくれる。手を通さぬものを花にくれてやる。それを着て舞う。貴族、武家へ行くと装束をくれ、上へかけて舞う。たいてい上だけを着けて舞う。すると男装束を着て舞うので鬘物の女の主人公のものでも装束だけは男になる。男の姿でいて女の舞も舞う。だからそれが「井筒」だと、不思議な効果を表してくる。つまり女であるものが、ある時間だけ男の霊魂が乗り移って、また女になり、また男になる。その変わり目が、能は常の形は装束で表現せず、動作でし、憑物した異常な形に装束および動作をもって表現するので、憑物の方が□。姿は男であって、状態は女。男の性根を発揮する時は異常になっている。歌舞伎と違っているようで、異常な表現力を持っている。

これは井筒姫が生きているのかどうかわからぬ。井筒姫の亡霊が出ているが、井筒姫が生きていて……、そうは言っていない。そこの書き方は、書き分けてないが、両方とも死んでいて、歴史上のものとしてやっているに違いない。

似ているのが「杜若」だ。これになると、杜若の精霊が出てくる。これも旅の僧が出て来て、三河の八つ橋へ来た。シテが杜若の精霊。シテが話の中に割り込んでくる。

シテ（女）「いかに申すべきことの候」　ワキ「何事にて候ぞ」　女「見苦しく候へ共、わらはが庵にて一夜を御明かし候へ」　ワキ「あら嬉しや頓而《やがて》参り候べし」

ここで女が「物着《ものぎ》」をする。そこで「井筒」と同じように男姿で出てくる。冠・唐衣《からきぬ》とある。謡いの上だけ女装束に冠・唐衣だが、それは唐衣に合わしているだけで、実際は男装束だ。

女「これこそ此歌に詠まれたる唐衣、高子の后の御衣にて候へ、又此冠は業平の、豊の明りの五節の舞の冠なれば、形見の冠唐衣、身に添へ持て候也」

と理屈に合わせてある。装束は女の唐衣ではない。この女は誰か。愛人の高子にあてている。だから思いつきだ。女が言うのには、まことは杜若の精。杜若の精霊だという。いよいよややこしくなって、どれが誰の精霊かわからぬ。里の女に業平が憑くのならわかるが、そうでもない。杜若が現れて業平を表現する精霊が女で、業平が男という形だ。さらに女を説明して后を持って来て説明する。結局霊的なものをば、出してきている必要が能の約束の中にあるわけだ。しかも霊的なものは女性的だ。だから植物の精霊が蔓物には出て来る。

編者注

（1）このあと、講義では菜摘女に静の霊が憑くまでのいきさつを「二人静」の詞章を部分的に引きながら述べた様子がノートから窺えるが、この部分の筆記は池田・西村ノートともに不完全なため本書では割愛する。その補いとして、昭和二十五年にNHKラジオ「神道の時間」で放送された「神道芸能の話」（全集ノート編第六巻所収）の中で折口が説明した「二人静」の筋を以下に引いておく。「吉野の菜摘川で」ツレの菜摘の女が「菜を摘んでいると、前ジテの里の女、実は静御前の亡霊が現れて、ツレに私の言伝てをたのむといって姿を消す。そこでツレは社へいってワキの神主にその言伝てを語るうち、しだいに静の霊がのり移り、表情を恐ろしいものにする。そこで神主は、静の霊を弔おうと、霊の憑いたツレに舞いを所望し、ツレは社に奉納した静の舞衣を身につけて舞ううち、静の霊がいま一人の舞姫の姿となって、二人相舞に舞うという筋である。」

八　狂女、百万・山姥、かつらおび

（昭和二十三年六月二十九日）

「百万」が物狂いの一例だ。百万といわれる女が子に巡り合う、代表的物狂いだ。百万が子を失ったのは奈良だから、大和の人だ。子を拾った人が嵯峨の大念仏に子を連れて行く。そこへ百万が出てくる。狂女だが白拍子なので、音頭が悪い、自分が代ろうと言って出る。物狂いになる。狂女が車を引く。狂女は長絹《けん》を着て烏帽子、笹を持って出る。

シテ「これかや春の物狂」地謡「乱れ心か恋草の」シテ「力車に、七車」地謡「積むとも尽きじ」シテ「重くとも引けや、えいさらえいさと」

物狂いが狂いつつ自分の姿かたちを述べている。

女「げに百万が姿は」地「もとより長き黒髪を」女「荊棘《おどろ》のごとく乱して」地「古りたる烏帽子引かづき」女「また眉根黒き乱れ墨」云々

親子が名のりをする。狂女は子が母を思うて訪ねて来てくれぬと恨む。百万が子どもにあって帰るので終い。能には、狂女ものの外に、男の物狂いがある。その場合も子を失った男を仕組んだものが多い。狂女の物狂いのするもの。狂女ものは四番目物であるが、能の部類は正確ではない。三番目物の鬘物と混じやすい。直垂だから、それは男のものだ。女が着ることが度々ある。神あるいは神に近いものになる時、長絹をつける。その外にどんなものをつけるか。たいてい、水衣と言って、白い、薄い、水干に近いものを着る。たいてい巫女の系統のものと思われるものに多いようだ。それで物狂いのあるほどのものが長絹を着る。物狂いの中には水衣を着るものがあり、服装の上では物狂いも、鬘物も、共通しているものが多い。ただ、なぜ女が長絹を着るか。唐織の上に着ることもあり、前場のを脱いで着ることもある。必ずしも袴ははかずに着ることもある。

能は、今見ての如き、近代の武家の式楽としてもてはやされた歴史のみが続いていると思ったら間違いだ。特殊な悪い待遇を受けていた。芸能人あるいはその団体の習慣を十分持って育って来たものだ。どこかへ行って舞いに行く。パトロンの家からほうびとして装束が下される。すぐそれを着て舞う。その装束に適当な舞が選ばれる。時には装束をもらって即興的の筋立てで、脚色したものを舞うということにもなった。それで女の人のいる所へ行くと女の装束をもらうが、寺社をパトロンとしている芸能人は女の着物にあう場合は少ない。寺も、俗人に袈裟はやれぬので、俗人にやるものは用意している。男の装束をやる。貰ったものをその場で着て舞う。装束賜りの能が一つの儀礼として田楽にはある。これで見ても、もらった装束を着て舞う儀礼があったことがうかがわれる。この間申した、たとえば「杜若」あるいは「井筒」というものでも男装束をしながら女舞を舞う、ということが出来てくるわけだ。着るところの装束に制限をつけられているので、男装束をつけると男女が重なった舞を舞わねばならぬ。一方より見ると、巫女に神が憑くという形が男と女と合体した舞にあらわれているが、一方よりすると装束から制限を受けていると言える。

ところが今言った百万というものがはたして昔そういう狂人がいたので、死んだのか、あるいは百万という遊女の間で舞われたものが合理化して主人公を百万と名のらせたのか、あやしい。舞う舞があって発達してくる経路に主人公の名が百万となり、自分らの舞に歴史的背景をつけて来たとも考えられる。この謡で見ると、物狂いになる前は遊女であったことはわかる。大和の遊女の中に百万という遊女があったことは確かだ。

「山姥」を見ると、われわれには本当のが出てきて舞うのが主眼だが、付けたりは考えてないが、二人出すところに興味があって、一人は山姥という遊女、もう一人は山に住んでいる遊女。それが二人、一つの舞台に出てくることに興味を持った。今はほんとの山姥が舞って、遊女の山姥は閑却されている。ワキツレとしている。応待するのも遊女の山姥のトモかワキだ。そのため、「山姥」の根本の制作の動機が変化してしまっている。

今の「山姥」の順序を言うと、百魔《ひやくま》山姥という遊女が山姥の山めぐりする有様を曲舞《くせ》に仕組んで舞っている。舞ったり歌ったりするので、それで評判になっている。善光寺へ行くというワキの口上。北陸道を進んで行く。越後、越中の境川に着いて、山姥に出会うわけだ。ところがおもしろい計画で、山姥と百魔山姥との交渉が出てくるはずなのに、あまりない。

山姥の謡を歌って聞かせてくれ。宿を貸す前提として、日を暮れさしたのだと不思議なことを言う。(1)「私の主人を誰と思って聞きたいというのか。あの方は百魔山姥とて、隠れなき遊女」……文句がいいとほめる。

さて誠の山姥をばいかなるものとか知ろしめされて候ぞ　ワキ「山姥とは山に住む鬼女とこそ曲舞にも見えて候へ」　シテ「鬼女とは女の鬼とや、よし鬼なり共人なり共、山に住む女ならば、わらはが身の上にてはさぶらはずや」　カヽル〵　年比色には出せ給ふ、言の葉草の露ほども、御心にはかけ給はぬ、「恨み申しに来りたり。カヽル〵道を極め名を立てて、世上万徳の妙華を開く事、此一曲の故ならずや、然らばわらはが身をもとぶらひ、舞歌音楽の妙音の、声仏事をもなし給はば、などかわらはも輪廻を逃れ、帰性の善所に至らざらんと、

シテ　カヽル〵恨みをいふ山の、鳥獣も鳴添へて、声を上路の山姥が、霊鬼これまで来りたり

あなたは百魔山姥と言うが、曲舞から出たあだ名みたいなもので、山姥は山に住んでいる女の鬼だと見えている。鬼女とは女の鬼だ。一向私のことを考えてもみない。薄情を恨むために参りました。

百万〵不思議の事を聞くものかな、さてはまことの山姥の、是まで来り給へるか

シテ「われ国々の山廻り、今日しも爰に来る事、我名の徳を聞かむため也。歌ひ給ひて去とては、わが妄執を晴らし給へ　百カヽル〵此上はとかく辞しなば恐ろしや、もし身の為や悪しかりなんと、憚りながら時

の調子を、取るや拍子を進むれば　シテ「暫させ給へとてもさらば、暮るを待て月の夜声に、歌ひ給はば我もまた、誠の姿を現すべし、カヽルヽすはやかげろふ夕月の。

〈上歌〉シテヽさなきだに、暮るるを急ぐ深山辺の　同ヽ暮るるを急ぐ深山辺の、雲に心をかけ添へて、この山姥が一節を、夜すがら歌ひ給はば、其時わが姿をも、あらはし衣の袖継ぎて、移り舞を舞ふべしと、言ふかと見れば其儘、かき消すやうに失せにけり、失せにけり。

百魔か、ほんとの山姥が来たのか。日本国中の山めぐりをしているが、私の評判がどう響いているか聞きたいので来た。歌って、私の妄執を晴らしてくれ。今歌ってくれれば、私も舞うてみせようと言って、帰ってしまう。移り舞、他の能にも出てくる。おそらく神がかりの舞というようなことだ。憑り移ってきた舞。

不思議だから鬼女があぁ言っていったのに、せぬのも悪いと思う。そこへ山の姥が出てくる様子の□□。あとは山めぐりの舞、すむといとまごいした。百魔山姥ということばがおそらく百万という芸能人のしていたことと百魔山姥と関係することを示すと思う。山姥の舞を舞う百万とは芸能人。遊女乞食であるもの。どうせ真似事をするので、山に関係ないものではない。山に関係深く、山姥舞を主としていた一群の遊女があった。が、外のもしていた。その中には百万の曲に見える別れた子に会うというのも持っていたろうと思う。百万の曲はそう解釈せぬとわからぬ。百万という芸能人が常に用いてた曲だと、主人公が百万になる経路もわかる。ことに山姥は能の分類だと物狂いの分類でない。五番目物に入っていて、分類が違ってくる。分類はただ大体の様式が似ているだけだ。受け側の類似をもって分けている。四と五と別々になっていても不思議ではない。ここらになると、人の物狂いを超えて物狂いの鬼みたいなもの、物狂いそのもの、祝福的な物狂い、正気に返らぬ物狂い。能のは正気に返る。人に頼まれて芸能として演ずる、あるいは、神が憑いた時だけ物狂いになっている。前後は正気だ。少なくともあとは正気になって、舞台を帰る。

ところが、「猩々」はいわば絶対の物狂いだ。覚めることがない。だからそういう舞を所々の人々が行なっていた。さらに少し推測を加えれば、大和辺にいた山の神に関係する人々が山の神に関連した舞を伝えている。それが近代的には百万という芸能者で同時に遊女だった。それで物狂いの舞を演じていったという、ごく大雑把な姿を描いてみることも出来る。

ところが、百万で言った如く、男装束を着て、烏帽子、笹を持っている。それは、のちのちまで、日本の芸能に出てくるところの狂女の姿だ。内容は違うが、謡曲には入っていぬ。のちに非常にもてはやされた「小栗判官」という説経あるいは浄瑠璃あるいは戯曲の材料となっていた物語が思い浮かべられる。

筋がまじっているが、物狂いの例から取り出すと、照手姫（この詞、一種の巫女を暗示する）、てるひの巫女が出てくる。謡曲にも系統を引いているらしい。それが恋をした。判官は殺され、照手はうつぼ舟に乗せられて、相模川を流しに出さした。川下で助かって、苦労して、美濃国の青墓の長者に養われて、水汲み女となっている。そこへ自分と恋をして殺された判官の生き返った姿にめぐり合う。昔の信仰で、肉体を焼いてしまって魂だけでは帰ってこられぬ。それで一緒に死んだ忠義な家来の望みによって帰ることになる。判官と交渉なく死んだ人に入れて、送り返す。霊魂のみが同じで肉体は違う。熊野の本宮の湯に行くことになった。事情は知らぬが遊行上人が知っていて、小栗でもない土車を宿送りに熊野へ送ろうとした。宿送りすると功徳にあずかれるというので送ってやる。簡単に□□□にも入る。青墓に大ぜい着いた。照手は知らぬが、功徳にあずかろうと、青墓から大津まで行く。送って青墓に帰っていた。判官は送られ、魂と体と合体したものになる。

青墓の長のうちにいる小萩が、何々だと書いてあるので、東国へ帰る道で説明を聞こうと言っていた。照手姫は土車を引いて恋人を見ていながら、恋人とわからぬ。それを引いていって、その服装が百万と同じ、照手の約束の服装になっている。それをして昔は寺とか宮とかの新しい建築物、寺宮起こす時の砂運び、柱を引いて木遣りする時出るのだ。その時に出る巫女がいて、これが芸能化して照手の姿を現した。百万もそうだ。百万は車が大きい部分をつとめていた。引いてくる車が手間となっているほど重大なものらしい。

そういう点から見ても、物狂いは神事に関して興奮をしている時の動作をもととする。木遣り土運びなど、皆を興奮さすため、自ら興奮してくる。それが長い間に印象して、百万の如く小栗の如く、物狂いが出来てくる。だから芝居はもの狂ひというと、烏帽子を着て水衣あるいは長絹、時代物だと狂女は笹の葉に扇をつけてくる。これで狂女という約束が済んでいる。これは狂人を示すのでなく、芸能的物狂いを示している。あるいは寺行事、神事の宗教的興奮をとどめているだけだ。ほんとうの狂人のありさまではない。

鬘物のついでにもう二、三カ所。

お能の上に出てくる女役が鬘帯をつけている。面の下に鬘帯という、紐付いてその上に面をかぶる。実際の人がするのは、額にあててうしろで結ぶのだが、女の役はお面を被くので鬘帯の前の方はお面に隠れる。鬘帯は桂帯とも書く。

これには種類がある。変わったのは狂言の女役のものがしてくる白木綿で頭を、顔の両側で角に出して、あとはちまき。くるくると白木綿を巻いて、両端を耳の上で引っ張り出して、端は下げておく頭。狂言のかつら帯だ。

これをかつら帯という理由はわかる。外の意味ではない。かつら帯、書くとわからぬ。昔の桂女、桂川付近の伏見近郷までいた人たちで、由緒を持っている家だ。祝い事があると……。常は鮎をとらえて売っている。二つ、祝言を述べる。

桂女のしているカヅキモノがこれで、時代によって違う。包帯をしているごとく、巻いて巻き上げているものもある。いろいろに変わってきている。表現上ここに固定した。金比羅詣りには決まってこの形をした。

能芝居のかつら帯。帯は昔は広い。桂女がしている帯だろう。鬘の代わりになるかつら帯だというがそうではない。桂女がしている帯だからだ。桂女は名高いものだった。もとからいたが、記録に表れたものは――。神《かみ》事にあずかった家で、女でないと駄目な家があ

る。女戸、女の家だ。お能、狂言を見ると□□を入れる足のある箱がある。その上に腰掛けたりする。あれをかつら桶と言う。桶は桂女が物を入れてかついでゆく荷であり、また桂女が腰掛けて神聖なことをする場所でもある。門前に桂桶を据えて祝言を述べた。神霊の宿るものに腰をかけて中にいる神霊がその人に移る。桂桶の上で、祝言の言葉を述べることになる。

名はかつら帯、桂女の風習を移したと見えるが、こういうものは桂女でなくてもしているものは多くある。神事に関係しているもののあるものは、かつら帯をして、物にこもっていた。時には生活のために使っていた。桂帯の歴史はたどるといろいろ資料が出て来る。

ともかく、お能の役者たちがパトロンの家を訪問する。かつら桶をまず持ってくる。それは行器・ホカヒと言う。地方に今も残っている。衣服も入れるし、食い物も入れる。神聖ではない入れ物も入れて運んでる規則。今ホカヒは、昔からの食べ物を持って行き、目出たいことをすると、それにものを盛って祝い、悔やみに行く道具。それを担いでゆく。面を出し装束を出した。利用は広い。「安宅」を見ても、かつら桶が酒杯の代用になる。わづかのものしか持たず手ぶらで来る住人。屋外でするので踊り芸がもてはやされた。庭から建物に上がっても極度に簡略にしてある。小道具を使う。

かつら帯の方面はまた非常に違った方面に関係を広げている。絵に描いたお姫様はたいていしている。ほんとうにしていたのかと思う。舞台の姫以外の姫は見ぬ。昔の人も貴族社会の人のしていることは、誰も……。歌舞伎の中年の女、紫の布を額にあてている。姫形でもした。帽子。野郎帽子を、舞台映えのいい男がすると……。だからそれと関係ない時代の人は紫帽子をのせている人を見るとあったと思うが、昔もない。役者が舞台へ出る時だけしたのだ。特殊な服装が、誤解されて常に行われていた服装と思われる。桂帯もそうで、物忌みのしるしだ。謹慎中のしるしに付けていたので、神へ見せる芸の時は桂帯をしてなくてはならぬ。猿楽をしている中のある部分は、能の時は桂帯をすると決まる。それは巫女の服装をば能役者が学んだことになる。桂帯が能舞で絶えてないのは印がある。お能だと女形をするものがつけるという約束になる。歌舞伎では女形、若衆が共通。男が女になっていることを主体としてなし。昔の歌舞伎踊りは若衆が主体となってのものが生まれ、若衆が禁止、野郎が出、色気がないとて、紫の布を頭へのせた。この若衆は、歌舞伎の女形と同じようなもので、若衆形の役者もある時期までは桂帯をしていた。江戸の主要な役は若衆形が中心だ。市川家の荒事は若衆形の芝居だ。荒事に関連して、桂帯が残っている。助六のはちまきは桂帯だ。二代目団十郎までは鶯帯か、茶色系統のもの。それが色が変わり違ってきたものだ。能における神事に関連した服装は、少なくとも舞台の上で、女形なら女形の約束的服装になってくる。それを除くと或役柄を表さぬ。そうして出来たので、あとから説明すると嘘のことになる。助六のは尾上の女にもらったのだという説もあるが、それが根もないことはわかる。

物狂いだけ取り上げて考えても、日本の種々な芸能の中に含まれている芸の分野というものがわかってくる。そういうものをいくつも集めて考えると、日本の芸能の出所が明らかになってくると思う。

編者注

（1）現行「山姥」の理解と異なっている。

九　芸能と宗教との関係、修羅物

（昭和二十三年七月六日）

二番目

宗教と芸能との関係。「井筒」、「杜若」系統のものは述べた。

若い男が上品な顔をした面をかぶる。烏帽子、冠、上流の公家の形で出てくる。あの形で出るに決まったレパートリがある。二番目の修羅物だ。――この世におって、十中八九はその「最期」において合戦の場で争いをして、死んだ。その一念が残ってあの世で修羅の苦しみをしている。そういうあの世の生活をば、この世の姿で表現する。修羅の闘諍《とうじょう》を表している。それにはかつておったそういう人、それから現世にそういう人が名残の活動をした場所。そういう処へ出かけて、そういう人の亡霊に会う。それで過去と現在と結びつく。過去の亡霊の、こうなっているのが修羅ものの通例の型だ。

修ラモノの型

ところが、過去にこういうことをしたという形を、過去でなく現在に持ってきて、その人と同時代でその人もまだ生きている時代、あるいは全く死なないでしまっている歴史的場面を徹底するのと、初めは現在で主人公が亡霊の物語をするに到ってから過去に変わるのと、同じような歴史物でも二つの舞台の様式の違いが能の上では表されている。

修羅物と現在物と

片方を修羅物、片方が現在物。あとのは能で言うと普通四番目になる。内容の傾向は同じこと。歴史上の出来事で多くの場合若さを失わぬ者を主人公としてゆく。それが、生きている相手と、相手に対して演じるのと、死んだのちに生きている中のを演じてみせるのとの違い。結局は修羅物を主としていると、現在物から言うと、修羅物をそういうふうに書き直したと言える。あるいは現在物を修羅物に書き直したとも言える。ことに修羅物は平家の貴公子たちが多い。また源氏関係の人がまじっている。きわめてまれに源平に関係ない人も主人公になっている。

たとえば、平家の貴公子が主人公になっているのが大半。知章、清経、忠度、経政、通盛、敦盛、これらは平家の若い大将である。源氏の方は朝長、頼政、八島（義経が主人公だから）。その他にそういう貴公子でなくて、英雄がまじっていることがある。実盛《平》、箙《源氏》（梶原景季）、兼平《源氏》、巴《源氏》。この二つは特殊な源氏。数から言うと平家の若い公達の亡霊を映し出した、あるいは若い公達の怨念をやわらげるために供養のために書いたのかと思えるほど源氏は数が少ない。源氏の方では頼政は年寄り、兼平はお面からして変っている。勇気のある軍人というくらいのもの。箙は若いが若い人を表現せぬ。景季を年配の人に表現している。実盛は平家の方で源平の間をゆく人。平家として主従として裏切らぬが、不利益だった人。この人は年寄りとして表現している。こういうふうに源氏の方はわずか、数が少なくて統一していない。平家の方が修羅ものの本体だということがわかる。「杜若」、「井筒」の「中将」という面をかけている。

珍しいのは「田村」。これは源平いずれにもよってない。これと「八島」。これは義経が主人公だが、一曲の性質が違っている。三つの主要な部分があり、三人の主人公の表現を主としている。勝ち修羅と言う。田村、八島、箙も勝ち修羅だろう。

平家の貴公子の亡霊を描いているもの、押しつめて言うと武家時代に武家の始まりの時代、『平家物語』、『源平盛衰記』に書かれている武家時代の初めの武家たち。その時代にあるゆとりを残している若くて死んだ大将の生活観を書こうとしている。そういうことが見られる材料の出所の一致ということも見られよう。今日残っている修羅はたいてい平家あるいは盛衰記がその拠り所というふうに見える。書かれた時代にはもっと書き物があったろう。平家とも盛衰記ともつかぬもの。決定は出来ぬがだいたい平家、盛衰記あたりに種があると見られる。

貴公子の印象なし

ところが現在物になると、主要な人物の階級が下がってくる。修羅物だと「箙」の景季、兼平、実盛が現在物の普通の身分のもので貴公子の印象のちっともない人が写されている。現在物で結論を言うが、主要なものとの印象は曽我兄弟。「小袖曽我」、「元服曽我」、「夜討曽我」、「禅師曽我（禅師房）」、曲数は少ないが曽我は、義経でなくば曽我兄弟というのが武家時代を通じて人望のある人だ。能は不思議に義経を書かず、あべこべに敵にまわった人々を書いている。現在物では以下のものが、わりに少ないが、これが主体だろう。

この他に時代の前後に人物を求めて、たとえば義経のことを書いた「笛之巻」。それから平忠度を書いた「現在忠度」、武蔵坊弁慶で言うと「橋弁慶」、「安宅」、それから平家で言うと「盛久」、「大仏供養（歌舞伎）」。「木曽願書」（義仲およびその事柄）。「忠度」。義経のことをトリックに陥れた「正尊《しょうぞん》」、「関原三郎」、「錦戸（三郎）」、「笛之巻」と併せてこの三つ。「満仲」（多田満仲）、子を殺す。源氏合戦の時代をとっているが、書いているうちに後の気分を書いている。

だいたい以下を下の限りとして、それより前、源平が材料になっている。拠り所は平家、源平盛衰記を中心としてその他の材料から出ている。殊にこの方面には平家、源平盛衰記で片づけられぬのは、幸若舞の舞のことばから出たものも明らかにあるし、現在のには残っていないが、昔の幸若舞には使っていたのだろうと思われるものが多いようだ。

この修羅物と現在物と対照してゆくと、あるいはお能の中のもう一つの部面がわかってくるのではなかろうか。（物狂いとほぼ同じ位置を占めているところの）それは物狂いが狂乱状態を描写したものを主としているが、主人公は主として女だ。その点、鬘物の優美な舞と物狂いとが隣接している。ところが修羅物の方になると、物狂いではないが、物狂いが狂っているようなところを、男性の所作をもって表そうとしている。

カケリ

舞も、修羅と狂いとに共通の部分があるわけだ。舞というより「カケリ」という部分が修羅にも狂いにも共通なのだ。そういうところを中心として見てゆくと、修羅と狂いとの間の関係もわかってくるのだろうと思うが、

内的発達

「修羅物」はなぜ行われたかという疑問は、先に申しかけたのは、修羅物が現在物に伸びたのが逆に変わってきたかということが、どこまでいっても纏綿する。しかし、もしお能が幸若舞から影響せられていて、能がそれから内的に発達したものだとすると、現在物の方が古いということになる。現在物の構造がお能に行き渡ったのだから。が、幸若は猿楽より古く武家の間に行われ、長い間、一番上に位していたことは事実だが、各々領分を守っているので、必ずしも幸若を土台にして発達したものでないとすると、幸若の要素の入っていることは別の説明がいる。はやりものだから、一部にこれを含んだ。新しくその部分が評判を得たが、お能全体の構造を変化させなかった。それでお能が複雑になり、盛んになったということはない、という方が本当だ。どこまでいっても現在ものという変わったものを含有しているにすぎぬ状態よりすると、幸若を取り込んだのは、発達したのち写実的演技を行うことが出来てのちに行われる。能全体の中に溶けきれぬものを現在物の中にとどめている。曲目を見るというと、能のレパートリーに慣れている人は不思議でないが、能のレパートリーについてごく平気な人は、他のレパートリーに対して異風な感じがする。

現在物の中に、変わったものがある。現在ということばを頭に持った曲だ。「現在忠度」、「現在巴」、「現在七面」などがある。これらはみな、たとえば「巴」は死んだあと、弔ったのち亡霊が現れて、昔近江の湖水のそばの粟津の合戦に出るのを許されぬ。そのため義盛にとらわれ、妾になったと語る。(1) するとこれをお能の普通のかたちでは修羅ものだ。ところが巴が現実に義盛と闘う場面を行うのが「現在巴」。巴の歴史を演ずる単なる歴史芝居で、それに「現在巴」と唱える。忠度の方は、歌を残して京を去った。名を示さなかったので心が残った。恨みを述べる。「現在忠度」は、忠度が、現前に出てきて俊成と物語るところをやる。まるまる外の世界、他界に関係ない。「現在七面」は「身延」を現在的に書き直した。日蓮の生きていた頃、七面鬼女が出てきて法力により天女になる。そのかたちを書いている。天女も房さんも同時代の人として書いている。一種の史劇。

概してシテとワキとが時が違っているものだ。そこは歴史上ワキが現代。この間の問答が錯誤が起こって第二場の幽霊の物語になる。シテ、ワキも同時代のもので他界の消息をあとで語らぬのが現在もの。そのかたちは考え方によると修羅物が土台で、修羅の苦しみせぬ前の姿を描写しようという企てを起こしたものだ。そう見ると、説明は都合よく出来る。出来るが能役者自身が新しい様式を考えてくるかどうかが疑問だ。すでに前に能になくても、あった、その様式を取り込んできて、能はのちの一場が付いていて、舞にかげりがあって人の心を悲します。それと関係ない。舞台面が見られて、朗らかな心になったことが考えられる。昔の人は根気よくその頃出来たもので、クラシックに対する。退屈もせぬだろうが、やはりはっきりしているものが鑑賞にも都合がいいので、これが出来てきたのは喜びでもあった。

また規範でもあるが、同時に自分らの生活の写生だから愉快だったに違いない。どうして能の中から見出したのか。修羅物の中に見出せるが、それにしても修羅物の修羅に属する部分、修羅の苦しみの苦しむところは、教養の乏しい人たちには面白くないに決まっている。修羅に関係ない、抜きにした修羅物の出たことは喜びだ。それがお能自身から出たとは思えぬ。すると幸若あるいはその他のものから取り込んできたとしても、借り物だ。ことばはある。曲はあっても演出する技術がない。何か手が付いてなくてはならぬ。すると舞の本、幸若舞はすでに能の盛んな時、舞われていたが、舞は調べるとわずかな改作しかない。簡単で比べものにならぬ。能も簡単だが、それでも幸若より舞う動きがあり、個々の文章について表現しようとの努力も見える。幸若は残っているものから類推すると文句に関する表情がない。いつも同じくしらばくれた顔をして歩いているだけだ。昔からそうだったのだ。舞のことばを唱えるだけだ。舞とことばと関係なし。舞台の上で並行して行われているが、並行していて一つになってない。演劇となれなかった。昔の人は舞と言っていた。舞踊に類似の動作、それに付いているいることばとは関係ないことも行なっている。幸若の文句を取り入れることはしぐさを新しく振り付けること。ちょっくらちょっと取り込んでもすぐ間に合わぬ。

おそらく能の中にそういうものがあったろう。今日ではわからなくなっているが、大和の多武峯。寺があった。

そこには猿楽の特殊なものが行われていた。多武峯用の猿楽があった。これは写生的なもので、実際の鎧を着、馬にも乗ったと記録がある。想像できぬがお能と違って写実だったのだ。それが猿楽に影響せず過ぎ去ることが考えられぬ。大和猿楽の中に加えられることは考えられる。かといって舞台へ鎧を着、馬に乗ることは、普通の大和猿楽の人にはないから修羅物と同じ引き出しに入っているものとして扱った。芸人は知識を類型化して考える。だから取り込んでも修羅物の中の「実盛」でいこうと、しぐさの方針を立ててゆく。新しいものが入ってきても、入れるだけの用意はするが、そのまま取り込む勇気はないに違いない。現実はわれわれの想像を超越するが大和猿楽の座は多武峯よりの猿楽をそのまま取り込んだかも知れぬ。が、おそらく今残っている現在物・修羅物のかたちで取り込んだことは考えられる。修羅物で準備が出来ている。ただ一々は以上の人たちのこととして演じている。そのうち、「実盛」、「箙」、「兼平」あるいは新しい「曽我」、「弁慶」、「景清」、「盛久」などと通じた要素を持ったものがある。その点で取り込みやすかったかも知れぬ。多武峯用の猿楽がわかってこぬと明らかに言えぬがもしそれがこうして入ったのでなくても何かその系統の、その頃の武家の生活を写実したものがあるのだろうと思われる。

特に現在物の方には、劇の題材としてすぐれたものが相当にある。今になってみると日本の劇に現れる義理人情は呪うべきものと言われるが日本の演劇史の上で、人情を発見したのは能の現在物が初めてである。それまでは人が倫理感情を超越して動いていた。根本の愛情はあったけれど、倫理観によって自分の行動を進めたり斥けたり決定したりすることは現在ものに著しくなっている。見ている人が興奮したに違いない。そして人物(上場する)と同化することによって喜びを感じたに違いない。それほどいい人物を発見している。素材のいいものがある。ことに現在物には素材としていいものがある。武家時代は現在物を規範としていたに違いない。

盛久は正反対の立場の人なのに優れた武士。捕らわれたけれど、節を枉げず観音を念じた。反汗な……。武士が信者だ。功徳について盛久と話し、盛久の性格を理解して書いておいた。盛久の首が打たれる時、斬ろうとしている人の太刀が折れてしまう。どうしようかというところへ、うちはたせの命令、助命の書き物が来て助ける。死線で助けられ、喜びの舞を舞う。主馬の盛久は浄瑠璃でも書いている。近松。戦争の間にありながら、戦争についで豊かな心で対している一人の人を書いている。盛久という人を見てて、温かい心を理解できた。規範としようとする人々はいる。俊寛に兄弟で義理を果たす。宇治川の合戦が……鎌倉に弟はそんな考えはない。追いかえす兄は弟の身代わりはならじとする。弟が随身。正確によく出来ている。脇役。警護している武士の豊かな気持ちを書いている。俊寛を警護している武士。「安宅」では富樫といった理解ある人間を書く。もう一代下がると理解の豊かな人は敵方に通ずる人間になる。景時が源氏なのに平家に裏切らぬが、便宜をはかることをしている。江戸になると町人の道徳……。

能は短編のものだが、作劇術は進んでいる。修羅ものの話、なぜ出てくるか言いたかった。

編者注

（1） この内容は現行の曲には見えず、『盛衰記』に類似のことがある。本文中では謡曲「巴」に和田義盛が登場することになっているが、現行曲に見えない（盛衰記には同様の内容あり）。同じく「現在巴」で義盛と巴が闘うという言及があるが、これも確認できない。

十　舞踊

（昭和二十三年十月十九日）

能は舞踊と劇との分岐点

劇と舞踊との関係についてやってきた。能楽が劇と舞踊との分岐点に立っていて、舞踊の要素を深く持っているものだ、ということも感じてもらったと思う。

舞踊の話

芸能のいぎ変更

芸能史を始めた時、私の話はまだ未熟で、芸能を二つに分けて「芸」と「能」とに分けていた。芸は舞踊で、能はものまねだと、そこまで整理していたかどうかもあやしいが、二つに分けて、ものまねの演劇的のものに対して舞踊が対立し、それを芸というのだとしていた。そのところから説き始める。私の考えも芸能の意義についてその後変わってきた。初めにかえって考えてみたい。

説明

なぜ舞踊と演劇が分かれていったか。もともと別のものだったのか。そんなことが少し明らかになろう。たとえば能の「鬘物」になると、ほとんど、宗教的な舞踊のかたちがそのまま消えずに残っている。宗教、狂乱の舞踊が劇的説明を持ってきた。出てきて狂うのは何のためにという説明をつけるようになった。それは能の番組のうち重要な部分を占めるものが「物狂い」あるいはその系統のものが、非常にたくさん重要な位置を占めてきた。見物もそこに固まる。すると、一つ一つの曲に変化を持たさねばならぬ。それで舞を舞っている人間はこういう経歴ありという説明をつけてくる。能の半分以上はそうして成り立った。いわゆる物狂い物あるいは鬘物を見ているると、劇的構造は付けたりで、外側に出ている様式的舞踊が主ということがわかる。それでなくても、ある場

舞ヨウ主

合に特殊な舞踊が行われる。それはどうして行われるか。こういうものを持って舞う。あるいは一人だけでなく、幾人かそろって舞う、というふうにだんだん変わってゆく。そういう形についても説明を加えてゆくというふうになっていって、能楽という舞踊劇がだんだん範囲が広まってくるということが出来る。

いったい舞踊はどうして出来たか。舞踊は、こなれぬことばを使うのは踊りと言っても舞と言ってもいけない。二つは別だ。それでどちらも片方の方には用いることが出来ぬ。関西は舞、関東は踊りと言っていることは事実で、知識のある人の他は、関東は舞と言わず、関西は踊りは普通使わぬ。約束のあることにだけは、常は使わぬことも使う。盆踊り。それは関西でも使う。田楽もよくよくの時は「まひ」を使う。方言的な使い方として関東の踊り、西の舞は同意義だ。地理的には同じこと。だが史的には大変違っている。封建的に違ったし、江戸と京、大坂が中心で、その他は踊りらしい踊り、舞らしい舞は独立していない。踊りというものは割合地方的な意義を持っていて、地方で保存せられているものが多い。舞は、特殊なものを持ってきて、保存せられているものはまれだ。特殊な違いがこの二つにはある。江戸中心は踊り、大阪中心は舞。

なぜその言い方が起こったか。舞踊、踊りを専門に行う芸能家が違ったのだ。江戸では歌舞伎芝居が踊りの有力な場所となっている。歌舞伎から踊りが出発している事実がある。初めからではない。ともかく歌舞伎芝居から盗作して出されたものがたくさんある。それで「歌舞伎」を踊りといい、その勢いに乗って、舞踊を踊りと言っている。京阪を中心として関西は「まひ」と言っている。それは能役者の舞うところの舞踊が「まひ」なのだ。それが関西における舞踊の標準的なもの。多少でも芸術的価値を感じさせるもの。その上、いくぶんでも尊敬心を持たせる芸能。そういう舞踊は能楽関係の役者から舞い出されたものだ。舞の手を変えて舞っているもの。関西の方は歌舞伎役者が舞っても舞と言っている。踊りと言わぬ。能役者のを舞台に移しても舞と言っている。東は特殊な他は能役者のを移してもやはり踊りと言う。

これで近代における——どこまでも区画は出来ぬ。「をどり」は歌舞伎役者の勢力を得てのち——いつからと

幸若
サル・トク

をどり
1念ふつ―
2かふき―

倒叙

はっきり言えぬが、近世も近い時からだ。それ以前から踊り、舞はある。われわれの使っているのは遡る限度がある。由来するところはわかっている。踊りと舞の意味を限定している年代はわかる。もっと自由な意味で使われている。お能と関係なく使われている。なおよく考えると芸能を離れたものは相当古く上らぬとない。「まひ」は関西の舞踊こそ、能役者の伝統を考えさせるが、舞は芸能として能役者より前からある。

舞と言ってすぐ思い起こすものがある。幸若舞。これが「まひ」で通っている。室町、江戸を通じて舞は幸若舞を意味している。能役者の、舞のことばの領分に入り込んでくる時も、舞というと幸若舞だった。次第に衰えて、能役者の舞が舞の全部になった。能役者の舞から分かれて、舞踊を意味する関西の舞は限度がある。それ以前にのぼると、関西の舞と遠い幸若の舞となる。

東の踊りも――幸若舞は芸能から芸術化を感じさせる名人もいたかもしれぬ。傾いていたことも考えられる。踊りは芸術化したことが歌舞伎以前にはない。素朴だったが、芸能として有力だったことは事実だ。「念仏踊り」は芸能的のもので、宗教的だ。踊りというと念仏踊りを思った時が、江戸の踊りの前にある。それで完全に考えると舞、踊りの出てきた、能の舞、歌舞伎の踊りの前に、芸術的あるいは芸能的舞、踊りがなかったわけはない。逆さにのぼると、どの辺から芸能的色彩、陰陽神事舞踊、あるいは講式舞踊。要するに宗教舞踊だと、どこから先言えるかは、細かいので決定できぬ。こういう民俗的に深く根ざしているので、はっきりした年代を言うことが出来ぬ。また価値がないということは言えぬ。舞踊史、演劇史ということば自身あやしい。史的に記述出来るのかあやしい。舞踊史、演劇史は名が借りものだ。芸能史もあやしげだ。

最初から出発した形でいる。遡るのは明らかなところから漠然へゆくが、漠然からひきしまったところへゆくのは無理だから、逆の方がいいのだが、記録、文献のたくさん残っている場合――歴史家は、歴史のために文献の具わることが要る。文献の具わることが逆の順序で行く。倒叙的な歴史が出来る。とこう思っているが、論理の上では出来るが、一般に通じては出来ぬことだ。茫然としたところから言いたい。

舞、踊りの語源説はどれだけ当を得た説があるか知ることが出来ぬ。価値ある説なし。「まふ」は、おそらくわれわれが舞踊する舞うより、ものの周りを「うろつく」ということが、まわりをば「たちまわる」二つのことが入っている。古くは「もとほる」（ものの周りを回る）。もとほり＝周囲、その「そば」のこと。二つの意味は中心があるが、周辺をうろうろする。それが「まふ」ということば。ことばは使っている中にもとの意味を忘れ、使っている中に新しいことばの中に入ってくる。

まひまひ

月にからすがまひまひと（1）

関西の方言で、うろうろすること。昔からその意味で使われていたかわからぬ。舞ひ舞ひが出てきた頃、舞ひ舞ひの対象になっている事実の中から、昔の「まひ」にあたる意義を引き出して考えたのだ。幸若舞を舞う人が舞々。女舞いの方は女舞々。幸若が舞うのはうろうろ歩くだけ。幸若の舞々するにあたる。子どものうろうろすること。それは「まひ」の語源から出ているのでなく、幸若の太夫のウロウロに見たてているのだ。それほど漫歩しているのだ。でたらめにしているようにマヒマヒしている。その意味で考えると、能役者の歩くのも、疑ってかかると現実の目的がわからぬほど彷徨している。漫歩している。世間普通の人から見ると、いかにも意味なしにうろついているように見える。その歩き方から出てマヒマヒ。昔の、ものの周囲を旋回する舞から舞々が出ているのではなく、幸若舞を中間においてことばの昔の意味が復活したのだ。幸若がするようにウロウロする。だから中心がある。日本人は人に回られることを嫌う。「人が回ると気狂いになる」諺。回られることを嫌い、子どもは大人の周りをまう、それが出来る。幸若を中心に昔の意味が復活している。古い意味の舞は漠然としている。それがだんだん芸能的な舞踊を行うことに変わってくる。既に言ったごとく、なぜそんな偶然あるいは偶発してくる動作が芸能を形作ってくるか。芸能にも芸術にもなれぬ、それ故型が出来ぬ。記憶するのに記憶の対象にならぬ。記憶してくり返し、型が生じ、技巧が生じ、洗練されて芸術的テクニックになる。芸術的内容のあるのは、そののち。それまではしじゅうくり返すこと。しじゅうくり返す必要のないものは消えてしまう。ウロウロすることがくり返されるのは意味がなくてはならぬ。これが「ものぐるひ」の動作。

「くるふ」は旋回運動の速いこと。「くる」（ルート）、「くるめく」、目で見ているものがくるくる旋回する。「めく」は動作、音を表す。くるめくはぐるぐるすること（がらめく）。「くる」が旋回するのルート。心理的に使っているが昔ほど外側に出て、外見に見えること。「くるふ」は非常に速い運動をすることから出ている。なぜ速い運動をするか。異常精神に陥って、狂人と同じ状態になった時、くるくる回る運動をする。速い運動をする。「くるふ」と「まふ」は、ほとんど同じことで、速度に違いがある。異常精神も原因は一つ、神霊が憑くこと。宗教的の表現を離れていうと、狂人になること。違った霊魂が入るので、人格が変わってくる。旋回運動をして、ある程度回ると運動が変わって、霊魂が完全に落ちつき前の人格と変わった人格となる。輪郭が変わっている間、神霊が人の身に入っている。たいてい、そのままパタリと倒れてしまうと夢が覚めたように神霊が去ってしまってもとの人間にかえっている。A↓B人格うつる過渡。その過渡だけをばその間の動作が旋回運動で、これが舞うのことばの古い意味。宗教的内容を取ると、周囲を回る、神霊が憑いてそれで旋回運動する。それがくり返されているうちに型が生じてくる。お能の時既に言ってある。

そこに座らしておいて、祈りかけると狂い出すかというと、もとはそうではない。手順を省略して目的に達する。完全に行えばものの周囲を回らねばならぬ。回って初めて神霊が回っている人に移り、移ると回る動作がさらに急速になる。それがますます急速になる中に収まって人格が変わる。何の周囲を回るか。日本でははっきりしている。天から下ってくる――と考えたのが日本の宗教の古い形とは言えぬ――。それが多かったので、天から下ってくるのを標準と考えた。古い立木がある。神木の周りを回る。一番神秘な感覚をそそるのだ。神木の下に神を迎えているものがある。木をつたって回っている人に憑く。それだけの手順を省いて神聖な場所に座らせておいて、回ると魂が憑く。書物を見ると、神木のぐるりを回る。書かなくてもなかったことではない。条件だからしているが、書かねばならぬほどのことではない。のちはその手順を省いてすぐ憑けようとする。神霊は神社などにいるものと考えている。ある方法で近いものに移す。「まふ」は「まはる」と同じ。まふ↓まはる。旋回して、宗教的人格になる。そうして神が現れて、いろいろ言ってくれる。言ってくれることは、「かみがたり」で、動作ではない。舞踊でない。舞踊は前の旋回している間だ。神が憑いて旋回運動している時、それからしゃべり出す時、みな精神異常で思い出してしようとしても出来ぬから、ものはそう簡単ではない。また宗教家が嘘を言っているのではない。まことと嘘の中間のものがある。宗教家はそれだけではない。警察官が宗教家を嘘と見るが、もう一つ違った態度がある。していることは正しい。間違いではないと思っている。ほんとうの神の憑いた状態に陥る前の状態を真実と考えている。神がかりに陥る準備行為も正しいことと思い、その行為の中には神がかりに陥ったものが多い。われわれが見てあれは嘘をついていると思うようなことを正気でやっている。夢うつつの状態に入らねば嘘だ。それなら宗教家として許せると思っているが、正気から移る中間があって、それも宗教からは嘘ではない。これが広く拡張されているのと、狭く充実しているのとある。起こすためにいつもくり返す様式がある。くり返している中に、神がかりしてくる。たくさんの間の行為は、記憶をくり返している。神が憑いてした状態は覚えられぬ。半分まではしたことを覚えていて、先輩たちのしてきたことを覚えている。それをくり返している中に本式の「くるひ」に入る。が、自分のしていることは潜在意識に含まれているだろうが、見てない。のちほどだんだん記憶の領分が神がかりの中に入り込んでくる。ほんとうの神がかりの時間は短く、それまでの間が長い。舞踊しているというのは簡単に神がかりするからと思うが、準備行為としてやっている。先輩のしたのを真似ている。記憶によってしている。くり返しているうちに芸術的テクニックが出てくる。そのまま芸能、芸術として抜き出してする。「能」はそれだ。「鬘物」。そんなにはっきりここまでが宗教的行事、ここからお能とはっきりしてない。残っているたくさんの能の中にも、見物もみな芸能扱いしているが、あの中、幾場まで芸術化しているか、保存して残っているかというと問題になる。これがのぼってゆくと、多々ある曲目の中に非常な部分まで、それがあったに違いない。これが物狂いと舞との関係だ。

撃退

「をどり」もわからぬ。語源研究で、わからぬ時は行くより仕方なし。使っている時とことばの出来た時と大変な違いだ。踊りの始まった時とまだここへ来ぬ時からあったものと、踊りの事実は見ねばならぬ。今の学問で、国語の上で解剖しても無理だ。判断の標準が違う。ニコライ・ネフスキーが『民俗学』の頃いた。踊りは男取りだ。女が男を選んで誘惑してみるためにするのだ、と言った。おもしろいが、合理的すぎる。目的はそうであるかも知れぬが、男女間のことは目的はそれだけしかない。娶《めと》ると対照している踊りはそうだと言う。これは語源説として進んでいるが未だに信じられぬ。

踊るは突き上げる動作。人間のぼんのくぼを「ひよめき」。ピクピク動くこと。（今は恐がる方に言うが。）ひよめきが動くこと。赤ん坊の間動く。あれを踊りという。人間の踊るところなのだ。ぴくぴくと動く。ひよめきと言うと、微弱な動作に言うように思っている。下から突き上げる動作をくり返す。踊りはそれを見ると微弱な動作。人間のひよめきについて言ったことを表している。意義、内容にピタリはめてしまうので、ひよめくがかすかに動くのでなくても、かすかに動くことまでひよめくが入ってくる。踊りの解釈はそのことばより方はない。突き上げる動作。

事実舞と踊りと比較してみるとだいたいわかることは、ことばの上ではもうわからぬ。民俗の上で考えるといくらかわかる。踊るを使うのは多くの場合対抗するものがあって、それに対して斥け、撃退する意識をもってする動作。古代に適切な例を踊りで伝えてない。事実はあってもことばがなく、ことばがあっても事実がない。踊りに当たる動作はあっても「をどり」で伝えてない。民俗によって近代のことでも材料にするより仕方ない。民俗は文字がなかったからだ。口など。文字で表現することはフォークロアにはない。表現の手段が違う。書かぬので判断が出来ぬ。書いたものを通して百年前にあったと言える。書いてないと百年前と今と同じ。二百年前の年号を書いたものなら二百年前にあると言える。民俗は生命は長い。残っている事実が多い。特殊な用意がいる。踊りは中世の境までゆけるだろう。踊りはたいてい、芸能的踊りは村の境を中心にしてそこまで行って、両方の村で争い、携えていったものを押しつけ、こっちは撃退。その時踊りが、はっきり表現される。いまだにとびとびに分布しているのは踊り神という神。村境でその神を連れて行って争う。旧日本にも沖縄にもある。押しつけられると受け取って自分の村から次の村へ押しつける。事実、踊り神は神体と考えるので、渡してやらず空虚な踊りだけで争う。秋の収穫と関係する。収穫前に争う。それが踊りの古い意味を持っているものらしい。

それが変わって疱瘡・風邪の時、神送りが行われる。村境でする。自分の村だけ考える。（この印象が深くて、それが日本人は時々復活する。自分の村について極度に考える。それが事あるごとに復活する。教養が高くなっても。）押しつけてしまって戻ってくる。風邪は風神ではない。疱瘡神はダルマみたいなものを作る。古くは踊り神。踊り神は連れて戻る。意味を忘れて隣の村へ押しつける。押しつけられる考えはなく、受け取るための複雑な手順と考えて形として争うだけで、下の村へもってゆく。これが踊りのかなり古いものらしい。はたして踊りはそこまで複雑な意味を持っているか。「をどり」の発達してくる経路で伸びてきたものだと言えよう。

「をどる」は古い例を見ても跳び上がるということにすぎぬ。

先是有童謡云。大枝乎超天走超天躍止利騰加理超天。我耶護毛留田仁耶。捜阿佐理食無志岐耶。雄々伊志岐耶。

（『日本三代実録』巻一　清和天皇即位前紀）

大江（大比叡小比叡というのを錯覚を起こしている。比叡山を越えて天皇が位につくという先触れの歌。平安時代の神）を飛び越える。

その点、日本の舞踊はウロウロ歩くとか、基礎の舞踊と踴躍《ゆやく》、跳び上がる動作の規準のとある。これは一緒にならぬ。根本が違う。これに目的があるに違いない。「をどり」はいく分目的が、行われる目的が――踊るの語源を尋ねても芸能的の意味にならぬ。突き上げる意味だから芸能の説明にならぬ。舞は舞踊の舞に近い。もう少し近い。天の柱の周りを回ること。舞の方が踊りより芸能的舞に近づいていることがわかる。

そこまでくると舞、踊りの目的の違いを考えてみねばならぬ。「まふ」は神のいる場所から神を「こひおろす」

時の動作。こいおろした神が人の身に憑いて立ち回って完全に入れる。が、普通は入ったために狂い出すと思うが、実は神を呼ぶために回る。そして速くなって、入った状態になる。神をおろして、のち神が憑いて、憑いたしるしが動作に表れたのが「まひ」だ。急速な動作はほとんど踊るみたいだが、神楽でもぐるぐる舞うのが非常に速いのがある。

踊りの方は神を迎えるよりむしろ神を外へ出す、放逐する動作に近い。来てもらうのが嫌でも来る頃は来る。周囲にいるアニミズム的、アニミスティックの神、動かぬ神。悪い神も旅をしているし、いい神もしている。またいい神が止まることもある。また悪いのを鎮めてじっといてもらうこともある。

いる神
たびする神

ともかくいる神と旅する神とある。自分らの生活に来ることが避けられぬ。来たら早く帰ってもらう。いやな顔をすると却って長くいる。いやだと思うと心を知っている。逆にする。節分の夜に天の邪鬼の落とし話。——とんぼう返り。一部にいる。送り神の中に時々に来るいけない神、村の幸福を損なう神を送るのに、有力な形は踊りで送る。神送りあるいは神のことを送り神。その古いものが踊り神。歓迎している意志を踊りで表現して送り出してしまう。放逐する動作が踊りに関係がある。事実がそうだ。踊りが悪い神、悪神を放逐するのが、古い踊りの全部かどうか決定的には言えぬが、芸能の前の踊りにはそういう意味が深くあったことは言える。

編者注

（1）「夜桜や　浮かれ鴉がまいまいと　花の木影に　誰やらがいわいな」小唄「夜桜」か。

十一　舞、神迎え

（昭和二十三年十一月二日）

まひ。神をば迎えるためにする動作。それがいつか、その動作をしていると神がその人に憑いてくる。神憑きの動作で神そのものが舞うかたちになってくる。日本人の通念としては、舞をして現している神は人間にとって幸福な、いい神だと考えている。それに対して、踊りは舞に対して出来た語ではない。自ら出来たのだが、自然に対立しているかたちになってる。踊りはこの問言ったごとく、神を追う動作になってくる。結局神を追う中心になっているものが踊りの一番強力な踊り手となる。だから神を追う仕事を持ってるものが踊りの第一の踊り手。それが次第に踊りに追われるところの神ということになる。そこに踊り神が出来てくる。結局、踊りに所属している踊りによって考えられている神はいろいろの付随を取り去って考えると悪い神ということになる。普通、踊り・舞を取り放して考えているが、中心が神であって、その神に対して自分らに害を与えぬ神、何か怖ろしい危険を与える神という考えは持っていたようだ。知識的には知らぬが、自然に持ってきている。それだけは考えるべきだ。この区別がどこまでも徹底できるか、自分で疑っている。というのは、踊りということは身に神を迎える気持ちがある。舞ということにも反対に悪い神を抑える意味も持っている。われわれの国の文献を見ると手が出てくるのは踊りのこと。

天鈿女命が天の岩屋戸の前で舞ったという踊りは、詳しくは言わぬが、底をくりぬいた舟のようなもの、ウマフネ（馬の飼葉を入れる）、その上を踏み矟《ほこ》で突いた。神聖な棒で。何のためか。大地に潜んでいる霊魂を呼び起こすため。古代の宗教上のことばを使うと神を呼び迎える方法だ。大地と言ってもどこを中心とて的確には言えぬので形どってウマフネとして、底を突くと大地にこもっている霊魂が呼び覚まされて出てくる。ウマフネを大地の代表に見たてている。そこから神の霊魂を呼ぶつもりだった。鈿女は鉾を突きながら舟の上で踊っている。鈿女命の身に入ってきて狂い出した。この形は踊りではあるが、トントン突きながら踊っていた。すると霊魂が憑き、神がかりして狂い出てきた。これは舞の説明にしたのと、結果は同じだ。ぐるぐる舞っていると、神が乗り移ってきて、さらに舞い続ける。踊りであるが、われわれの考えている舞と同じ効果を持っている。

ところが、踊りが邪神を斥けることになったが、大地と見たてた舟から霊魂が出てきて憑く。その考えが一転すると大地にいる霊魂を踏み込んでおく。頭を抑えておく。頭を上げぬようにしておく。踊りはその方へ発達してゆく。踊りの動作の最初は、踏み起こす動作。のち、踏み抑える動作となっていった。だから悪い霊魂を抑える。放逐するということが、つまり踊りの範囲に入ってきた。抑えつけられるから放逐も出来る。それで追い払ってしまう。そう変わってきた。踊りの意味が、変化してきた。

舞も考え方によると今言ったのと正反対になる。乞いおろす動作だが、事実、舞と言われている古いものを見ると舞台の上を踏んで歩く。古い処は想像だが想像しないで済む頃を引くと、幸若舞。中世の中頃から盛んになった。——鎌倉末に勢いを持った——。その幸若は舞台を踏んで歩くものだ。それが舞だ。要所要所で力足を踏む。幸若は歩き方に法則があり、体を曲げたり、曲がったりする。舞台は一つの大地と見なされている。踏むと大地の霊魂が呼び出されると同時に抑えつけられてしまう。われわれは踏んで歩くと舞台を通してその人に憑くと考えるのが正統だが、同時に抑えつける動作にも用いられてくる。幸若の舞は邪神、悪神を抑えつける意味において舞われている。すると舞というものと正反対の考え方になってくる。

昔の人の考へ方は極端なものほど同一に思はれる。中間のものは変わらぬが、両極のものが一致してしまう。神が好きなものが嫌いなものとして表現される。神が鶏が好きだと、しじゅう神前に飼っていて食べられるようになる。すると、人間は、神に遠慮して食わぬ。なぜ食わぬのか。それは神に対して遠慮している。神が嫌いだと逆推理する。喜んで迎えられる神が来ることを喜んで迎える方式で迎えたりする。極度に人の考えは変化する。少なくとも表現は極度に変わってくる。

以上二つの区別が立ったもの、立った上で混乱している点も言った。

今言った踊りの中に、自ら別のものが派生してくる。それは「あそび」。これは昨年長く申した。簡単に言う。舞踊だ。舞踊のテクニックが違うのでなく、そこに重点があるのではなく、目的が違っている。霊魂をば人の体に入れる技術があった。人が偉くなる。能力権威のある魂を入れる。その霊魂を入れる人が、手順、入れるプロセスを舞踊で表現する。中世になってみると、舞を舞っている。ボンヤリ見ている。宮廷だと、大臣、天皇。舞を舞っているものが、その間に舞の手順で、霊魂を天皇へ送り込んでいる。魂を運ぶ方法としての舞（踊りと言っていいか、その点疑問。だが、日本の古い舞踊はたいてい緩慢なものだから、それで舞い、急迫した手のもの、踊りを、仮に舞と言っておく）。その舞を舞うと首座にいる人に霊魂が憑く。これを鎮魂と言う。

鎮魂は宗教的に他の方法があるが、舞を舞ってするのが正しい方法だった。舞う人はもと純粋の神と考えてなかったが、のちには神と考えた。のち、ただ舞を舞うだけの人となった。初めは神と人間との仲介者となって、ある技術をしているものが技術を忘れて、舞を舞っているものが神自身となり、憑ける技術をしているとなり、次には方法にするところのものが舞踊として眺められるようになり、何のためにしているのか目的まで忘れてしまった。

中世の初め、平安朝の中頃、神あそびというものはこれだ。神あそびは古くからあったが、知っている神あそびは平安朝の中頃、これを神楽とも言っている。神あそびの中のあるものが中頃盛んになり、それが神楽と言われた。神あそびは神があそぶ。神自身があそぶところの舞のことを言っている。初めそのあそびは鎮魂のためにする動作＝アソビ。それを神がするので神あそび。神が天皇に霊魂を入れるために一種のテクニックをし、そのテクニックが舞踊となる。神の意志を受けてしている技術者という風になってゆく。

するとかみあそびの最初として、天の岩屋戸の鈿女命の舞踊というものがとられている。おそらくそうであろう。鈿女命が踊る。踊ると霊魂がつく。おそらく足と同時に矟《ほこ》を突いているのは足から憑いてくるのでなく、矟を通して入ってくるのだ。槽《ふね》突いていた矟を通して入ってくる。昔のことだから、みな専門の人はしてる。神事に関係のない人には知らせぬ。細かい説明はしなかった。鈿女命に憑いた霊魂はどうなるか。憑ききりでない。時代が進むと憑かれた人がものを言い出す。そのために神憑きをこしらえているとも言える。神に憑いたものを仲介としてその霊魂をつけるはずの人に移す。憑けるべき人に直接来ず、仲介者の身に宿り、そこを通して入る。その仲介者は舞踊をしている。舞踊をするから神が憑いてくると言ってもいい。依然として舞踊していて憑けるべき人に憑ける。神代の物語はもう少し手順が細かい。榊の枝をとってきて、上中下の枝に神事に関連した道具を付けて、それで憑けるはずの人のいるところまで持っていった。憑けられるはずの人が出てきてふっと覗いた。これを天照が隠れてるのになぜかと覗いた。常識の説明した。霊魂の憑いたものをそこへ持ってゆく。すると初めて憑く人と憑ける神霊とが接触して宿る。神世の物語がそう言ってる。あなたよりいい神がいた、というのも卑俗な言い方。これは上っ面で、本当はそうして霊魂を伝達した。鈿女を通して霊魂が出てきて、さらにも一つ別の榊の木に神宝をつるしている。そこに寄りかかってる。それを持っていって祀る人に移した。そこでその人が威力を持って現れてきた。

この話、鎮魂の順序（儀式の）が説明せられてる。そう解釈すべきである。それを自分らのわかりやすく解釈してる。そこまではわれわれにもわかる。鈿女命の岩屋戸の前で踊った踊りは同時にアソビだ。鎮魂の技術だ。アソビは楽しみ遊ぶ意味はあとで、鎮魂の技術だ。舞踊し、歌を歌い、楽器を弾く。鎮魂の条件。歌によって運ばれる。舞わねば霊魂が大地よりやって来ぬ。これらはみな鎮魂に関連してる。アソビは範囲が広い。これが離れてそれだけ行うと楽しいので、われわれの遊戯の意味になってきた。それを知らぬとわからぬ。

大なり小なり日本の古い舞踊は鎮魂の意味が関連していたと見ていい。ことばを並べていくとまひ、をどり、あそび。もう一つ、解決のつかぬことばはかなづ。奏。支那でも奏、二義あり。天子にものを申し上げる、下から上。も一つ、楽を奏し舞踊して舞うこと。日本では奏の訓にあてているが、かなづがものを申し上げる意味にはならぬ。楽舞を行う意味に使っている。その意味の奏をかなづと言っている。天子の前でしなくても奏と言う。

日本の奏の使い方では少し支那のと違うところがある。役所々々から公式に天子に申し上げる式を奏と言う。そのうち、組織が小さくて、古くからある役所にてする奏が古めかしい。諸司ノ奏。近衛府からの近衛ノ奏、舎人ノ奏。大臣などのするのでない下の司、寮などの奏は古風だ。古語のままのが行われていた。古語のままのが伝わっていて、それを決まった時に天子のいる近くで、また門の外でする。いろいろの形がある。奏の中に奏という字がかなづと結びついてくる理由のあるものがある。皆の見てるところで、公式に古来伝わったことばを奏上する。奏上の口上と動作が奏。これと同じ方法で口上もするが、動作の主のものも奏。結局奏と似た行動をするものは奏と言う。神武の時、筑紫の芸人が腹赤を奉り、その儀式を正月になるとする。ハラカを九州から蛮人が持ってきて昔から言うふうに奉ったと、儀式に則って——ことばも動作もあった。腹赤ノ奏と言っている。これは早く絶えてしまった。平安朝中頃には行われてはいまい。にも拘らず、俳諧などにハラカの奏が春の季題。（歳時記は千年、千五百年前になくなったものをクラシックとして詠むのはさし支えないのだ。）

こんどは国栖《くず》の奏が始まった。その儀式は今でも伝わってる。吉野に国栖の子孫がいる。その家の人が出てきてそれをした。明治になって復興した。大嘗祭にもした。国栖は舞をしたので、古典的。大昔、古代の舞は人偏を付けている。国栖儛、これをいつの間か、国栖奏として吉野川のハラカを奉ることになった。これは来歴が違う。国栖が兼ねてしまったのだ。アユならわかるが。

奏というが、国栖はものを言わぬ。笛を吹く。国栖は儀式をすると出てくる。も一つ古いものになると、国栖の伝えている鎮魂術をもって皇太子の体に入れる。仁徳天皇の皇太子時代に入れた。それが伝わる。国栖の霊魂を入れると国栖を治めることが出来る。

国栖の鎮魂術の方便として使ったのだ。国栖ものを言ったに違いない。しかし奏というようないくらか散文がかった口上を伝えていたかどうかは問題だ。宮廷へ国栖が行って笛を吹いて進む。ものを言う代わりに笛を吹いている。初めから笛を吹いたと信じてもいけない。国栖のすることには笛が勢力がある。ナラブエと言う。奈良の北か、山城へ越える奈良坂。山城の堺へ行ってから、国栖の子孫がいる。平安朝になってからのち、それがナラブエを吹いてる。ナラブエは国栖の行動について一番重大。しまいには述べたことばも忘れてしまう。ことばを言う代わりに笛を吹いた。吹いて階段のそばまで進んでゆく。桐竹、鳳凰の紋の付いたものを着る。舞人が桐竹の紋の直垂を着るのは当たり前だ。これも国栖の奏と言う。腹赤の奏から移り、国栖が奏を兼ねるので言う。国栖の奏と言うが、笛を吹いたりわずかに舞踊に類似した行動を言うことになる。腹赤の奏はどんなかわからぬ。ものが絶える前には模倣しているのだ。平安朝に長くハラカを奉らず、宮廷の人がしばらく真似て、そのうちなくなった。おそらく昔から伝わっている口上と、わずかな動作があったに違いない。その点、結局奏と似通っていたのだ。

ところが普通かなづは、どういうことを意味しているかわからぬ。音楽、舞踊を奏することがそうだと思ってるが、わからぬ。奏にくっついている理由はおそらくこういうところにある。つまり、座っておる状態だけで踊る。そしてわずかに唱える唱えごとをしてる。それが「かなづ」であろう。そのくらいに限定するとたいてい古い「かなづ」にはまる。踊るも立って踊らぬものがある。日本の踊りの様子を見ても、神楽で固定さしてする踊りがある。これは踊りとして成り立つ。手が踊っている手踊りだ。今は踊りの卑俗なもの。手踊りは中世の頃から卑俗なもの。手猿楽。手が出てくる理由がある。足を使わぬ踊りが成り立つ。つまり座っていての踊り。今度は一寸法師が碁盤の上で踊る。座ってやるのと同じこと。古代の舞にたつつまひ（殊儛）。これは顕宗、仁賢――雄略が王位を取り合い、雄略が平らげた。悲惨なのは忍歯王《おしはのみこ》の子の、島稚子・来目稚子兄弟、即ちおけ・をけ皇子が播磨の奥へ逃げ、ある機会に舞った。それが殊儛。殊は解けてない。立ったり座ったりして舞う舞。たちつゐつの舞と言う、あやしい。が、要領は得ている。侏の借り字か間違いだ。侏は一寸法師。侏儒と書くとわかる。立ったり座ったりは要領を得ている。一寸法師の舞とすれば一つのところを動かぬ舞なのだ。新室《にひむろ》の宴を行う時、家の精霊が出る。これは普通女舞。この時は一寸法師、男の子が出て舞ったのだ。（一寸法師の舞は後世まで伝わっている。昔は顔も体も小さいまま育つのがいて、それを可愛がっている。）「たつつまひ」と読む理由が疑わしいが、ことばはたつつ舞のことばの持つ意味に近い。立ったり居たりして舞ふというので、要領を得ている。じっとしていて、上体だけで舞っている。これは歌を歌う時、唱え言した時、興奮した状態だ。立ちあがらぬことを約束しているとそうなってくる。

日本の歌の解釈の一つに、それがある点まで役に立つが、沖縄のユンタが古い意味を伝えたものだ。ユンタは歌を歌いつつ、体を動揺させている。女ばかりだが王国だった時代に宮廷から認めた巫女がノロ。認めぬものはユタと言っている。ユタの意味は体を揺するものということらしい。日本の歌の古いかたちとは信じぬが、かなづの説明には役に立つかも知れぬ。古語の説明は最後の決定がつかぬ。古い例に合わせていってはまったらそれでいいというくらいで、それでも不満だ。も一つ語源的に解剖して古い用例をどのくらい一定してるか見る。語源解剖は「かなづ」は出来ない。古い例を集めると、据《すわ》っていて行う手踊りらしい。これで少しずつ食い違ってお互いに対峙してるものではないが、まい、おどり、あそび、かなづと四つの語が出てくる。その中かなでるがはっきりせぬ。しかし、ともかく手が主になっている。

まひ
をどり
あそび
かなづ

この考えにあてはめて、舞踊を考えてゆかぬと古い時代のことはわからぬ。

舞の分るい

ところが今度は昔の舞の分類。どう分類していたか。

この分類もしたのだが、年齢による分類がある。昔は年齢制度で世の中がもっていた。年齢年齢で人の形の規準的姿が決まっていた。その表現があった。それが舞の分類の根本にくるべきだ。うんと後になって歌舞伎の踊

ヲトメ

りにやゝ子踊り。歌舞伎は赤ん坊ではないが、やゝ子は赤ん坊。そんなふうに絶えても何か残ってる。たつつ舞とこれは関係してる。若者踊り、女の踊り、翁の踊り、備わっている。先に言った、家を建てた時に出てくる精霊が、家の建てた祝いをする時家屋の精霊が出てくる。その家の主人に近い娘が、親族の娘やその家の主婦が出て舞う。精霊の舞だが、精霊の役を務めるのに女の年齢に限度がある。対立して若い者の舞、若子《わくご》舞がある。まず先に女舞の一番有名な乙女舞の説明をしてみねばならぬ。

乙女の舞は乙女舞、不思議に一致した起源を唱えている。これは女の舞。日本の舞の中、女の舞で名高いのは五節舞。中世以後は主として大嘗祭。この時の乙女の舞が五節舞。今でも大嘗祭が行われると貴族の娘が舞う。五節と言うので、五人が標準だが、昔は八人出た。これは未婚の女。それと同じような位置に立ってるのが中世の初めに東国から都に移されたと思われる（わかるのは中世。もっと前かも知れぬ）東遊び。これを舞うのは宮廷の楽人の子孫。舞はたいてい武官が舞った。東遊びは必ずしも武官でなく、代々の楽人がする。これに付いている伝来の話からは女のはず。

五節舞は天武天皇の時。吉野にこもっていた時、向こうの山の影を見ていた。山岸に乙女が降りて来て舞った舞の手を覚えて伝えたのが五節舞。すると天女の舞。吉野の山の精霊、山姫の舞。そういう伝説の出来た頃は、半分は山姫で半分は天人と、新古の考えがまじってるだろう。この伝えは後世のようだが、古くから信じていたらしい。天平十五年の五節舞——大嘗祭ではない——宣命が出てる。そのことばを見るとその時の五節舞が天武が規定せられたと書いてある。宮廷の厳重な詔書で奈良宮廷で信じていたのだ[1]。

吉野の山姫、神の乙女が舞を舞った。その時見ていて伝えたというだけは信じていた。宮廷で何かの機会にすることになった。ところが東遊は、だいたい同じ頃。駿河の有渡浜《うどはま》（渡あるいは度。のちに三保の天人）。天人が舞っていたのを道守《ちもり》（国道の番人）がいて、海の砂の中から首を出して見て舞の手を作った。天つ乙女をじいさんが見ていたのは幾種もある。東遊びはもとは乙女の舞。都に移って乙女が舞わなくなった。

編者注

（1）「掛けまくも畏き飛鳥浄御原宮に大八洲知らしめしし聖の天皇命、天下を治め賜ひ……礼と楽と二つ並べてし平けく長く有べしと神ながらも思し坐して、此の舞を始め賜ひ造り賜ひき」（『続日本紀』天平十五年五月五日条）。

十二　女舞

（昭和二十三年十一月十六日）

女舞の話。

伝来から言うと宮廷自身に出来てきたことが推察できるが、その前はどういうふうにして取り込んだかわからぬ。ともかくある時宮廷に奉られた舞である。吉野の舞姫が舞って見せた。すると手を伝えたのは天武天皇だということは考えていい。おそらく宮廷の宴会の時行った舞。宴会を「とよのあかり」と言う。起こりもわからぬ。とよ＝にぎわしいのほめことば。とよは評判が高い、世間に鳴り響かしている。あかりは酒を飲んで顔が赤いというが、昔の人も考えていたようだが、フォークエチモロジーだ。ともかく宮廷の饗宴をとよのあかりと言う。由緒正しいものを伴っている祭りの後で舞う舞。のちはもっぱら大嘗祭のあとで舞うことになっている。五人の舞姫が出る。おそらく五節も五人に関連していようが、もとは五人に限らなかった。舞が五つ折りある。同じ部分を五返くり返す。一節《せつ》ごとに袖を上げる。というが文字に拘泥した説だ。字の説明をしているにすぎぬ。もう少し別の意味があろう。ともかく古くは大嘗祭だけでなく大きい祭に饗宴があり、それから行われる。

普通の舞踊史の常識では、舞姫の出るのはまれびとをもてなすためだ。この時のまれびとは天子である。天子が饗宴のあるじで同時にまれびとでもある。宮廷には天皇以上はいないので、まれびともそうなる。新嘗祭でも新しい米を奉り、その米を天皇と神とが一緒にあがるのだが、その神はどんな神かわからぬ。米の精霊が祭のところへ来ることはわかっている。米の精霊は受身でそれに対して能動的力を持っている神が来ねばならぬ。それは天皇でなければ他にその役をする人がない。同時に天皇は宮廷の家長で主人になるより他ない。つまりわれわれの知らぬところで主と客とを天皇がされるわけだ。それと同じことで、大嘗祭も天皇が主であってまれびとだ。公式の表向きは変わるので内地の古いしきたりの式にはそのかたちが窺われる。舞姫は家屋の精霊を表したもの。まれびとの心に従う。きっと五節の舞姫は宮廷の主の天皇のおそば仕えをした。枕席に侍ることが条件だったのだ。まれびとに対する礼儀として舞姫が奉られたのだ。それを忘れてしまってのちにも五節の舞姫がつめてくると五節帳台の試みがある。天皇が舞姫の帳台を見て回る。帳台は寝台。寝台の回りを帳でかこっている。舞姫、女官は帳台を許されてないが、天皇がそれを見て回るのは形式化しているが、儀礼的にそば仕えに召されたことが考えられる。これと非常に関係の離れたもので、多少似たところのあるのは東あそびだ。

相模と駿河の国との境の足柄峠の、「あしがらのみさかの神（のちの足柄明神）」と関係が深いようだ。簡単に言うと足柄峠神の神あそびという部分が濃厚に感じられる。が、必ずしもそう単純化して考えていいか、問題になる。この遊びの起こりは峠神と関係ない伝えを伝えている。有渡（度）浜へ天人が下り、その舞いぶりを道守の翁が砂の中に穴を掘って、その中から見ていたということになっている。ところがそれはご存じの通り、三保の天人の話に語り伝え変えられている。平凡に言えば二カ所に伝わっている。能は脚色がある。多少違う。白龍が見つけ天人が返せと言った。返してほしくば舞を舞って見せよ。衣おこせ……天人には嘘がないといって羽衣を着て舞った。その舞ぶりが残ったのだ。東あそびの舞の伝承の気分を脚色をもって語っている。羽衣の伝説は天人が水浴しかけていた着物を盗まれる。着ないと天上行きの力がなくなる。というのが羽衣伝説の根本になる。白鳥《スワン》処女《メードン》伝説《タイプ》。このタイプは世界に分布している。印度から東を通って日本に入る。どっちがもとか知らぬが書物でなしに地続きにこれが伝搬している。この話と舞の話とは別らしい。それを舞の話にしたのはこれだけだ。日本の他のは舞とは関係さしてない。有渡浜（および三保）のだけだ。東《あづま》に起《おこ》った女舞だ。乙女の舞だ。としてることは考えられる。

沖ナワ

乙女の舞の意味。聖なる職を行う適齢がある。（男にもある。だから男舞が起こる。）つまり、十四、五から、女の人が聖職に仕えるだけの条件が出てくる。女には男と違って別の条件があり、メンスが時期を画す。信仰の上で問題。血の汚れで神に近寄れぬ。と言い、またその期間だけ避けて、済めば仕えてもいい。これは普通の女性はそれだ。その期間は手も出さぬので手なしと言う。神事をせぬこと。その時期が済むと神事に仕える。メンス、きらっていることは事実だ。その意味では。

ところが物忌みの厳重なところでは生涯見なかったという伝説上の女性がいる。八十になるまでなかったという女性が伊勢に仕えた。が、根本的にメンスが汚れかどうか問題。

世界で見ると神が指定して入り用だと言った。そのためにメンスを出すのだというふうにも考えている。かと思うと、非常にいけないことで、罪悪的に考えている民族もある。判断が中途半端でない。肯定か否定かまでいってしまう。ともかくメンスがあるので、それが年齢が来たことを示す。

男には別のことが行われる。男の生殖器を裂く儀礼がある。日本人にもあったらしいが、証拠が挙がらない。割礼という、傷を付ける儀礼もいく通りも方法があるが、おそらくこれは女だけが持っているのでなく、男も悪いものを持っていると考えて、人工的に出すことを考えて、割礼が生まれたのだろう。民族学者によりこの起源は同じにとられてないが、私は女に対して出来たと考えている。一種の信仰みたいに日本人には残っている。

ともかくその年齢に達したものが、一つの共同の訓練を受ける。これが一種の舞。神が出る時、神はものを言うが、それがこの土地の人間にわかることもわからぬこともある。身で示す動作が重要に見られる。沖縄の離島では巨人が出てくる。身体を隠している。多分肩車しているのだ。面をつける。赤面と白面と。かづらをつけたり、面には貝殻つけてピカピカ光る。村のある場所へ来て、それが棒を持って踊る。とげのある棒だ。その踊りにつれて、今年男子の適齢のもの（旧日本は十五才）（沖縄はまちまち）、子どもから若い者に入るのが訓練を受ける。烈しい踊りを踊り、棒で殴られつつやる。その巨人をアカマタ、アヲマタという。マタは蛇だという。

かどうかわからぬが、と思っている。毎年でなく、何年目かに出てくる。それまでにまとめてくる。訓練を与えられると若い衆になる。中堅である。この監督に達したものがおとな（武家の用例は家老、事務練達の人々）。通過儀式をする。

昔のことばだとヲトメ（女子青年）。その境目に訓練を受けてそれが舞踊のかたちで表されている。朝鮮にもあった。やはり舞踊が訓練になっている。後には若い衆制度は人為的に壊さねばまだあるはずだ。日本の国家が建つもっと前からだったに違いない。その間に変化してきて、若い衆仲間が守らねばならぬ。次に伝えねばならぬものがあったが、だんだん変わってくる。

おそらく若い衆仲間で唱えるものもあったのに、忘れてしまう。ごく散文的生活をしているにすぎぬ。若い衆の家によって暮らすより自分の家にいる方が長いので、重要な仕事をだんだん忘れてしまう。だから唱え言、祭りの方法、あるいは舞踊があって、伝統的に伝え、その伝統を絶やさぬよう指令を伝えるのがおとな。これがアニ若衆などという。女にも宿がある。手工のものを持っていって、針仕事などしている。これも女宿での仕事が少なくなっていった。今からは考えられぬことをしておった。若い衆の集まりを一口に秘密結社と言っている。それは若い衆を経過した年寄りだけが知っていた。村のそれ以下のものは知らぬ。男の生活は女は知らず、娘の生活は男は知らぬ。昔の田舎は重大な秘密を団体的に持っている。ある年齢の間、聖なる職を行う時期がくると、それらの人は祭りがあるとその仕事にあずかる。男は祭りの時神に仮装する。今の祭りはすべて人だが、昔はあの行列を神と考えた。女の方は神を饗応する巫女になる。互いに顔を隠して包み、服装も変えている。それでちょっと見てはわからぬ。

おかしいと思うなら、大田植え、地方で一カ所だけ重大な田植えをする。山陰にまだ人が残っている。男は楽器を鳴らしてくる。女も顔を隠してくる早乙女。男は何かわからぬものになり囃す。田を囃しているようだが、田遊びの行事で田へ神が来て囃している。すると田にいる巫女が同時に苗をとって植える動作をする。互いに顔を知らぬ。参加者は女は女を知っている。男は男を知っているがお互いにはわからぬ。男は男の仕事があり、お互いに知らぬ。世の中が進むと知ってしまっていて、何だというようなもの。だんだんやまってくる。人は知っていても知らない顔をしているのが普通なのだ。こういうふうに形は近年に始まったことではない。昔はこれが当たり前のことだ。少しも珍しくないのだ。記録は古いところにはない。よそを見てきても自分のところにしているとなると記録に書く。昔は同じことだから書かぬ。かえってざらにあったことなのだ。そういう女、男の間だけの秘密行事と伝わってゆく、この一つが舞踊だ。乙女舞もそういうところに起源を発しているのだ。

ただそういう時代から信仰の形が神を持ってくる。神と言えぬ漠然としたものもある。そんな時代から乙女の生活が続いている。漠然として神と言えぬが、神が散らばらず、一人の神に帰する信仰。信仰の対象が散ってない。一つの神の信仰が進んだこと。その頃になって日本では、いろいろの神が考えられてくる。若い男女のすることが神を対象とした神事となる。もとは神とも言えぬものに対してしている仕事が、のちには神のために祭りのためにしている仕事だとなってしまう。それで、そういう女たちのする踊りはすべて巫女の踊りと考えられた。日本では巫女の踊りを八乙女の踊りを規準にしている。熱田の社の八乙女の舞が代表的になっている。

東あそびの歌の中にも「ウドハマノ　スルガナルウドハマニ　タツヤヲトメ　タツヤ」。乙女が立つ。八乙女かわからぬ。この歌はおそらく白鳥となって飛び立つ八乙女のことだろう。「七草のいもこそよし」などついてくる。つまり支那では佾《イツ》は舞の最小の規準の形。人の組み合わせは二、八とか組んでいる。それが佾。日本では八人らしいが、困るのは八つとたくさんとを八で示すので八人かたくさんの乙女か、それがはっきりせぬ。

八乙女舞というと神社に必ずしもつかなくてもいいので前からある。神あそびは初めから神社は持ってない。神あそびが進んだのちのかたちが神社で、神社以前から乙女の舞はある。神社が出来てくると、乙女の舞が神社に服属してしまう。乙女舞の伝統はまだまだいろいろあったろうが、宮廷で巫女と考えられているものは五節の舞。どこかからか入ってきたものだが、入り方が自然だったので、よくわからなくなっている。東遊びは時期が遅い。それでよくわかっている。平安朝の中頃に入っているに違いない。入った頃は、もう女舞ではない。だが、東あそびにはまだ女の要素がある。「求子舞」がある。これもヲトメゴの舞であろう。社々に残っている求子は、乙女に関係がないものばかり。だが、春日の社の「求子舞」の古い文句は源氏にも伝わる。「三笠山の乙女子を捨てて」、それだけ伝わっている。わかったようでわからぬ。「求子舞」にはそういうのがあった。春日の社のは求女子は乙女子と示すものが残っている。

東あそびは最初に一歌二歌として伝わっている。『万葉集』にある「あしかりの　わをかけやまの　かづの木の　わをかづさねも　かづさかずとも(1)」足柄山の中のワヲカケ山のこうぞの木（皮として繊維として布を織る、ユフだ）。おれをば、拐《かどわ》かしてください。拐かすのが難しいとしても。かづさくがわからぬ。結婚する一つの方法として女の子を担ぎ出す。結婚のために。女が外の村のものと結婚するのは難しい。その嫉妬は腹が立たなくても腹の立った表出をせねばならぬ。俺らの顔が立たぬ。これは半分が作った気持ち。歴史的感情が治まらぬ。それで怒った顔をしている。村の神が他の村にとられるのがいやで、村の神の怒りを若い衆が表現する。結婚の形の一つに、略奪結婚の形式をとる。勝ってしまうと了解が早く、おしまいで、これが掠奪結婚のかたち。近代になって生活がつまると、掠奪のかたちでやる。安く済むから。そんな風で、私を連れていってくださいという歌が形にある。その歌をとって一歌二歌が出来ている。さ、みんな一緒に手を鳴らしてくださいな。これは足柄明神に関係あることを示している証拠の第一。

東あそびが、遊びは鎮魂の舞踊でこの語は舞踊の名。それで歌の文句は固定していて少ない。社々で特殊な歌を歌う。歌い替えるのは二種くらいしか歌い替えぬらしい。もと歌の文句が東から来た。わずかだけあった。一つの曲に一つの歌と付いてきたのが、宮廷に入り、これが付近の大きい社が望んで自分の社で行なった。その時社々のものだということを表すために、特殊な歌を歌い混ぜてゆく。だからもともと東遊びは踊りが主で歌は主でなかった。京の宮廷で行われたが、宮廷で始まったのではなく、名の通り東の鎮魂舞踊ということ。このことは大きいことだが、平安朝の中頃に中へ入っているが、入った手順はわからぬ。古くから宮廷では男舞になっていて、女の舞の要素はない。宮廷へ入ると舞の性質は決まってしまう。宮廷の舞人は武官だ。その武官たちが歌を歌いまた舞ったりする。武官が片手間に器用なのがあるのでなく、武官が宮廷の神事に文官より関係があったのだ。こまごまとした神事に関係があったのだ。武官の仕事の中にごく細かいものが残っている。武官がそういう神事をしていたので、舞も舞い、歌も歌わねばならなかった。故に武官は後世と違い、家に伝わる強い霊魂で宮廷を守り、強いこっちの霊魂で、伺ってくる悪いものを斥ける。これを物部と言う。霊魂を扱う職業団体、これが一軒の家の名になり、分化してもののふ。自分たちの霊魂で外部から来るものを防いでいた。天皇の身にいい霊魂を運び込むことも武官がする。自分らの持つ霊魂のいいものを天皇に奉る。奉るのに、やはり鎮魂舞踊をして奉る。同じ方法で宮廷に奉っていたのだ。で、平安朝の六衛府に関係した武官はみな舞、歌に鍛錬している。その関係で、大きい社の祭りに武官が行くのだ。宮内省の舞は日本流のは、武官の服装。その服装をした武官が祭ったからだ。神事としてしていたので、その人たちがよそから来た舞も習得してくり返して行うので、女舞が男舞になってしまう。

編者注

（1）『万葉集』巻十四・三四三二。

十三　東遊び

（昭和二十三年十一月三十日）

東遊びは、東の国で行われていた舞踊を持ってきて、都で行うことになった。どういう機会に持ってこられたかわからぬ。想像は出来るが。東歌に関連させる必要がある。東歌は『万葉集』巻十四がその集で、『古今和歌集』巻二十の一部が東歌だ。それから東遊びの歌は平安朝中頃から現れてくる。東遊びは、歌の方は発達しなかった、というより、歌をあまり伝えていない。歌の部分は風俗の方へ分かれていった。それで舞専門になってしまった。舞のための必要な歌だけあった、と思われる。

舞が主になったので、歌を風俗の方へ任した形だが、系統の同じと思える平安朝初めの東歌という百年ほどあるいはそれ以上前の、最初の『万葉集』に伝わる東歌は、舞は想像の痕跡も残らぬ。歌は立派なのが相当残っている。文学的に内容に特殊な発達が見られる。結局歌と舞とが伴っていて、歌が多く発達していた。ところが舞だけが東遊びとして鑑賞されると東遊びは歌から分かれ、歌の方は風俗となった。

しかし東遊びの歌はわずかで、読むだけ読む。

東遊びの最初は、一歌。琴にかけて歌う歌。

一歌

をををを　はれな　手を調へろな　歌調へむな　相模《サカム》の嶺《ネ》　をををを

サカムノネ、「盛の音」と感じて宛て字をしている。岩橋小彌太の『日本芸能史』。これもそうだ。

二歌

え　我が夫子が　今朝の琴手は　七紘《ななつお》の　八紘《やつお》の琴を　調べたる琴や　名をかけ山の　かづの木や　をを
をを

一歌は、合図。琴の手整えよ。歌人たちは歌の調子を合わせようよ。サカムノネ＝盛んに音おこせとのちには感じたのだ。相模の山のこと。おそらく二歌の「ナヲカケヤマノ」に続くのだ。歌が中断してしまった。一歌は歌ではない。相模の嶺の歌を始めよう。二歌は特別の歌だ。一部分わからぬ。神楽なら採り物の歌。名をかけ山。琴の歌に関係なし。「足柄《あしがり》の　我を可鶏山の　かづの木の　我をかづさねも　かづさかずとも」（『万葉集』巻十四―三四三二）を取って来て、挿入している。囃子詞みたいに使っている。なまっている。『万葉集』東歌のことば、「足柄《あしがり》の　我を可鶏山の　かづの木の」だが、ここは一、二に分けて「サカムノネ」としている。東歌に続くと右のようになる。足柄歌。足柄の歌を分けて囃子に使っている。この一歌二歌は、だいたい足柄歌に関係がある。それが東遊びか。伝説では、有度浜に降りた天人の舞ぶりを盗み見て伝えたという。この伝説はあったろうが、そういう伝説が結びつくのは、一歌二歌の次が駿河歌だからだ。それで東遊びは東国のどこのかわからぬが、一、二で見ると足柄明神の神遊びだろうということが想像がつく。駿河舞は次にあり、六章に分かれている。読むだけにしておく。

駿河舞

や　有度浜に　駿河なる有度浜に　打ち寄する波は　七草の妹　ことこそ良し　ことこそ良し　七草の妹は
ことこそ良し　逢へる時　いざさは寝なむ　や　七草の妹　ことこそ良し（駿河舞）

打ち寄せる波は七草の妹だ。詞も縁起がいい。妹に会った時すぐに寝ようよ。口で言うのも縁起がいい。

あな安らけ　あな安ら　安ら　あな　あな安らけ　練の緒　衣の　袖を垂れてや　袖を垂れてや　あな安らけ（駿河舞）

歌の文句はちょっとだ。催馬楽の断片みたいだ。
千鳥ゆゑに　浜に出て遊ぶ　千鳥ゆゑに　あやもなき　小松が梢《うれ》に　網な張りそや　網な張りそ（駿河舞）
近代的気持ちが出てくる。千鳥のために浜へ出て遊んでいる。小松の先に網を張ってとりなさるな。
いはたしたへ　笠忘れたり　や　いはたしたへ　殿ばらも　著《しる》くもがなや　笠まつりおかむ　笠まつりおかむ　や　知らざらむ　あぜかその殿ばらも知らざらむ　いはたなるやたべの殿は　近き隣を　近き隣を
田へ笠を忘れておいた。男の人たちが笠かぶらねば露骨になるのでさし上げようというのか。「あぜか」。わからぬのが当たり前の如き歌だ。これが駿河舞の歌。短歌の形とは変わってきている。万葉のを古いとすれば、古今の、その次が東遊びの歌だ。だんだん変わり、東遊びの歌になって激変している。
打ち寄する波云々。風俗の
八乙女は　我が八乙女ぞ　立つや八乙女　立つや八乙女　神のます　高天原に　立つ八乙女　立つ八乙女（八乙女）
と接続する。有度浜へ天人が降りて残したという伝説が思われる。伝説から出来たのか、二つの歌から伝説が生まれたのか。風俗と東歌と一つの要素を持った歌が分かれている。天人の舞を盗んだという伝えは、駿河舞から出ていることが察せられる。三保でも有度浜でも足柄歌として同じことだ。駿河に関係していることはこれでわかる。
次は、求子《もとめこ》（求目子）。
求子歌
あはれ　ちはやぶる　賀茂の社の　姫小松　あはれ　姫小松　万代経とも　色は変《かは》　あはれ　色は変らじ
というのは、石清水、賀茂に東遊びを奉る時、東遊びを行う時、その社に関したものを歌う時、使うのが求目子。これと歌の内容とは関係なし。賀茂のは『古今和歌集』（巻二十）にある。「万代経とも色は変はらじ」。求

目子という詞とは関係がない。あるいは、松尾の求目子は

ちはやぶる　松の尾山の　影見れば　けふぞ千歳の　はじめなりける（『後拾遺和歌集』一一六八）

下手な歌だ。社をほめるつもりで歌っている。求目子は春日のもの。古いらしい。それで春日のから求目子の名も出ているらしい。「春日の山の求目子をすてて」と一部だけ伝わっている。何のことかわからぬ。春日の山の乙女子をうっちゃっておいて。これがモトメコとなった。モトメと歌われた。それでモトメゴという名になった。それからどこの社もその社に限って歌われるのを求目子と言う。概して新作で宮廷所属の人が信仰も感激もなしに変な歌が出来た。これはもとから東遊びについたものではない。それから大広《オホヒレ》。

大ひれや　小ひれの山は　や　寄りてこそ　寄りてこそ　山はよらなれや　遠目はあれど（片降）

大比叡、小比叡から出たので日吉の社に東遊びが奉られた時分のものだと思う。「片下」と、調子の上から言っている。上と下と分けている。下を歌うものが調子を下ろす。

以上五つの部分に分かれている。私の想像は間違いでないと、大広もあとから書いたもの、比叡のもの。求目子は春日。この部分は大□へ□。するともとからの歌らしいものは駿河舞だけで、一歌、二歌は楽ぶを催す歌。それで伝承に有度浜の天人が力強く働きかけるのは当たり前だ。

その他東遊びはどうなったか、わからぬ。今残る東遊びではそれ以上は追及できぬ。東遊びは今残っている雅楽、神遊びの中では東遊びが人の心を引くものだ。今はそうだとて、昔はどうだかわからぬ。その意味でなく昔の人は喜んだようだ。それは伝説が説明している。これは宮廷から京都地方の大きな社で奏した。東遊びを舞うように使いが出る。毎年くり返して出ているが、宮廷から出なくてもそこでやる。つまり宮廷から与えたことになる。東から奉られたものを今度は与えた。それで東遊びの時は慎重に宮廷から使いが出ている。そのうち主なものは、賀茂の臨時祭、石清水の臨時祭の二つだが、歌から見ても春日比叡松の尾、まだまだあろう。昭和になって大きい所でしようとして始めたが、これは歴史が切断されている。賀茂、石清水のは毎年行われている。

この臨時祭、恒例になっている。日本の祭りは神代の祭りにあった、大昔に始まったと見ている。新しいのは、ひょっこり出来たので、起源は臨時で、恒例になっても臨時と言っている。臨時に行われた祭り。日本の考えは永遠に続くのではなく、毎年毎年分けてみると、今年も臨時に行うということになる。つまり起こりが臨時だったのだ。

日本の昔の信仰と（空白）との関係がわかる。神は音楽が好きというが、平安朝に音楽の好きな人が多かったのだ。神がとても音楽好きだと考えた。宇多がにわかに雨やどりし、礼に賀茂の神が東遊びほしいと言った、これを上げたことから臨時祭が起こる。東遊びを宮廷から上げたので起こった。これは舞をするための祭り。石清水はまた違う。寛平元年三月に起こっている。石清水は天慶五年将門の乱が治まらぬ、その時、宮廷から東遊びを奉るからと立願し、勝ったので引き出すと言った。天慶五年三月から臨時祭《さい》が起こる。これも起源は臨時だから神が音楽好きだとの考えをみな持っている。これまで一年一度ずつ舞人を遣わして舞わせる。

調楽（でうがく）、稽古の楽。それから、明日出発の時、試楽。いよいよ賀茂でして帰ってくる。還立（かへりだち）、一度のために宮廷と社と四度行われる。もっと説明する。皆好きだからこんなことがあった。その他の社も宮廷から与えられて、それが社にくっついてしまったものと見るのがほんとうだ。神を喜ばすために毎年遣わされた形だ。それで見識高いものだ。

東遊びをなぜ行うか。宮廷でなぜ行なったか。起源の理由は伝わらぬ。が、だいたい推測出来る。東遊びは平安朝へ出てくるのは平安朝中頃すぎだ。同様のものは古くからあったらしい。『続日本紀』の天平宝字七年一月に、

庚申、帝、閤門に御しまして、五位已上と蕃客と、文武百官の主典已上とを、朝堂に饗へしたまふ。唐、吐羅、林邑、東国、隼人等の楽を作さしめ、内教坊の踏歌を奏らしむ。客・主の主典已上、これに次ぐ。踏歌に供奉る百官の人と高麗の蕃客とに綿を賜ふこと差有り。

と出ている。奈良の天平宝字七年一月に雅楽と一緒に、支那、西域と、東国の楽と隼人の楽とが行われていることがわかる。東国の舞、これ照らせつけると東遊びの古いものとして考える。天平宝字七年に奈良で行われていたことが推測できるが、東国と言っても広い。それに宮廷に舞を奉るべき国はいくらもある。一度入ったものは交代するかというと、のちの東遊びと同じものとは言えぬ。が、東国の舞手が都で舞ったことはわかる。

貞観三年大仏供養に行なっている。平安の初めに近い方だ。百年たたぬ中。するとこの『古今和歌集』に出ている東歌と並行しているのだ。醍醐天皇より以前のものだ。清和の頃東遊びが行われているとせば、その頃のか。古今集に出るのは当たり前だ。古今集に伝わる東歌と関係がある。すると宝字七年頃の東国舞と万葉の東歌と、関係がないとは言えぬ。あると言ってもいい。ただ東国舞がのちの東歌と言えぬだけだ。

隼人の舞を見てもわかる。一番最初に宮廷に降伏した。異民族の誓いのしるしに奉った舞だ。歴史上重い舞だ。宮廷が九州にいた頃のと思う。伝承の上では歴史の形は消えて神話の形で伝わっている。その時誓いを兄が立てた。隼人の俳優、舞、犬吠というものが長く伝わった。歴代に宮廷に新しくついてきた古いもの。それが度々すると、その後のものもはずれることが出来ぬ。隼人の舞。およそそうした手順で入ってきたろう。重々しく言わなくても。

ともかく東の国から宮廷に服従した印に歌を奉った。歌を歌い舞を舞った。印に東国に伝わる威力ある魂を奉る。すると服従の印になる。その権威ある魂を移すためには、舞を舞う。歌う歌によって伝わる。新しくついた国はそうしてきたが、東国は一番新しい服従の歴史がある。まだこの頃は服しきっていない。陸奥、出羽には反乱があった。先住民や新しい殖民したものも反乱する。くり返しているので、宮廷では東国の舞、歌は切実に必要があった。盛んに奏せられた。東遊びの入った頃は、宮廷にとって重大なものだった。

その頃宮廷と神との関係は変わってきた。宮廷の祭る神はわずかだ。宮廷が尊信している神は高い。その他万物に宿る霊魂、アニミズムの対象の霊的なものは宮廷から見て低い。が、高くも低くもごったになって歩み寄った。平安朝の初めから神に位を与え、諸国の神は待遇が上がってくる。神の方が低かったのだ。それで位をやって昇格する。天子と宮廷と神との関係が対等になる。今までは宮廷の尊信している神はわずかだ。神と宮廷が同格になってきた。だから神に言う言葉も命令的だったのが、いくらか敬語を使う。祝詞はそれで文章がわからぬ。それで京都付近の大きい社は宮廷から見るとだんだん位置を高めてきて、宮廷と対等になる。だがお参りとは言わず行幸といって、おいでになると言っている。近世は乱れた。神と宮廷との関係が対等に近くなり、神が宮廷に要求する。そして迎えられる。それで丁重を極めてくる。

宮廷から東遊びを与えると神より低くなるかというと、融通が利くので、われわれの霊魂は下から奉る時は完全無垢の霊魂で、使っているうちに古びてくる。新しいそれ一代の霊魂を入れる。すると排出した霊魂は捨ててしまう。宮廷に奉仕している人に分け与える。それで上下の階級が分かれる。それを神にあげると宮廷が服従するのかというとそうではない。東遊びは伝来の歴史に特別で、社に入るのも特別だ。今までは宮廷に入ると止まりだが、東遊びは入ってまた出た。一年に一度ずつ出していた。実際はそうならず、かなり拡がっていったのだ。もう少し舞踊として音楽として優秀なものがあったら、日本の芸能の上に影響を与えていたろうが、珍しかったというにすぎぬ。

東遊びと関連していること。武官の舞。社々へ持っていく。舞人は舞官、小《を》忌《み》衣《ごろも》を着る。山藍で模様を摺ってあるもの。その装束を着るのが、普通の舞の姿だ。武官の冠は緌《おいかけ》が付いていて、舞う。雅楽で言うと今のを見ても、外国の服装以外のものは武官の服装だ。日本舞の基礎になるものは武官の服装をしていると思ったらいい。

宮廷で舞を舞うものは武官だ。

日本の武官、古代から中世は、続いたものは平安朝後期で変わった。平安朝までの武官は違う。源氏以後ではわれわれの考える武官。宮廷のは服装だけ違って宮廷の官吏だ。宮廷でもののふと言っていた。物部の音韻分化だ。「もの」をば取り扱う団体だ。「もの」は霊魂。霊魂を扱う団体のもののべは、どの家でも霊魂をもって宮廷に仕えることを仕事としておった。いろいろの職業もあり、宮廷に仕える人は霊の力をもって宮廷を守るので、一つ一つの家の仕事で仕えている。霊力で守るのは共通だった。もののふは武官的に感ぜられる。それで霊魂を取り扱うのに慣れているので、舞を舞う。自分たちの家に憑いている霊魂を伝える時は舞を舞い捧げる。自ら霊魂に関する歌舞には慣れている。それで武官が舞を舞うのは当たり前だ。臨時祭に遣わされるのは武官だ。それにだんだん流行してきて人員が増えてきて、そのまま増やさずに名目を変えてしまう。人員に超過するとお供の人の意味で陪従という名でこれがのりこすと加陪従。そうしてだんだん舞をば差し上げる様相が盛んになった。その理由もある。臨時祭には天子が特別にその神に立願をせられるらしい。天子の身をなでた形代、身に触れた麻をもたしてやる。社はそれは神秘だから人に見せず、マジックを行なった。臨時祭は舞を宮廷からあげる以外、宮廷のために新しい一つの祈願をしている。こうするから天子の身を守ってくれと言う。特にそういう伝えがある。春日の社ではその痕跡ははっきりしている。木でこしらえたフィンガーボールのようなものの中へ、松か杉かの葉のままの木を人の形に切ってその中へ入れて麻糸を束ねたものを添えて、春日の祭りに神前へ供える。するど神託がある。それはわからなかったが、臨時祭の時には天子の贖物《あがもの》をもって健康を祈る。結局、東人が奉る時はそんなことはなかったが、大社に許される時は付帯した条件も付いている。つまり東遊びの目的が違っているわけだ。

十四　東の歌

（昭和二十三年十二月七日）

東の国から歌を奉ることは、東の国々を守っているところの守護霊、国々の威力の源になる権威ある魂を奉ることになる。少なくとも一等重要な場合が考えられる。新嘗《にひなめ》の時、国々の国府に集めてそれを都に持って来た。東で新嘗の祭りをした後、京へ集め、京で行われた。米が一種の霊魂を持っている。わからぬことは、国と米との霊魂がどう関係していたかだ。

国の霊魂はクニタマ。武蔵の大国魂の社、大国魂《みたま》の社が今でも府中にある。あちこちにある。国々の霊魂はわかる。米の霊魂はうかのみたま。ウケ＝食物。これが機械的に固定して「け」、神や天子にあげる食物。みけ。「うけ」＝米のことで米で作った食物を「うけ」。その霊魂をうかのみたま。田舎では稲荷のことと言っているが、稲荷の一方的解釈で、米の霊魂だ。うかのみたまと国の霊魂とは別だ。その関係をどう考えているかわからぬ。

大嘗祭の時（新嘗祭の御代はじめのもの）に、悠紀の国主基の国、両方の国から米に関する神人《びと》が上って来て、相当の人数が上って来て、主なる仕事は米を搗いて、酒をこしらえ、飯《めし》炊いて、それを新嘗祭のために用意する。その間にうかのみたまと国魂との関係が混同せられてないかと思う。昔は幾種類もの魂を考えて処理してきたので、そのくらいのことを混同するわけはない。大嘗祭はさておいて、新嘗祭の時、刈り上げ祭だからその時祭る神の主体は、稲の精霊に違いない。宮廷の大嘗祭にも、天子が大嘗宮にいられる時、うかのみたま、穀物の精霊が来ることを示す行事がある。警蹕をかけて、大嘗宮へ入るのがある。これは稲の御魂らしい。それらの国から国の霊魂を奉るに違いない。それはだから、毎年の新嘗の時、国の御魂を奉るに違いない。

その時東の舞を舞って歌を歌って、東の霊魂を天子の身に入れることをしたので、東歌が宮廷に入り、東遊びが宮廷に残ったのだ。ところが申し上げたように、東歌はいわば、東遊びの詞章が東歌。ところが東遊びというものが、普通の記録に見えるようになった時代には、東歌と分離してしまって、つまり東歌が行われていたかいなかったか、わからなくなってしまった。固定して神社々々で行われているが、東歌は行われていなくなっている。だから東遊びは『万葉集』の東歌、『古今和歌集』の東歌以後は、いつの間にか所属が変わってきて、雅楽の呼び名で呼ばれるものが多くなって、他の名で呼ばれてきた。そのためには、東遊びと、東遊びに属していた東歌の分離が行われ、東遊びに属していた歌の独立が行われた。そのあとがはっきり見えるのが風俗のあることだ。たびたび申すごとく、神楽歌に対する催馬楽と同じ関係にある。催馬楽が舞を伴わぬように、風俗は舞についていない。関係ない。歌われるだけだ。風俗の詞章を見ると、東遊びと連絡のあることがわかる。その風俗という、歌われるだけの歌、声楽の上の種目が現れてきてから、あるいは現れる以前に、東歌というものの存在の必要がなくなった。東歌が引き続いてきていいのに、東遊びの行われる頃から違う方に飛躍した。東歌が京でもてはやされず、風俗がそれに代わった。そこに事情の変化するものがなくてはならぬ。それでもう一度風俗のもとの意味から変化した意味を簡単に。

風俗《ふぞく》はまさに形は風俗歌《ふぞくうた》というもの。風俗ということは国《くに》ぶり、その国々の国風ということだ。日本風に言うと国ぶりの歌が風俗歌だ。国ぶりということがすでに日本語で言うと鎮魂の歌のことだ。国のたまふりの歌だ。国々のたまふりを約している。日本で言うところのくにふりが支那から出た風俗と一番よく似ている。しかも日本では国々の鎮魂の歌ということを意味している。国々の鎮魂の歌が奉られる。それが即ち風俗歌《ふぞくうた》である。大嘗祭のは、それがはっきり悠紀の国の風俗歌、主基の国の風俗歌、というふうにして歌われる。宮廷に昔から毎年毎年、幾度と知れず、どれだけの範囲に亘ると知れず、長い年代に亘っておさまっている。そういうの以外に、大嘗祭に風俗歌が奉られる。これが目についた。

それが次第に新作を用いるようになった。その国と何かの縁故のある人が作る、あるいはまったく縁故のない人も作る。適切な音楽のテーマは決まっている。その国々の風土の根源を意味するところの古いことばがある。そのことばを、読み込んで作れば、その国に行われていた古い歌にも勝った新しい力を持っている。註進風土記。風土を註進する記というものが大嘗祭のとき奉られた。悠紀、主基の国の昔の歌、昔の物語に関係する、多くは地名、歴史に関係した遺跡あるいは建物の名を並べてゆく。そういうものを言う。これを奉った。それによって歌人《うたびと》が新しい悠紀主基の風俗歌を作った。主に地名で、風俗、歌《うた》ことばになるもの、伝説を背負っている固有名詞、これが一種の威力を含んでいる。これを入れると歌が威力を含んで保持している。天子に歌いかけると魂が天子に入るという信仰だ。

こうした風俗歌が大嘗祭に作られる。これを歌って米を搗くことを申した。米を搗くとは、一つのマジックだ。チャームするマジックだ。こっちで一つのことをしている。それに感染させるためのマジック。米の霊魂を搗いているのは、天子の身に霊魂を鎮定さす効果を持ってくる。チャーミングマジックだ。風俗歌《うた》は古いところはその国に行われている古い民謡だが、平安朝で新作が作られる。今も大嘗祭には新作のを歌う。これは風俗歌のあらわれとしては一つの方面だ。

風俗歌はもっと都の生活、宮廷の生活に触れる点はなかったのだ。少なくとも東遊びと関連している風俗、平安朝中頃よりの正式な舞踊、歌謡として言われている神楽、催馬楽、東遊び、風俗は。この風俗は同じく風俗の名だが、大嘗祭のとは関係がない、東遊びの東の詞章であった。東遊びに一度、数度は歌われたもとの詞章だ。それでたとえば名を挙げてみても短歌の形でなく、小曲とも言うべきだ。そういう形になっているが、数少ない。少ないうち、関東に関係あるもの。「小筑波《を》」「こよろぎ」「信太の浦」「陸奥《みちのく》」「甲斐」「常陸《ひだち》」「常陸歌」「筑波山《やま》」「東路」「甲斐が嶺《ね》」という文句だ。それだけ見ても、東国に関した地理が出てくる。三十三首ある中、それだけ東国の地理に関したものが出ている。その他内容に入るともっとある。「玉垂れ」はやはり「こよろぎ」の歌だ。「遠方《をちかた》」は「安達の原」（地名）が出てくるので、奥州のものだ。

遠方

遠方《をちかた》や　彼の方や　安達の原に　立たる幹に
立たる幹に　植わる幹に　己を似寄する　さ寝としなくに
寄せば寄せ　寄せば寄せ　よそふる人の　憎からなくに

この中、重なってくるのは歌が重なるだけで、東国の歌が有力だということには大した意味添えぬ。放っておいていた。だんだん文句を分析してくると、他にも東国関係が見出される。が、東国と無関係のもある。たとえば「伊勢人《びと》」は、東国と関係なささそうだ。

伊勢人

伊勢人は　あやしき者をや　何ど言へば　小舟に乗りてや　波の上を漕ぐや　波の上を漕ぐや

伊勢の国を関東に数えたことがないことはない。かえって新しい、戦国時代よりのちに数えている。少しおかしいが伊勢は鈴鹿の関を越えた外。近い関は伊勢の鈴鹿、美濃の不破、越前の愛発、近国に三カ所。都の範囲にある国を越えると第一の国であるという印象がいつでも残る。伊勢を東路の第一国に感ずる習慣がある。それを頭に止めて考えてゆけばいい。それから、「難波《なば》のつぶら江」というのがある。普通の本は載っていない。『體源抄』に「難波都布良江」がある。わけがわからぬが、よさそうだ。

難波都布良江

ナハノツブラヘムノ春ナレバカスミテミユルナハノツフラヘ
秋ナレバキリタチタタル
ツブラヘノセナヤ

文字からいくと、大阪の難波《なんば》。東遊びに申した。ナバは、おそらく「なばつぶらえ」の同類の地名と見られるが、播州だと思っている。つまり探していくと、風俗の中に、伊勢、播磨があったりする。昔の古い知識は一通りに話は出来ぬ。はりまと言っても、ナニハの古い地名につぶらが出てくるという邪魔な知識がある。これをかきわけていくのが古典研究の大事だ。東歌の中から濃度の濃いものを掘り出してみると、この風俗が東歌的だと規定することは出来ぬ。東歌的要素を十分に持っている。ただ一つ疑うのは、東遊びの歌でもそうだが、なまったように『万葉集』が入っている。その他、東歌は出てこぬ。風俗にも、だから、東の歌が都に運び込まれて後に洗練せられて、東なまりを取り去ってしまったのだ。でないと東歌（『万葉集』）と比べると様子が違う。あの東歌はすでにそうだ。まれに方言が入っているが、多くは都風な表現だ。都ふうでないと言ってもこの程度だ。

甲斐

甲斐が嶺《ね》を　さやにも見しか　や　心《けけれ》なく　心なく　横ほり立てる　さやの中山

さやの中山が横倒しに伏している。甲斐が嶺をはっきり見たいことよ。「けけれなく」が、今もその傾向があるが静岡言葉、遠江、駿河の言葉。歌に「甲斐が嶺」とあるので甲斐歌と言うが違う。駿河、遠江歌だ。方言をとって、「けけれなく」。形をおもしろく取っているので残る。方言としての面目を発揮しているわけではない。こういうのがわずかに入り、他は都の歌と変わらぬ。『万葉集』の時代を見ると、ほとんどそのまま東の言葉で表現している。年を経て都ふうの表現、発想に強制してきた。それから風俗の形に到達している。東歌だけでもそれだけの変化がある。こう見られる。これは、そうして都へ入ったわけだ。たとえば「こよろぎ」。

こよろぎ

小余綾《こよろぎ》の　磯立ちならし　磯ならし　菜摘む少女　濡らすな　濡らすな　沖に居れ　居れ　波や

濡ろ濡ろも　君が食すべき　食すべき菜をし摘み　摘みてばや

相模国の足柄を越えてくると足柄の郡、その次がよろぎ、淘続（余綾）。国府津、大磯あたりまで。それから大住中《すみなか》とくる。小、大余綾と分かれている。小よろぎは、国府津らしい。短歌の形だ。これは『古今和歌集』にある。風俗としても古いのだ。小余綾の磯をば、しじゅう立ちなれて、磯の副食物を摘み、波よ沖にをれよ(命令形でをれ)と言った。「玉垂れ」は似ているが、短歌ではない、自由だ。

玉垂れ

玉垂れの　小瓶を中に据ゑて　主はも　や　魚求きに　魚取りに　こゆるぎの　磯の若藻　刈り上げに

玉垂れの小さな小瓶を据えて、饗応のご馳走はどうしたのか。磯なるわかめを刈り上げに。一つの地方からこういうふうに、幾種類か歌が出ていることが考えられる。こよろぎの名の処に、三。玉垂れに、一。(その他にまだある。)「八乙女」を見ると

八乙女

八乙女は　我が八乙女ぞ　立つや八乙女　立つや八乙女　神のやす　高天原に　立つ八乙女　立つ八乙女

となっている。この歌は、東歌の駿河舞の歌の文句と接続している。

駿河舞

や　有度浜に　駿河なる有度浜に　打ち寄する波は　七草の妹　ことこそ良し　ことこそ良し　七草の妹は　ことこそ良し　逢へる時　いざさは寝なむ　や　七草の妹　ことこそ良し

この歌と関連している。「ことこそ良し」の歌と連関していて、両方に分かれているので、併せると離れているようだが、内容は有度浜に天人が降りてきて舞ったということを、この歌の背景にある知識としている。それが二つに分かれて、うっかりすると関係ない形に見えている。

東遊び、風俗を通じて、研究の眼目とするところは、歌の出所がどの地方にかたまっているか、ということ。どの地方の歌がかたまっているか。もとより歌の数が少ないので、言うてみても結果ははかないものだが、風俗として書物にまとまっている以外にも風俗らしいものが散らばっている。その他にも紛れ込んでいる。とってき

ても大したことはない。地名についての注意は必要である。先に申した「甲斐が嶺」の歌も風俗にある。どうも東で一つの有力な場所は東路の果ての常陸《ひだち》。常陸の歌が東ではある勢力を持っていた、というが、都で常陸歌を重く見ていたというのが適当だ。常陸はもちろん筑波の中心。たとえば風俗のうち、「常陸」

　常陸
筑波嶺の　此の面彼の面に　蔭はあれど　や　君が御蔭に　増す蔭も　増す蔭もなし
や（『古今和歌集』は「増す蔭「は」なし」）

ところが、次の常陸

　常陸
常陸にも　田をこそ作れ　あだ心　や　かぬとや君が　山を越え　雨夜来ませる

には筑波は出ていない。それから筑波山の名のは、

　筑波山
筑波山　葉山繁山　繁きをぞ　や　誰が子も通ふな　下に通へ　我が夫は下に

短歌として少し自由なところがある。この筑波山の歌は、最初のは『古今和歌集』にある恋歌《こひか》だ。東に行われた恋歌《こひうた》を歌って、天子への誓いにした。私は思います。あなたのご恩徳に勝るものはない。「かげ」、山の「かげ」とは、かづらのこと。こちら側向こう側に頭を飾るかづらはあるが、あなたのお姿以上のお姿はない。女の男への讃美。それを宮廷へ持っていって、天子をほめる歌にした。転用している。誓いの意味のものが多いので、そのまま誓いに使える。くにぶりの歌が、都へ持っていって利用する利用法がわかる。都へ持っていって歌うと、持っているある意味が、感じるある部分が動き出す。不思議なことを考えている。歌の中に魂があって、こっちの理解通りに動いてゆく。こっちの理解する通りに歌の内容の魂が動いてゆく。常陸のも、とんでもないが讃美に使える。

常陸のお前の住む里では田を作っている。だがあなたはほかに□田を両方に持っている。仇心を持って、他に通わしているからか。雨夜は田処では大事。こんな雨夜に来たのは下心があるからだ。来られぬはずなのに来た。「雨夜来ませる」であまり感じないので、風俗歌では山を越え、野を越えといろいろ囃子詞が入る。おもしろいが、歌っていると何のことかわからぬ。私の家へ来たのは二心だろうと、変な歌だ。田を作っているはずだのに、私の処へ来たと、変な理屈だが、田舎ふうなニュアンスが、人の心をうつ。田舎の生活を知らぬ都《みやこ》人にとってはクラシックの文学が与えるのと同じものを与える。クラシックはいくら近寄っても近寄れぬ生活を思わせるのだ。それと同じ。この歌は喜ばれる。いつまでたっても問題が残るのだ。都人には「筑波山」第五句が少しこじれてきている。意味もあやしい。筑波山入口の山、みっしり繁った山（対句にはならぬが）が、しげいのをば（人目がたくさんあって監視している）だからして、しげいことだからして、誰の子も通うてくな、あなたがお通いなりませんように、しのびしのびにこっそり来い。それも一文言いかえて、私の大事な男はこっそりと通って来い。文章はわからぬことはないが、歌っているうちに崩れてしまう。表現をゆるめたり変えたりした。

陸奥の歌。

陸奥

あはれや　阿武隈に　霧立ちわたり　明けぬとも　夫《せな》をば遣らじ　待てば術なしや

東歌では陸奥歌が重大。東の更に先にある。常陸を越すと海岸も山の道も関があり、越えると陸奥。昔は陸奥は近かった。磐城、岩城。だんだん陸奥が奥へいった。東歌の中、陸奥歌が重大に考えられている。「夫をば遣らじ」「阿武隈に」からが文句だ。これも『古今和歌集』にある。東歌として載せている。そこに主に出したのは、短歌の形ではなしているが、その形でないのが風俗の本格の形だ。阿武隈山に（稜線のあたり）霧がずっと立ち続いて夜が明けた。明けてみると霧が立ち続いている。夜が明けたとしても「せな」（東言葉と言えば東だが、都にもある。『万葉集』ならもちろん使う。平安朝でも都で使う。近年「せな」は東京近在。これは東言葉と言えぬ）。大事な男を行かさずにおこう。待っているとやるせがない。明けても帰らすまい。また逢う時がいつ来るかわからぬ。待っているとつらい。一つも東特有の生活は出ていない。かえって都と一緒の美しい感情がある。普遍だということを見出して悦んでいる。人情の美しさをよろこんでいるというところが見える。

十五　武官・もののふ、相撲の話

（昭和二十四年一月十八日）

相撲の話の前提として、神事舞踊あるいは歌謡にあずかる人々が武人（武官）だったことについての説明。武人のことをもののふという理由。関係上説明する。もう一つ、平安朝において、武官で日本的の音楽に関係したもの。その指導者の位置にいたもの。もののふし。平安朝の語感で、ものはもの、ふしは節と感じていたようだ。このことばがどういうことを意味しているか。重大なことになってきそうだ。

宮廷の音楽舞踊に武官が関係することが多い。雅楽（支那、朝鮮、西域の音楽舞踊）の中にも、武官が日本の武官の服装で出るものが出来てくる。日本で出来た雅楽もあり、武官のする領域が拡がってくる。いわば武官の行う芸能という一つの分野が開けてきた。すべての芸能がそうなように、芸能を行うために武官がしたのではない。必ず理由がある。武官と芸能とは関連した。どっちかが手を出したか、ともかくどっちかから関係を始めた理由があるに違いない。芸能自身が手を出すわけはなし。武官がしたに違いない。

武官の長い歴史の上に芸能と関連した部分があるに違いない。日本の武官は戦争をするためのものでなかった。それよりも前に、前提、先の条件として、神事を行うものであった。その種類の中に、歌謡、舞踊を行う方面が発達してきた。武官が歌謡、舞踊をぜひ行わねばならぬ事情が出来てきた。きっと、なおざりに中世の歴史を見ている人は、中世は優美だから、殺風景な武官さえ芸術的楽しみを豊かに持っていた、それをさせるほど世の中が優雅に満ちていたと思うだろうが、そんなのんきなことは言えぬ。武官の神事に関係していて、神事が芸能と

① ②

関連している。その部分に注意を集めて見てゆきたい。もののふは、もののべの音韻分化。もの＝霊魂。霊魂を取り扱う団体。べ＝職業団体。職業は、神事に関係した職業。それが「べ」。霊魂に関する職業団体。ところが、もののべの中に有力なのが出来てきて、もののべと言われると、それを言うものと感じた。それが物部氏だ。これは非常に大きい一族だ。もののべが一族を覆う名としても大きすぎる。すると今度は、もっと古い意味になりきっている。自ずから分化してもののふとなってきた。もののふに古い意味が残り、もののべは家名となった。もののふが霊魂に関する団体の意味を持ってきた。その意味では広い。宮廷に仕えている家々は、霊魂に関係ない家はない。すべてが、もののべでないものはない。もののふがほとんど宮廷に仕えている氏々の人々をおしくるめて言うに到った。だんだん武官のような傾向を持ってくるのは理由がある。戦闘的な行為。戦闘を待つような行為。準備をしている。いつでも出来るように備えている服装をして行動をしている。日本の武官はもののふから出てきた。そういう服装をしているから、もののふでなしに——のちのは職業上出てきた——結局宮廷に仕えている家々は神に対して行うところの職業はいろいろ違っているが、結局総合して宮廷に同じような仕事を一面持っている。宮廷を護衛すること。宮廷の外から来て覗うものに対して守る。それが家々の仕事、守ることの出来る準備をしている。守りに触れるとしばしば戦闘行為を行なったということ。戦争をするのは、もののふの仕事ではなかった。もののふの服装から行動すべてがわれわれの武士武官に対して持っていたところの予備観念に当てはまってきたということだ。

　そういう意味でよそから来るもの、霊魂に対する職業団体と考えてもいい。こう考えると誤りもある。家々自身の昔から持っている霊魂があり、それで斎い鎮めていた。自分たちの霊魂をもって鎮める。よそからの悪いものに対して行動するのではなかったが、結局変わってきた。日本の武士、武官の起こった理由は日本ではその経路を通っている。ところが、今も言ったごとく、もののふとは外から来る悪いものを防ぐより、も一つ古いもの、自分の持っている古いもので祝福し、鎮護するという仕事の方がもとの仕事である。そう言えばわかるが、日本の古い芸能は、多くの場合尊い霊魂を高い位置の人の身に入れるところから出発している。それが鎮魂、遊びということばのほんとうの意味だ。家々の人が自分の家に持ち伝えている霊魂で、主である天子を鎮護する。その手段として行う呪術的行動が当然芸能化していくわけである。家々によっては行動の姿が違うが、大同小異の所作を行なっていると見えたに違いない。もののべ、蘇我、大伴とあっても、天子から見ると大同小異のことと見えたに違いない。長い間にそれが芸能的楽しみを持たせるだけになってくる。

もののふであるものが、芸能を行うということは、日本のもののふの歴史の上から最初に出てくることだ。どうしても出てくる道筋で、偶然でなく本筋だ。御所の護衛が暇になって、それを覚えたのではない。そういうことをするなら武官の戦闘的服装をしなくてもいいというが、その服装がマジックを行った服装だ。あの服装自身も武官の芸能にはなせぬ。冠から簶、靴の類から、すべて関係するわけだ。

日本の記録は、必ずしも日本に限らぬが、自分らの生活に近いことをくり返していることは記録しなくていい。生活に遠いもの、臨時のものを記録すべきだと思っている。くり返しているものは記録の値打ちなしと考えているので、重大なことでも書かれぬことが多い。奈良朝以前の書き物に、書いてないこと、あるいは書いてあることは、重大だったから書いたというのでもなく、しじゅうあって慣れていることは書かれなかった。まれに起こってきたことだから書かれた。だから、たとえば奈良朝以前の書き物に一つも出ずに、平安朝以後のににわかに書かれることがある。日本の国の古いことばは、奈良朝には出てこぬ。『万葉集』は出てくるが、文学に書くことによってことばだけが残っている。日常生活に関連するものは出てくるのが珍しい。ところが毎日毎日くり返して使っていたことばや、まれに使ったものが、奈良朝のに残っているとすると、非常に幸福で恵まれたものだ。平安朝以後の書き物に出てくると初めてだと平安朝に始まったことばだという。平安朝にわれわれのことばは始まっているのではない。奈良朝から続いてきている。その間に衰えたり消えたりいろいろする。だから平安朝にあることは、平安朝の初めに出来た語もあるが、奈良朝から引き続くのが多い。平安朝の物語、日記類に出てくるのが、平安朝に始まったということは出来ぬ。にもかかわらず平安朝に出来たという印象を与えている。そんなことを進めてゆくと、平安朝以前に人は、ある種の文化生活を表すのには語なくして生きていたということも考えなくては、飛び離れて起こってくることは考えられぬ。語の使わぬ期間があったと考えねばならぬ。どの語が前からあって持ち越されてきたのかということになると、判断が難しい。その語自身を解剖して検査すれば、見当がついてゆくと思う。そういうことばの検出が、古典文学あるいは古典文献学の研究をしているものの大きい為事だ。古い時代の文学、文化、書き物を見る人はそれを調べる必要がある。考古学はある点以上、身体の努力だ。ところがそういう知識はしまいまで知識的労働だ。素質にもよる。そういう仕事をせぬと、これから先は古代の研究は出来ぬ。危険は伴うが。

もののふしもその一例だ。もののふしを得た人だ。ものの要領を会得した人と解くならなんでもないが、ことばはそう簡単に出来ぬ。もののふしに平安朝が持たせていた含蓄を考えるべきだ。持ってきた理由は、もののふともののふしとの音韻的関係。一音「し」が加わっているだけ。これは一応関係あるものと見ていい。「し」がわからぬ。仮に、もののふの指導者の意味でもののふしと使っていた。舞、歌、笛の指導者にはそれぞれ師がある。雅楽寮の定めにはある。儛師、歌師、女歌師、笛生《ふえのしょう》・笛工《ふえだくみ》の上に笛ノ師がある。琴にも師がある。それの影響で、決まった宮廷の雅楽寮の職員の名ではないが、仮にもののふの指導者だからもののふ師という語が出来たかと見ていい理由がある。ただ、木に竹を接いだかんじだが。それと同じことはある。われわれは公卿、殿上人というのを使う。公＝三公と卿は三位以上＝上流の貴族、それ以下、殿上人。そういうのを古くはどう言っていたか。平安朝はカンダチメ（上達部《め》）。これは宛て字らしい。メ、べは職業団体。一つの集まりをメ、べと言うのはわかる。上に立つ人だからカンダチメと言うのはおかしい。これは平安朝に出て、前には出てこぬ。しかし、平安朝に始まったと見るのが最低限度だが、奈良以前から続いていたというだけの疑問をつけておかねばならぬ。これはわれわれに解決がつく。カムタチは、祭りをする時に上下まで一カ所にこもる。物忌みしている、あずからぬ人を寄せつけぬがカンダチ、あるいはカウダチ、神館が当たる。庤と書いている。カンダチにいる人たちならカンダチメ。その意味で出た例はないが、語源の例としては不都合だ。部分的に有力な証拠がある。カムタチメは古くはないが、カムダチとメとは、証拠がある。これが結ばれたのが、平安朝に持ち越していた。

こう説明してもまだ平安朝で出来たとも言えるが。

宮廷は、常に祭りが行われている。みやは神のおられるところだから、神社と同じ意味で使っている。神社と同じ状態で生活しているところ。神が下ってきているところと考えている。天子から群臣にいたるまでが詰めているところがカムダチ。宮廷がカンダチで、宮廷に詰めている人はカムダチメ。天子もその一員だ。天子と神との区別がたたずある。天子にも神の資格を持たしてきたので、天子は別にして、天子に仕えている人は皆カムダチメ。それだけはわかるが、いつ使われ始めたかわからぬ。そういうことばがいくつもある。そのことばを見ても、考えられるのは、宮廷に詰めている人が神事をもって詰めてない人はいない。宮廷は政を執っているところのように思っていたろうが、遊びの相手をしていたと思うが、違う。宮廷ではしじゅう神事が行われていた。それで政務は宮廷の中に一廓を画して、神祇官・太政官《だいじょうぐわん》など区画わけしている。

神事の一つだが、外に出て行く。神祇官はやはり外へ出て行く。天子が直接にせられる神事の行われるのが宮廷だと考える。宮廷はそういうところだという考え方が時代がたって変わってきても印象深く残っていた。そこに非常に起源のわからぬほど古く、非常に長い久しい間、宮廷に対して奉仕しているところの氏々の人たちが取り次ぎ取り次ぎしてきた。それが容易に消えなかった。それをひき放つことが必要だった。官吏に官吏の自覚を与えて、神事から引き離してしまう。神事で宮廷と関係している。宮廷の始まりと想定した時代から続いている。宮廷に行われていることは、宮廷の始まった時から行われている。神事を行う人も、してゆくわけだ。われわれはこの位置でこの仕事をして、こういう関係で天子と関連しているというふうに考えている。いつまでたっても同じことだ。神やら神事との関係から家々、氏々の職業を離す必要がある。大化改新の目的はそこにあった。神の信仰を分離してゆく。引き離してゆく。昔の人は簡単だ。信仰は古いものも大事だが、新しい威力あるのも大事だ。新しい信仰にも大事な価値を感じる。宮廷の人と氏々の人との関係を改めてゆく。すると世間が変わってゆく。日本の古代の宗教は、大化改新の時ひっくり返されている。政治的意味で変化が起こるが、多く現れてくるのは外部に現れる。位置の低い内部にこもっているのは、昔のまま保っている。人の頑固だということはわれわれ自身が想像できぬほど頑固だ。やはり古いものが残ってゆく。残るだけ残すが、どんなことがあっても残ってゆく。すっかり変わってしまわぬ。すっかり変わらぬ。分裂して別れ別れになって残ってゆく。だが、宮廷の価値、一番大事な源は、神事に関連している点だ。この点を守ってゆこうとする。つまり引き離そうとするものと、保とうとする努力が、最小限度の妥協をして残してゆく。分裂した形で残してゆく。系統を失った形で。もののふの話をしても、武官がいろいろの神事の芸能を行う話をしても、必ずしも直ちに了解がつかぬ有り様になっている。宮廷において、古い歴史を持っているのは、かたくなに守っているのは武官の階級だ。その連中が芸能に関連しているのは、古い姿を残しているわけだ。

われわれがざっと考えると、武術に関係していると見るようなことで、芸能的の要素を持っているものが日本には多い。芸能的に見られていた。それがその見方を改めて、特に新しい鑑賞法によって見直されてきた。そして武術のように取り扱われてきた。鑑賞法の改められていないのが残っていて、武術で芸能的面影を残しているものが相当ある。その一つの例が相撲。

相撲の起源。相撲と演劇。相撲の起源と称するものはおそらく起源ではなく、相撲のある一部のテクニックとか、あるいは相撲の伝説、そうしたものの説明にとってきた説明が、相撲の起源と思われるようになったのだろう。相撲が演劇的意味を持っていた。常にくり返されておった。くり返されていた最初には歴史事実があったのだ。そののちそれがくり返しているのだ。第一回だけはほんとうの事実で、あとは模倣、ただくり返し。いきかたによれば、演劇的になる。ただ演劇と考えていなかっただけだ。一回きりでくり返しがなかったとも考えている。

野見宿禰、蹶速との相撲。(1) 相撲の始まりとは書いていない。近代の人は始まりと思い、宿禰を元祖としている。記事が書物に出てきたことをもって始めと見る。ことが始まったのと記事が出たことは別のことだが。宿禰が蹴殺したのは相撲の始めとも言わず、くり返しも伝えられぬ。

隼人

ところが海幸彦、山幸彦――日本の宮廷の祖先と、大昔に合理化されている。この山幸が征服した時、海幸がした動作は俳優《わざをぎ》として伝わっている。(2) これは相撲に関連した動作だ。ことばから言うとワザヲギ。まずだいたい演劇。演劇類似のものだった。これは、海幸の子孫である隼人という先住民に継承されてくり返されていた。隼人のワザヲギはくり返しは演劇となって、継承せられている。

身体でていこうする

一つの相撲に関する古い伝えは、演劇として残り、一つの古い伝えは演劇として残った痕跡を伝えてない。これも演劇として毎年くり返していたに違いない。ともかく証拠は残してない。相撲を古くから伝えておったわけだが、相撲ということばが初めからあったかどうかわからぬ。スマフは争うということにすぎぬ。そのうち身体で争う具体的のことをそう言うにいたったのだ。アフ、アラソフ、スマフ、も同義語、そのうちスマフは最も具体的で身体で抵抗することだ。

編者注

(1) 野見宿禰、蹶速との相撲。
七年の秋七月の己巳の朔にして乙亥に、左右奏して言さく、「当麻邑に勇悍の士有り。当麻蹶速と曰ふ。其の為人、強力くして能く角を毀き鉤を申ぶ。恒に衆中に語りて曰く、『四方に求めむに、豈我が力に比ぶ者有らむや。何とかも強力者に遇ひて、死生を期はず、頓に争力すること得てむ』といふ」とまをす。天皇聞しめして、群卿に詔して曰はく、「朕聞かく、当麻蹶速は天下の力士なりと。若し此に比ぶ人有らむや」とのたまふ。一臣進みて言さく、「臣、聞るに、出雲国に勇士有り。野見宿禰と曰ふ。試に是の人を召して蹶速に当せむと欲ふ」とまをす。即日に、倭直が祖長尾市を遣し、野見宿禰を喚す。是に野見宿禰、出雲より至りしかば、当麻蹶速と野見宿禰とに捔力《すまひと》らせしむ。二人相対ひ立ち、各足を挙げ相蹶う。則ち当麻蹶速が脇骨を蹶ゑ折り、亦其の腰を蹈み折りて殺す。故、当麻蹶速が地を奪りて、悉に野見宿禰に賜ふ。是を以ちて、其の邑に腰折田有る縁なり。野見宿禰は乃ち留り仕へまつる。（垂仁紀七年）

（2）海幸の動作。

兄、犢鼻を著け、赭を以ちて掌に塗り面に塗り、其の弟に告して曰さく、「吾身を汚すこと此の如し。永に汝の俳優者たらむ」とまをす。乃ち足を挙げて踏行き、其の溺れ苦しぶ状を学ぶ。初め潮足に漬く時には足占を為し、股に至る時には走り廻り、腰に至る時には腰を捫で、腋に至る時には手を胸に置き、頸に至る時には手を挙げ飄掌す。爾より今に及るまでに、曾て廃絶むこと無し。（神代紀下第十段一書第四）

十六　相撲（一）

（昭和二十四年一月二十五日）

抵抗[*1]する、あらがうという意味がすまふらしい。ほかから強い力が加わってきたときに、はねかえす、という意味に使っていたらしい。平安朝では少なくともそうだ。――ことばは移動するので、はまらぬ例もあるが。

　女もいやしければ、すまふ力なし。（『伊勢物語』四十段）

身分の高い男と恋をして、それと抵抗するだけの能力がなかった。平安朝以前には例が出て来ないが、おそらくそうだったと見ていい。あらそうということの中に、相手をはねかえすという意味が含まれているのであろう。

表記　スマフ　昔から書いている例もある。右の伊勢。ふ

　　ムカフも同じ。

　正確にはスマウであろう。ムカウ

　スマヒ↓スマウ　ムカヒ↓ムカウ

すまうの目的は、そのことばの意味からわかると思う。相手が力をかけて来る。それをはねかえす。その技術である。

スモー

ムコー

シモー（終う）

ナロー（習う）

アフグ・オオグ

＊1　垂仁七年紀

則当麻蹶速与二野見宿禰一令二捔力一　スマヒトラシム　イ　令角力

スマハシム―折口

農村に於ける二者の対立

年中行事のもどき傾向

農村では、秋の稔りを祝福するために、田の稔りの出来を助けようとするものと、呪っているものとで、争う動作をしてみる。出来を呪っているものが敗け、出来を悦ぶものが勝つ。すると、田の稔りはよいと決まってしまう。そのために、早い時期に、妨げるものを押さえようとする。春の早い時に、田植の時に、稔りかけるころに、と繰り返すこともある。そういうように、予めしておく動作が必要であった。

田の実りの出来を呪うものは田の精霊である。好まぬものを身体の中に植えられるので、気を悪くするわけである。それで、人の為打ちに不愉快で、邪魔をしようとする。だから、田の神というべきものが、かえって邪魔をするわけだ。それで、一年に時を定めて来る尊い神が、田の精霊をおさえつける。ただの約束ではだめだから、動作を以て示す。一年ずつで考えると、その年の秋の様子を、春、実際に示しておくということになる。つまり、田の精霊のすることを運命付けておく、というわけである。それ以外には出来ない、というふうに決めてしまっておく。こういう一種のマジックの動作が昔から行われていた。これを、標準的なことばで言えば、春田打ち[*2]である。

春田打ち①

春田打ちの時に、そういうことを行うが、適切な感じのするのは、田植の時である。

②

さらに、適切な感じをもってしたくなるのは、稲の花の咲こうとする時である。そういう時に、農村の人の気持ちが緊張してくる。こうして、祝福する動作を行う時期は決まって来る。春先、田植どき、秋ぐちと、いろいろと地方によって違うけれども、古代・中世・近世へかけて、全体を通して行われているのは、秋の初めである。

③

——これが秋の相撲である。[*3]

しかしこれも、秋にだけしたのではないが、秋に行う習慣が有力になって、全国に行われるに到ったのである。大きな社々を持った地方で行われた。ある有力な地方々々で行なったのが、日本全体でするに到った。だから、意味から言えば同じことなのに、春田打ちをしていながら、秋に相撲をする処も沢山にある。

対立①一地における神と精霊
②対立する隣国
能登羽咋神社
9・25
加賀・越中
―上山方
能登・佐渡
―下山方
豊作の占い

すまうは、普通の人の考えとさかさまだ。よそから訪問する神が必ず出来を約束して帰る。これを堅実に行なって帰る。この通りの結果が秋実現する。と、痛切に感じさせて帰ってゆく。時期によって別々に行われるということは、皆の感情に痛切な場合々々に行なっている。特に意味はない。秋の初めの七月の中に行うものが盛んになった、ということだ。

相撲を行うということは、神と精霊とが対立して争うのだという気持ちを長く持っていたに違いない。神の側は必ず勝って、精霊の側は必ず敗ける。時日が進んできて、もとの意味を忘れて、相撲を行うのが一つの享楽的意味を持ってくると、遠くから来る神が敗ける。番狂わせも出来てくる。それほど、芸能化してくる。勝ち負けが決まっている間は、芸能とはならぬ。

ところが一つのある国、ある土地の田の出来を祝福するために行うので、一つの土地に関しての行事であった。ところがそれが変わってきて、両方に対立する。すると、両方とも責任のかかっている土地を持っていると考える。片方はここだが、もう一つは余所の土地ということになる。たとえば山城で相撲が行われる。すると、相撲をとる人は、必ず余所の土地から来る。この人の来る土地が考えられてくる。たとえば、近江から来る、丹波から来る。負けた方は、その土地の、その年の出来が悪くなる、ということになる。――これは、その年の出来を運命づけるためにやっているようだが、ある決まった片一方の方が強制的にされることにはならぬ。

二つの国について、豊凶の占いをする。近江と山城、という風に、どっちが出来がいいかと占う。一つの年うらである。としは一年のことであり、こくもつのことでもあって、一つのことばで二つの意味をかねている。一語の中に、二つの意味が、二つという程でなく、ぴたりとくっついている。

＊2　春田打　田遊の一種、ものよし　芸能の一種。
＊3　相撲神事　力くらべをしない相撲
ナラツヒコ　ヱヒメ三大島の大山祇、一人相撲

年占は、ある一つの国、村の出来不出来を占う。その年は何を作ったらいいか。それで、正月粥を炊く。筒を中に入れて、とり出すと中に粒が入っている。この筒は粟、米、麦、豆と決まっていて、麦の筒の中に粥がうんと入ると、その年は麦がいいということになる。これが普通の年占である。社々で今でもしているのはこれで、即、粥占である。もっと端的には、五穀の粥を炊いて、かき廻して、それによって決めている。同じことだろう。年占は、一つの土地の作物の出来を、よいかわるいか占う。あるいは、何を植えたらいいかを占っている。同時に自分の処とよそとに必ず出来不出来があると決めている。そういう考えが今にまで続いている。

一つの水をとっているところは、水を争うので不思議にそうした争いが出て来る。あっちが勝つか、どうか、ということ。この争いが、それを越えて、一つのマジックとなる。こっちが勝つとのしるしが出ると、その力が圧倒的に相手を圧えてしまう。昔の人はそうした考えが強かった。田畑のなりものは対立している。いつでも対照がある。わかりやすく言えば、隣りの村である。それを相手にしている。悪いものは隣りにやるという考えである。利己主義という考えもなしに、自分の村がよくなればいいので、隣りのは考えにない。同じ村でも高い処（丘）と、低いところとの争い。丘を稔らせるのには、高い所を勝たすべし、という争い。

われわれには問題にならぬことが問題になる。作物も強くするのにはそうした方法をとらぬと安心できぬ。そのまじっく[*4]は多くの場合、相撲の形で現れる。でなくば、両方で一つのものを争う。たとえば大幣、倒れた方がいい。これが昔の歌に出てくる大ぬさの意味だ。それで、同じものを競争する処が多い。柱、あるいは、火をつけたたいまつ。

仕方はいろいろあるが、相撲はその中の一種だ。年の呪術の一種で、もっと適切なものが人と人、ほんとうは、神と精霊との争いを実演してみる。それで、秋の運命を決める。この場合は占いではなく初めから決まっている。だから年占ではない。両方とも神と精霊という約束を持っているが、しまいにはそれを忘れて了って争う。すると占いになる。負けた時には、凶だというだろう。悪いしるしの出るのを、しるまし[*5]と言っている。いい前触れの現れることもある。農村生活の中には、よい報せを見ようとして、そうしながら、悪いしるましを得たこともあるのだ。それを忘れて了った。神事として、それをすると田がよくなる。どっちが勝とうと負けようと、秋の稔りはいい。しなくてはならぬ、していればいい、と相撲をなんでとっているかわからぬ。年占として行うものと、人が霊的のものの代わりとなって力くらべするのと二つの場合がある。

演劇的要素

余所から来るのが力強い立派な神で、土地の神はいつも負けていなくてはならぬ。われわれの持つ芸能の中古くから演劇的要素を持っているのは相撲。つまり、決まった通りにする。約束通りにする。だから相撲は芝居だ。力くらべしている中に興奮して来る。出発と到達点は決まっている。芸能化したものが結論まで突破してしまう。すると純粋の芸能となる。

日本の芸能の中で古くから演劇的なものを持っているのは相撲だ。初めから、この村の何という青年だとしているが、とる中に忘れて勝ち負けが決まってくるのだ。どっちが勝つかわからなくては困るが、相撲にはもう一つ意味がある。年占として見る。相手に対して、勝つか負けるかで、よさ、わるさが決まるので、負けても勝っても意味がある。人間は年占をしながら神の意志を牽制する。神の意志を聞いていながら、意志をひきつける。何かの方法で、勝つべき側を勝たそうとしたに違いない。が、している中に、技術の面白さが出て来る。すると、

＊4　読人しらず
　ある女の業平朝臣をところさだめずありきすと思ひてよみてつかはしける
おほぬさのひくてあまたになりぬれば思へどえこそ頼まざりけれ
　返し　業平朝臣
おほぬさと名にこそたてれ流れてもつひによるせはありてふ物を（『古今和歌集』）

＊5　しるまし

相撲と演ゲキと
田と水と
水の争い

第四ノ一書

秋の行事で、これをすれば、出来秋にしてくれると考えている。

日本の演劇の古い形という隼人の俳優、*6ワザヲギとよませる習慣になっているが、これは一種の相撲だ。正確に演劇ではないが、これに関連したのが、俳優は技術者だが、技術の意味にのみとってはいけない。だから、隼人の俳優のもとの海幸山幸、海幸が、山幸に負けた。この勝ち負けの中心は、田の争い。どっちの田に水が入るかの争いだ。おそらくたとえば「すなわち兄、手をあげておほれ苦しむ。帰って、汐干る玉を出せば、休みてたひらぎき」と書いてあるのは、隼人の俳優の、しぶり、動作、しぐさだ。このあたりが隼人《はやひと》の――――*以下空白

紀の一書（十段第四の一書）に「即兄の釣りする日にいたりて、弟、浜におりてうそふく」口をほそめて吹く。口笛ということにもなる。「時に、迅風《はやち》たちまちにおこり、兄即ち、おぼれ苦しむ。生くべきによしなし。」死にそうになった。「はるかに弟に請ひていはく、いまし、久しく海原にいて必ずよき術あらん。願はくは以て救へ。もし我をいかさば、吾が生みの児、八十続きに、いましのみ垣もとをはなれずして、まさに俳優の民とならん。弟うそふくことすでにやみぬ。風またやみぬ」。生かしてくれたら、生んだ子どもは、代々お前の住む家の垣のあたりを離れずに、番する家来になる。動作をして仕えよう。その動作は先に行なった如し。弟が「うそふくことすでにやみ」て、風もまた自ずからとまって了った。「かれ兄、弟の徳を知りて、自ら伏辜《ふくこ》せんと欲す」服して従おうとした。「しかれども弟、慍色《おんしょく》あり」むっとしている。「ここに兄、犢鼻《とくび》（ふんどし）を著けて、代赭《たいしゃ》色《いろ》の土をもって掌《たなうら》に塗り、面に塗り、弟に告げて曰く、『吾れ身を汚すことかくのごとし。永に汝の俳優の民とならん』。と足をあげて踏み、その溺れる状をまねぶ。はじめ潮足に漬く時には、足占をす。膝に至る時には足を挙ぐ。股に至る時には走り廻る。腰に至るときには腰を捫づ、脇に至る時には手を胸に置く。頸に至る時には手を挙げて飄《たなそこをひるがへ》　掌す。それより今に及《いた》るまでに、曾て廃絶することなし。」足をひたす時……、股にいたる時……腰にいたる時、腰をいだき……首にいたる時は即手をあげてたなそこをひるがえす。今にいたるまで、かって廃絶することなし。

自分のつけていたふんどしを頭へつけた。小さい布、前にあてているだけのもの。とって顔にあてた。代赭色《たいしやいろ》の土、赭《しや》をもって手のひらや顔に塗って、弟に告げて言うのには、こういうふうにからだをけがした（いろどった）、いつまでもお前のワザヲギなるものになろう。

わざをぎの語源はわからぬが、演劇的な笑うべき動作をするものに違いない。これから子孫は、宮廷のワザヲギ。動作を書いている。足をあげて、踏んでゆく。溺れる形をまねぶ。くり返している。初め足を浸す時は、世間で行われているアシウラと同じ動作をした。足占は、想像はつく。水が増えて膝に届いた時足をあげて騒ぐ様

アシウラ
アウラ

＊6　隼人の俳優（別に一らん表作製）

ホデリノ命（海幸）　ホヲリノ命（山幸）
おぼちすすちまちちうるち　後手に賜へ。　高田《あげた》と下田《くぼた》　たかだ《タカタ》　くぼだ《シモタ》
海神の水の掌握　しほみつ玉としほひる玉　争いはかんたんに記す。
僕者自今以後、為汝命之昼夜守護人而仕奉。故至今、其溺時之種種之態、不絶仕奉也。
紀　本伝になし
第一、因教之曰。以鉤与汝兄時、則可詛言《トコヒイハマク》「貧窮《マチ》之本、飢饉《ウエ》之始、困苦《クルシミ》之根《モト》。」而後與之。又汝兄渉海時、吾必起迅風洪濤《ハヤチナミ》、令其没溺辛苦。
第二、因教之曰。以此鉤与汝兄時。則称「貧鉤《マチヂ》、滅鉤《ホロビヂ》、落薄鉤《ヲトロヘヂ》。」言訖以後手投棄与之。勿以向授。　俳人《ワザビト》　狗人《イヌビト》
以下、詳細。
第三、引用省略。大鉤《オホチ》、踉蹄鉤《ススチ》、貧鉤《マチチ》、癡騃鉤《ウルチ》
海神の教え　呪文　貧鉤狭狭貧鉤《マヂチササマヂチ》　三たび唾を下して与へよ
風招ぎをなせ（兄がつりするとき）　風招＝嘯
誓　ワザヲギの民タラム　俳優之民
兄　犢鼻　赭塗　俳優者
行動
伝承は分離していて、必ずしも一つ〳〵が完形でない。

隼人に始まる卜占ということか

子。股へついた時は走り廻る。腰をだいて、煩悶でもするのか。手を胸においてこわがるのか。首は手をぴらぴらさす。

これが隼人のワザヲギのしぐさを写している。その時から今にいたるまで、絶えたことがない。隼人のワザヲギは、詳しく伝えている。相撲の動作するものと、演劇的動作するものと一つのものだ。考えてみると、相撲的要素が入っているのかもしれぬ。ともかく、田および水のことに関連して海幸・山幸の物語がある。演劇、相撲に関連していることを申したのだ。

次に、『古事記』の、諏訪・鹿島の争いのところを読んでおく。[*7]

かれ、ここにその大国主にとひたまはく。今、汝が子、事代主命、かく白しぬ、亦白すべき子有りや、と問ひたまひき、

建御名方の外には、とやかくいうものはない。そこへ、脅かしに来る。

手の先に千引の岩をさしあげてきて、どいつだ、こそこそばなししているのは。そこで、「欲為力競」力くらべせん。そこで、俺はお前の手を取るから手を出せ。「み手をとらしむれば」握らせた。「たちひ」、つららが地べたから立つ。「とりなす」、手で取ったらそういう風になった。手を握らすと同時にまじっくの力で、つららあるいはつるぎの刃にしてしまった。手を握らして、つららのように持たし、つるぎの刃のようにして持たした。握ったら、冷たいつららを握ったようで痛い。そこで恐れてあとへさがって、手出しが出来なかった。そこで建御名方の手を取ろうと「乞帰而取者」、相手が乞うたのにそれに応えることがこひかへす。返礼として乞うた。「つかみひしぎて投げかへしたまへば」、逆にこっちから取ると、若い葦を手に握るごとくぐにゃぐにゃにしてしまった。

古事記　大系一三五頁	紀本文　三四二頁	第一　三五五頁	第二　三六五頁	第三　三七二頁	第四　三八八頁
佐知　サチを易ふ	幸。佐知	幸。		海幸・山幸	幸利
海佐知をもちて魚釣る	呪なし	幸弓・幸鉤	前省略	兄の幸の欠陥	前省略
呪　山佐知も…	井、ゆつかつら	井、かつら木	門前に一好井 ももえのかつら	(井ナシ)	ひとひろわに
神の御門の傍の井の上 ゆつかつらの木	なげきナシ　三年の		くちめの本縁		井　ゆつかつら
兄に渡す時の呪言と方法	滞在もなし　結婚の後。		たま	呪言　おほち…	呪言　まぢち…
おぼち…	まぢち　呪言	与える時の呪言	呪言　まぢち…	後手に…	つばをくだして
後手に賜う	たま　を与う	詛《トコ》ひて　のろふ。	後手に賜う	ひとひろわに	風招
高田《アガタ》と下田《クボタ》	豊王、姙娠	まちのもと…	誓　奴僕なるへし	たま	たまナシ
塩盈珠・塩乾珠	俳優の民とならむ	風と波	偽り、高山、木	高田　洿田	俳優の民
汝命之昼夜守護人	具体的なことなし		俳人　ワザビト 狗人	襤褸	状　たぶさき あか土
溺れし時のくさぐさの態			隼人　代吠《ヨヨベイク》狗す		溺るさま
ひとひろわに					

＊7　言誰来我国而、忍忍如此物言。然欲為力競。故、我先欲取其御手。故、令取其御手者、卽、取成立氷、亦取成剣刃。故爾懼而退居。爾欲取其建御名方神之手、乞帰而取者、如取若葦搤批而投離者、卽逃去。

手をこふ、「さあおこせ」、ということ。このことは後まで、相撲で言う。すべて技術のことを「て」と言う。男の場合でも女の場合でも術を「て」と訓んでいるのは、すべて相撲から出ている。[*8] 手を取るのは争って引き合って、こっちの霊力が勝った時に勝つ。手で決するのだ。手にいくところの霊魂の力。相手の霊魂をこっちへ迎えること。こふというのは、ものをくれということと、恋すると二つ。片方は四段活用。片方は上二段。同じことだ。相手からたましひをもらうことだ。恋をするのは、相手の霊魂を呼びよせる。相手の霊魂を呼びよせなければ、恋は成立しない。相手のを迎えるのが、これがたまごひで、それが男女の間で行われると、恋ということ。相手の霊魂をこっちへ取ること。こひはたましいを迎えることだったのが、恋愛の「こひ」となった。この場合は幸福な「たまごひ」である。これと同じ手段でいくのが戦争である。手を通じてたましいがこっちへやってくる。こっちのが強い場合に。

御手をとらんといふ。故、我まづその御手をとらまくほりす。かれその御手をとらしむれば、立氷にとりなし、また剣刃にとりなしつ。

相手に握れぬようにしてしまった。返礼的にとれば（こひかえしてとれば）、その手を取るというと、若葦を取るごとく、若葦を握るように、へなへなにしてしまった。

これは立派な相撲だ。単純な相撲は手の握り合いでする。後には、相撲を開始する真っ先の手になる。この方が、海幸よりも先に出てくる。

それから時代が下って、野見宿禰の争い。[*9] これが古い話だ。この話を、相撲の最初にしている。これはしたのではなく、前からあったわけで、方法が進み複雑になった。足を上げて蹴殺すこともされるようになった。近年まで張り手があった。憎まれてはいたがあった。それどころでなく、殺してしまうことがあった。殺されてもしかたない。しかし、相撲の最初は手を取ることで決まった。

伝承としては古い

狂言には相撲がある。相撲を材にしているものは、大抵は、相撲取りが相手の手を乞うて、「おて、おて」という。相撲取りの言う語だ。手を握らせぬようにしてしまう。握らすと勝負が決まってしまう。「手を乞う」ということが、最初の技術になる。*10

知っていることでは、霊異記の美濃の国の狐直の伝え。*11 美濃ぎつねとも言う。なぜ言うのか。あたへは姓。狐が称号で、家の祖先に、狐が嫁入りしてきた。何か才能がすぐれている者には違った結婚があった。違った国の者、人間以外の国の者といったこと。狐のあたへの者もそうだ。この家は力人の出た家だ。この家に伝わっていた祖先の狐の妻の歌った歌。

---

*8 四十八手
あのて、このて。
そのてはくわ名。
手違い。

*9 日本紀垂仁七年　七年七月七日
当麻蹶速と野見宿禰
腰折田のあることの縁

*10 狂言　おてっ。参ったの。かったぞ〳〵　三度出てくる「鼻取相撲」「文角力」

*11 相撲　曽我物語
霊異記
11・2550　たちて思ひゐてもぞ思ふ　紅の赤裳裾引き　いにしすがたを
6・1001　ますらをは　みかりにたたし　をとめらは　あかもすそひく　清き浜びを
11・2394　朝かげにわが身はなりぬ　たまかぎるほのかにみえていにし子故に
12・3085　朝かげに…　右に同じ

歌と伝承とのギャップ

こひはめな　わがへにおちぬ　たまかぎる　ほのかにみえて　いにし子ゆえに

恋は皆。わが手か。「戸」が記してある。ちらっと俺に出あっただけで、よそへ行ってしまった娘だったのに。こんなに焦がれている。これは霊異記の伝えのごとく、何年間も一緒に暮らしていた妻の歌ではない。これは、自分がこうた。いくらもこうたが、その結果、成功しなかった。こひをして、相手のたまが、自分の方に出てきた。それはかつことかも知れぬ。たまごひをしても、それが無力であった。俺の方へ出て来ないで、脱略してしまった。手としなくても説ける。俺の側（へ）から脱略してしまった。この一、二句は相撲に関係がある。ちらりと出会った娘に負けて、散々負けてしまった、という笑わせる歌だ。相撲甚句にしてみれば、そんなのがある。*12それは露骨だからよす。だからこの歌、相撲取りの歌としてみると、通るだろう。力人、力士を出した家だから、そういう歌があった。もっと根本的に、力人が出た家だから狐妻の子孫だとも言えるのだ。

たちから　租　コクモツ
えだち　労力
みつぎ　調　コクモツ以外
租庸調・雑徭
防人部領使
相撲節会

ちからは租税のこと。主税。主税寮。ちからを司る役所だから、主税寮。ちからの中に、租（米）、庸《ヨウ》（労働）、調《チョウ》は品物。米の現物は品物。本当のちからは、税そのものではなくて、労働を差し出すのがちから。賦役する、力役することらしい。証拠として、労働するはずで、しないでものを出すのがちからしろ（ちからの代り）。ちからの意味がわかる。庸があたるのだ。力人は、税としてさしあげられた。品物を運ぶ人。すると意味が変化してくる。そういう人たちの中に、相撲の選手が出てくる。秋になると、宮廷からは、国に力人を召される。「すまひのことりづかひ」、ブリョウソウボクシ部領相撲使。*13諸国から引率してくる。これを略して、こ（と）とりづかい。部領はたくさんあるが、その中で名高いので、これが、ひとりじめした感じ。

宮廷では相撲節会という名称で行なわれる。宮廷だけではない。社々でも行なっている。宮廷で行なったり、社々がまねたのかはっきりしない。その節会の行われる日、地方の社々で行う時期が、恰度、川の神の祭りの日、水神の日。だから、川の神の祭りということを、相撲よりも先に考えるべきだ。

折口「川の殿」ノート⑥
水虎シッコさま

日本では川の神は多いが、近代では一つに集まってしまって、カッパになっている。西は川太郎の系統。水の精霊。これを祀る時に、相撲を行う。水の精霊が、相撲が好きだ。近代では相撲の起こりは、カッパかも知れぬ、というほど関係している。おそらく、近代の相撲は、近代の武家が勢力を得だし組織ある生活を始めた時分の相撲は、中心が九州にあるようだ。

河童は相撲が好きで、人と交渉する時は、相撲を取りに来る。しりこだまを抜く。肛門のあたりのたま。死ぬと肛門が開くので。これは空想。かっぱがこれがほしいからだとする。人の子ばかりでなく、馬をも引き込む。何故かは、解決がつかぬ。『山島民譚集』に詳しく広く書いてある。最近は『河童駒引考』。結論はまだ出ていない。河童は人間相手だが、子どもにも馬にも手を出す。人に手を出す時は、必ず相撲を申し込む。勝つと引き込む。引き損なった例もたくさんある。ぬるぬるしているので、つかんでも捕まえ処なくはずれる。かっぱを逆さまにして、皿の水をぶちまけてしまう。腕を引き抜かれて、欲しいので詫証文を書いてもらって帰る。相撲がつきものだ。日本のフォークロアでは、相撲の技術は川の神から伝わる技術とも考えられている。地方によっては、水神祭りの時、相撲をとる所が多い。神社と関係なしに相撲を行う村々。しかし、何か年中行事として行うのは、川祭り。古い社々は、相撲をした。しかし相撲をする社々が少なくなっていった。

＊12 相撲甚句
やぐらだいこに　ふと目をさまし　あすはどの手で投げてやろ
泣いてくれるな　土俵入り前に　しめたまわしがゆるくなる

＊13 相撲部領使・為相撲使…『万葉集』巻五

十七　相撲（二）

（昭和二十四年二月一日）

ちからについて。

ちからは、税のことで、税を取り扱う役所が主税寮（ちからづかさ）。ちからは、人の名にもある。

ちからは租庸調の三つに亘っていたことばである。その中、ちからという語の本体は、「庸」である。調は、力代わりに差上げるもので、ちからつきと言っている。力役するという意味が、もとちから。それが、品物を出す時が調《つき》となり、米を出す時が租なるものらしい。そういう力役に服する者が、力人であって、その意味では相撲取りとは意味が違っている。力役に服して働く意味で力人であった。その仕事の臨時のようなのが、相撲であった。

『万葉集』には力に関する歌が数首ある。

四・六九四[*1]　こひぐさを力車に七車つみてこふらくわが心から

恋草をば力車に七車積み上げてそれで焦がれている。これも自分の心からである。心から出たことである。

大体、ユーモア味を含んだ歌だということはわかるが、細かいところはわからない。力車は重いものを乗せて引く車ではなく、地租にする稲を乗せて運ぶ車であろう。我が心からは、他に方法もあったろうのに、わざわざ選択してそんなものを選んだ。米を積んで行くのが本道なのに、恋草を積んだ。しかも七車まで積んだ。そのために、堪えられなくて弱っている。恋ぐさだから、われわれをして恋をさせる。それで恋い焦がれている。米にしておけば一台で済むのに、恋草にしたので、運びかねた結果苦しんでいる、というところに笑いがある。恋草・七車というところに末梢的に人が笑うだけになっている。

三八五九　このごろのわがこひ力たばらずばみさとに出でてうたへ申さむ出《づかさに出でてうれへむ》

京兆、みさとづかさ。右京兆・左京兆。都の市庁みたいなもの。うたへはうったへ。この頃しきりにおれは恋をしている。こひに対して報いがない。不都合だから訴えよう。これも笑いの中心がわかっているが、解釈しないと、円満には笑いが出ない。

この頃、おれが出る力は、こひ力だ。このちからは税だ。租税の滞納は奈良朝から多い。納めずに済ます生活が続いたので、納めたら位をやることになった。ほめてもらわねばならぬのに、ほめてくれぬ。だから市役所へ出て訴えてやろう。こんなに「こひぢから」を出しているのに、御褒美をくれないのだから、くれない市役所に訴えよう。位をくださいという訴えをしよう。ちからを出せば、位をやろうという約束があったからだ。褒美をもらえそうもないちからを出している。ちからは力だが、こひ力だ。下さらなければ、司に訴えよう、哀願しよう。恋と租税とを、一つのちからで結びつけている。「こひぢから」ということば、何で使ったか。解釈で飛躍している。恋のこと、税にたとえたと簡単に言ってしまうが、もう少し意味があろう。

＊1　六九四
17・3972　いでたたむ　力をなみと　こもりゐて　君にこふるに　心どもなし

一六・三八五八　このごろのわがこひ力しるしあつめ功に申さば五位の冠《かがふり》

冠のことで位を象徴している。五位の位。自分はこの頃たくさん恋の税金を出している。それをこまかく記録して、自分の行賞として請願したら五位の位が下ってくる。

こひの税金
こひ　ナラヌ乞ひ
相撲と

笑わせる動機は大体わかる。力を多く出したら褒美が出る。それを土台として出来ている。笑いの中心が「こひぢから」。恋の税金というしゃれではなく、もっと自然で、「こひ」と「ちから」とがくっついているのは相撲だ。

この二つの歌は相撲に関係がある歌だ。

こひは恋愛する。「たましひ」をもらう。招魂術を行う。恋をしている男女が袖、ひれを振って相手の魂を迎える。もとは黙ってしていた。もとは思っているしるしに振って見せている。布を振るのは一種の神秘な作用を持っている。振ると、相手の魂が呼びよせられる。すると恋の手段がある点叶ったわけだ。そのこひのことばが、戦争と恋愛と、同じ経路となってきたが、適当に闘争的のものに残って使われているのが相撲。相手の魂を呼びとって、相手を屈服させる。手乞い、『古事記』を見ても手を乞う。手を通じて魂を迎えること。相撲で迎えたら勝ちだ。手を通じて、たましいを取られた。タケミナカタの神は、タケミカヅチのたまを取ることは出来なかった。これがこひだ。同時に相撲の場合、力とこひとが内容になっている。こひぢからなどのおかしさの元は、相撲にあるのだと思う。おそらく、力人のもとは、租とか調とかを運ぶ人が、力人と言われたことに原因している。力の強い人が、国道をば、租、調を運ぶ。そんなことで、地方の役所にも顔を知られ、中央の役所にも注意を引かれることになってくる。そこで、相撲の話に入ってくる。

相撲召仰
江家次第

宮廷では七月に相撲の節会がある。地方から「すまひゞと」を召す。税を運ぶことで、誰が力があるか知っているので、それを一時的に宮廷へ行かせる。たいていそれは郡から勧める。日本の昔の政としては、古い政だ。郡は、宮廷の威力が広く国中に及ぶ一つの過程として、郡を土台としている。宮廷に対立していた小さな国は、

土俵入り、節会ノ勝ごとの舞あること

春田打などの演ゲき的のことからその複演として行われた

郡の形であった。後に、国が出来た時に、その下に付けられてしまった。郡長は、小さい国の君主の家だ。それで古い処に歴史があり、古い歴史によって、行なっている政治の場合は、大抵、郡へ命令が下る。その意味で相撲は、古い歴史を持っている。新しい時代に始まったものではない。

　相撲の節会の行われたのは、聖武天皇の時分ということになっている。それが持ち越されて、平安朝の初めに完備した。聖武どころか、もっと前だ。節会は七夕の日と同じだ。七月七日という。理由はあろう。その日であったものが、日がずって来て、七月の月末になった。何故七月七日か。野見宿禰と当麻蹶速との相撲が、七月七日だという伝説がある。それは、宮廷の相撲にとっては、何か理由があったのだと思う。宮廷の勢力範囲の小さい時は、すまひ人は、都の近くにいる。昨日行って今日来るということが簡単にいく。ところが、東海、東山、出羽、九州までということになると、容易に、七月の初めに来ることが出来ないので、五月頃に都に来ている。そして、七月に節会を済まして、八月に臨時の相撲がある。それで国へ帰る。そういう風に変わってゆくわけだ。日取りも月末に下ってくる。七月晦日に近くなって了う。つまり、七月の早くにしたということは、七日にしたことはわからぬが、七日は意味がある日で、七夕と相撲との結びつきは厄介だ。初秋の早い時分だということはわかる。早い米は、七月は大事なときが過ぎている。もうこの頃になっては、何と言ってもしかたない。七月初めは、早稲の運命がどうかと振り返ることの出来る頃だ。それで相撲をやった。目的を忘れてきて、相撲の日が移ってきた。宮廷の行事は、もう一つの点は、遠くへ勢力が及んでからはわからない。近畿から少し延びていたくらいのことを考えるのが古い形だ。

すまひ人が召される。[*2] いきおい早くから来る。近いので昨日言ったので今日来るくらいのを考えた方がわかり

＊2　「江家次第」

やすい。宮廷の領域の狭かった頃を考えた方がわかりよい。国々の郡へ使いが出る。部領使（ことりづかひ）が出るわけだ。その地方から予め選んであるところの選手をば出させる。選手は秀手（ほで）と言う（最手、本手）。それから脇（腋）。ほでに添えて来るものがわき。わきは、若い者、のこと。連想が早くからあったのだ、この字は。そのほか、年齢によって違う。総角（あげまき）、垂髪（うなゐ）。あげまきは成年に達したくらいの年齢。髪をばらばらにしていた者があげる。それがあげまき。うなゐは髪を垂らした恰好。この場合は男だろう。純粋の子がいる。ほんとうの小さい子から、少し大きい子、成年、といった者。郡から出て来る。相撲の節会は紫宸殿の前の庭で行う。

だから、年齢によって、相撲を取って次第に年のいった者にとり上げてゆく。相撲の時の姿というものは、小さいものの姿はわからぬが、大きなものは犢鼻褌、フンドシと言っていいか、たぶさきがいいか。絵を見ると、普通のフンドシの広いようなもの。裸に締めて、狩衣を羽織って、式場に出て来るのが秀手（ほで）、わきの姿。もっと目につく服装は、頭にかざしているものがある。左の方のすまひ人は、葵の花をかざしている。右の方のは、ひさごの花をかざしている。左右ということは、これも後に定まったのではないか。宮廷のきまりでは、新しくはない。左は、相撲は近衛司の管轄だ、左近衛についているものが左方になる。右近衛についている者。サコンネヅカサ、ウコンネヅカサ。ウコンネヅカサが右方。それは管理する形だけのことで、左右と方が分かれる。かたや（楽屋）に控えている。この分かれるのはもっと根本があろうが、左近衛に属しているものは…と言う。ただこれは、分けて隔離させただけで、そこが始まりではない。取って、勝つと、かざしを次に出てくる人に譲る。あやかって勝つことが出来るように、あやかりものとして、受ける。葵のかざし、右が勝つとひさごの花を受ける。

ところが、もう一つの特徴は、頭をかたぞりするといって、頭を半分剃っている。昔は頭を洗わさぬので、頭を剃るのは一部に行われたが、全体には行われぬ。頭を露骨にしても、差し支えないという風俗が上に及んできて、上の姿を真似ることもあるが、下の風を真似ることもある。これは下から上がってきた風で、いわば奴隷の姿だ。すまひ人は、早くから半分剃っている。「すまひ」をする前まで烏帽子をかぶっていて、取ると前を剃っている。月代を浅く入れている。「すまひびと」の発生経過には、剃った頭の形が説明を与えることになるだろう。やはり、今の相撲と同じだ。童相撲、先に行われ、垂髪、総角と行われて、ワキ、ホテとなる。年齢による通過儀礼と関連している。子どもが成年になる。青年が一人前になる。大人になり、老人になる、という年齢関係が決まっていた。これで年齢階級を飛躍して、上の段階に入る。赤ん坊から子どもになる。この時に儀式がある。十四、五で子どもから若者に入る。若者がこの社会の中堅だ。これを過ぎると、皆大人になる儀式を済まして大人になる。そして長い期間が過ぎて老人になる。相撲を取る国々の人の形を見ると、通過儀式を思わせるものがある。外のいろいろの儀式の中で、相撲ほど、そういう姿を見せているものはない。それには何か理由があるはずだ。ごく近代まで、子ども相撲、若い衆の相撲、それから普通の相撲とがある。

相撲は何のために行われなければならぬか。宮廷のと同時に、地方、諸国の、主に社における相撲がある。後、芸能としての相撲のことを言わなければならぬが、もう一つ言うべきことは、何のために相撲を取るのか、ということだ。とる目的はわかっても何のためにあの形式を持っているのか。相撲は秋行われ、俳諧では秋。近年は春場所が盛んになってきた。

この間言ったように、われわれの国で民俗的に相撲と関係の深い信仰はどういう形であるか。水の神、川の神ほど、関係深い神はいない。六月の望月の晩に祭りをする。川祭り。用水のあるところで祭りをする。「かは」は、用水のたたえてある場所のことで、流れ川に限らぬ。たたえている水は井戸と言うが、九州へ行くと、流れている川は、方言では、かはら、こうらと言う。「かは」は用水のこと。用水堀、用水を使うところが、かあ、かわで、この言い方が昔から動かぬ言い方とは言わぬが、西の方では範囲が広い。だから、そういう用水で、もっと古くは井で表していたものを、かわ、かあ、で表すに到った。そこに、水の精霊がいる。それを川の神と考えている。井の神と見ていい。流れ川の場合にも言う。堀井を井と言うのは古くない。井とかわとは、非常に同じような使い方をしている。そういうところにいる神が、川の神、井の神だ。農村にとって、重大な神だ。水をくれることを承知しないと、田は干上がってしまう。どうしてもその神の好意を願わねばならぬ。

この信仰の盛んに行われている地方では、川の神を祈ると、金持ちになる。豊かな富を得ると、考えている。農村では、川の神の意志が傾いていれば、それで幸福が得られる。ところが、川の神は、田へ水をくれるか、くれぬかということで、農村の人の首っ玉をつかんでいるようなものだ。川の神が承知せねば、田に水が入らぬ。それでは、富むことが出来ない。遡って古代の海幸、山幸にも印象がある。山幸は、田の水を自由に出来た。海の中にもある時に出て来る真水がある。海の神も川の神も同じものだ。全然同じものだとは言わないが、時によって共通しているものだ。その神が、水の権利を扱う威力を持っている。丘の水も司る。その神が、好意を持ってくれれば、水も十分に来る。山幸が治めたのは、海幸を得たからで、水が自由になったからだ。海の漁ことではない。海の神から与えられたのだ。水を自由に呼んだり、斥かしたりする力を得た。だから海の神が同時に丘の水のことも司っている。昔から近代まで、そう簡単に考えていた。その田に関係の深い川の神は、常に相撲によって水のことを決めていた。川の神の管理していた水は、相撲の勝ち負けで自由にもなり、不自由にもなった。遠方から来る神が、力を持って出て来て、田の神に命令していく。ただの命令でなく、相撲をして押さえてゆく。負けたので、田へ水を供給する約束で、毎年相撲を取った。余所から来る神も田の神も皆仮装していた。日本人に、そういう一種の演劇的神事を行う村がたくさんあった。それをくり返しているうちに、神と相撲との関係が深くなってくる。そして、今度は余所から来る神と田の神との関係が遊離してきて、儀式をば部落の中心の神聖な所でする。田の神を押さえるのは、田ですればいいが、後に神聖な神のいるところ——宮廷、大社——で、そこへ出てきて争う。それによって、その秋は結局無事に済んでゆくというふうに考えた。相撲と神事との関係はわかる。

郡の禍福と国のそれと

国々の郡から、すもうびとを呼んでくるのは何故か。ある国とある国と、ある郡とある郡と、お互いにどっちが負けても、国としては不幸。負けるところを作るというのは、神事を行うのはどういうわけか。昔からそういう風にしている。丹波と近江と対立させ、山城と丹波と対立させて、年の占いをする。そういう、五穀が出来るように、祈ったりトったりする行事は、片方に、利益の反対になる二つの対立しているのを考えないと、完全ではなかった。

1 遠来の神との対立

2 対立する二郡

この国中が裕福になることを願うと同時に、この国のどの部分が幸福で、どの部分が不幸かという付帯条件がくっついてまわっている。ある郡は、土地の精霊の代表者とは言えぬ。簡単に説明は出来ない。つまりある国を富ませようとすると、一方は勝ち、一方は負けるという条件を考えておく。必ずその条件を含んだことをした。そうしなくては、昔の人は考えられなかった。日本人が田の稔りを祈ることは、その中で、一部分、不幸な郡が出てくることを予期していた。願うのではない。必ずそういう条件がくっついてきていた。それがあったので、相撲が栄えてきた。ただ遠来の神が来て、田の神を押さえてゆくだけでは駄目だ。決まっていながら、勝ち負けを、時の巡り合わせに任せることが出来てくるのは、すっかり違った条件で対立する二つの郡、国があったからだ。

十八　相撲（三）

（昭和二十四年二月八日）

わらはべ、うなゐ、あげまきの中、わらはべの相撲は占手《うらて》という。三番が済んでのち、十七番がある。全部で二十番。

宮廷の行事だから、まず予習がある。それから東遊びの行事があり、繰り返しがあって、しまいになる。相撲の節会に先立って行われる。うちどりという。内々に相撲を取るということ。相撲の節会は、長く行われたが、記録は短い。聖武天皇の天平六年七月七日から、平安朝末の高倉天皇の承保《じょうほ》二年で、それきりになっている。宮廷における相撲の節会はそれきりだが、行事が地方へ移ってしまった。その根本の約束は守っている。七月七日だったということが、相撲の原因の解釈のヒントになるだろう。必ずしも七月七日ではないが、後に七夕の節供が盛んになってきたので、秋の初めにあったものが取り込まれてきた。七月七日、その辺にあった行事だ、ということがはっきりする。ところが、その後いく度もいく度も変わって来て、七月の末、押し詰まった時にまで下ってくる。七月の早い頃、秋の気分が薄いので、日が変更せられるにつれて、すもうに適切なように「すまひ」に近づけたのだ。後に、「すまひ」は七月の末日、二十八、九というような日取りになる。小の月だと二十六、二十七と一日くり上がる。*1

相撲の節会が二十八日に決まった頃、それに先立って二度内取りがある。府の内取り。相撲は近衛府の管轄で、左、右近衛で方を分けて、選手をそこで保護しているわけだ。一月ほど経つと、いよいよ相撲の節会に先立って

占手1　童
垂髪2　白丁
総角3　〃
……
腋　19　腋手
助手
最手20　本手

大七・二八、九
小七・二七、八

仁寿殿東庭
内取り

公事根源
大将「　」を
とり

する。左は左、右は右でする。その時は、左方は左方ばかりで組む。その中で、相手を組み合わせて組む。右方もそうだ。その府の内取りは同士討ちと同じだ。も一つ。仁寿《じじゅう》殿の内取りが行われる。これも同じことで、同じ方屋に属するものだけで取らせる。二日たって二十八日に、相撲の節会が行われる。この時初めて、左と右と組み合わせる。「すまひ」を行う場所はいろいろ変化してきた。どこでするということもなかったほど変わっている。平安朝の中頃は紫宸殿（南殿《なでん》）で行う。左近の桜、右近の橘のもとに「すまひ」が出る。この名も相撲の節会および左右の近衛と関係がある。ともかく、印象だけ残している。

「すまひの奏」が「すまひ」に先立って行われる。奏は、決まった文句を申し上げること。書き物に書いたものを差上げる儀式になっているが、「すまひ」の時は、書いたものを上げる。読まない。古めかしい「すまひ」の奏をする。内容は、取組が書いてある。

午前十時頃から始まる。占手、うなゐ、あげまきと取り進み、それから……といって脇、秀手となって了う。内

＊1
立レ標
辰ノ四点

その年　二、三月頃　近江より相撲使差遣、部領使
召仰《メシオホセ》　七月中旬
内取　後二地取　御前の内取（二日前）　府の内取（節会数日前、府の相撲所）　仁寿殿
当日
　召合《メシアハセ》　占手……最手　二十番　後十七番。紫宸　古く神泉苑のことあり※
　乱声舞楽　勝方が奏す　一番毎らしい。
翌日　抜《ヌキ》出（抜手）又は追相撲（抜手のあと。白丁、衛府の舎人）
輸物　ユシモノ　負方がだす
還饗　左右それぞれ行う
　布引あり　早く余興と考えられているが、部落同士の争いだ。
犢鼻褌に狩衣、葵にひさご
　※平城嵯峨神泉苑（日本後紀）　仁明モ

取りの形を見るとわかるのは、肝心の占いだから、二日、四日以前に運命が決まっては困るので、実際の「すまひ」は行わないが、稽古＝習礼（じゅらい）はする。天皇の見ているところでするようになって、運命が決する。もともとは占いだが祈禱になって、必ず勝たせたいという予定がある。おそらく左という側が勝たねばならぬ。それに右が対している。左が先にする権利を持っている。たとえばあいこか持（じ、もち）になるというと、左から取り始める。つまり、普通は、負けるというと、負けた方は、遠慮して勝った方が進んで出るが、もちになったら、左から出るのは、左に優勢を与えている。歌合わせに似ている。これも左が主。それなら、争うことは要らぬと言えるのだが、占が主でもよい結果を予期して占いをしている。占いと、よい結果は別々のものだが、よい結果を占に出そうとし、自然を枉げて出そうとしている。が、根本の約束が、勝つべきものと負けるものとが決まっている。

そういう風にして、相撲が済む。すると翌日、復習に似たことがある。「すまひ」の形は、京付近の大きい社に、使が出るのと似ている。祭りに出かけてゆく前に、舞人が二度予習する。帰ってくるともう一度。社の前で、した通りする。これに似ているが、もう少し複雑である。いわば、二十九日の日、追い相撲とも言うべきもので、これを抜取り、抜出（おそらく手）。昨日の相撲の節会にした通りの番組でなく、勝った人ばかりを取り組ませる。また、出なかった者も中に入れる。その外、近衛府などの役所に仕えている奴隷上がりのごとき、白丁の中の力のある者を取らせる。昨日の成績のよかった者、武官たち（平安朝の末はもっと武官的の者が出てくる）。滝口、蔵人所の衆。これが加わってする。これを抜取り、または抜出という。これをすると、相撲の行事が完了したこと（わけ）になる。

その後に、正月の射礼（じゃらい、中世からの読み方か）、五月の騎射と同様に、雅楽を奏する。乱声《らんじょう》という声を挙げて、雅楽を奏して舞う。雅楽が付かぬと宮廷として格式高いものとは認められぬ。その日、負け方から輸物（ゆしもの）ということをする。探ってゆけば、意味がわかってきそうな気がする。相撲取りは、一つ

布引

の精霊の代表者と見ると、それらからゆしものを出すのが、ある意味をもって感じられる。その後、左、右へ帰り、「かへりあるじ」ということをする。双方ともする。弓（射礼）騎射の時は普通祝勝宴は勝った方がするが、相撲は両方でする。七月の相撲は、これで完了するわけだ。多くの場合、八月になってから、も一度行われる。

都へ来た者は、帰らずに残っている者がある。呼び出すのに簡単な者が、それらにまじって、臨時の相撲をする。恒例になっているが、この時も番数が、年代を経るほど多くなって来ている。だいたいに、本相撲でも、大相撲でも、二十番を超えることはまずない。おそらく想像すると、秀手、脇が国へ帰らず、いろいろの人の引き立てを蒙って、京都で過ごしてゆく連中が多かったろうと思う。臨時の相撲の最後は布引きをする。ひねって、綱をこしらえ、それを両方で引き合う。綱引きと同じものだ。これも宮廷でそれがあるので、民間のは、それから始まったというが、それもうそだろう。日本全国でしていることを宮廷がまねたとは言えぬが、宮廷でしていることを、民間でもしていたことは事実である。相撲はどこまでも年占の意味がある。その意味で布引のことも見ていいと思う。

民間の綱引きは小正月前後に行うか、七月の中に行う。七月に行うのは盆綱という。引いて勝った方が、その年の農作がいい。ある場合、丘と浜と対立さして、野や畑、田を持っている村、浜で働く浜手の人たちの占いにもなる。だけど、近世の綱引きは、たいてい、一方は仮設、一方は自分の村。仮設の相手と争っている。その相手をどこだと決めてないので、勝負については不安を感じない。その意味で相撲でもそうなって来ている。

ただ単に楽しみのために相撲を見るのでなく、占いのためだった。占いの形で取っていると、違ったことが出てくる。負けてはいけないものが、負けることもある。今度は、丘と浜との対立、あるいは違った地方と地方との対立。という風にしてくる。そうするとどっちかが負けても、どっちかが勝っている、という風を表してくる。ところがそれは、特に限定した相撲を取らせる主体があると見なくてはならぬ。社が地方にあり、それが監督して、付属している。両方の地方を争わしてみる。相撲取る一つ一つにとっては、取らせる主体からは大変だ。中間の形を見ないと、年占の相撲から、簡単に勝ち負けを争う相撲は出てこない。中間に立ってどっちかの運命を決めて、決めた運命に不服を言うことが出来ぬほどの仲介がおって行われる。その意味で、近世まで続いていた社々の意味がわかってくる。丹波と近江との勝ち負けが決まる行事が行われる。

変遷
かんたんに言えぬ

　相撲のかたちも、大昔から、だんだん変化してきていることがわかる。宮廷の形ばかりだが、地方の大社にうつしてみると、別のかたちが出てくる。そういう以外に、相撲が、社々で行われている。

草…
芝…

　地方の相撲、のちのことばで、草相撲。*2 素人が組織もなしにするのまでもそう言っているが、それは違うらしい。芝相撲というのもある。しばは神事の芸能的のものを行う場所。しば田楽、しば能。舞台なしに興行するもので、見物もそこにいる。そういう形のもの、おそらく舞台なしに、行うような相撲を、しば相撲と言っている。しばに関係あるものでは、しばてん（芝天狗の略）、しばにいる天狗。土佐一帯に、昔、跋扈していて、河原を小人が通りかかると、小さい子どもくらいの形のもので、出てくる。負けると川の中に引き込む。これに関する伝えから、しばてんに関する証説から説明する話を聞いてみると、カッパと変わらない。芝原の上へ出てくる天狗ということ。芝の上の芸能と関連していることば。カッパというものが、相撲が好きだったという話をしているが、六月十五日の川の神祭り、主として行うものは相撲。流れ川でなく、井戸、清水、淵などで、川の神を祀ってあるそのそばで、村の若い衆が相撲を取っている。そういう行事のつもりつもった結果、川の神の本体の川太郎が相撲好きだった考え方が出てくる。皆の経験があるので、六月十五日の晩、その前後の頃、川のほとりで相撲を取っている。行ってみると、夜更けてからやっているので、不思議な空想が起こってきて、川の神が現れたのかという感じを抱くこともあるのだが、川の神の形、想像する上に加わっているのだ。

川祭り
六月は水の神をまつる月
六月一日
カワイリ
六月十五日

川の神の形がだんだん一方へ傾いてくる。

相撲が好きだということになってくるが、この関係は何かというと、水をくれるかくれぬか、ということになっている。その決定は、どうするかというと、人間とスピリットが争わなくてはならぬ。神とスピリットと争っているかたちにおいて、争わねばならぬ。川のそばで相撲を取っているのは、川の神と、余所から来る神。川の神が見ている前で、てきめんに負けた、それを実現して見せる。運命が決まった感じがして、村の水を潤沢に与える。いつも川祭りがくると相撲を取る。これは強制的に、川の神の意志を豊年に導いている。それを忘れて、川の神が一種の神遊びが好きだ、ということになって、川の神の祭りに、相撲をせねばならなくなり、川の神が相撲を取りに出てくる。日本の川の神、川太郎には、特殊な性格が一つくっついている。相撲と離すことが出来ぬ。これは一通り、民間の風俗を調べて、組み立ててきた仮説だが、処々、推測を交えた考えだが、いつまでたっても出てこぬ根本の資料がある。川の神の信仰を全国にまいた古い宗教があった。それを宣伝した布教者があったのだ。その歴史が消えてしまった。川の神の信仰を持って廻った、それにはいろいろの条件が付いていた。その一つに、川の神のために、相撲を行うということ。川の神にとって、迷惑だが、存在のためには、人との交渉のためには、はなされぬ。そういう一種の定まった儀式を持っているのが拡っていた。それが消えてしまった。信仰の形式だけが残った。そう考えねばならぬ。川の神の信仰はどこがもとか、想像がつく。大和の穴師の社という所。山の中で、平野に臨んだ低い山。ここに穴師の神を祀っている。この神は山の水の神。これがいつの間にか出たのか、近江、播磨に穴師の神がある。それが全国に及んだものと思える。福島県の伊達、だての地名は関係がある。イダテアナシの神。ダテという処は、布教せられたのだ。この神、アナシ兵主の神。この

川の神の信仰の宣布者

『大和志料』

信仰の発祥地
穴師
穴師兵主ノ神

＊2　草相撲の話
民間の意の、前あり。蘇民将来をたずねたときのスサノヲの姿。
くさ＝病気　病魔退散のためのすもう

神、日本的に読めば、ツワモノヌシ。意味はわかる。兵は兵器、戦争に使う。それに関連したもの。こういう名が、この神の本体の名になっている。九州に、この名がカッパの名となっている。兵主部と言う。われわれの記録には残っていないが、穴師の神人が持って歩き、その団体を兵主部と言ったのだろう。信仰団体が兵主の神を持って歩いて、この神はもとは穴師の神だろう。

神の中には、日本人だってごく少ない数の神を考えて、その神に始終、反抗したりした、アニミズムの神がいる。その神たちが、初めから、妖怪的要素を持っている。その信仰が変わってくると、以前に、考えられていたより、風の変わった、怖しいものになってしまう。兵主も、初め立派なのが、化け物になったと考えてはいけない。少しの神の外に、アニミズムの対象になるデモンのごときもので、信仰のある間は、待遇を受けていたが、変わったり失われたりすると、妖怪的部面が発達してくる。カッパの形も、ある時代までには、標準的の形はなかった。だんだんでき上がってきた。これは近代の学問ではない。世の中の人の随筆趣味。江戸にエッセイストがいて、この人たちの興味が手伝ってカッパの形が決まった。

九州地方は不思議に水の神の信仰が深い。それに従って、水の神が優勢になると暴威をたくましくして、人に祟る。祟ったことを伝えないのは、久留米の水天狗。（人形町の有馬家の邸神。久留米から持ってきた分霊を祀っていた。）江戸の町人は珍しいものずきだし、新しい力のものを欲し、大名の邸神まで拝みたがった。公開して金儲けしたのがいる。有馬家も内腹豊かなものになった。水天狗が芝天の一種だ。水天宮のまもりはカッパの詫証文と似ている。カッパが手を返せと言いに来る。その代わりに書いている。古いものは、石に書いてある。これを消しに来る話がある。あちこちにある。紙に書いたのもある。久留米のお守りも、するものの爪痕を梵字風に似せてきた感じがある。水天宮も、水天宮ではなく、水天狗だ。顔の赤い、おかっぱ、上半身はだか。何故祀るのか。近代の人には半分わかり、半分わからない。それで、近いところで水に入った安徳天皇だと拵えた話が証説になった。九州の水の神信仰の片方に傾いてきたものである。

北九州の西側には、人に祟るカッパの話が多い。

清正が舟遊びしていたら、小姓の一人が引かれた。ご存知の相撲の行司の家が吉田の追風《おいかぜ》、京の暮しが出来ぬので、ありつきたいと細川家の家来になったという。平安朝にまでのぼる。吉田の祖先ではないが、吉田の祖先が、その家の弟子みたいなものだった。すまひ人に出たところの志賀なにがしが、近江出身の秀手だった。

それが長く秀手の役を務めていたが、相撲司として宮廷に仕えていた。その教えを受けた吉田何某が、年代を経てのちに、細川の家来となった。辺鄙だが、相撲司の権利は伝えているという由緒を持っている。おそらく捏造したのだが古い。細川家や、江戸幕府と関連しているので、嘘とも言えなかった。吉田は今にある。これも、水の神信仰の盛んな土地に起こった一つの仮説だ。わかってくると、吉田の素性が、変わってくるが、一方、切ない事実を見せてこよう。

平安朝までの相撲の話に、少し近世に関係するものがいたが、鎌倉から武家の相撲が、盛んになる。「曽我」の工藤と曽我の遺恨のもとになる。相撲の話が出てくる。[*3] 鎌倉は、相撲が一つの即興的芸能の様子を持ってくる。

＊3 「曽我」　惟喬惟仁位争いを相撲で決める
　・名虎の出るはなしあり
河津　相撲は若いものから出るのが決まり
あまり早し　滝口殿。相撲は、小童、冠者ばらに、まづとらせて、とりあげたるこそ、おもしろけれ。
おとなげなし。滝口殿。とどまり給へ。

昭和二十三年　都民講座

都民講座　一

（昭和二十三年十一月九日）

芸能史は実は成り立ちそうに思わぬ。性質からして時代時代に変わってゆく姿を取り上げてゆけそうもない。名自身に問題がある。

日本芸能史にどんなかたちがあるか。その運命の話で、歴史観の上で芸能を見ることは出来ぬ。こういうかたちを予想してみていい。道ばたの広いところにたくさんの人が輪を描いている。その中に、数人の人が芸をしている。大道芸。今日もするかも知れぬ。芸をしてるもの、囃しをしてるもの、楽屋でもない公衆の面前で控えてるものもいる。そういう大道芸というものが、われわれの目に印象が残っている。ひょっとするとそういうかたちは、昔完全な芸能団体があり、かたちのある規律のあるところでしていたのが、舞台を失って広場《ひろつぱ》に出て、青空の劇場でするると、ひょっとすると思うかも知れぬ。が、日本の芸能は、舞台のなかった時代を考えねばならぬ。それで、そういうかたちから起こったものと仮定してみる方が適した見方だ。

定義

芸能の定義。かいつまんで、私のは演劇と類似しているが、純然たるものでなく、概して演劇的で、いわば「みせもの」と言えばすべてのものが含まれる。ある程度遡っても、それでいい。

近年文部省の芸能科。書道とか、ある種の音楽だとか、そういうもの、時には絵も入る。学問的で芸術というには堅苦しいものを、芸能科の管轄にしていた。この使い方は、日本の芸能ということばの歴史にはない。

かつてはそれでも支那の芸能という語に則って別の高尚な技術を芸能と言っていたこともある。ところが、見せ物的のを芸能と言った歴史と、その高尚な芸術を芸能と言ったのは、併行していて別々だ。もの書く人がたまに高尚なのを言ってるが、世間一般は見せ物だ。

時によると芸態という語を使っている。「能」は「たい」の略字。しじゅう芸態、こう書いていたが面倒で能で表し、目に慣れて「たい」と言わず、「のう」と言う。(こののち、能の話が出たあとで触れる。)

われわれの過去に使っていた芸能は有識階級の人の稀に使うことばと、世間一般の高い人も低い人も使っているものとは別だ。成り立ちが別だ。

一口に見せ物という風に考えておく。見せ物の対象になる芸が芸能。当然芸術的高さを持ってくれば、芸能ではない。どんなのでも高さを持てずに低下したり、下落したりするので、どんなものでも芸能と言える時期がある。また、する人が芸術を芸能化することも出来る。厳重には、相撲も完全な芸能。軽業、手品も芸能だ。かっきりあてはまるものだ。そうした漠然としたことから、考えておいてもらいたい。

大道でそうしたかたちでしている。ほんの狭いところにくっついている。その間に隔てるものもない。楽屋も舞台も、同じ高さ。たとえば「能」。ほとんど芸術化しているが、これを見ても、翁を見ると、みんなが見物している中で面箱を取り寄せ、面を出して舞う。舞ってそれで立って神々しい自覚を持って舞っている。後ろを見ると、鏡板、背景が板張りで老松が描いてある。ああいう形を見ると、立派な舞台で背景に準ずるものがある。囃子方も舞台にやや下がっている。地謡もその座にいる。整然たる舞台を見せているが、歴史的イリュージョンを失った場合、ある錯覚が起こった場合、見物が控えていることを忘れた場合、広場で芸人が出しているのと同じかたちだ。後ろに明け広げたところに囃しが控え、面をかぶるひもを括り上げて、あしろうている。楽屋でする仕事を、舞台でする。

老松の図
松　拍

翁を離れて申すと、「ものぎ」と言って、舞台であちらを向いて衣装その他を替えている。舞台の上に楽屋がある。大道の芸人だったらそういうふうにする。古い芸能にはそういうかたちがかなり濃厚にあったのだ。能楽に限ってああいうかたちをするので、そこがおもしろいと言うと、また別の感じが出るが、平気で見ると広場《ひろつぱ》と変わりない。

鏡板の老松の図も、学者も考え、私も何度か考え方が変わってる。今信じているかたちは、室町時代に栄えていた芸能の中に松囃（拍）し（子を書かぬ方がいい）という芸能がある。正月の初めに、年頭に京都の町の中、場末にある、あるいは田舎にある芸能村の人々は、芸能を口すぎの一つの方便としている。その他の農事もするが、これを表芸にしている。世間から特別に扱われてる。今もその扱いを変えられぬ人は、その歴史を持ってる芸能村の人々、その扱いを受けたものがきわめて多い。その人々が、松拍という芸を演じにくる。江戸末期の感情で言うと、一つの芸と感じている。昔に遡って、室町よりもっと古く、あちこちの村から来るのは、松拍の中心になるものがわかっている。大きい松の木の枝をおろして、それを携えて来る。松拍がありふれているので、誰も詳しい記録を残してない。しじゅう見てるのだ。それを運んでくる。かつぐこともあり、車に乗せてくることもある。それを据えて、松の枝を据えた場所を中心としてそこで芸を演ずる。

はやすは切る。つまり、これはやかましく言うと国語の話。略す。切ると言うことを避けてはやすと言ったのだと言っておいてもいい。私はそう思わぬ。松を分割すること。われわれは、囃まで連想がいって幸福な感じがする。

分割してきたとは、高い山の大きな松の梢に神が天下り、祭りを受けに来る。その松を切って、そのまま持ってくると、神を迎えることになる。門松を正月に立てるのと同じ。門松の下で芸能をしているのと同じこと。正月になると必ず年頭に神が来る。それは神が祝福に回られる。行った先々で、人間の家を祝福してくださる形。それを芸能と関係なしに考えているのが、芸能団体では、もう少し目的が変わり、そういう神を迎えてそのまま

能

持って回る。神がそこにいるわけだ。松の木についている神は、そこに留められると迎える歌を歌うと松の梢から下りてきて神自身の祝福をする。こう考えていた。

そこが済むと次のところへ行く。行く所が決まっていた。檀那、パトロンを、昔の「宗教」家は持っていた。旦那の家を回ってゆく。それに対して、喜んで家々の人が物をくれる。それを一年中のかき入れとして稼いで回るわけだ。そこに至るまでには、そういう特殊の村々がたくさんあって、檀那場を回る。お互いに犯さぬようにしているが、種類の違ったものは同じうちに来る。そういうものの中に著しいものが松拍。松の木を切ったもの。携えて来る団体及びその芸能まで松拍。のちには消えてしまった、というより能の中に併合せられてしまった。松拍は能を行う能役者の家に残る。正月には松拍の日があって、江戸の千代田の城に出て、能役者が松拍をする。松拍を携えてゆかず決まった日に祝福する。その日が松拍で、寺子屋はすべて休んだ。縫い物屋も。そういうふうに意味が変わった。明治の臨時の休みを松拍と申していた。

その形は室町に起こったのではない。芸能が伴っていたか、伴っていなかったわからぬ時代に、神を迎えてくる習慣が行われていた。その習慣の、芸能的に情熱の高まったのが松拍だ。将軍家、あるいは大名の家あるいは寺、ある時は社にも行く。そして、その家を、主人を祝福してくる。そのことば、動作が長い間伝わり、維持するために型を生じて芸能になる。それらの人々が毎年春の初めに出てきて祝福していった。

根本は神の乗り移っている木を携えて来て、家の門に置き、ついている神が降りて来て、家、主人を祝福することばを述べて、舞を舞ってくれる。と考えていたのが、松拍の根本精神だ。

こんな精神が外の芸能にも行きわたってゆく。能――区別するために申楽能(能役者、猿をいやがって申を書く。猿でもいいのだ)でも、やはりその要素を十分持っていたので、ああいうかたちで猿楽の芸を伝えてきた。第一に鏡板の松が示している。松拍の松を絵にしただけだ。それなら根のある老松でなくてもいいが、忘れられて意匠化されて、大きな松になる。その前で、囃し、舞うと、老松を下って神が来る。それが翁だ。われわれの間に残っている猿楽能の記録ではわかる限界は低い。高いところまでわからぬ。古い歴史がわからぬ。いろいろの記録を持ち出した室町の頃は、能が相当発達している。その時は翁も三番叟も千歳も現れている。すると翁と三番叟と千歳の関係はどうだというと、二つながら現れているので、前後や歴史を考えられなくなっている。

私は思う。迎えられた神が松から降りて舞う。祝福の舞が済むと、「今日のご祈禱なり」と、平凡なことを言って舞い納め、「翁がえり」と言って、橋懸りを通って入ってしまう。すると千歳が立ち三番叟が舞う。翁が神であると、こう考えるのが当たり前。昔からそう考えているので、神々しい髭をし、眉をつけている面をかぶってする。だが、三番叟は何か黒い面をかぶって翁ではせぬような猥雑な、どうかするともっとエロチックにしたような痕跡を残した舞——踊りと言った方がいい様子で、舞台を踏む——。踏む、は踊りに近い。

われわれはかつてこう考えた。ある本芸があるとそれを「もどく」(反対する。という語)と言って、正統な芸に、脇からじゃれかかり反対する。あるいは、本芸の意味を延長してわかるようにする。これをすべて「もどく」。普通の書物はもどく=反対する。神に対して、デモン、スピリットが神の仕業を邪魔してからかいかける。その歴史を踏まえて反対する。芸能の上ではもどくはもっと進んでいる。冗談し、おひゃらかしを言うが、さらに敷衍し、説明することをもどく。翁の舞は神聖で、シンボリックで訣らぬゆえ、黒い面の爺さんが来てもどく。からかう部分もある。また、平易な説明をする。たとえば種を蒔くかたち、あるいは鳥が飛び立つ。その家で望んでいるように説明する。翁の祝福がこの村にとってこういう意味を生ずると説明する。これが黒尉《くろきのじょう》の仕事。近代ではこう考えていたのが事実。

ところが、宗教史で見ると、順序は逆かも知れぬ。デモンのごとき、純粋の神でない野山に満ち満ちているアニミズムの上の神、これが祝福に来る。常は人間が割り込んできたので、肩身せまく人に悪意を持っている、と人は考えていた。悪意を持っているがある機会に押さえつけて、呪いの気持ちを改めて、屈服させて祝福に来させる。すると、呪うどころか幸福を祈ってくれる。そういう野山の精霊が取り巻いている。それが時を経て出世してくる。神社の中にも古い歴史のあるものも考えられぬ神もある。出世してきたものもあるが、そういう野山に満ちたものが、屈服さしたところのものが家の主をも守るというふうに考えている。それが日本の村の信仰の中に濃厚に残っている。家のみでなく寺も社（＝宮という家）も、寺は日本に入ったのはのちだが、われわれの歴史では古い昔だから、ほとんど同じこと。大きい家があるのだ。取り囲んでいる精霊に祝福を受ける理由がある。宮の立っているところも、精霊を追い、寺も斥けたところだ。証拠は寺に地主神、地主権現が祀ってある。それはもとの神、もとからいた神。それを祝い鎮めて寺の仏が服従さしている。時によると、鬼と考えて夜叉神、羅刹神とも言っている。京の太秦の広隆寺のそばに摩陀羅神が祀ってある。冬の牛祭りの時、この神が先頭に立ち、眷属の鬼が牛に乗って練り込む。この寺の本堂で牛祭りの祭文を読み上げる。この寺の建つ前からその土地を占めていたデモンが一年一度、寺の仏を祝福する。（人にするのと同じ。）

社もそう。春日の大宮・若宮へ、やはり翁の姿をして、祝福に来るのが大和猿楽の一つの大事な仕事であった。ともかく野山の精霊が家、主を祝福に来る。そういう考えが日本の芸能にはいたる所に見られる。もっと極端の例は猿楽の能よりもう少し前から栄えていて猿楽に取られてしまって並行していたが、江戸の初めになる頃亡んでしまったのが田楽。

田楽は家まで来ぬ。田へ来る。田楽の翁は田へ出てくる。田主、あるいは田あるじと言っている。それが田を祝福に来る。何か人から考えると気持ちの悪い妖怪のような、また尊敬すべき威力も持っている。それが村々や都のうちにある大きな家を祝福しに来る。中心はそれだ。猿楽のはなし。翁という芸は祝福。猿楽の芸能団体は一番重大な演目だ。それが崩れて、それをしていたあとに興味を狙ってしたのが脇能（「高砂」、「田村」、「相生」＝神能）。おもしろい方へまたゆく。基準の芸は翁。翁は芸というよりは祝福するための一つの祈禱の動作。

祝福に来るのは低い神。アニミズムの対象になっている低い神。これを表現するのは、黒い面の猥雑なことをするものが適当。それが向上してきて白式尉、白きの翁（三番叟は黒きの翁、黒式尉）となった。三番叟は白き

演ずる場所

中門

の翁の芸をもどくと一通り言えるが、祝福芸の本来の形から言うと、三番叟となって発達してゆくスピリットが出て来て、神は低いも高いも錯覚を起こしているので、両方一つに考えるので、どんな神でも出現を願うためには古い木のまわりを回った形式をとらねばと思っている。低い神はもっと簡単なのだ。岩石にもいる。ただそう考えるのだ。昔の人の考えは徹底していない。辻褄の合わぬことなのだ。野山の精霊を連れてくるのに、ともかく松拍に乗せて連れてくる。そのうち、松拍を芸の本態として考えているのが松拍という芸になった。関係が深くても松拍を主として言わなかったものもある。猿楽能もその一つ。おそらく猿楽能は松拍の団体と似たことをしていたろうが、することは様式をある点取り込んだことも多い。鏡板は松拍から取り込んだと見てもよく、猿楽能が前から持っていたととってもいい。

神が祭りに下ってくる。その神が行う所作を、われわれがくり返す、というつもりでしている。少なくともその芸をしている間は神になっているつもり。だから面をつけると神になり、取るとただの人。それ程重大な面を衆人環視の中でしなくてもいい。何故するか。千歳が持ってくる。わざわざ運んで来て人の見ているところでかぶる。三番叟も。これは考え方によると、大道の芸ということも出来る。猿楽能自身がその経路を取って発達して来たと言ってしまうと極端だが。猿楽能がその形式を取り込んだと言える。

松拍はどういうところで芸を演ずるか。中門の入るところでする。ここを入ると寝殿その他の主要な建物がある。雑な建物は中門の外にある。中門口の芸が非常に重大だ。松拍もそう。田楽もここからは入らぬ。田楽は亡びて久しいが、田舎に断片化して残っている。東京は浅草の三社に多少古い形式を残した田楽が残る。王子の権現にも素朴なものが残る。最近まで行う人がたくさんいた。そういうふうに三百年以上も本物は滅んで後も残っている。その田楽は中門口という芸が一番重大になっている大事。芸はつまりおそらく家の表門で帰るものもあり、中門口で行うものもあり、庭へ入ってきて行う芸、さらに座敷へ上がれるものと、段階がある。これにもう一つ付け加えて広場《ひろつぱ》の芸。役者も見物も。これを芝居能と言う。芝生の上で舞台も見所もある。これに舞台の芸。

庭の芸、庭の能と言ってもいい。座敷へ上がるものはたいてい舞台を持つ。その家の建物のうち、分離されたもの。昔の語で放ち出（はなちいで）。主な建物から離れて出してある。普通泉殿、釣殿と言っている。そこで芸をさせる。同じ座敷には入れぬ。この泉殿の芸が、適切に残ったのが能。あの舞台は泉殿の形だ。三間四方で橋懸かり。それで客が寝殿から見ているかたちで、舞台が発達した。

庭の芸

庭の芸が適切にわかっているのは神楽。種類多し。古典的意味で神楽と言っているものは平安朝の中頃に宮廷に入ってきて、宮廷の一つの式楽となったものだ。宮廷にも神に関連した記事がある。それを神遊と言っているが、その中に一種の神楽がある。それは平安朝中頃に入った。これは庭の芸。天子が御簾の中から見ておられる。大臣がお付きして見ている。宮殿の庭でする。原則として日本の古来の神が出てくるのは、夜出てくる。それなら明るくすればいいが、明るくすると神は嫌って来ぬので、おぼろに見える程度に焚く。庭燎《にわび》を焚く。この光でほのかに見える程度で舞う。その神楽を舞う人たちは舞を舞う人、楽器を持ってくる人、それが右左に分かれている。その一群の人が宮廷に入る。それで帰る。その間に舞が、興味が頂上に上った時、一曲終わると勧盃と言って盃を勧め興味に乗ってまた芸が出てくる。くだけた芸も出してくる。夜に入ってから来て空が白まぬうちに帰る。明けの明星がいつもの場所に現れたという時分になって帰る。

踏歌

丙午是日
漢人等奏
踏歌

宮廷を訪問する者にはまだ他に重要なものがある。その一つを挙げてみたい。踏歌（たふか）。平安朝より前から、奈良の頃から行われている。やかましく言うと、もっと前からあるが、天武天皇の頃が初めかも知れぬ。この頃始まって持統天皇の時にはだいたいどういう人が舞ったかという記録がある。漢人たちが舞ったのだ。支那の帰化人の身分のある人が宮廷の庭で踏歌を行なった。それが持統の御代のことだ。持統七年正月十六日。それから引き続いて平安朝まで来ている。もとは男と女と共同でしたものらしい。ところがそこにいろんな問題が起こったものとみえて、十五日を中心として先だって男踏歌を行うこととなり。十四日に男踏歌をし、十六日に

・ことしは男踏歌あり。内より朱雀院に参りて、つぎにこのゐんにまゐる。

・よもやう〳〵あけゆけば、みづうまやにてことそがせ給ふべきを

女踏歌をしたことも多い。十五日を隔ててしていることが多い。そのうちもの入りだったのだろう、男踏歌を行う年と、女踏歌を行う年と分かれた。女踏歌を行うことが多く、男踏歌をせず、のちには絶えてしまった。ところが、見たり聞いたりすると男踏歌がおもしろいので、そのある年を待ちもうけていたことが、物語、日記を通して見られる。

　名は支那伝来のものだし、歴史から見ても持統の時に漢人らに奏せしめられたというくらいで、支那来のことがわかるが、二つは非常に変わっている。支那のは十五日。――日本は古くから日がずれている。上元の日、小正月の日。この日、支那は町あるいは田舎の人が一カ所に集まり、盛んな火を焚き、輪なりに杖を立て、その先で火を焚き、明るくして踊る。踏むのに意味あり。踏みつつ踊るので、踏歌と言う。上元に悪いものを退散させるマジックだ。ところが日本へ来て、初め、おそらく支那の通りにしていたろうが、踏歌の書き物の出た頃は変わっている。宮廷のことのみ書いているので踏歌が宮廷以外で行われたことはわからぬ。宮廷のことさえ、ポッと切って伝えているのでわからぬ。宮廷だけではない。『源氏物語』「初音」の巻に、男踏歌の年で待っていたら六条院へ行列が来たと書いている。踏歌の列は宮廷を出発点として宮廷で一回りして、出て院の御所へ、それから大臣の家に来る、というふうに時間的に続いていた。あちこちでご馳走になる。ご飯、酒、果物、それを旅行にたとえて、旅行者が驛路《はゆまじ》、国道を行くと、あちこちに駅亭がある。出て、旅してあちこちに寄る。それを駅亭で馬継ぎして休む。その意味で飯駅、水駅、芻駅ととなえている。「初音」は、まわって来て、源氏のところは水駅のはずだが、もっと豊かにもてなしたと書いている。水駅は酒を飲ます所。芻は干し草、馬が喰う。飯駅は膳部を出す、というほどでなくても食事をさせたろう。

　この記録はほとんど残っていない。が、踏歌は実際そうしておそらく日が暮れて宮廷で時間を費やし、大貴族を練って歩くことをしたらしい。その時の姿が異様な姿をしている。男踏歌は百人以上がやって来た。あちこち練り出すのは人数が少なく二十二、三人で小規模になっている。それが歌を歌う人、舞を舞う人、その他に唱え

詞をする人、それから袋をかたげて来る人、唱え詞をする人が天子のいると思われる所、紫宸殿《ししいでん》の前に進んで、踏歌の文言を読み上げる。踏歌のことほぎということをする。言吹《ことふき》と書いている。猥雑なことを言ったらしい。見ている女たちにからみかかり、追いかけまわしたりした。服装は顔がわからなくしている。着物、かむりもの、みな真っ白。それでしたいままにする。して追われる女はキャアキャア言って楽しんでいる。そのかたちで外へ練り出してゆく。お化けのごとし。

ところが、この姿は九州の宇佐八幡の信仰と関連している。宇佐には天子が即位すると、即位の年に和気《わけ》使《づかひ》という清麻呂の子孫と称する和気氏の人がゆく。もう一つ天下に騒動が起こると宇佐使が出る。京都に近い所は、行きしなも、帰ってもの報告も詳しく書いている。賀茂、男山、春日、帰って来て復奏する。それも詳しく残っているが、宇佐は遠いので、行きしなは詳しく書いても帰ってのちは書いてない。わずかにわかるのは宇佐使が帰って宮中に来るというと、やはり飯駅、水駅等を設けて労をねぎらって饗応する。あちこちの駅亭で待遇を受けて九州へ行く。それを表現して、旅路の様子をしてみせるらしい。この細かいところになると、何も残っていないが、この小規模なのが男山の八幡へ使いが出て帰って来た時行われたのだろう。宇佐使が帰って来た時は特殊な形式の報告の式をするらしい。そのかたちが踏歌の中に入っている。踏歌が宇佐使の帰り立ちの様子を学んだのか、あるいはそういう様式が他の場合にも行われていたのか。他の場合はことにはっきりせぬが、ともかく宮廷で行われているのが支那と違うのは、違う点のある部分までは宇佐使のする様式と同じことをする。

そこで、考えることが一つあるが。女踏歌、これは簡単に出来る。女が出て、紫宸殿の前に莚道《えんどう》、木綿を敷いて上を伝って円形に庭で舞う。ところが男踏歌は違う。先に言った男踏歌の二十何人の中に振舞《ふるまい》が混っている。その振舞が石清水の八幡と関係がある。というより、むしろ宮廷の神楽と関係がある。それに、前提としているべきは、宮廷で踏歌を行なったばかりでなく、他で行っている。平安初期には踏歌が宮廷以外の地で行うこと、世間ですることを禁じた。それが許されていたのは大きい社々。今も熱田で踏歌祭。摂津の住吉にも。石清水にもあった。鹿島にある。寺では興福寺で行っている。それは神や仏を祝福するために、踏歌の人数が練り込んで行った。祝福に行く神が何か恐しいところを持っているので、それを表現するために、顔も隠し、偉大な冠もかぶった。石清水のは、宇佐から移ってきた社。八幡は日本の芸能の歴史の上で重大な神だ。八幡様に関連しているものに宮廷の神楽がある。宮廷神楽はどこから出たかわからぬが、平安朝中頃突如行われる。起こりは、石清水から出ているらしい。神楽の初めに主体になるものに、人長《にんじょう》が武官の服装をして来た。（平安朝の舞う者は武官の服装、それは神楽と根本の関係なし。）足固めをしていて絲鞋《しかい》（のちの草鞋）をはいている。それで杖を持っている。昔の旅人の姿である。われわれの国では、旅人が神の性質を持っていた。村と村、国と国との境が厳重で通れなかった頃、神人だけは無難に通っていた。厳格には旅行する者は神だった。

それで、その考えが続いていた。ある種の神は旅行するものとしていた。それがまず執り行う。その人長が最初に唱える詞は石清水の総撿挍と言って名告る。同時に「振舞う振舞う」（男山）と言う。これが神楽の上になぜ出てくるのかわからぬが、ことばは踏歌の役の名だ。特別の動作をする役を振舞と言ってこれを動詞に使っている。マジックをするらしい。その人長が名告る時、男山の総撿挍と名告る。すると神楽の方はその他に証拠があって、宮廷のは男山のだったものが宮廷へ入って一年に一度必ず来る。それが取り用いられて御所のお庭へ来る。石清水のものが宮廷の式楽になった。ところが踏歌を神楽に引き当てて考えると、どうも石清水との関係があるらしい。踏歌の晩に宮廷へ練り込む。お化けみたいだが、宇佐と関係あり。そのうち宇佐と関係ある男山とも関係あるらしい。神楽と踏歌は関係を考えられぬが、八幡様を中に立てて考えるとうっすりとした関係が考えられる。

私の考えているのは、宮廷以外の遠い所から旅して宮廷を祝福に来るものがある。信仰の上で空想して実現するために、武官が変装して練り込んでくる。そういうものが来ると信じているので、人が表現して入ってくる。神楽もそういう風に宮廷の庭、豊楽殿《ぶらくでん》の庭へ来る。ともかく宮廷の庭へ来る。庭の芸になっている。それは、人が来るのではない。人を表さず昔から引き続いているのだ。その昔には、神が宮廷に従った時代から、この行為はくり返しているのだということを表現している。それが来ると、一年間も祝福されたと安心して暮らせる。それがみな芸能としての効果を持ってくる。毎年くり返しているために。

これらの得体のわからぬ神のような恐ろしいものが、座敷に上がって来ることがある。座敷の芸である。これは言い換えると饗宴に行われる芸能である。宴の場所で行われる芸能である。饗宴の時は神がチグハグで、高い意味の神と考えている。いつ行われるか。たいていは新しい家が出来た時。昔も家を建てることも簡単ではないので、毎年造り替えず、造り替えたかたちをする。建築の一部を取り替えて、屋根の草を抜いたりして、それで新しい建築が出来たものと見なす。新室。新室の祝福を行わねばならぬ。その祝福を行う時を新室のほかひと言う。このほかひは村の暦で言うと刈り上げが済むと、その時が行われる時。刈り上げ祭りには神がやって来る。昔は田の精霊がいて、自分のいる田に米を作られる。人間に対して胸くそ悪く思っているると人が思い、悪意を表現させぬためにいい神が遠い所から来る。現実に考えていた。田の神に見せしめに、俺がすると、こう苗が出、穂が実るという、春の初めに予習をする。それが今でもたくさん残っていて、春の初めの芸はたいていそれ。春田打ち。社や人のうちの前でする。真似てする。田の精霊がそれにチャームせられて、その通りの経過を実現すると考えた。昔の人はもっと切実に精霊をいためつけると考えていた。それが初春の芸能の一つの起こりだ。その神にもう一度来てもらって饗応して帰ってもらう。作った田の精霊は人より目下の者で、感謝せぬ。春来ていってくれた神をねぎらう。その神を呼ぶ。そのため住んできた家は汚いので建て替える。建て替えた形式をする。だから新嘗の祭りをする。（宮廷のみではない。刈り上げ祭り。）その前提として、新室ほかひ。宮廷では大室ほかひ。新室ほかひにすでに神が来てしまって、刈り上げ祭りまで受けてゆく。その時は来た神が偉く、伴神を連れて来て臨む。主人が取り持ちをする。その時の饗応をすることが、「あるじする」。のち役の名を「あるじ」としたが、饗応、ご馳走すること。その時に、今なら肴をしますというところ。主の血縁の娘、それがない時は家の妻にさす。舞を舞う。まれびとに見せる。その後まれびとが芸を行なってくれる。酒を飲んで悦びを示すようなことをする。それが芸になる。伴の神もみな悦びを表現する芸をする。それがのちの芸廻し。おそらくもとは同じことのくり返し、復習に違いない。ＡＢＣＤみなやったのだ。われわれはすぐ飽きるだろう。順の舞と言う。順繰りに先の人と同じことを舞う。これが宴会の本式の芸能で、そこに個性が出て来て変わったことをするようになった。

うたげの芸能がいろいろに分化してくる。

都民講座　二[*1]

（昭和二十三年十一月十一日）

踏歌。宮廷で行われる踏歌のことを、踏歌の節会ということばで表した。ところが、この踏歌ということは、支那の踏歌と全く同じものだというわけにはいかない。道を練って歩くという処だけが支那の踏歌[*2]に似ていて、宮廷や院、大臣家を訪問する形は支那にはない形だ。つまり、その重大な要素は支那から来てるものとは考えられない。ところが、奈良朝に行われていた踏歌の形と、もう一つ以前から伝わっている群衆が舞踊する形が、よく似ているものがある。これを歌垣[*3]と言う。

歌垣は、事実は早くなくなったが、歌垣山という地名もあり、書物を通して日本人の頭に印象がいくらかあるようだ。おそらくもとは正月だろうが、歌垣の存在が書物に書かれるようになってから、春秋にも一回か二回行なってる処もある。する処もあり、せぬ処もあるようだが、だいたい性質よりすると、古代の日本では、したのだろう。おそらく屋外であろうが、時によると家の中を利用したこともあろう。男女が両側に分れて舞踊をする。その適当の相手を選んで、夫婦の語らい[*4]を一夜だけする。そのまま別れるものもあり、本当の夫婦の形も出来てくるようでもある。常陸の筑波山の歌垣は夫婦になる最初の機会で、筑波の神が結んでくれる。というよりもとは歌をかけ合って、負けた方が意志に従わねばならぬ。かけ合いは、懸ける方と和せる方とが決まっていて、歌垣は男の方が懸けてゆき、それに女が和せる。後世の形に合わせると、左に男、右に女と、左右に方を分けている。そして、両方からかけ合いをする。めちゃめちゃにするのではなく、中にうまい女がいると、歌い勝とうとするのが男の常だ。万遍なく相手になるのではないが、女が熟練しているので、勝てば勝つほど配偶者が決まらぬ。去年も、今年の歌垣にも配偶者が出来なかったというわけだ。*5

歌垣は、農村の結婚の動機を抜いてしまうと、歌合わせになってしまう。宮廷貴族の間で行われたと思っているが、それればかりでなく、田舎でもする。配偶者を選ぶというより決める方法だったのだ。*6 しかし、その目的で歌垣が行われたのではない。時あって、遠い処から、神がやって来る。すると、土地の神がこれに反対する。神の意志をもどくようなことをする。その争いを歌ことばをもってするという形があったのだ。神との争いを常に

---

*1　踏歌・歌垣・相撲・田あそび・田楽・猿楽

*2　踏歌　中国の資料

一、『年中行事抄』（続群）所引『朝野僉《せん》載』　長安万年少女婦

二、日本、踏歌年表『比古婆衣』

日本化。宮廷参入　持統七・一・一六

1、唐、五代　長安県→万年県

2、少年

3、ヨロヅヨ

*3　歌垣資料

群衆舞踊

本質は踏歌と思われるものが、聖武紀・称徳紀にある。

天平六・二　宝亀元・三

群行の形

歌謡　ふみならす、万代の宮

古詩→□　和漢併用ということ

。踏歌禁断

内教坊踏歌

里中踏歌

。歌垣山　地名残存。すでに生きてはいなかったか。

新室
衣通王
オケ・ヲケ

歌垣の形でするのではなく、その争いのとった一つの形がそれだ。土地のスピリット、デモンを表現する折に場合によって女をもってする。この間の、新室ほがひの時の主の血族の女、舞人、或は舞姫が立って舞う。そして、客である神の心を慰める。とみると、好意を持っているようだが、もとは家についている精霊が、神に対して服従を誓って*7、舞を舞って見せる。その後、神が指定して女を枕席に侍らせることが出来る。それが宴会のきまった形であった。邸の精霊が出て来て、旅から来たまれびとに逆らって、その後に降伏する形が、そうした美しい姿に変ってしまったのだ。それが、男の小さい子で表現することもある。清寧のあと、顕宗・仁賢の少年の頃、播磨の奥へ逃げ、新嘗祭りの米を集めに来た使をもてなした。二人の王子が、舞い、歌った話がある。小さな子どもをもって表す場合もある。昔の人が考えていたことと、それに対してする解釈とは違う。

春、神が出て来る。歌垣の場合、女をもって表している。神が強要するが、女が反対する。そして勝ち負けを争う。結局勝った方の意志が、土地の女の群が勝った時は、その農村は大変なことになる。初めから一種の形の変わった演劇の精神を持っているので、来た神を代表している男の団体が勝った形になる。部分々々文学に秀れた女がいると、男のをはね返すが、結局男が勝つ。舞踊を祝って、舞い踊り、その中に相手を決めて寝る。それを、その場ですむこともあり、続けていって夫婦になることもある。

女は土地の精霊を表している。それは旅から来る神に屈服させられる約束がある。易々と敗けると八百長、情熱が起こらぬが、長い間に敗けることもあり、大変なこともあったろうが、大体そう決まっている。後世になっても、残している。殊に面白いのは、争う人がなくて争う。神と土地の精霊を男女に表すのに、それがいないで争うことがある。大きい柱を立てて燃やす。綱をつけて引く。たくさん焼けた方に倒れる。倒れた方が豊作だ。というトいはあちこちにあった。という考えはあちこちにあった。たとえば京の祇園のけづりかけの神事*8。年の暮れに燃やす、両方で引く。丹波の方へ倒れると丹波が豊作。東へ倒れると近江が豊作。二つの国の翌年の豊凶を占うことになる。いつの間にか、神と精霊が変わって、京の外の、丹波と近江とになっている。農村はそうした争いを、近世まで残している。人が出てきてするのでないので、芸能にならぬ。

平郡鮪　　歌―結婚

＊4
筑波山燿歌

「垣」フォーク、エチモロ

歌垣――→歌合
踏歌―┘

。筑波郡

＊5
松柏　大道
猿楽　舞台
踏歌神楽　庭
宴会　座敷

＊6
歌垣の真義
常陸風土記　筑波郡　筑波峯ノ会
香島郡　童子女ノ松原　嬥歌ノ会　うたがき・かがひ
摂津　〃　雄伴郡　歌垣山
万葉　住吉ノをづめ　三八〇八
記紀　平郡ノ鮪

来訪神への抵抗

＊7
神・精霊＝男・女
允恭七年紀　そとおり　和気使
ワラシ

ところが、歌合わせは男女左右のかけ合い、踊り、後、雑魚寝が行われた。[*9]だから三段に分かれている。第一、歌合わせ、第二、歌垣の舞踊、第三、雑魚寝という段階がある。この歌垣は土地の神と、旅から来る神との争いを、表現しているものだということがだいたいわかる。

今も、土佐と伊予との国境に、柴折薬師を祀ってある堂がある。[*10]村人が、時を決めてのぼって堂に集まり、決まった文句をする。歌とは言っていない。今は絶えたろう。それには結婚は伴わぬ。外の部分は芸能史に関係はないが、中間の歌垣の部分が、芸能的のものだ。前の歌合わせに属するものは、われわれの言う芸能ではない。そうして歌垣が行われていたが、都でも地方でも行われていた。地方生活でそれをしないと不安だった。都でもしたのだ。筑波山の歌垣を嬥歌会《カガヒ》(『万葉集』にもあり、『風土記』にもある)[(1)]。

それらの文献では、歌垣の名を「かがひ」と二つ並べている。標準語なら歌垣だが、東のことばでは「かがひ」だ。となっていたのだ。「かがひ」はかけあいのことだが、かけあひが「かがひ」となったのではない。かけあひは後に出来たのだ。

かく[*11]は、争いをしかけること。あらそうのは、あふ。後々まで、隣り村同士、かけ合いの踊りをするのをかけをどりという。これをルートとして、新しい動詞が出来、かかふが出来た。争いをしかけることだ。名詞形ががひ。そういう単純なことだ。歌垣は両方に並んで立って、歌の垣だという説はいけない。歌のかけ合いをするから歌がきだ。とする説もある。歌垣のかきを、古い形で解釈していけば、かくは挑むことだ。即ち、歌垣は、歌で挑む行事をそう言ったのだ。垣根のかきではない。とすれば古代の歌垣がわかるだろう。

これを奈良朝では、街の中で行なっている。しかも宮廷の表門、正門の朱雀門で行なっている。その様子が今日よりすると、踏歌とよく似ている。踏歌はこれ以前から行われていて、この時分もしていた。その踏歌は支那の模倣で道でしていたらしい。支那のと似た形で、朱雀門の外でした。歌垣は完全な要素が抜けている。聖武天平六年、少し時期が春二月だから、まだそう暖かくない頃、その時男女二百四十人が列立して歌を歌いつつ踊っ

た。その様がどうも踏歌。これに歌垣の名を与えたに過ぎない。(2)

次の称徳天皇の宝亀元年三月に、宮廷は、行宮、河内国由義《ゆげ》の宮での行事だ。人数が二百三十人。大体二百人を少し超している人数。このときは、由義宮の近所に根拠を持ち広く拡っている葛井《ふぢ》の家（帰化人。中河内に勢力、葛井六氏）、それから二百三十人、出さしてごらんになった。(3) この氏がするのは、この歌垣が、踏歌と関係があったからだ。在来のに、支那の踏歌を取り込んで行ったので、それで歌垣と言った。藤井氏だったことは、その歌垣の性質を示していると思う。おそらくそのあとの男女の*12語らいはせなかったろう。宮廷において、歌垣、踏歌を認めて、宮廷においてさせたのだ。

歌垣は、原則として、国、村境の丘陵の上で行うことらしい。日本でも市《いち》（軽ノ市、海石榴市、餌香ノ市）。

---

*8 京　祇園のけづりかけの神事
　神・精霊→丹波・近江
祇園白朮祭　おけらまつり
元旦　八坂神社　おけらをたく　縄に移しとっていへに帰り雑煮をたく　or　御灯明
もと　削りかけの神事という　12月28日　火をきりだす　元旦　けづりかけの木にうつす　煙の流水で吉凶
この日、悪口をつき合う　泊市元旦

*9 ｛歌合
　歌垣
　雑魚寝

*10 柴折薬師
峰の薬師
鳰—鳩

*11 かく　争をしかける　いどむ
　うたがき　うたで挑む行事。
かけ踊り　かける　郡行してをどりこむこと　ガラン様へのかけをどり（多野）

市

土地はたいてい丘陵の上。両方から行った道のあう処。時には、片方は山から下り、又下り加減の処。推測の出来ぬ処もある。大体そうのようだ。片一方の国から行ける限り、互いの領分を行きつくして、行き逢う処が市。そこにひらかれた。それが発達してどこでもすることになった。大抵行われたのは市だ。大和はつばいち。河内は餌香で行ったようだ。それについての記録はほとんどない。

十二3101紫は灰さすものぞ海石榴市《つばいち》の八十のちまたにあへる子や誰（『万葉集』）

十二2951海石榴市の八十のちまたに立ちならし結びし紐をとかまく惜しも（同）

逢った人を恋しく思っているという歌が残っているだけで、どんな模様か伝わらぬ。

かげひめ

時には男同士で争っていることもある。平群の鮪というものが、豪族の家のむすこで、威張っていた。しびと争った皇族の名を、記紀で別々に、顕宗とも武烈ともしている。つまり、海石榴市の歌垣で争われた。その時鮪が、影媛という貴族の娘を自分のものとしようとして威張っていたがそれに対して抗議を申し込んだ。鮪が、バカにする答をしている。その応酬がくり返されている。男同士の歌垣もくり返されている。[4]

影媛を歌で勝ち取ったのに対して、同じ方人の中から反対を歌いかけたという形になるのだろう。今日からはわからぬ。どう複雑になっていたか。後に複雑になるので、男同士もあったろう。後の歌合わせは男のみであり、入り乱れて両方のこともあるから、変わってくる。

歌垣ということは、興味を持たれているが、内容がも一つ、今日からはっきりしない。いちの古い曲を歌って、たくさんの人で舞踊したことはわかっている。歌垣はおそらくは屋外で行われた群衆舞踊だと言って差支えなし。それでいく度か整理して、きれいなものにしよう、猥雑な部分を抜いて、きれいな儀式にしようとしたこともある。

相撲

が、この他に、屋外で行う芸能[*13]はあったわけだ。歌垣と違っているようで、話していくと、同じ印象を受けてくれると思うのは、相撲。相撲は日本では非常に芸能的意味でもっていたものだ。われわれが今見ると、芸能だと思う要素はなくなっているが、芸能的楽しみを受け取ることが出来た。また、外の芸能的のものと肩を並べ、同じ方角へ向けて進んでいた。

相撲には名高い伝説が二つある。三つと言ってもいい。新しいものは垂仁の時代の野見宿禰。河内にいて、大和の当麻の蹶速という。足に力を持っていた。はやしは、乱暴な烈しいこと。足速くけり殺す奴である。

昔の相撲は人を殺すことを認めていた。それをだんだん整理して、鑑賞に堪えるものとするためには、殺しの手を封じて、今日は張り手もまれで、行う力士は人から憎まれる。昔はそれどころか蹴殺されたのだ。骨折られても負けは負けだった。長い間に整理して来た。その二人が立ち合って、あべこべに野見宿禰が蹴殺してしまった。それが腰を蹴った。早く足を働かして蹴った。それで砕けて死んだので、あとを腰折れ田。紀にある。後世もこれが田だと伝えている。喧しく言えば、あったかなかったかも、なかった方が正しい。どこでも繰り返されていることで、何も野見、蹶速の立ち合いには限らない。普遍的な物語に特殊な印象を取り出したのだ。本道は

---

*12　。尤、似るにも似ぬにも、歌垣は見たものもないのです　全18・三九七　六講
場所　うたがき山　市　兵陵

記紀比較

市　逢った人が恋しいというだけで様子は知れぬ
*13　屋外の芸能
うたがき　野外で行われた群衆舞踊

伝承
腰折田
国ゆづり
隼人

なかったことと言ってもいいし、あったとしてもいい。たいてい昔のことはその位のことだ。

腰折田は古い伝えで、それでよくわかる。相撲は田に関係があるということ。田を作る前にもいろいろあるが、苗が植え代える時分、稲に花が咲く頃。その中のいつの機会かにする。主として相撲は初秋。七月になると、あちこちで相撲が行われる。昔は秋のものだ。社々はそれをする。宮廷にも相撲の節会がある。諸国から選手、秀《ほ》手《で》と言う。それを出す。相撲の部領使《こととりつかひ》と言う事務官が引きつれて上ってくる。宮廷で立合わせる。後にはただ、足の力、手、腰、肩の力あるものが、押合い、へし合いするので、それを鑑賞するのだが、初《うぶ》な形は農村の豊凶の占い、年占である。それで相撲には型が決めてある。今なら東西の方。方を分ける。それで選手その外が数多く勝てば勝った方が豊作だというわけ。そんな事しょうがないと言うが、根本の規約はその村においてするので、よそのものがするのではない。

村は二つに分かれていて、人は高い処に住み、低い処が田。田圃という土地。村は高い処に住む。後に、田作りが農村の最重要だと、住宅地が下におりて来る。時にはうんと遠く、家を持っている。遠い処まで働きに行く。秋は小屋を作って寝泊まりしている。その時、田にいる精霊が敗けてくれぬとその年は不作だから、必ず敗けるべきものとして田の神。それに対して、よそから来る神。この対立で、相撲を取らせた。初めから田の一群れは敗けるに決まっていた。そんなら、しないでいいと言うが、田の精霊に、見せしめにするためにしてみせる。してみせると、しみじみ敗けたことを痛感する。と、昔の人は考えていた。これをすることを、かまける、かまくという。みせしめにしたことを心に取り入れて感ずる。

相撲は必ず勝ち方敗け方が決まっているが、番狂わせが出て、敗けるはずのが勝つことがある。それが重なっている中に、田の豊凶と関係なしに、見て楽しむことになって来る。近代まで社々で、相撲を神事として行なった。宮廷でも、節会として重大なのは、スポーツとして楽しむだけではない。農村から出来ている国だから、そうしなくては不安で仕方がなかった。だから田のためだった。野見、蹶速の名がついているので、それが大昔にただ一回あった事実と思っているが、あらゆる処でその事実は毎年くり返されていた。田の精霊が極度に敗けてしまったことが、印象深く残ったのだ。当麻の田の精霊は、そんな話が残っている位だから、当麻の人に対して、豊作にしてやる立場に立たされているわけだ。この話は、農村の民俗が歴史の形になっただけだ。

もう一つの相撲の話。神代と言っていた時代、この土地へ譲らせに使いをよこした時に、香取鹿島の神が出雲へ出かけて、大国主を呼び出して、海岸の波のくだける処へ、剣を逆さまに立て、その上に座り込んで、談判した。考えてもお尻が感じが悪いが、威容を示したわけだ。すると、私は答える資格を持っていない、事代主と建《たけ》御名方《みなかた》がするでしょう、と答えた。これが釣りに出かけていた。建御名方《たけみなかた》が怒鳴って来た。後の諏訪の神。憤慨して争いになる。争いは今はそれを極度に発展さしているが、昔は争いは判断の手段で、勝った時はこうせよ、敗けた時はこうせよと決まっていた。昔の人はその点、功利的だ。敗けた時は敗けた者の言い分が通らず、そのまま引き下がる。ただの争いではない。決定を導くための手段にすぎない。

まず、建御名方が手を乞うた。相手の手を握る。昔は相撲にその手があった。が、相撲のテクニックで「て」と言うのは、手を取ることの重要さがわかる。握ることで勝敗が決まるのだ。相手の手がしびれて動かぬ。これが判断の第一の方法だ。乞うたので、鹿島の神が手を出した。剣の刃を握っているように痛くなって、握っていられなくなった。あるいは鹿島の神が氷柱のように冷たくて、握っていられなくなった。今度は改めて、鹿島の神が手を乞うた。葦の若葉のように、つかみひしいでしまった。ひょろひょろにしてしまった。それで逃げた。敗けて土地を譲ったことになる。勢力の及ばぬ残りの土地として、諏訪を考えていたので、そこへ行った。これは明らかに相撲。今は相撲とは思わぬが、昔の相撲はこれだ。技術が進んで後は、こんな相撲は面白くないが、テクニックの上に興味がなかったので、神が行司で判断しているのだ。神が勝負を決めてくれるのだ。（5）

もう一つ、天から来た神の子の土地になった。その後に神武天皇が、人間としての天皇の第一世になるが、神武の父はわたつみのいろこの宮と言い、海の底の国のお姫様、陸へ来て産んだのが神武の父君だ。そうなる動機は何か。おじいさんは、山幸、海幸と言われる人。この二人が争う。省略するが、中間にほのかにしか現れぬが、相撲で、その結果、山幸が海幸も得てしまう。海で漁をして収穫を得る。威力を得てしまい、海が関連している。陸の水でも自由にすることが出来る。一つものと考えていたのだ。それで敗けてしまったので、兄の系統は隼人の祖先になったと伝えられた。*14

つまり相撲ということには、外から来る者の方が正しくて、その土地にいる者が悪いという意味が含まれている。前二例、よそから来た、鹿島の神、野見宿禰が、清い正しい力を出して屈服さしている。相撲は一つの田の実りをよくするための方法だ。そう信じて行なっていた。本当はわれわれの考えからすると、(空白) 大いに考えられる。過去の時間に行われ始めて今まで伝わっている。その間に、見て面白いものになって来ている。これは、歌垣の場合と何も違わぬ。結果は離れているが、そうして出てきたわけだ。

屋外の場合は、そう二つの場合もわかる。またもう一つ他の田の精霊の話。田主、田あるじの話のこと言った。その結果、田遊びという一種の芸能が起こって来る。田遊びは日本の国には宿命的に田とつながった生活をせねばならぬと考えていたので、天の神が田を作らせるために使わされた。その子孫が、宮廷のあるじの子孫だと考えていた。田を作ることを宿命的だと考えそれを信じていた。相撲があるかと思うと、一方に田遊びがあった。田に霊魂を入れて、それが成長してくると、従って田の実りが立派に出てくる。稲が豊作になると考えていた。田へ霊魂を入れる行事が田遊びである。入れた霊魂を育つようにはやす。讃美して、どうしてもよくなるべきようそそりたたせる。

田遊びの根本は田の中に霊魂を入れること。霊魂を入れてきちんとおさめること。えぶると言う。いぶるとも訛って言う。加賀の国の駅に動橋《いぶりばし》。動揺させることがえぶりだが、地名のいぶりに動をあてている。子を背負ってこもごも身体をゆすることをえぶり。また、子を籠に入れておくあれを、代表的な名としてえぶりこ。揺《ゆ》るところの籠《こ》。ゆりかごと同じ。ゆると魂が身体の中の奥の安定する処に落ち着く。田植の時、代掻《しろか》きをする。

魂を、田へ入れることだ。田の威力ある魂を、田へ完全におさめる。すると植え付けたものを立派に発育させるのだ。そのために、えぶりという道具がある。横板に長い棒が付けてある。つき出して、土ならしをする。これを、えぶり又はえんぶり。盛岡、青森は初春に全国的に春田打ちと言って、一年間の田の行事の様子をしておく。花が咲いた、穂がたわむ、という様子をし、田の精霊をチャームする。その春田打ちの時、奥州は、えぶりを持って出てするのが一つの中心になっている。地方地方で中心が変わっている。えぶりの踊りが興味をひいて、えぶりの仲間があちこちにある。それをえんぶりと言う。それを以て囃したり踊ったりするほかに、別の芸もある。一つの団体が出来ると、いろいろのレパートリーが入り、総体にえんぶりという。田植の時、しろかきして、田へ魂を揉み込む。それを人のからだに入れることを鎮魂と言う。あそびである。田遊びは田へ霊魂を盛り込む時の、しろかきの仕事だ。しろかきをする時、田を祝福する。しろかきして、田へ霊魂を盛り込む時の田遊びのことばによって、田に関する農民の動作の芸能化したもの。平安朝にすでに田遊びがある。

その前には田儛がある。宮廷にも行われている。これは古くて、伝統が伝わっていたが、のちには絶えた。日本の大昔に行われていた。芸能化するといっても僅かで、興味が少ない。今の人には芸能化してもつまらぬ。まして芸能化せず、半分以上マジックでは興味が続かぬ。平安朝まで、宮廷の大きい祭りの時、田儛を奏した。宮廷は農村の大きい家なので、という考えがあるので、農村の田儛をせねばならなかった。江戸で復興したが、空想で組み立てているものだ。

それとどの程度違うか知れぬが、時を異にして出て来たのが、田遊びで、これは平安朝。これからまた違った

---

*14 対抗　ていこう。あらがふ。
　歌垣・相撲・田遊
　まれびとが常に正しい。

田楽能

ものが出て来た。平安朝の中頃田遊びが盛んで、このころの田遊びは、田を作っている時に、田のそばで田遊びをしている。昔の人はのん気だったが、田のことには過敏だった。春に一度来ただけでは安心出来ず、聞いてくれたらこうすると、その場でやってみせる。田の中でしているのは、実務で、見ていてもつまらぬが、田でない処ですると見ている人は面白い。芸術的悦びより、預からぬ者には愉快さがあるので、行われて来た。田の外で一年中のことをして見せるので、面白いに違いない。

その他、発達してくると、いろいろのものがレパートリーに入って来る。同じことばかりせず、世に流行っている田植と関係ないこともする。周期的に流行るデアボロのようなものもする。あるいは大きな太鼓のような鼓をつけて叩く。あるいは、ささらをすってはやす。ささらに、二種。竹の先を割ったものをすり合わせて歩くと、びんざさら*15と言って、椹《さわら》の板を密接して並べて、柄を付けて動かして鳴らす。握りに鬢《びん》のようなものがついているので、びんざさらと言う。隊形を組んだりほぐしたりして田のそばでする。そんな中に楽器に特徴があった。鼓が発達してきて、大きくなってきた。それを、田遊びに使う鼓だからたあそびと言った。田楽と書いて、田あそび。田あそびつづみを田あそびと言い、次に田楽を音読した。田遊びの中の一番注意すべきものが田あそび鼓で、文字にこう書いて、でんがくと読んだ。これと分かれて新しい田遊びが出てくる。これを田楽と呼んだ。平安朝の末には狐憑きになったほど流行った。宮殿や邸にこもってしてるのはつまらぬ。外へ練り出した。身分の高いもの、低いもの、武士、坊さん、しじゅう世間に田楽が歩いていた。鎌倉の初めまで、田楽狂いは多く、家をなくしたものもある。

田遊びから新しく発達してきた。田に関することをしてればいいが、一つの興行団体になり、外所から迎えられる。だんだん単純な一つの曲目では満足せず、増える。レパートリーが増える。すると、もともと関係ないものを取り込んでくる。それまで世に行われていた先輩芸を取り込んだ。まず現れてきた特殊なものは田楽能（田楽についている能）、ものまねのこと。

態はこう書くとタイ、面倒なので省いて能。わざと呼んだのか。としても「心」を取り、いつかタイと言わず、ナフとよむ。内容は同じ。〰タイは〰のものまね。このものまね芸がもっと前からある。国家構成前からあったろう。人以外の真似、あるいは人の醜態の真似をする。鳥、蟹、爺、一寸法師、女と、真似て面白いので、これが古い喜劇的要素を持っている。能は、日本の国では古くより発達している。ものまねは何か他のことばで言っていたが、能が発達すると消えてしまった。このものまね芸が相当にあった。これを田楽能と言った。

田楽能には演劇的要素があった。文献は少ないが名は残っており、その名からも演劇的だったと思える。次に起こる猿楽能の曲目と共通、あるいはあれと同じと思える名がある。田楽は流行ったので、半分職業的のものを行う連中も出た。すると他の面白いものを取り込んで、一日中に田楽をすると一日間つなげるレパートリーを持ってくることになってくる。だが、田楽は後世まで一番重要な処はどこか。びんざさらを鳴らしつつ行進する隊形がいろいろ変化することに一番の興味があったのだ。

田楽は相当長く栄えた。室町頃ぼつぼつ衰えた。それは、田楽そのものが古臭くなった、興味がつなげぬというだけでなく、それから分化した猿楽が発達した。つまらないからなくなるのではなく、もっと面白いものが出ると、それと比べられてこれではだめだということ。しかしあちこちに田楽を楽しむ人があって、消えなかった。江戸の初めまで相当にその団体があった。江戸へ入るとほとんど影を没してしまい、田舎に断片的に残っているものがときどきあるだけだ。だから時代から言うと、日光東照宮の建てられた頃、日光では社の式楽として取り込んだ。それも今は復興して行う知識もなくなった。田楽は大変勢力があったのだ。今も一番興味を持たれた隊形を色々の形に変えて行進する有様は、今の人の興味をつなげると思う。それから重大なことは、田楽能で次の

＊15　びんざさら　鬢彫、柏板とも書く。編木・簓竹土元　ビクニササラ　ビクササラ　柏板（東都サイジキ、浅くさ）　編の転

猿楽能はこれから出てあれだけ育ち、能だけが外は問題なくして栄えた。もし猿楽の前に田楽がなければ、猿楽もあんなに栄えなかったろう。

田楽も元は屋外のものだ。ところが田楽にも翁がいる。田遊びには翁が出る。田楽にもある。田楽に出てくる翁の役を務めていた家筋から猿楽の役者が出たと見るのが一番当を得ている思う。何分、謡曲、猿楽のは、研究家らがいて、明治以後のを集めるだけでも容易ではない。そのいろいろの説の間をかき分けるのも大変だろう。私の考えることだけを言っておく。

猿楽と田楽との違いは、その頃はわかるが、今日細かに二つのレパートリーを比べると共通で、どこが違うのかということになると、猿楽は田と関係をそう持っていないが、見分けのつくのは、猿楽能の起こりは田楽の中にあって、田楽の猿楽が独立して猿楽になった。猿楽が独立したものではない。猿楽というものに付随していた。それを滑稽化して、演ずる、いかにもばからしく演ずることを猿楽と言ったのだ。

この語の説明難しい。平安朝に使われている関連している語は、さるがう。これが関係あろうと睨むが、「さるがふ」という動詞、からかったり、ふざけたり。ところが、芸能はさるがくと言っていて、さるがうと言っていない。簡単に同じとは言えない。おそらく、さるがうと言ったので、田楽の楽に思いを寄せて、音をば正確の音に引き直す。さるがうはさるがくだと戻したのだ。もとより田楽があるので、それが誘導したのだ。

地方の民間芸能において、その多くに共通していることは、さるがくは三番叟のこと。その地方が多い。ある芸の中で、猿楽があって、それは三番叟。私の推測では、田楽にも一つの重要な部分があるが、その一つの部分に翁が出てくる。出て来て田を祝福する。それが田遊びでも田楽でも出てくる。言わなくてもいいが、猿楽のためには、言わねばならぬ。その祝福に来る翁の芸を、専念にしているのが一つの興行団体を構成すると猿楽の団体だ。翁ばかりするかというと、今まで所属していた田楽の、取れるものだけ取って、外へ出てゆく。田楽と言ってもいいのに、田楽の中の猿楽の役者だろう。自分たちの一座を猿楽と言ったのだ。田楽の中に入っている中に、田楽の中の猿楽が非常に発達した。何故滑稽か。三番叟も滑稽と言えば滑稽だが、踊りを見ていると、われわれの滑稽には入らない。ところが、今も見たら笑うと思うのは、田楽・田遊びの系統には、失われ勝ちの重要なものは、爺さんが出て来てどうするか。祝福するだけでは意味がなく、誰か田を胎ませる。田の精霊をチャームして、胎まないではいられなくする。人が出てくればいいのだが、田遊びは爺さんで、猥雑な笑うべきことをして悦ぶ。尉だけで足らず、姥を出して、抱き合って踊る。寝ころんで、見るに耐えぬ性的なことをする。人が語らいをすると、それが出来る。それと同じことを、田の精霊の身体に起こさせようとして、田の精霊を感化してしまう。じじばばの抱き合うのは、田楽・田遊びの断片化して残っている地方には、残っている所が多い。だから今日見ると、猿楽の翁は、まじめなものだが、翁の文句は神歌といって、名からして、神聖だが、文句を見ると、三番叟でもそうだが、神聖であるべきなのに、性的なことが隠れている。途中で改作して上品にした。しかし全くそうしては意味がなくなるので、ある時代の知恵者が変えたのだ。

平安朝の中頃の催馬楽という歌謡曲の中に、総角という歌がある。それを翁が歌う。

総角《あげまき》や　とうとう　尋ばかりや　とうとう　離《さか》りて寝たれども　転《まろ》びあひけり　とうとう　か寄りあひけり
とうとう

の半分ほど唱える。総角はかわいい男の子の髪の形。それを女と了解しているのだ。髪とり上げて、角を出して結んでいる。それの頭の恰好だが、その頃の人は知らず、小さい女と思ってるかも知れぬ。一尋ほど離れて寝たが、転がり合って抱き合って寝た。もう、せいぜい出来るだけエロチックな感じはなくなっていて、意味はエロチックだ。知識からしぼり出して作ったのだ。以前は伝わらぬが、もっとひどかったに違いない。唱えなくてもいいことを唱えるのは、田を胎ませる必要がある。また、その歌が、簡単にはさまったのは、邸ぼめの歌に関連し、それを歌うことに、関連して歌うものなので、導かれ易い。

翁はご祈禱なりと言うごとく、家の主をほめるために、出るので、続いて歌われる総角の文句の持っている猥雑なものは、そう考えなくても出てくる。今から見ると白式の尉は、まじめくさって見えるが、それならあんなあごはしなくてもよい。あごが条件的に縛ってある。そのあごは動くようになっている。あれはむやみにしゃべる、しゃべるためのものだということを表している。そこに三番叟がもとで、だんだん三番叟は神を表現するのが不都合というので、白式が出てきたと考えられる。

ところが話は連絡が悪くなるが、踏歌のことが、印象に残っている中に言っておいた方がいい。

日本の芸能はこの間言ったごとく、遠い所から旅して来るものが携えてきたという印象を与える。ここで生まれたものでなく、ここまでにかなりの地方を経て来ている。その土地の人はそこだけだと思うけれど、同じものがあちこちに分布している。それは何故かというと、持って歩いたものがあるからだ。

芸能が芸能として持って歩かれたのなら、度々くり返され、深い印象が残ってるとまで達しぬ。日本の芸能は、神事に関連するものが持って廻った。神事に関連することが、芸能化した。その人々が旅行するのは、日本は都合よい。よそから来る神が正しい威力があると考えられていた。よそから来る神が歓迎される。第一に、神を携えて歩くものは旅行がそれで保証せられている。鎖国以上の時でも、そこを通って、遠くへ行けるのは、宗教家か。それが神事を行う技術を持って廻り、過ぎ通っていく所々へ残してゆく。それで舞踊・歌でも皆一つの系統を見ることが出来る形で、あちこちへ振りまかれている。伝播せられ、分布しているわけだ。[*16]

*16　これを考えぬと、八島の分布が分からない。

編者注

（1）・鷲の住む　筑波の山の　裳羽服津の　その津の上に　率ひて　娘子壮士の　行き集ひ　かがふ嬥歌に　人妻に　我も交はらむ　我が妻に　人も言問へ　この山を　うしはく神の　昔より　禁めぬ行事ぞ　今日のみは　めぐしもな見そ　事も咎むな〈嬥歌は東の俗の語に「かがひ」と曰ふ〉（『万葉集』巻九―一七五九）

・その南に童子女の松原あり。古、年少き僮子ありき。〈俗、加味乃乎止古・加味乃乎止売といふ。〉男を那賀の寒田の郎子と称ひ、女を海上の安是の嬢子と号く。並に形容端正しく、郷里に光華けり。名声を相聞きて、望念を同存くし、自愛む心滅ぬ。月を経、日を累ねて、嬥歌の会〈俗、宇太我岐といひ、又、加我毗といふ〉に、邂逅に相遇へり。（『常陸国風土記』香島郡）

（2）　二月癸巳の朔、天皇、朱雀門に御して歌垣を覧す。男女二百卌余人、五品已上の風流有る者、皆その中に交雑る。正四位下長田王、従四位下栗栖王・門部王、従五位下野中王等を頭とす。本末を以て唱和し、難波曲・倭部曲・浅茅原曲・広瀬曲・八裳刺曲の音を為す。都の中の士女をして縦に覧せしむ。歓びを極めて罷む。歌垣を奉れる男女らに禄賜ふこと差有り。（『続日本紀』天平六年）

（3）葛井。船。津。文。武生。蔵の六氏の男女二百卅人、歌垣に供奉る。その服は並びに青摺の細布衣を著、紅の長紐を垂る。男女相並びて、徐に進む。歌ひて曰はく、

　少女らに　男立ち添ひ　踏み平らす　西の都は　万世の宮

といふ。その歌垣に歌ひて曰はく、

　淵も瀬も　清く爽けし　博多川　千歳を待ちて　澄める川かも

といふ。歌の曲折毎に、袂を挙げて節を為す。その餘の四首は、並びに是れ古詩なり。復煩しくは載せず。（『続日本紀』宝亀元年（七七〇）三月二十八日条）

（4）是に太子、物部麁鹿火大連が女影媛を聘へむと思欲して、媒人を遣して、影媛が宅に向はしめ、会はむことを期りたまふ。影媛、曽て真鳥大臣が男鮪に奸《をか》されたり。太子の期りたまふ所に違はむことを恐りて、報して曰さく、「妾、望はくは、海柘榴市の巷に待ち奉らむ」とまをす。（略）果して期りし処に之きて、歌場の衆に立たして、〈歌場、此には宇多我岐と云ふ。〉影媛が袖を執へて、躑躅し従容したまふ。俄くありて鮪臣来りて、太子と影媛との間を排ちて立てり。是に由りて、太子、影媛が袖を放ち、移り廻り前に向みて立ちたまひ、直に鮪に当ひて、歌して曰はく、

潮瀬の　波折を見れば　泳びくる　鮪が鰭手に　妻立てり見ゆ

とのたまふ。鮪、答歌して曰さく、

臣の子の　八重や韓垣　ゆるせとや御子

とまをす。太子、歌して曰はく、

大太刀を　たれはき立ちて　抜かずとも　末果しても　会はむとぞ思ふ

とのたまふ。鮪臣、答歌して曰さく、

大君の　八重の組垣　懸かめども　汝を編ましじみ　懸かぬ組垣

とまをす。太子、歌して曰はく、

臣の子の　八節の柴垣　下動み　地震が揺り来ば　破れむ柴垣

とのたまふ。太子、影媛に歌を贈りて曰はく、

琴頭に　来居る影媛　玉ならば　我が欲る玉の　鰒白珠

とのたまふ。鮪臣、影媛が為に答歌して曰さく、

大君の　御帯の倭文服　結び垂れ　誰やし人も　相思はなくに

とまをす。太子、甫めて鮪が曽て影媛を得たることを知り、悉に父子の無敬き状を覚り、赫然りして大きに怒りたまふ。

（武烈紀）

（5）　故爾くして、其の大国主神を問ひしく、「今、汝が子事代主神、如此白し訖りぬ。亦、白すべき子有りや」ととひき。是に亦、白さく「亦、我が子に建御名方神有り。此を除きては無し。」と、如此白す間に、其の建御名方神、千引の石を手末に擎《ささ》げて来て、「誰ぞ我が国に来て、忍ぶ忍ぶ如此物言ふ。然らば、力競べを為むと欲ふ。故、我、先づ其の御手を取らむと欲ふ」といひき。故、其の御手を取らしむれば、即ち立氷に取り成し、亦、剣の刃に取り成しき。故爾くして、懼ぢて退き居りき。爾くして、其の建御名方神の手を取らむと欲ひて、乞ひ帰せて取れば、若葦を取るが如く搤《つか》み批《ひし》ぎて投げ離てば、即ち逃げ去りき。故、追ひ往きて、科野国の州羽の海に迫め到りて、殺さむとせし時に、建御名方神の白ししく、「恐し。我を殺すこと莫れ。此地を除きては、他し処に行かじ。亦、我が父大国主神の命に違はじ。八重事代主神の言に違はじ。此の葦原中国は、天つ神御子の命の随に献らむ。」とまをしき。（『神代記』）

都民講座　三

（昭和二十三年十一月十六日）

平安朝の謡いものを通じて見られる一つの事実は、歌が歌われているが舞踊の伴わぬ歌が相当にあるということだ。しかし、ある種の歌は、ある期間は伴わぬがある期間は伴っていることもある。たとえば名高い朗詠などになると、一度も舞踊を伴ったことがない。おそらく平安朝の早くから、朗詠の書物はあったのだろうが、しかし非常に種類が減ってしまって、『和漢朗詠集』『新撰朗詠集』が遺っているが、外に朗詠を集めたものは相当にあったろう。

ところが、朗詠の出発点は踏歌の時の歌だ。踏歌はもと、支那ふうにするのが本式なので、歌垣の風が入り込んで、だんだん変化し、早い頃は、踏歌の時に歌う歌は詩だ。あるいは詩のように、正式に韻律文でない賦などを歌っているようだ。その中、だんだん日本人向きのものが出来てきた。古い詩の対句を歌う。五五の対句あるいは七七の句を、たった二句ずつ歌う。対照的に文句の出来ているごく単純なもの。その文句を踏歌詞章と言う。歌ったあとへ、万春楽・万春楽という語を繰り返しに使う。後には、まんずらくと言うようになった。千秋楽の対句のようなものだ。

こういうふうに踏歌の章を謡う。それが当時の人には近代的悦びを感じさせた。それから、踏歌の舞踊を離れた。謡うものだけとしての朗詠は、それから生まれてきた。宮廷貴族の間で、詩の対句を謡うことが流行ってきた。対句の新作も出来てきた。日本の謡いものの歴史の上では、それ自身のものの値打ちより、後世の謡いものに、影響を与えているようだ。日本の声楽が、純然たる音楽でなく、唐楽の調子で謡うということが、まずこれから始まったと見ていいと思う。われわれに見られるところでは、朗詠がその先駆けをしている。[*1]

踏歌は舞踏だ。足で踏む芸だから。足で地中へスピリットを踏み押えておく意味を持っている。ところが、踏歌の詞章——後には朗詠になっていくもの、その漢文を崩し、それから次第に、日本の歌を踏歌によむ風が出てきた。それで「まんずらくまんずらく」の囃し詞も、「万代あられ万代あられ」と囃す。この家の主は万代にあられよ、と祝福する。踏歌の時に歌を歌って囃すことを、「あらればしり」と言ったと申している。「あられ」、うちかけてくるのは「はしる」と言う。踏歌の舞踏のことを「あらればしり」と言う。「まじゅらく〳〵」の翻訳だ。日本人は、霜、霰、雪、氷に、一つの幸福な暗示を感じた。それらが降ると豊かな冬で、それが過ぎると、よい春、夏、秋が来ると思っているので、普通嫌われるはずのものが幸福を感ずるようだ。

ところがそういうふうにして日本人の間に、われわれの歌っている昔からの発声法、調子にあきたらず、変ったものがあると考えてきた。唐楽の要素を取り込んでくる。そうなると、歌うものが、民謡で節が唐楽だと、今の歌謡曲みたいになってゆく。平安朝の中頃になってゆくと、雑芸というものが出来てきた。今の歌謡曲ふうのもので、われわれが軽蔑するようには軽蔑してない。価値の高いものだと思っている。この中に、催馬楽・風俗・朗詠が入っている。雑芸と言われるからは、一種の近代的な高級な価値を持っている。同時にわれわれの生活に近い歌だ。雑芸と言われるものには、舞が伴っていない。そこへ、今様が出た。新しい形式の謡いものということ。今様の謡いもの。本当は「今様雑芸」という語の略だ。新形式の謡いものということ。つまりおそらく平安朝になる前から、平安朝を通じて、日本人が望んでいたもっとクラシックな味があり、外国風なものを望んで、それが今様ではっきり到達した形だ。

謡いものの歴史は、説明出来ぬ。略す。だいたい平安中頃に、大事なものは完成している。催馬楽・風俗・朗詠は、ほとんど同時期で、朗詠がいくらか古い。

催馬楽は、神楽の歌は神遊びを伴っている、その中に、舞わないで歌うだけのものが出来てくる。歌うだけの歌を出す。舞わないものが出来てくる。その時の即興で歌うので、その時分の世間にある民謡。それが催馬楽となった。原則として唐楽風に歌われたもの。舞は伴っていない。

風俗

それと同じ頃、東から宮廷に入ったのが東遊び。神事に関係している。舞を主とした神事の舞だ。歌は形式についているだけだ。その時歌われた東国方面の民謡が、舞ったり踊ったりせずに、東遊びから独立してくにぶりの歌、略して風俗。これも歌うだけ。踊ったり舞ったりする歌の中から、また独立して歌うだけのものが出てくる。おそらく昔に舞踊を伴わぬ歌があったとすれば、物語を内容とした叙事詩だけで、どれも舞を伴なっていたが、平安朝で、歌うだけの歌が出来ている。

和サン

そこへ今様が出来てきた。形式が大変違っている。平安朝の最初で、だいたい奈良と平安とを分けるが、平安の初めで歌のフート、音脚が変ってくる。大まかなところが変ってくる。五七調が七五調になっていることは事実だ。だいたいのことだが。奈良と平安との音脚の大きい違いは世間で認めている。日本の芸能の謡いものの上に大きい区画が出来てくる。七五調になってくる。これを有力に使ったのは和讃だ。日本風にやわらげて、入りよくするものだ。讃には、讃美よりも翻訳して意味を通り易《よ》くするという意味が入っている。日本的の讃。天竺のことばを支那風に訳すと漢讃。和讃の基準的調子が七五。これもお経をそのまま訳すとそうはならぬが、訳するところは経文の中の偈《げ》という部分だ。独立して歌うところ。いわゆる陀羅尼などの種類。そこがだいたい日本に翻《うつ》して七五調に近いので、たださえ七五に進んでいたので、意識してきた。そしてその方に様式を決めてゆくことは大変だが、すでに偈にその要素があれば、変って行きやすい。それを七五、七五、七五、七五と四句ひと

＊1　懐風藻　はどういう発表をしたのか

詠

囀　陵王　還城楽　三台

かたまりの形をくり返すのが和讃の基準の形になった。

これを歌うのは誰だ。どうで、寺に音楽を司る坊さんがいるけれども、それらの人のすることは、同時に寺の奴隷たちが習い覚えてそれが行う。中世には寺の奴隷が寺のことに働いている。嫌われるかと思うとそうでない。特殊の技能を持っていて、それを伝承してゆく。必要な時は、それに参加する。寺の奴隷あるいは女奴隷（男は奴《ぬ》、女は婢《ひ》）、寺の奴婢《ぬひ》が日本の音楽の歴史の上では重大な位置を占めている。坊さんの方にも関係しているのがあり、その他に奴婢に伝わっていく。

すべての音楽がそうだ。琵琶、琴、笛、皆伝統があり、大抵大貴族の方に伝わっている。琵琶の家元、箏の琴、笛等。また同時に音楽の伝統は下の方にもある。両流によって保たれているのは歴史上の明らかな事実。寺に所属している奴婢たちが伝えていく。坊さんの方は一代一代かわる。奴婢は伝来の技術を伝えてゆくのだから、後になれば系統が生じて来て、有力なものになるのは当たり前。そういう人たちが寺の音楽、舞踊を伝えてゆく。今様も奴婢の間に伝わり、寺の上層にも伝わる。それを寺を訪問したりした時、貴族が聞いて、それを習い覚えてくる。寺で発達したものが貴族の家に入ってくる。今様はそうして宮廷貴族の間で行われてきた。

寺で注目すべきものは、白拍子というものがある。これはともかく拍子の名らしい。その拍子をとって歌う長い文句を白拍子と言ったらしい。今も長いものが残っている。たいてい、寺の縁起、仏の由来を語るもの。歌えばいかにもゆるい拍子で歌ってゆくだろう。それが法事の時歌われた。それが変化して、芸能的興味に叶うに到った。堂々で伝えた縁起、仏の縁起を述べる。それが崩れて来て仏の徳をたたえるにしても、面白おかしく文句が綴ってある。すると流行ってくる。その白拍子の文句が、今様になって来た時に、つまり今様というものが流行する糸口を見出した。

同時に白拍子が大いに行われた。拍子、歌う文句の名、同時に舞う人間の名称にもなる。*2 寺で行なったのは坊さんが歌ったのだ。ごくゆるい舞がついていたが、奴婢が自分のものとすると変わってくる。たいてい、女あるいは子どもが舞うことになる。もともと男のものだから、舞う人も男の服装でないと舞えぬ。女や子どもなのに、一人前の服装をして舞うのは、その舞が男のものだったことを示している。立烏帽子、直垂、さや巻きを横たえた。後は大げさなので立烏帽子だけそのままで、水干[*3]、袴は大口をはく。刀は差さなくなる。これが女の白拍子のふうだ。絵に描く静御前のはそれだ。静は、白拍子の伝統では正しいものだ。いずれ、遊女、磯の禅師という女の娘が静で、白拍子を舞い始めたのは、磯の禅師というので、芸能の歴史では静は印象深いわけだ。

これを白拍子の男舞と言う。それが出ると男のは面白くないので、女の男舞ばかりが行われるわけだ。古い白拍子は、縁起を語るようなものなのに、今様歌を歌って舞うことになった。白拍子の場合は、人の歌に合わせるのでなく、はっきり舞いつつ歌っている。静も島の千歳もそうだ。祇王、祇女、仏御前も歌って舞っている。その歌がつまり新しい今様になってくる。今様を歌う。今様はある点、今様白拍子の略とも言える。始め、七五、七五、七五、七五をいくつも重ねて先へ進む形だったのが、後は、七五、一聯八句のものが独立するようになった。今様の普通のは、簡単に整理せられて来たのだ。古い処にも、七五、七五、七五、七五をくり返している今様が出ているが、長く続いている今様の一部が記載されている。始めから短いものを歌ったと考えないのが本当だ。

平安末の『梁塵秘抄』の今日残っている部分は、面白いものだが、宮寺に関係したもの、神や仏を讃美する歌。たいてい和讃、経文から出たもの。その外、世に行われる民謡、そういうものが含まれている。皆、今様だ。形がわりに自由なもの。必ずしも七五に捉われてばかりはいない。民謡は定型を破ってゆくために、民謡が本格的な謡いものの間にまじってゆく。民謡の勘を働かして、本格のものが崩れてゆく形に見える。

＊2　白声
＊3　今様雑芸
　　今様白拍子

日本の声楽[*4]を変えてゆく道は寺にある。奴婢および本格的に寺でやると雅楽になる。宮廷にも伝わるが、同時に寺に伝わっている。宮廷は経済力が衰えたりするので大貴族ともたれ合っているので、孤立しては大きいことは出来ぬが、寺はそれが出来、財力を持ち、法会の時雅楽をするのは、相当のことが出来る。本格のものが寺にあり、同時に奴婢が流行の鍵を握っている。この勢力を日本の声楽および舞踊のあるものは、離れていない。鎌倉以後、日本の謡いものは仏教音楽の影響を離れない。同時に根本には外国音楽が主流になっているので、残念だが日本独特のすぐれた謡いものが、その後どのくらい出てきたかというと、ほとんどあるまい。仏教の声明臭い声楽だ。それがどこまでも行きわたっている。何をつかまえても仏教、その点日本独特のものは認められぬ。組織が違うのだ。

　ところがこの白拍子が流行っている時分に、これを何と言ったか。おそらく世間ではこういう舞を、曲舞と言ったらしい。宛て字だろうが、古い宛て字。正式の舞に対して、偏った一種の偏向のあることばらしい。後、曲舞に久世舞と当て、山代の久世に関連していると言っているが、今のところわからない。曲と書いているので、偏している傾向の甚だしい、正統なのに対して、寺の法会で行われる舞に対して、今様の舞を久世《くせ》舞と言ったのだ。その後、鎌倉、室町の後も——江戸では使わぬ、学問的に使う——曲舞は一つのものではない。一番流行っている舞を曲舞と言っている。では曲舞に対する正しいものは何か。正舞に対して、変則なのが曲舞。正しい舞は、それをとくに表すことばはなく、正舞《せいぶ》というのは昔のことば。寺の法会の舞、雅楽[*5]が正しい舞だ。それに対して、世の中で行われているのは風俗舞を曲舞と言うので、内容はしじゅう違う。最初の曲舞は白拍子の舞だ。まひと言うのだから、まひがもとになっていなくてはならぬが、だんだん歌の方が盛んになる。舞いつつ歌を歌う。舞は単調なので、歌が発達し、舞がお留守になる。それでも、曲舞の名を伝えていた。この曲舞が鎌倉を通って、室町へ進む頃は、また形が変わっている。世の中にあるところの筋のあるまとまった物語は、曲舞の歌にならぬものはない。平家も盛衰記も、一部を謡って舞うことが出来た。鎌倉のは、謡うテキストがあり、また叙事詩的のものは何でも謡って、舞にかけた。お能も、緩慢で謡を自分でも謡う。日本人は、鑑賞するだけの修養を積んでいる。あてられたものから意味を見出すので、悦ばれる。鑑賞法がないとあれほどつまらぬものはない。日本人は、叙事詩を歌っている、舞っているものが慣れている、あるいは、芸能の対象にするのには堪えられぬかも知れぬ。

法会の時、縁起を祝う。これは寺におけるマジックで、法会の時、隷属するものを押さえておく祈りで、呪術だ。そういうことを普通の人間のうちでしても、その家に悪魔が跋扈せぬよう、押さえておくことになる。力強い足で邸を踏んでおくことに意味がある。舞は力足を踏んで、土地のを慴伏さして、押さえつけておく。*6 白拍子系統のものにはそういう意味が濃厚にある。寺の方では白拍子で表現しているが、寺と違う歴史のある陰陽道の博士の間に伝わっているのは、反閇（閉と書いてもいい。同じこと）。力足を踏んで、悪いものを押さえつけてしまう。宮中では天子が帰る時、着いた時、帰っても、天子のとき踏む。貴族、将軍なども行うマジックだ。芸

---

*4　白拍子＝曲舞（あて字にしても古い）↕正舞
　←　久世舞　山城の久世　or　寺の法会の正舞↕今様のもの
　←　表すことばなし、セイブはやはり古い。

*5　寺の法会の折の雅楽＝正舞　世間の風俗舞＝くせまひ
くせまひ　1、白拍子のまひ↓歌に重点　まいつつうたう
　逆に、筋のあるまとまりに物語—曲舞のうたに利用
法会—縁起をいわう。—白拍子
　←　反閇＝陰陽道↓三番叟　さんば・かんば

*6　ふむ　圧伏、目ざます
幸若舞—台本に重点

能ではない。これは、時がたつと芸能になる。三番叟は反閇が芸能化したものだ。始めからしまいまで踏んで歩く。籠っている霊魂を踏み平らげておくことだ。

そういう目的が白拍子の方に露骨にある。だから、初めから芸能と一致せぬところを持っている。見ている人が、どうかこうか、芸能的要素を見つけ、芸能として育ってきた。名人が出てくると飛躍する。そしてそこまでいった根本は、なりにくい要素を持って進んで来た。曲舞も、白拍子の系統が、鎌倉の頃になると、変わってきて、物語を語りつつ舞う。語る方が主になっている。役者が舞台の上に立って語る、あるいは緩慢に歩く。ということになってくる。この曲舞が時代を経て、変化してきて、幸若舞になってくる。

曲舞の中に、通称幸若という人が出て、そのため、その流れが栄えたのだ。一つ流れが栄えると、他のがますます違ったことがはっきりするかというと、民間のは違う。自分を主張すると亡ぶ。頭出して来たものに倣って違っている要素を自分から無くしてしまう。そうなってくる。だから曲舞も、室町時代に来るまでには、いろいろな流派が出来て、一致しなかったが、その間に、幸若という通称を持っている家の芸が栄えて、曲舞と言うより、幸若舞と言った方が通りがよく、今までの曲舞もその流れになってきた。それからは曲舞を使わずに、幸若舞と言った。舞の要素は乏しいが持っている台本が劇的だ。叙事的なものは語る材料に使ったので、特有なものを持っている。外から借りたかも知れないが、後になると、借りて来てもだんだん変化さしてゆく。そのため新しく起こって来た芸能は、前のはやりのを取り込むことによって伸びてゆく。

幸若が流行していた頃出来てきたのが猿楽。田楽は大変それまではやっていたが、猿楽は田楽からいいのばかりを取って出て来て、出て来たそのとき猿楽が独立した頃、今が盛りの頂上だったのが幸若舞。その幸若の台本や、舞の要素を十分猿楽が取り込んだ。謡曲に「クセ」というところ、これは曲舞の謡い方をするところ。それだけでなく、台本も曲舞から来ている。曲舞集があるし、蘭曲集がある。曲舞が謡の付属にして、曲舞の文句が残っている。田楽と幸若はどれだけ能楽の発達の犠牲になったかわからぬ。[*7]

ところが、曲舞は一つの強みを持っている。舞台の上で運動しないこと。従って、役者の顔をじっと見ていることが出来る。それで美しい役者が出ると美しさを鑑賞する。曲舞の、幸若の祖先の幸若丸も美しい少年だったに違いない。見てくれと、顔をさらして運動しないので。シテ方が漫歩する。反閇と同じ効果のある踏み方をしているに違いない。歩き方も決まっている。鎌倉から室町へかけて、武家の時代で、若い男の美しさを鑑賞することが多いので、その意味で幸若が悦ばれた。猿楽もその方から発達している。世阿弥は藤若という美しい少年で、義満に愛せられた。それですべての競争者を蹴とばして、大和猿楽が栄えた。日本中にうんとあり、畿内に多かったのに大和猿楽が栄えたのはまず第一に顔が美しかった。それも猿楽が幸若と同じ立て前をある点持っている。緩慢に漫歩するから。面《おもて》を付けるのもあるが、付けない能もある。面を付けない能を舞うと言うと充分顔を見ていられる。だいたい日本の舞は雅楽以来童舞は面を付けない。陵王でも、こわい面だが少年が舞う時は付けない。猿楽能でも面を付けなければならぬものでも、世阿弥が少年なので、付けなかったこともあるのだろう。

それで、虫の腹に寄生虫が出来、それが出るともとの虫は死ぬ。田楽は猿楽に吸い取られ、幸若も猿楽に吸い取られた。しかし幸若は単純なものだから誰にも興味が持ちやすかった。浪花節、単純すぎるから行われる。表すべき譜さえない。その単純さがどんな愛好者でも持ちうる。幸若もそんなものだ。台本が面白いといっても知れたものだ。舞《まひ》もわれわれの考える「まひ」ではない。われわれの時代のことばの用例にとらわれるが、われわれの考える舞ではない。昔の舞は旋回運動だが、われわれが見て考えているような舞は舞わなかった。われわれの考えている舞は昔の舞の内容にない。幸若は、曲舞の流れの本格なのに、舞と思って見ることが出来ない。江戸の初めの幸若の書き上げには、当流は舞をまわず候と書いている。「まひ」と言っていながらそういうのはお

＊7　田楽—猿楽　クセ
幸若　役者　ヒタメン　少年
世阿弥（藤君）　雅楽以来童舞はメンをつけない

かしいが、「まひ」という語の反省が変わって来ている。

田楽は組織が複雑だったので、複雑なところは消える。田楽能は影も形もない。猿楽能の中に、形が変わって残っていよう。幸若は一つも面白くないが、相当長く残った。江戸将軍の保護を受けて命脈つながれている。だがその中だんだん衰えて、柳河へ落ちていった。桃井氏と称する幸若流一本になってしまった。今見ると、一つも面白くない。見ると、昔はもっと面白いかと思うが、そういう姿が幸若の元からの姿と思う方が正しいのだ。

幸若の中、いろいろの流があった。その中ことにのちまで印象のあるのは大頭《だいがしら》（台かしら）、名の起こりには説があるが略す。笠屋という流がある。おそらく大頭という流は、世間に広く行われていたのだろう。世間的のものは、大頭らしい様子を残しているが、幸若の方は本家が越前にひっこんだ。笠屋の流れは、女舞だ。女幸若だ。喧しく言うと、幸若は曲舞だが、世間は略して「まひ」と言う。「まひ」の台本を集めたものが、舞の本。役者は「まひまひ」。笠屋の舞を女舞と言う。後に江戸の三勝半七、心中した女は美濃屋という家の遊女三勝で、名は幸若の笠屋三勝に似ている。幸若では大事な名で、女舞衣《ぎぬ》と言っている。美濃屋から笠屋に連想したのだ。

世間的に働いたのは大頭と笠屋らしい。それが女舞で、「女まひまひ」と言う。今までは武家の保護を受けて、皆何とか立っていったが、江戸時代になると、すっかり生活の様式が変ってきた。武家も生活が改ったので、舞太夫の生き方も変えなくてはならなくなった。織田、豊臣、江戸の初めの頃が、演劇史上大事のことが起こった。

伝説では出雲のお国、*8 大社の巫女とも、違うとも言う。が、あっちこっちで旅興行をしながら、都に上って来た。初めは念仏踊りだったが、次第に形が変わって来て、歌舞伎踊りというものに到達した。歌舞伎踊りと念仏踊り*9と、その関係もはっきりしないが。芸能団体のレパートリーはいろいろ持っている。少ないのは滅びる。多いのには外のレパートリーを加え込む。多いものほど栄える。お国が上って来て、都にもいる、巡行して廻る中にレパートリーを増しているだろうが、最初持っていたものは念仏踊りと見ていい。本芸と見なされるものは、念仏踊りの姿で、舞台へ出て鉦を叩いて謡う。この流れでも謡うのが大事の要件らしい。その中、ものまねなども持っているが、世間ではやりの風を舞台の上で写した。
世間は、秩序ある武家の生活に移ろうとしている。ごった返して、新しい勢力が起ころうとしている。不思議な風をすることは、いっぺん、すべての選択の標準が下がってくだけた新しい美しい楽しいものを見出すので、普通の程度の青年が自分の好みを見出すのには低いところから見出していく。あそこまでいかぬと、生き返ってこぬ。それと同じこと。この頃は、扶持離れの人間がたくさん出てくる。泥棒したり、かっぱらいしたりの団体に入る。その連中の選んだ服は、今ほど質素でないが、けばけばと人に目につく風をした。乱暴狼藉な、一方より言うと性欲を刺戟する風をする。近松の浄瑠璃、歌舞伎役者か祭りの練り衆かと、孫右衛門が怒っている。祭りの練って歩く服装が、前期後期の武家の交差点で、この頃盛んに模倣された祇園の祭りの練る人たちの服装だ。

＊8　出雲のくに。実在か。　憂世→浮世（隆達に早い例）　浮世又兵ヱ
K三年　1598　秀吉没。以後『当代記』が怪奇を記す。K一二・七・二一　おはれつ。
かぶき　四段　かぶかん・かぶきける・かぶかせらるべき　異相・尋常ならざる風姿、異端。　cfバサラ
異形異美＝バサラ（太平記）へんふく（蝙蝠）の人、どの身分にも属さぬ。
古田織部―利休の弟子、異風。正統派ではない。
かぶき者　K十一年　町人に暴行、その町人は家康のヒゴ。家康逆リン。対徳川的か。
猪隈教利（花山物語）　古典文庫『初期仮名草子集』　ゐのくま様、業平、色若衆↔荒
信長　甥　左門（＝左馬助、茶人道八）むかしはダルマ　今は道八　虚空元年
↓生きすぎたりや、二十三、八まん、ひけはとるまい　合いことばみたいなもの
天正十年　1582　春日社頭　イ《ヰ》タイケに踊る二少女　加賀国　八才十一才の童やや子をどりという法楽これあり
K　五　1600　雲州のややこ跳　一人はクニ、一人は菊（セキガハラ）
八　やや子をどりの名消ゆ　かぶきをどりとなる。交代同物異名　同じことを別のキロクで、やや子跳
かぶき跳
この年　家康開府。
＊9　かぶき跳　世態風俗舞踊　小吹ヲドリ　茶やあそび　第三の、サルカワ。狂言師の参加
女が男に。織田左門は遊女に甲つけさせて夏の陣に参加

それが行われた。その後が歌舞伎役者になったので、近松は孫右衛門のことばで二百年後に言わしている。歌舞伎役者と祭りの練衆は、当然続いている。今の人の服装もあれから出直してくるのだ。戦国の後、切りはなされたようになったのだ。思う存分の姿をした。華美で自由奔放だ。その時分は、外国との密貿易もあり、外国の品物を付けている。あらゆる方法で、目につくようにしている。

[*10]その男を歌舞伎者。かぶくは後の用語例だと乱暴狼藉をふるまうことらしい。そういう者が、ことに京、江戸、新興の都会にうようよしていた。ありつこうという気持で、うろうろ沢山いた。その者の生活は喧嘩をしたり、遊郭へ遊びに行ったり（地獄宿みたいなもの）通う。女と戯れる。その風俗をそのまま舞台で写す。それを歌舞伎踊りと言う。歌舞伎者の風を写したもの。踊りと言うが、「まひ」が舞でなかったように、踊りと言う程でない。歌舞伎踊りにまで、一々、踊らなくてもいい。歌舞伎者のふうを模倣する。曲舞の昔からの伝統で、女が男の風をする。女幸若も、女が男の風をしたに違いない。そういう伝統があるのだ。お国が歌舞伎者の風をする。豪華な、エロチックな、外国のものも付け、水晶の数珠や耶蘇のメダルを付ける。そして出てくる。それに対して、女は男だ。それに猿若と言って、滑稽なことをするトンマがからむ。そういう役が決まっていて、他に踊り子がいた。歌舞伎者の風を模倣することが、人気を博した。もと念仏踊りと言ったものが、歌舞伎踊りといったことばで覆われた。お国の団体が歌舞伎踊りということになってしまった。その頃の人の、女が男になる、興味あることをしたので、圧倒的になった。

女の芸人は、われもわれもとお国のする歌舞伎踊りを模倣した。勢いのあるものに異を立てると亡びる怖れがある。それで盛んなものに糸口を見て生きていく。たちまち模倣者が出、ほとんど、幸若の女太夫だ。だからそれは元々田舎から出て来た単なる踊り手でなく、台本もあり歴史もある、用意さえ出来れば、お国のすることより、もっと価値、意味のある芸が出来たに違いない。少なくとも戯曲的なものを持っていたに違いない。今から見るとその後が感じられぬ。模倣に急で、何でもお国の真似をした。

念仏踊り[*11]のこと。お国が持ってきた、ある期間のお国の本芸。念仏聖の風をした。上の紐をして、叩き鉦を叩きつつ、経文の文句を唱えて踊ったというが、それ以上はわからない。出雲の国では念仏踊りは今も特殊な発達をしている。須佐神社という古い社の氏子たちが、その祭りにする。大きな竹の骨だけの傘を作り、中心にして、廻りを踊る。それがどれくらいお国と関連があったかは知れぬ。お国は大社の人かどうかわからぬので、何かの考えのひっかかりがあろう。

念仏踊りは、そう簡単なものではない。その起こりは古いが、わかってくるのは平安の末だ。すでに念仏踊りが出来ている。これは悪霊を退散させるための踊り。悪霊が一年の中、時期を決めてくる。桜の花の散る時分。春夏の交叉の頃。人も害を受け、田も受ける。稲虫が出来始め、人には流行病が起こる。その時退散させるための踊りが行われる。鎮花祭が行われ、皆がその時に踊る。「やすらひ花や、やすらひ花や」の囃し詞を持つ踊り。そのままで留っておれ、じっとしておれ、せわしくなくするな。散ることをこらえておれ。花に早く散ることを戒めている。夏の初め、やすらへ祭りをする。鎮花祭の踊りの文句がそれを持っているから。それを伝えでは、やすらいばなと発音するのでわからない。この、悪い霊魂を追い払う踊り。これが別の意味を生じてくる。京の郊外に墓が多く、祀られぬ人がうんといる。行き倒れがいる。それらのものの怨霊が発動すると思っている。抽象的に、こわがっているが、事実、病毒もそこから出る。悪いものを退ける踊りが鎮花祭を基礎として出て来た。踊りは楽しくてするのでなく、踊って悪いものを踏み鎮め、踊りの情熱に巻き込み村境から放逐する。悪いものを巻き込んで、また捨てにゆく。それが日本人の持つ踊りの信仰だ。踊っていると、踊っている人自身、何のた

＊10　京のぶらと　大坂のぶらと　江戸のぶらと　三千人のぶらどもが　ブラ者　ペラゴロ

＊11　京の町人の　風流踊り
おくにのかぶき踊り　をどりと言ってもをどらぬかもしれぬ
道行・庭・帰り

めに踊っているのかわからない、また踊ることに情熱が起こり、踊りに中心があると思う。これが踊り神。この神と、退散させる悪霊と同じものかどうか、踊っている人もわからない。ともかく踊り神を中心としてどこまでも踊っていく。家に執着のなかった時代だから、宗教の情熱と同じものだ。踊りの続いている間は、ついていく。

江戸の末に盛んだった伊勢踊り、何年か周期的に起こる。次第次第に送られていく。近世の人は送っては帰るのだが、あちこちに伊勢のお祓箱が落ちてくる。拾った人は伊勢へ行く。維新の時、最後の伊勢踊りが行われた。昔のことで、判断の根拠もなく、どこまでもついてゆく。家の生活がもろいので、どこへ行っても同じなのだ。日本の国を廻ってくる。すると、そこに宗教的情熱が起こってくる。そういうふうに昔の人は観察せぬ。念仏宗はそうして生まれた。始めは踊りだ。聖と言われた下級の坊さんが踊りの重要な役割をつとめている。ついてゆく人がだんだん聖の格になってゆく。狂熱を持って作ってきた一種の情熱。

平安末、鎌倉に一つと、大きい念仏が二つ出た。藤沢の遊行寺の時衆（じしゅと言っている、団体の名。それが宗と書き改められた）。この念仏の団体ともう一つ、融通《ゆうづう》念仏（大阪の大念仏寺が根拠）。この二つはそうして出来た。初めは、それだ。芸能と宗教と、腹と背中の関係だ。そうして出来た念仏踊りが組織されて、念仏宗が出来たが、いっぱし念仏踊りが出来ると、それはそれで続いてゆく。その後、世の中が荒む、人が死ぬ、どこにも人の死骸が山なす。怨霊が祟り、鬼火が燃える。古戦場では怨霊退散の踊りをする。念仏聖がする。唱えごとをしてとび上がる程度で、芸能的踊りではない。

また、念仏聖がいてする外に、村々でも簡単な宗教なのだ。念仏踊りが取り込まれてくる。どこへ行っても念仏踊りのないところはない。ということになる。念仏踊りは、村でする時は村の墓か山でする。新仏の家に訪問する。そのある家では庭がある。庭を賞め、座敷を賞め、厩、納屋を賞めて廻る。死んだ人の霊魂が出てきて、万歳するのと同じこと。日本人のすることは変わったことがない[*12]。正月と同じことをしている。めでたい時もそうでない時も、念仏踊りが練り込んでくることは、墓場の新しい霊魂が自分の家を訪問してくる形だ。家に入って、円い踊りの形になる。座敷に上がると饗応を受けて踊らぬ。道歩く踊りと、円舞と二つある。その形は今も所々に残っている。念仏踊の行われた時代は長い。少しずつ違っても、概してもそうしたものだろう。現に盆に行われる村々のは、相当その形で残っている。

都民講座　四

（昭和二十三年十一月十八日）

出雲のお国の芸能が、念仏踊りから始まっているとは、はっきりは言っていないが、持って来たと言っている。念仏踊りのこの形は、今も濃厚に残っている。それを、死んだ人の霊魂が帰ってくる盂蘭盆の時に来るから陰惨なものに受け取るが、ほんとうは、悲しくも憂鬱でもない。ことに道を歩いてきて、家に入って踊るものは、明るい方面も持っている。一方、有力に考えられている古戦場で踊る念仏踊りははっきり目的がわかっているので、三方ヶ原、長篠の合戦の翌年からしたとは言えぬが、近い時の中にしたことは事実で、ひしひしと寂しさを感じたに違いない。近世の踴躍《ゆやく》念仏というくらいだから、踊る分子が目立っておった。もしも戦場でしていることの意識が消えてしまったら、楽しいものになる。服装が複雑になって獅子頭をかぶり、あるいは母衣《ほろ》（獅子舞のかぶっている物）を着たりして、念仏踊りをすれば、愉快なものになってしまう。事実獅子踊りの要素は念仏踊りの要素が多い。信州の上田付近は、一人立ちの獅子が栄えている。全く念仏踊りと同じと言っていい。

東北の岩手、青森辺で栄えているのは、鹿と思っていて、「ししをどり」と言っている。お面は鹿と唐獅子との間だ。唐獅子の顔を写生したものではない。鹿と唐獅子と折衷したようなものだ。背中に直立した竹の竿と言ってもおかしいが、削った竹を直立さして二本付けている。鹿の尾―尻のあたりを表現したつもりらしい。一人立ちのししだ。めおとしし、あるいは子じしを伴ってくる。三匹立ちが多いようだ。これは重々しいものだが、念仏風に踊る。このししの特色のあるのは、墓に行って、墓ししを舞う。これは念仏踊りだという元の姿を示している。

秋の、田の実りが兆してくる頃、山のししが下りて来て荒らす。その代表者を鹿と定めて、追い払う行事を行なった。山の動物の代表者として、鹿を立てて、追っ払う所作をした。それがしし踊り。[*1]そういうものが、盛んに行われておった。それが念仏踊りを取り込んで、しし踊りという不思議なものが出来た。両方とも初秋の時候が一致しているので、合一するのが当たり前だ。それははっきりしているが、上田の、本道のしし頭をいただいて念仏踊りの手で踊る。

本道のししをかぶって舞うという式には、母衣の中に二人入るというのと、母衣が大きくて何人も入るのと、一人立ちのと、三種類ある。これらのししも、鹿《しか》のしし、猪《ゐ》のししだったものが、名がししなのでライオンをかぶるようになった。それは証明できる。ライオンをかぶって、胴体に母衣を付けて出てくるししまひも起源が古い。古く日本へ入って来た。大陸を越えて入って来た。支那から日本へ入って来た。平安以前、奈良にししまひはある。その姿を見ても、だいたい東京あたりの二人獅子の姿に似ている。日本のししまひ、ししをどりには二つの流れがある。ライオンと、鹿猪の野山を荒らすものを表現したものと、こう二種類ある。日本のししまひを見ると、ライオンから変形してきた、ライオンの姿を写した唐獅子の面と、鹿の顔を写した面と、対立しているだけでなく、中間の歩み寄りが著しく見える。面の角度を見ても、平べったくて前へとがっている。近代の唐獅子はとがりが少ない。これで見ても、唐獅子と野山のししと対立していたが、歩み寄ったことがわかる。

この二つは、おそらく並べて考えることが出来たと思う。日本の古い支那から移してきた伎楽（支那の地方のもの、呉楽などと呼んだこともあることによってわかる）、その伎楽に所属したものと考えていた。雅楽が行われる時、このししも出た。ししは猛獣の頭だから、その威力で、スピリットを追放してくれると信じている。日本人は不思議な動物を知っている。獅子は知らぬが、こしらえたものは知っている。象も、絵で見たり江戸を

＊1　ししまひとししをどりと

練って歩いているが、それ以前から、象を「きさ」ということばで知っている。象牙の透かしてみると見える模様に関連している。虎も知っている。韓国《からくに》の虎とふ神、と朝鮮のものということを知っている。

結局、よその国の猛獣で、それが時あって渡ってきて、放逐してくれると信じている。われわれの居周りにいるものと信じている。猛獣としては、韓国西域の動物をもって表現する。聞いて知っていた。獅子は適切に、獅子舞が渡ってきている。服装にまで伝わっている。ししと言うと、災いをするものと考えるが、実際の獅子舞は、悪魔払いに出てくると信じている。ところが、同じししなのに、怖いおそろしい感じの部分を持っているものがある。それは野山を荒らすししの考えが入っている。一つのもので、極端に二つの考えを含んでいる。

おにも「おにまひ」。節分の晩のおにやらい、その時に出てくる鬼は悪い。悪魔を表現しているはず。ところが古い祭りに参加する鬼舞い、鬼踊りは、鬼が出てきて、祭りを豊かに幸福にしている。そういう威力のあるものは、幸福を与えるし、また一方いけないものも考える。邪悪の対象の鬼と、幸福を与える鬼と二つが表現せられてくる。鬼の舞は、舞っている人自身、判断を忘れていることがある。これは矛盾ではない。二つの対立した考え方を持っているわけだ。ことに獅子《しし》と鹿《しか》との場合、はっきりする。獅子は外来の威力あるもの、鹿は田畑を荒らす周囲にいる悪霊の代表者、と考えている。

ところが念仏踊りは盛んに行われている年代が長い。平安末から栄えて来て近代まで続いていた。その系統は、今もうっかりすると地方に残っている。その念仏踊りの形はいろいろに変わっている。念仏を唱えていろいろにするが、それには演出があって、念仏踊りと言っても別々の感じのするものがあるわけだ。

極端なものは、海を越えて沖縄まで行っている。本島に行っていた念仏踊りは不思議なもの。薩摩に沖縄がついた。支那へも貢を奉った。両属の形で明治まで来た。日清戦争以後、日本との関係の濃厚さを自ら認めてきた。薩摩から征伐される前に、間者が行っていたと考えていた。それはどういうものか。念仏宗の布教者、聖が渡っていった。沖縄は寺に信仰を持たぬ。念仏者が葬式万端を営む。被差別部落はないが、念仏聖が旧日本における特殊な扱いを受けていた悲しいものと同じ扱いを受けている。それは鉦を叩いて葬式をするからというが、実は間者の子孫というので憎んでいる。この聖は春は春駒を持って村々を廻っていく。その他一種の物語を語りつつ舞った。京から出た京の小太郎の物語を語って村々を踊った。それでその聖を京太郎、チャンダラーと言っている。これも念仏聖の芸能の一種目を持って歩いたわけだ。京太郎の物語は、芭蕉に句がある。この物語があったのだ。われわれの知らぬ中にいろいろのことが行われて、分布せられていることがわかる。見ただけ読んだだけで、決めてしまうことはいけない。学問は見聞を広くすること。芸能は出来るだけ見て廻ること。どこもかしこも見て廻ることが必要だ。学問の対象は緻密に充実していない。資料を充実さして初めて研究が出来る。念仏聖の芸能は、レパートリーが拡がったと考えていい。

だから、歌舞伎芝居の最初に出雲のお国の持ってきた念仏踊りがある。歌舞伎の始めだと言っても不思議はない。われわれの考える簡単なものではない。どの部分を国が持ってきたか、簡単に決めてしまえない。叩き鉦を叩いて、念仏を唱えるから念仏踊りだということは出来ない。それから導かれることは重要なことがある。

国の持っていた歌舞伎踊りは『歌舞妓草子』で見ることが出来る。その中、都合のいいのは、高砂屋梅玉の本。[*2] これを見ると、念仏踊りから歌舞伎のある場面が適切に出てきたと説明することが出来る。『歌舞妓草子』のある場面に、同じ姿の男が二人いる。舞台の中にいるのと、能なら見付柱（大臣のしゃがんでいる柱の反対のもの）、その辺に立っている男と二人ある。編笠をかぶっている。そして当時流行の歌舞伎者の姿をしている。豪華な無頼漢の姿をしている。浪人どもの豪華な姿をした者が立っている。舞台の中には同じような服装の者に対して女がいる。そのそばには、猿若という三枚目の喜劇役者にあたる者がいる。それを読むと、夢のようなことが書いてある。

見付柱

名古屋山三郎という、亭主と言っていいのか、ある時期の亭主というか、蒲生家の浪人、天下の美少年で、秀次の小姓の不破伴作と並べられているが、この人は実際にはおらなかったようだ。あまり名高くなったので、いない者がいたことになった。いないのだが、おったことを否定できなくなった。お国が歌舞伎踊りを興行していると、山三が出てきた。それでみな踊って楽しんだ。いよいよ別れることになった。お別れだということになると、別れを惜しんで、お帰りあるか山三様、帰り道の寂しさを文句にした歌を歌う。木幡山路に行きくれて、これは盆の精霊を送る歌。そして山三が消えていく。謡曲の中にも新しいものがある。豊臣の頃、「歌舞伎」というのがあった。殆ど同じ。内容は山三の幽霊が出て来て、お国に会いに来て、自分のいる寂しいところに帰る。お国が名残りを惜しむ、ということで終う。山三はお国を助け、早歌の歌い方まで教えたと伝えているが、この山三が何のために亡霊になって現れるのか、矛盾して辻つまが合わぬ。また別に美作の津山で、同じ仲間に殺されたことも伝えている。お国には夫の名が外にも伝わっているので、山三が愛人だったかも知れぬが、総合して考えると、もと空なもので、お国の歌舞伎に関係が深いので実在と思われてきた。

念仏踊りに、レパートリーとして、昔名高い人が亡霊で出て来て慰め、別れるとき名残り惜しいこの世での交情が深かったことを見せると、山三が愛人だったので出て来るという風になる。このことは念仏踊りのレパートリーとしてありうる。名高い人で死に切れぬもの、それを人を決めてかかる。その人をば成仏させ、その他のものも成仏させるそのいき方が、念仏にある。津山で山三が死んだとの伝えはこの考えをひっかかりこしらえる。[*3]お国が出雲から山陽に出る。美作を通らなくても美作の古い有力な伝えの行われている地方を通っている。その時、浮かぶに浮かばれぬ信仰の地方を通ってくると、山三の亡霊を浮かばせるのがお国のレパートリーにはいることは当たり前のこと。こうはっきり言うのは間違いだが、お国の伝説はそう整理すると訣る。愛人だったのは、『歌舞妓草子』および謡曲の「歌舞伎」が伝えているように、舞台で行われたことから逆に出てくる。何故ああするのか、それは愛人だったからだ、ということになる。

歌舞伎踊りの一つの舞台で、念仏踊りのと違うことをしていた本道の山三の亡霊と、お国の山三と二人出てくる。お国は男になり、男の役者が茶屋のおかかになって、そのマダムに通っている。歌舞伎者の様子をする。その伴についてくる若い滑稽な所作をする者がついてくる。その姿が書かれている。『歌舞妓草子』から見ると、そう解釈しないと成立たぬ。そんなところにまで、お国の念仏踊りの念仏の要素はあることが窺える。

お国の念仏踊りがある点まで出来ると、それでしまいになるかというと、決して違う。歌舞伎踊りを組織したものは、お国らの念仏踊りの名の歌舞《カブ》よりそれをめぐって模倣したもっと立派なものを持っていた。幸若の女舞太夫の力が加わっている。傍流のものがかえって力が達者で、かえって本流となり、名目は本流の形で押す。内容はとっくに変わってくることは認めるべきだ。ところが歌舞伎を盛んにしたのは、歌舞伎よりすると違ったものなのに、持続したのはもっと深い。田舎の村々に念仏踊りが充満していて、お国の念仏踊り、歌舞伎が命脈が絶えぬように、田舎も自分たちの念仏踊りを続けつつ、お国の新しい念仏踊りの姿を続けていた。念仏踊りが田舎にもあって、お国の新しい要素も取り込んでいる。だから、全国的にお国の歌舞伎的念仏踊りが保たれていたのだ。

今日地方を歩くと地狂言(その地方の狂言、地芝居とも)。地方の人々が自分のものを誇る時、地何々と言う。地唄。田舎でも地で示している。関東の江戸の町の歌舞伎は早く開けてきた。江戸では非常に早くまたたく中に発達したが、江戸の町を取り囲んでいる田舎では、まだ歌舞伎芝居は念仏踊りからそんなに離れないでいた。歌舞伎と類似した芸を行うことの出来る素地をそなえている念仏踊は、どの村でも行われていた。

一番似ているところは、閻魔はじめ所属している十王を祭った十王堂(時にはしょうづかの婆)あるいは庚申堂、地蔵堂、いろいろの堂がある。そういう堂を盆になると舞台として村の精霊を迎えて悦ばせる念仏踊りをした。地狂言の舞台はまだ残っているだろう。舞台も建て、また所によってはお堂を使ってもいた。そこで念仏踊

＊2　高砂本　かぶきの草子
＊3　津山のおくに伝説　通過のあと
おくにはどこ通って来たか

りをする、あるいはただの芝居をする。丸本歌舞伎をしたり、田舎まわりの役者から教えてもらったりすることもある。何故そういうものをするのか。村の青年たちが所在ない、空虚だからするのでなく、もっと切実な理由がある。村々で念仏踊りをし、もう少し適切な内容をする。念仏踊りが抽象的なので、ある人のためにする。対象の決まった念仏踊りが行われる。そういう場合、歴史的な場所は便利だが、皆が皆そうでない。念仏踊りから分かれて出たものに、近寄ってゆくのは当たり前。そうして行い始めた地狂言が盛んになって、その結果、すべて狂言の正本に載っているもの、丸本に載っているものをすることになった。固有の芸は消えてしまって、本職の役者のすることを素人の人がする。

その芝居の行われる大事な時はやはり念仏踊りから出ているので、お盆の時。その対象は死んだ、そして近頃死んだ、去年のお盆ののちに死んだ、新盆《あら》の新仏《しん》の出てくることを期待している。それを慰めるのに昔ならば新しく出てくる仏を慰める意志をはっきりさせるが、念仏踊りの表現が変わってきて、特定の個人への慰めはせぬ。舞台に現れる人たちを、新仏にあてている。同じものだというふうに考えてあてている。だから初秋の盆は、歌舞伎芝居にとっては重要な関係を持っている。

江戸の町は農村離れしてないので、盆興行には寂しいもの持ったものをした。ところが盆は初秋だが、盆に接した真夏の暑い時分は芝居は枯れてる。下廻りの役者は、小遣い取りに苦しむので、それらあけておくのが痛々しいので、夏狂言をする。——顔見世狂言のあと、十二月は芝居をせぬ。救済のため餅つき芝居をする、それと同じ。夏芝居は少し遅れると盆興行。夏芝居がこの要素を持っているのは当たり前。怪談芝居というものは、そういう処に理由がある。涼しくなるというが、そんなことはない。夏芝居はそうしてきた。

見ようと思えば、変形してしまった歌舞伎にも、念仏踊りの要素が見られる。歌舞伎はその後進歩し、不純なものを含みつつどしどし進歩した。尾底骨のごとく、踊りが付属物になった。歌舞伎はほぼ完全に、狂言という位置に到達したわけだ。それからあとの歌舞伎の歴史は、芸能と芸術との間を行くし、更にそのためには日本演劇史の中の、歌舞伎の歴史になってくる。

日本の芸能には、レパートリーが多くあることがその芸能をいつまでも長続きさせたわけで、レパートリーは出来るだけ多くしている。歌舞伎がそうだからとて、どれもこれも念仏踊りの系統とは言えぬ。

ところが、もっと庶民と近い、役者がするのは職業で、個人はふところ手でせぬ。ところが、民衆が実演に与る芸能が残らねばならぬ。素人の手から玄人に移ってしまうのと、素人の手にまだ残ってるのとでは大分違う。念仏踊りは非常な勢力を持ち、いろいろの形を持っていたが、それが先に言ったごとく、獅子にも割り込んでいる。ところが、形が変わって、ある変貌を遂げて出たものに、どういうものがあるか。一つだけ見る。それは盆踊りだ。

それは今でもすべての人の芸能で、職業者のでない。しかしある種の念仏踊りは総踊りの形で芸能化もしている。しかしだいたい多数の人が踊ることは、芸能が民衆の手から離れていないことを示している。人数が少ないほど、民衆個人の手から離れてゆくことが出来る。盆踊りは歌垣の遺風だというが、歌垣とどのくらい年代がたっているか、奈良の頃、あるいはその頃は固定している。われわれにとって大昔である。それが近代に始まった盆踊りに接続していると考えるのは、似てるだけ。相手を選んで男女が私に結婚する機会になることが多い。その点で歌垣の遺風という。暗闇《やみ》で踊っていると、問題が起こる。その証拠を心の中に持っていっている。それは関係ない。こじつけて古いものめかす弊害だ。

盆踊りが念仏踊りを出発点としていることは事実だ。だが、近世の盆踊りはもう少し複雑な要素を持っている。始まったのはそう古くない。『諸国盆踊唄』は、後奈良天皇ということになっている。『山家鳥虫歌』（庶民の唄をあわれに表現している。）後奈良院の撰集というのは信じられないが、始まった時期が想像できる。戦国への過渡時代に、踊りが勃興した。歌舞伎風は一つはそれだ。仮装して歩くのが平気になった。質素な風していたが、祭りは違った人になるので仮装する。それがいい風する。祭りのめかしこむもと。仮装する習慣から出ている。

祭りの時、思い切った風をする。それが、歌舞伎者の服装のもとになっている。歌舞伎者はある部分まで社の奴隷の服装を真似ることが多かった。派手になってくると常まで恥ずかしい風を及ぼした。東京は銀座があって、そこへ行くのでいつもいい服装をするくせがついた。盛り場へ出る風がついたのと、それと同じこと。いつも祭りの風をする者が昔もいたのだ。踊りは神事と言えぬが、引き続いた仏事なので、めかす。それに踊りは地方の盆踊りを見ると、顔を黒い布で包み、目だけあけて出てくる。着物は気取ったりして出てくる。亡霊の姿。誰かわからぬ。覆面の姿で出てくる。盆踊りの輪の中には、その日の仏事によって手向けられて、功徳によって出てくる亡霊の混じっていることを表現している。混じっていないと盆踊りの効果が信じられなかった。

ところが、盆踊りはおそらくそれだけではない。もっと外の要素を加えているようだ。何故女が出るのか。田植は男が囃しに出る。田植は交渉なしに一つの田をめぐって男女が出るが、盆踊りは輪の中に男のと女のとがあり、あるいは一つの輪に混じることもある。これはおそらく女踊りというものが男の輪の中に割り込んで来たと見ていい。女踊りは別にある。近世における女の総踊りは巡礼の踊りがある。都会ではしょうぎを舞台にして、美しく化粧した娘が踊った。それが人気を博して、娘巡礼の興行が行われるようになった。娘巡礼は、男は修験の山に先達が伴れて一人前になった式してくる。女は遠くへは行けぬ。昔は山籠りもしているが、田植の前に一日山に籠って暮らしている。つつじの花を折って降りてくるという記憶はあちこちにあるが、概してするのは娘が巡礼して歩く。春になると、自分の村からやや遠いところまで、廻る宮寺が決まっていて、廻ってくる。それで男が修験道の山へ登るのと同じことをする。娘巡礼の風は北九州に残っている。お鶴の哀れな旅ではなく、一日がけの札所廻りすることが昔の風習。その娘の踊る踊りが出来ていた。これが巡礼踊り。この要素が混じっていると考えねばならぬ。

適切にもう一つ大事なことは、盆の少し前、七月七日が七夕。七夕踊りが昔はあった。これは少女たちがやる。七夕踊りは小町踊りをする。種彦の『還魂紙料《すきかへし》』に絵が写してある。たくさんの娘が派手なふうをして、楽器を鳴らして町を歩く。これは娘巡礼の一段下のものである。もっと年の若い少女の群舞である。自分のいる村落、町の中を踊って廻る。そういうものがあり、盆に接していた。盆が十三、四、五、六、その七日前後からしている。七夕踊りは盆踊りに接してしまう。どうしてもこれが盆踊りには入っている。

この七夕踊りが、遊廓では大きな座敷で行われる。もとは女の踊りだが、男ばっかりが、七夕踊りをすることもある。つまり、芝居町中心は男ばかり。その連中の総踊りが行われる。七夕踊りは、遊廓あるいは芝居町のは、小町踊りとは変わる。ただ、大勢がいちどきに踊る。橋がかりから本舞台までいっぱいになって踊る絵がある。続いて踊る。舞台に取り上げられているが、実は庶民の少女の踊るものだった。

そういうふうなものがより集まって、盆踊りを作っている。だから何ごともたった一つの原因から、ものが現れて来るのではない。考え落としている外の原因もあるはずだ。一つのことを押し貫くだけの正確さを持っていない。群衆の記憶はいろいろなものを取り込む。これが必ずしも盆踊りに限らず、すべての芸能に現れている性質だと思う。

こうあげてゆくと、日本の芸能の上では、扱う題目はたくさんある。まず一通り組織を立ててみると、四回の講義の上に現れたものが、大体いろいろのものを含んでいると思う。これくらいの問題に触れることにとどめておきたい。

解題

伊藤好英・藤原茂樹・池田　光

本巻（上）には、折口信夫の講義を記録した池田彌三郎のノートのうち、慶應義塾大学における昭和二十・二十二・二十三年度の「芸能史」の講義と、昭和二十三年十一月に行われた「都民講座」のノートを収めた。これらの講義のうち、西村亨のノートが存在するものについてはこれと校合した。各収録ノートについての解題を以下に記す。

昭和二十年度芸能史

慶應義塾大学における昭和二十年度の折口の芸能史の講義のうち、池田のノートがあるのは、昭和二十一年二月十四日・二十一日・二十八日・三月七日の四回分である。池田は昭和二十一年一月十九日に宮古島から復員し、翌日、折口を居宅に訪ねている。それ以後の芸能史の講義のノートである。

四回の講義のうち、第一回（二月十四日）には、筆記ノートのほかに同月日が記された清書が存在する。また第二回（二月二十一日）と第三回（二月二十八日）については、筆記ノートのほかに、その講義内容の主要な部分を池田が纏めなおしたノートが存在し、その後半は第三回（二月二十八日）の講義を清書したものとなっている。本書は、第一回と第三回の講義は清書をもととし、第二回と第四回の講義は筆記ノートを用いた。

昭和二十二年度芸能史

昭和二十一年度は、慶應義塾大学での芸能史の講義はなされていない。昭和二十二年度芸能史の講義の池田のノートは十六回分が存在する。清書は存在しない。

昭和二十三年度芸能史

慶應義塾大学における昭和二十三年度の芸能史の講義は十八回行われた。そのすべてに池田の筆記ノートが存在する。また、第十六回から第十八回までの三回分は、筆記ノートのほかに清書が存在する。まとまった相撲の話として清書したものである。

西村亨のノートが、十八回分すべて存在する。

昭和二十三年十一月　都民講座

折口は、昭和二十三年十一月九・十一・十六・十八日に「都民教養講座」で芸能史の特別講義を行なった。会場は都立工芸新制高等学校であった。

池田のノートは、第一回から第四回までの筆記ノートと、第二回から第四回までの清書とが存在する。この講座の第一回の部分は、『本流』創刊号に「日本芸能史序説」の題で発表され、『折口信夫全集』第二十一巻に収録されている。『池田彌三郎著作集』第三巻所収の池田と仲井幸二郎との対談によれば、『本流』掲載のための文章は、折口の意を受けて池田が自らのノートと西村亨・清崎敏郎のノートを用いて作成して提出したものであるという。折口の加筆があったかどうかは詳らかでないが、この原稿には叙述の順序の入れ替えも含めて、大幅な訂正がほどこされている。『本流』が創刊号のみで廃刊となったため、本講義の掲載は第一回のみで中断した。本書は、第一回は筆記ノートを用い、第二回から第四回は清書を底本とした。第一回の内容はすでに全集で読むことができるが、もとの講義の息遣いを知ることも有意義であると考え、ここに筆記ノートを収録した。

西村亨のノートは四回分すべて存在する。

編者

伊藤好英　いとう よしひで

1948年生まれ。慶應義塾大学大学院修士課程修了。高麗大学校大学院博士課程修了。文学博士。慶應義塾大学講師、國學院大學講師。元慶應義塾高等学校教諭。専門は、日本芸能史、韓国芸能史。著書に、『折口学が読み解く韓国芸能』(慶應義塾大学出版会)、『明解 源氏物語五十四帖』(池田彌三郎と共著、淡交社)、『韓国演劇史』(共訳、徐淵昊著、朝日出版社)、『折口信夫事典』(共著、大修館書店) など。論文に、「柳田國男・折口信夫の芸能研究」(『文学・語学』)、「折口学のアジア的展開」(『國學院雑誌』)、「折口信夫の芸能史思想と身体」(『古代文学』)、「折口信夫と源氏物語」(『国文学 解釈と鑑賞』)、「「まれびと」と天皇─折口信夫の王権論─」(同) など。

藤原茂樹　ふじわら しげき

1951年生まれ。慶應義塾大学大学院博士課程修了。慶應義塾大学教授。専門は、古代文学・芸能史。上代文学会常任理事、古事記学会理事。著書に、『万葉から万葉へ——万葉びとの言葉とこころ』(共著、NHK 出版)、『池田彌三郎の学問とその後』(慶應義塾大学出版会)、『催馬楽研究』(編著、笠間書院)、『藤原流万葉集の歩き方』(ＮＨＫ出版) など。論文に「春は皮衣を著て－北国のうた・まつり・芸能」(『万葉民俗学を学ぶ人のために』。「桧前村の芸能」(『萬葉』)、「万葉集終焉歌の芸能史的意義」(『国語と国文学』)、「芸能の範囲と文学」(『上代文学』)、「対馬のヤブサ」(『神戸山手女子短期大学紀要』)、「みこともち」(『折口信夫事典』所収) など。

池田　光　いけだ ひかる

1947年生まれ。池田彌三郎の長男。慶應義塾大学文学部文学科 (国文学専攻) 卒業。同大学大学院社会学研究科 (教育学専攻) 博士課程修了。元洗足学園短期大学助教授。教育原理、文化史などを担当。1974年から1976年まで西ドイツマンハイムに留学。著作に父池田彌三郎の NHK 大学講座を編集した『日本文学の素材』(日本放送出版協会) のほか、『中国運命学入門』(春秋社)、『東京百年史第四巻　大都市への成長 (大正期)』(共著、東京都)、『教育の理論』(共著、八千代出版)、『教師のための教育学』(共著、建帛社) など。論文に「神話・儀礼の喪失と復活」(洗足論叢)、「教育問題と日本人の心性」(同)、「自然と信仰─素材論の方法─」(同) など。

折口信夫　おりくち しのぶ
1887年大阪に生れる。国文学者・民俗学者・歌人・小説家。筆名は釈迢空（創作活動に使用）。1910年國學院大學を卒業。1915年に柳田國男の主宰する『郷土研究』誌上に論文「髯籠の話」を掲載したのを契機に同年柳田とはじめて対面し、以後、柳田を学問の師と仰いで民俗学的立場に立った独自の国文学の方法を模索してゆく。1917年から1921年までの間、『アララギ』の選歌欄を担当するとともに、同誌に和歌関連の論考を多数掲載する。1922年に國學院大學の教授となり、1928年以降は慶應義塾大学の教授を兼ね、終生その職にあって国文学・民俗学・芸能史・神道学などを講じた。1929年から1930年にかけて『古代研究』全三巻を刊行、「まれびと」の理論を中軸におく自身の学の輪郭をはじめて世に示した。1932年、万葉集研究により文学博士となる。生涯独身で過したが、1944年、1928年以来居をともにしてきた門弟藤井春洋が戦地に赴くのを機に彼を養嗣子として入籍。しかし春洋は硫黄島で戦死した。最晩年の論考「民族史観における他界観念」は、日本における未完成の霊魂をも含めた霊魂の行方を探ろうとしたもので、ここには時代の限定を越えて古代に遡源しようとする折口民俗学の特徴がよく表れている。1953年、66歳で死去。歌集に『海やまのあひだ』『倭をぐな』など、詩集に『古代感愛集』など、小説に『身毒丸』『死者の書』などがある。『折口信夫全集』全37巻・別巻４巻、『折口信夫全集ノート編』全18巻・索引１巻、『折口信夫全集ノート編追補』全５巻が刊行されている。

池田彌三郎　いけだ やさぶろう
1914年東京に生れる。父は銀座のてんぷら屋「天金」の三代目。泰明小学校、第一東京市立中学校を経て、1931年慶應義塾大学経済学部予科に入学。1934年国文科に進み、はじめて折口信夫の講義を聴く。以後折口を終生の師と仰ぐ。1937年国文科を卒業して大学院に籍を置く。1941年応召、1946年１月復員。同年２月より折口の講義に出席し、以後、折口の死に至るまで聴講を続ける。1947年文学部講師となり「国文学」を担当。1960年慶應義塾常任理事、1961年教授となる。1963年『日本芸能伝承論』で文学博士となる。1967年文学部長。1980年慶應を定年退職し、洗足学園魚津短期大学に赴任。この間『折口信夫全集』『折口信夫全集ノート編』の刊行に携わり、折口学の普及に努める。このような学問教育活動以外にも、NHK 解説委員、国語審議会委員、横綱審議会委員などを務め、多岐にわたる活動を行なった。1976年、紫綬褒章受章。著書に『芸能』『日本人の芸能』（岩崎書店）、『私説 折口信夫』『日本文学伝承論』『日本の幽霊』『まれびとの座』（中央公論社）、『光源氏の一生』（講談社現代新書）、『暮らしの中の日本語』『暮らしの中のことわざ』（毎日新聞社）、『銀座十二章』（朝日新聞社）などがある。これらを含む代表作は『池田彌三郎著作集』全10巻として纏められている。1982年没67歳。

折口信夫芸能史講義　戦後篇　上
——池田彌三郎ノート

2015年2月28日　初版第1刷発行

編　者————伊藤好英・藤原茂樹・池田　光
発行者————坂上　弘
発行所————慶應義塾大学出版会株式会社
〒108-8346　東京都港区三田2-19-30
TEL〔編集部〕03-3451-0931
〔営業部〕03-3451-3584〈ご注文〉
〔　〃　〕03-3451-6926
FAX〔営業部〕03-3451-3122
振替　00190-8-155497
http://www.keio-up.co.jp/
装　丁————中垣信夫＋北田雄一郎［中垣デザイン事務所］
印刷・製本———亜細亜印刷株式会社
カバー印刷———株式会社太平印刷社

Printed in Japan　ISBN 978-4-7664-2182-8